中国农用地质量发展研究报告

(2015)

Progress in China's Agricultural Land Quality

○ 国土资源部农用地质量与监控重点实验室 编著

中国农业大学出版社
CHINA AGRICULTURAL UNIVERSITY PRESS

内 容 简 介

本书是国土资源部农用地质量与监控重点实验室发布的第三卷年度发展研究报告，主体分五个部分：第一部分为综合报告，主要对中国农用地质量概况、中国农用地质量变化监测和中国农用地质量研究框架进行介绍；第二部分为农用地质量专题研究报告，分别从农用地质量的5个方面论述研究进展与成果，也包括耕地保护科学与技术科普进展、国际经验的借鉴以及典型县域耕地等级监测示范基地建设进展；第三部分为科普工作年度纵览，主要是农用地质量相关的科普活动；第四部分为年度热点与大事记，主要为国土行业内部的农用地质量相关重大事件，国内外农用地质量相关研究热点问题；第五部分为相关链接，主要国土行业之外的相关部门农用地质量热点进行搜集；第六部分为附录，主要对中央、相关部委关于农用地质量的法律与文件进行摘录。

图书在版编目(CIP)数据

中国农用地质量发展研究报告(2015)/国土资源部农用地质量与监控重点实验室编著. —北京：中国农业大学出版社，2016.4

ISBN 978-7-5655-1545-3

Ⅰ.①中…　Ⅱ.①国…　Ⅲ.①农业用地-土地质量-土地评价-研究报告-中国-2015　Ⅳ.①F321.1

中国版本图书馆CIP数据核字(2016)第068295号

书　　名　中国农用地质量发展研究报告(2015)

作　　者　国土资源部农用地质量与监控重点实验室　编著

策划编辑　孙　勇　　**责任编辑**　孙　勇

封面设计　郑　川　　**责任校对**　王晓凤

出版发行　中国农业大学出版社

社　　址　北京市海淀区圆明园西路2号　　**邮政编码**　100193

电　　话　发行部 010-62818525，8625　　读者服务部 010-62732336

编辑部 010-62732617，2618　　出　版　部 010-62733440

网　　址　http://www.cau.edu.cn/caup　　**e-mail** cbsszs @ cau.edu.cn

经　　销　新华书店

印　　刷　涿州市星河印刷有限公司

版　　次　2016年4月第1版　　2016年4月第1次印刷

规　　格　787×1 092　　16开本　　22.5印张　　370千字　　彩插6

定　　价　96.00元

图书如有质量问题本社发行部负责调换

编辑委员会

主　编　郧文聚　朱德海

副主编　黄元仿　孔祥斌　郝晋珉　朱道林　张　超

编　委　（以姓氏笔画为序）

王　宏　王洪波　王　巍　吕雅慧　宇振荣

李保国　李鹏山　杨永侠　杨建宇　杨晓光

张中帆　张凤荣　张清春　张蕾娜　陈桂珅

周志明　赵玉领　程　锋

前　言

2015 年为生态文明建设年，2015 年 4 月，中共中央国务院关于加快推进生态文明建设的意见发布，对自然资源管理提出新的要求。对农用地建设提出了“绿色”新要求。信息化到了新阶段、新水平，智慧国土，智慧资源管理。高标准农田建设，监测监管，结合 3S 技术、物联网、视频、数据仓库等新兴技术在基本农田视频监控、灾害预警预报、宏观决策支持、国土资源管理辅助决策支持等方面开展了研究与探索。2015 年，土地整治工程技术人员作为首个土地类职业进入国家职业分类大典，是国家对土地整治行业在经济社会发展中地位的认可，对农用地质量与监控提出了更高的要求。

中国农用地质量发展研究报告(2015)是国土资源部农用地质量与监控重点实验室发布的第三卷年度发展研究报告，是实验室正式批准挂牌后的第一卷，同时也是实验室被正式批准科研实验类国土资源科普基地后的第一卷。延续前两卷的风格，全书主体分 5 个部分：第一部分为综合报告，主要对中国农用地质量概况、中国农用地质量变化监测和中国农用地质量研究框架进行介绍；第二部分为农用地质量专题研究报告，分别从农用地质量的 5 个方面论述研究进展与成果，也包括耕地保护科学与技术科普进展、国际经验的借鉴以及典型县域耕地等级监测示范基地建设进展；第三部分为科普工作年度纵览，主要是农用地质量相关的科普活动；第四部分为年度热点与大事记，主要为国土行业内部的农用地质量相关重大事件，国内外农用地质量相关研究热点问题；第五部分为相关链接，主要对国土行业之外的相关部门农用地质量热点进行搜集；第六部分为附录，主要对中央、相关部委关于农用地质量的法律与文件进行摘录。

本书由国土资源部农用地质量与监控重点实验室主要成员编著，全书由郧文聚和朱德海负责策划、统稿及总纂。除书中具名的作者或执笔人外，科普工作年度纵览由徐艳搜集整理，年度热点与大事记由程锋、赵玉领搜集整理，相关链接由吕雅慧、张超、李鹏山搜集整理，附录由张清春搜集整理。

在撰写报告的过程中,编著者参考、运用和吸收了国内外已有的成果、数据和资料,在此向有关部门和作者表示感谢。由于编著者水平有限,错误和不足之处在所难免,敬请读者批评指正。

编　者
2016 年 3 月

目　录

【相关链接】

【附录】

【综合报告】

中国农用地质量概况

1　农用地质量分等更新评价技术方法

1.1　工作背景及意义

耕地，是地球上最普遍的土地利用形式之一，也是受人类活动影响最大的土地类型。全球耕地占陆地总面积的10.2%，耕地的变化特征与动态已成为土地利用与土地覆被变化研究的重要内容。同时，耕地资源作为农业最主要的生产资料和农民最直接的劳动对象，是构成粮食综合生产能力的最基本要素之一，也是实现中国粮食安全的基础和保证。无论是经济发达国家还是发展中国家都非常重视耕地资源安全问题，因为耕地资源安全关乎国家经济安全、社会安全、生态安全等国家安全的方方面面。

我国人口多耕地少，能否解决粮食基本自给直接影响到我国的改革与发展以及社会稳定。面对我国未来粮食供求关系的4个“不会变总趋势”，即“人口增长的趋势不会变，耕地数量特别是人均耕地面积减少的趋势不会变，粮食需求总量不断增加的趋势不会变”，粮食安全问题在我国越发显得重要。

虽然我国耕地资源有限是不可改变的事实，但是可以在开发耕地后备资源的同时通过土地整治工程等措施提高已有耕地的质量，进而结合科学技术达到提高粮食产量的目的，所以新中国成立以来，耕地的数量和质量一直是国家高度关注的内容，其中耕地质量等别的更新评价就有着不可替代的重要意义：

(1)保障耕地质量的必然要求　随着人口的迅猛增长和城镇化加剧，我国人多地少、土地资源总体质量差、耕地后备资源严重不足、土地利用率低、建设用地供需矛盾比较突出等现实问题日益显著，也越来越引起国家政府的高度关注。在耕地面积大量减少的同时，耕地质量也在不断下降。因此，重视耕地质量建设、落实耕地质量评价、实现耕地的可持续利用和科学管理、确保国家粮食安全，在相当长的时期内，将是我国政府和研究者亟待解决的课题。然而，相对于耕地面积的有形减少，耕地质量的降低是隐形的，且其影响绝不亚于耕地数量的减少，尤其是新增耕地质量等级情况难以管控，导致耕地质量和生产能力受到影响，粮食安全更加难以保障。因此，进行新增耕地质量等别评定研究是保障耕地质量的必然要求。

(2)新增耕地质量管控的工作基础　目前，我国土地整治项目新增耕地质量高低意识淡薄，补充地块质量差，后续培肥措施不力，土壤酸化等原因造成新增耕地质量普遍存在耕地地力等级低，理化性状差，障碍因素突出，整体坡度较大等问题，许多地区新补充的耕地一般不能立即耕种，如果不能立即采取配套措施进行后续耕种培肥，必将造成水土流失和荒地。如何管控和提高新增耕地质量，使新增耕地能够迅速投入使用和产出农作物，是亟待研究的重要课题。因此，尽快开展新增耕地质量等别评定工作，是为新增耕地质量管控和提高打好工作基础的必经之路，是保障新增耕地的快速有效利用的重要措施。

(3)验收土地整治项目的重要依据　提高耕地质量是土地整治工作的主要目标之一。因此，在通过土地整治补充耕地的过程中，应对项目区耕地进行地力鉴定，对项目区土地进行宜耕评价，加强对土地开发整理区内耕地的环境管理，使得土地整治项目实施后耕地质量应比实施前高，新增耕地质量至少要与周边耕地质量相当或更高。然而，目前土地开发整理项目验收重点是对新增耕地数量、工程质量、资金使用状况核查，对耕地质量没有量化和实质性验收，且由于对新增耕地质量等别评定缺乏因地制宜地研究和应用，各地只能利用农用地分等定级、土壤地质调查测评分析、第二次土地调查等成果，进行新增耕地质量评价，土地整治项目效果难以有效把关和监测。因此，开展新增耕地质量的评定技术研究，确保土地整治项目中新增耕地的质量达标，是对土地整治项目有效验收和监测的重要依据，是保障耕地占补质量和数量双平衡的重要手段。

(4)利于土地管理工作的顺利进行　根据新增耕地质量等别评定成果，保证耕地占补平衡中“质”的平衡，而不仅仅是“量”的平衡；通过评定结果，合理的制定农村土地流转价格，同时又可以提高农村土地使用权流转过程的土地质量，并实现耕地的用养结合，保证农用地质量的稳定和提高；切实保护耕地资源；建立科学合理的耕地价格标准，促进农用地集约化、规模化经营；掌握我国耕地的地力状况、肥力状况、养分状况、土壤退化状况以及耕地综合生产能力的状况，从而提高耕地的综合生产能力，实现农田增产、农民增收、农业增效，促进农业的可持续发展。

所以自1999年起，国土资源部门通过国土资源大调查专项，历时10年，形成了基于一次土地详查及其变更调查的全国耕地质量等别成果。

由于建设占用、灾害损毁、农业结构调整、生态退耕、耕地开发、土地整治等活动，耕地的数量、质量、权属状况随时都在发生变化。通过年度土地变更调查，只能掌握耕地数量、权属的变化状况。为全面掌握年度内耕地现状变化及耕地质量建设引起的耕地质量等别变化情况，保持耕地质量等别数据的现势性，《国土资源部办公厅关于印发〈耕地质量等别调查评定与监测工作方案〉的通知》（国土资厅发〔2012〕60号）规定，从2014年开始在全国全面部署开展耕地质量等别年度更新评价工作。

1.2　工作目标及任务

由于通过年度土地变更调查只能掌握耕地数量和权属的变化状况，却无法实时地掌控其质量变化，所以从2014年开始在全国全面部署开展耕地质量等别年度更新评价工作，即农用地分等更新，通过开展耕地质量等别年度更新评价工作，全面掌握年度内耕地现状变化及耕地质量建设引起的耕地质量等别变化情况，保持耕地质量等别数据的现势性，服务于土地管理的日常工作，并为制定相关的耕地保护政策提供依据。

这项工作主要的任务是：在耕地质量等别调查评价、年度更新评价工作的基础上，按照《农用地质量分等规程》（GB/T 28407—2012）规定的技术方法，依据年度土地变更调查和土地整治项目评价，对年度内耕地增减变化（建设占用、灾害损毁、农业结构调整、生态退耕、补充开发）及耕地质量建设（土地整治、农业综合开发、农田水利建设等）等引起的耕地质量等别变化，进行耕地质量等别年度更新评价，生成耕地质量等别年度更新评价数据包，更新耕地质量等别数据库，并形成耕地质量等别年度更新评价分析报告。

1.3　工作原则

农用地分等年度更新，即耕地质量等别年度更新评价工作，应遵循“评价方法不变、基本参数稳定、适当补充调查”的原则，具体要求为：

(1)县域耕地现状与变化数据应与相应年度土地变更调查数据一致。

(2)进行耕地质量等别年度更新评价时，要依据《农用地质量分等规程》(GB/T 28407—2012)(以下简称“规程”)确定的技术方法和步骤，进行耕地质量等别评定。

(3)进行耕地质量等别年度更新评价时所采用的因素指标区、标准耕作制度、指定作物、光温(气候)生产潜力指数、产量比系数、分等因素及分级标准、分等因素权重等基本参数，应与耕地质量等别补充完善工作采用的参数一致。

(4)进行等别评定时，要结合项目情况，对分等因素、土地利用水平、投入产出水平等进行适当的补充调查，当耕地的利用水平、投入一产出水平等发生变化时，应按照规程规定的方法，重新测算变化区域内的土地利用系数和经济系数，将重新测算结果直接赋给对应的耕地图斑，系数等值区不必做任何修改。

(5)要考虑土地整治、农业综合开发、农田水利建设等项目特点，耕地质量等别评定时要依据长期耕种、肥力相对稳定的耕地条件来进行评定，保证成果的科学性、现实性和可比性。

1.4 工作思路及技术流程

依据全国统一制定的标准耕作制度，以指定作物的光温(气候)生产潜力为基础，通过对土地自然质量、土地利用水平、土地经济水平逐级订正，综合评定农用地等别。具体步骤为：资料收集整理与外业调查；划分指标区、确定指标区分等因素及权重；划分分等单元并计算农用地自然质量分；查指定作物的光温(气候)生产潜力指数表，计算农用地自然等指数；计算土地利用系数及农用地利用等指数、土地经济系数；计算农用地经济等指数；划分与校验农用地自然等别、利用等别、经济等别和整理、验收成果。

围绕耕地质量等别年度更新评价的目标和任务，依据规程，在耕地质量等别调查评价和年度更新评价工作的基础上，以县为单位对年度内耕地增减变化及耕地质量建设等引起质量等别变化的耕地进行更新评价，生成耕地质量等别年度更新数据包，更新耕地质量等别数据库，编写耕地质量等别年度更新评价分析报告。经逐级检查和汇总，形成国家、省、县级年度更新评价成果，技术路线见图1-1(具体操作程序、方法及成果数据等相关要求，见国土资源部颁布的《耕地质量等别年度更新评价技术手册》)。

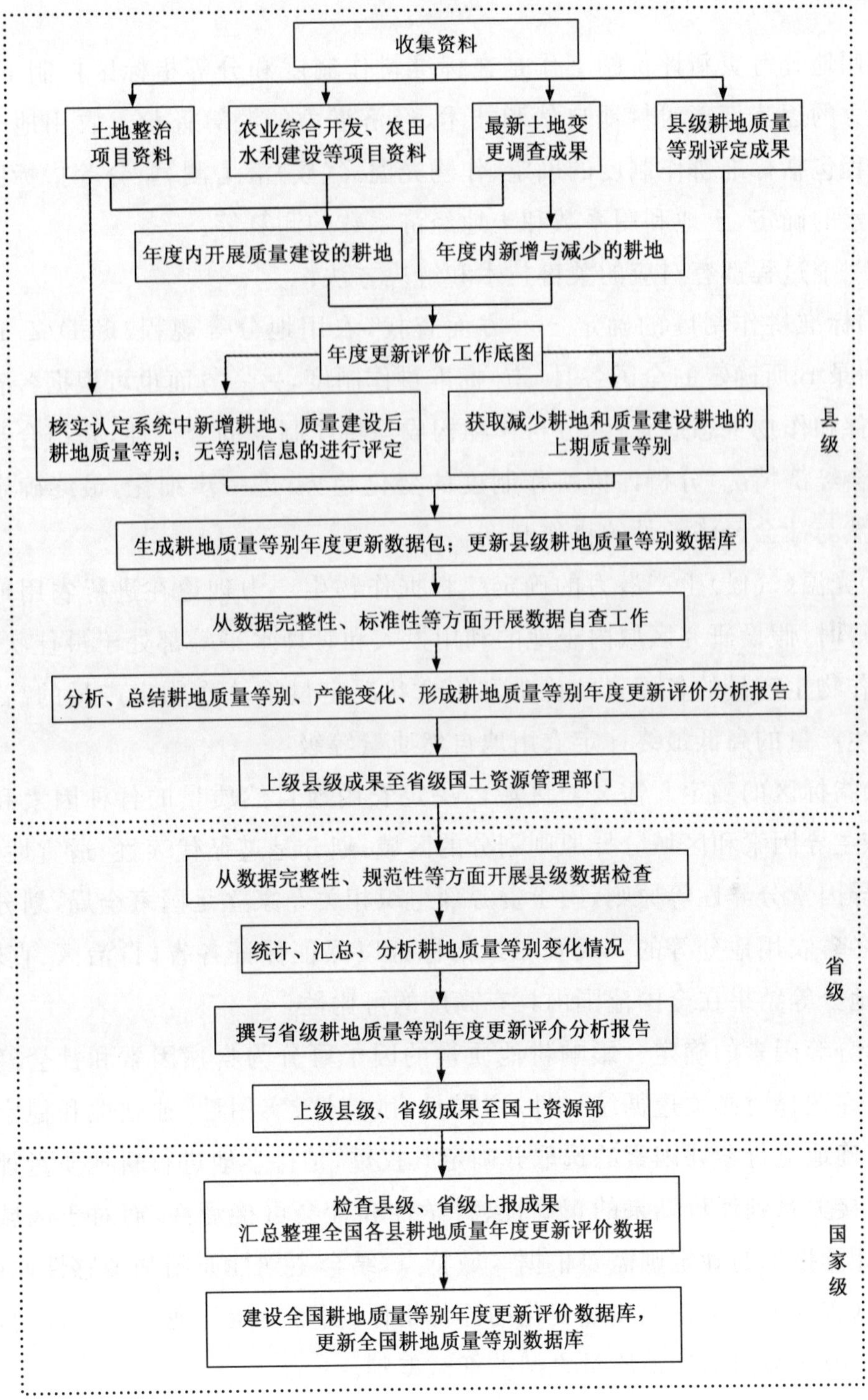

图 1-1　耕地质量等别年度更新评价技术路线

1.5 关键技术及方法

农用地分等更新评价的工作是在标准耕作制度和分等指标区控制下，通过耕地潜力的逐步订正对耕地自然和技术、经济潜力的测算评价。农用地分等的主要过程包括标准耕作制度的确定、作物光温(气候)潜力测算、分等指标区及其分等因素的确定、土地利用系数和土地经济系数的测算等。

每一个过程都有对应的关键技术和解决方法：

(1)标准耕作制度的确定　一方面查找《农用地分等规程》(TD/T 1004—2003)附录B所确定的全国各县(市)标准耕作制度，另一方面也可根据各省区域气候条件和作物生态适宜性，分析作物构成与耕作制度的合理性，并结合当地人口与社会经济情况，分析评价耕作制度的变化趋势，进一步细化，最终确定适宜各地自然与社会经济条件的耕作制度。

(2)光温(气候)生产潜力的确定　根据作物生产力理论在进行农用地自然质量分等时，假设研究区域内土地的利用投入和管理水平等都处于最佳状态，只用影响作物生产量的各因素的优劣和组合状况定量推算作物生产量的高低，根据作物生产量的高低最终评定农用地自然质量等级。

(3)指标区的确定　需要对区域内决定农用地自然质量的各种因素和因素组合，依主导因素和区域分异原则划分的区域，划分是遵循代表性、适宜性、一致性和主导因素分异性等原则，国土资源部组织相关专家立足国家全局，划分了宏观调控各省农用地分等的一级及二级指标区以保证保证各省(自治区、直辖市)的农用地分等结果在全国范围内具有高度的可比性。

(4)分等因素的确定　影响耕地质量的因子可分为自然因素和社会经济因素两类，在选择时必须遵循统一性、主导性、敏感性、实用性、独立性和稳定性等原则，正确地进行参评因素的选取并确定其权重，是科学地进行耕地质量评价的前提，直接关系到评价结果的正确性、科学性和社会可接受性，而对于区域性耕地质量评价指标的确定则需要根据区域特点，结合主导性原则和敏感性原则，选取能够真实反映区域耕地质量变化的评价指标，而不一定拘泥于统一规则，目的是能够反映区域内部耕地质量之间的细微差别。

(5)分等因素权重的确定　选择评价因素并确定权重方法包括经验判断指数和法、层次分析法(AHP)、模糊综合评价法、主成分分析法(Principal Component Analysis，简称PCA)、回归分析法、决策树法和灰色关联度分析法等，其中应用较多的是经验判断指数和法、层次分析法、模糊综合评价法等。其中层次分析法是最常用的方法，其基本原理是把复杂问题中的各个因素按照相互之间的隶属关系排成从高到低的若干层次，根据对一定客观现实的判断就同一层次相对重要性相互比较的结果，决定该层次各元素重要性先后次序，是在定性方法基础上发展起来的定量确定评价因素权重的一种系统分析方法，这种方法可将人们的经验思维数量化，用以检测决策者判断的一致性，有利于实现定量化评价。

(6)土地利用系数与土地经济系数的确定　土地利用系数是用来修正土地自然质量，是运用土地利用评价的方法对土地等别进行长期土地利用状况方面的修正，使其达到接近土地的实际产出水平的系划。土地利用系数反映了由于区位、科学技术水平、投入意愿等原因造成的生产力差别，可以进行农用地自然质量等的修正，对未来挖掘农用地生产潜力起到指示作用。不同的社会经济条件、科学技术水平和生产集约化水平能使潜力相同的土地表现出不同的生产能力，从而获得不同的土地产出，产生不同的土地利用系数。一般来说，投入越多，管理水平越高，土地的生产潜力发挥越充分，土地的利用系数越大。外业调查前，应对收集到的指定作物产量统计数据进行整理，以村为单位，根据指定作物的实际单产，初步划分指定作物的土地利用系数等值区。依据初步划分的等值区，在所有的行政村内分不同产量水平，分层设置一定数量的样点，并根据土地分等规程中的计算步骤计算出样点的指定作物土地利用系数。

土地经济系数是采用土地经济评价的方法进一步对土地等别进行土地投入产出方面的修正，其理论依据是土地报酬递减率理论，土地经济系数反映社会平均生产条件下相对收益的程度，是将农用地的投入和产出加以综合比较后形成的一个无量纲的数值。相同的土地生产潜力和土地利用水平下，耕地的作物生产量相同，经营收益不一定相同。社会经济条件不同，造成农用地在相同产量情况下取得不同的经济收益。因此，为了满足经济活动的需要，农用地分等中对农用地现实产量进行投入—产出效益即土地经济系数修正，得到农用地农业生产经营可能得到的经济产量，即经济生产力(生产率)。外业调查前，应根据收集到统计资料，以村为单位计算“产量－成本”指数，按照各村“产量－成本”指数的大小，初步划分土地经济系数等值区。样点的指定作物土地经济系数据下式计算：$Kc=a/A$(其中：Kc 为样点的指定作物土地经济系数；a 为样点的指定作物“产量－成本”指数；A 为指定作物“产量－成本”指数的全国最大值)。

1.6 实施过程及步骤

1.6.1 资料收集

(1)上一年度的县级耕地质量等别评价成果,包括图件、数据库、表册和报告等。

(2)经部确认的更新评价年度的土地变更调查数据库。

(3)年度内验收的各级各类土地整治项目(包括一般土地整治项目、重大工程项目、高标准基本农田建设项目、城乡建设用地增减挂钩项目、工矿废弃地复垦项目等)科研、设计和竣工验收资料,以及项目耕地质量等别评定资料。

(4)年度内由农业、水利等其他部门组织完成的中低产田改造、农业综合开发、农田水利建设等项目的设计、验收资料。

1.6.2 制作年度更新评价工作底图

年度更新评价工作底图包括2个图层:一是年度更新评价耕地图斑图层,用来存储可以上图的新增、减少、质量建设耕地图斑信息;二是年度更新评价零星耕地图层,用来存储新增、减少、质量建设的零星耕地信息。

(1)获取新增的耕地

①从年度土地变更调查增量数据包中,提取年度内因实施土地开发复垦项目、农民自主开发、农业结构调整或其他原因新增的耕地图斑,复制存储到年度更新评价耕地图斑图层。

②从年度土地变更调查增量数据包中,提取年度内新增的零星耕地,复制存储到年度更新评价零星耕地图层。

③由于田坎、沟渠减少使得耕地净面积增加的图斑,只需要把属性信息复制存储到年度更新评价零星耕地图层的属性表中。

注:若新增耕地与质量建设耕地图斑重叠,则应按新增耕地图斑处理。

(2)获取减少耕地图斑

①从年度土地变更调查增量数据包中提取年度内因建设占用、灾害损毁、农业结构调整、生态退耕等原因减少的耕地图斑,复制存储到年度更新评价耕地图斑图层。

②从年度土地变更调查增量数据包中,提取年度内减少的零星耕地,复制存

储到年度更新评价耕地图斑图层。

③由于田坎、沟渠增加使得耕地净面积减少的图斑，只需要把属性信息复制存储到年度更新评价零星耕地图层属性表中。

注：若减少耕地与质量建设耕地图斑重叠，则应按减少耕地图斑处理。

(3)获取质量建设耕地图斑

①收集、整理年度内通过验收并且完成土地利用现状变更的土地整治项目、农业综合开发、农田水利建设等项目资料，通过项目竣工验收图或规划设计图与土地利用数据库中的地类图斑图层叠加，提取与项目区范围相交的耕地图斑，复制存储到年度更新评价耕地图斑图层。

注：获取质量建设的耕地图斑的操作中，应不打破土地利用的地类图斑，即在提取相交关系的耕地图斑时，应将该完整的耕地图斑复制存储到年度更新评价耕地图斑图层中。

②零星的质量建设耕地只需提取属性信息复制存储到年度更新评价零星耕地图层属性表中。

1.6.3 获取年度更细评价图层中各图斑的等别信息

(1)获取减少耕地图斑和质量建设耕地建设前的等别信息　将年度更新评价工作底图与上一年度耕地质量等别图进行图形叠加，读取并获得减少耕地图斑和质量建设耕地图斑建设前的等别信息。

(2)获取新增耕地和质量建设耕地建设后的等别信息　已开展土地整治项目耕地质量等别评定的，从农村土地整治监测监管系统、项目资料信息中，直接获取耕地质量等别评定信息，经核实确认无误后，直接使用评定结果；未开展耕地质量等别评定工作和核实确认有误的，利用项目相关资料，适当开展外业补充调查获取相关属性信息，按照规程规定的技术方法，进行耕地质量等别评定。

1.6.4 生成耕地质量等别年度更新数据包

整理年度更新评价成果，按照耕地质量等别年度更新数据包结构定义要求，生成耕地质量等别年度更新数据包。

1.6.5 更新县级耕地质量等别数据库

(1)更新县级分等单元层　将更新评价年度土地利用数据库中的耕地图层，与上一年度分等单元层、年度更新评价耕地图斑图层进行叠加，获取耕地图斑的质量等别评定属性数据。

(2)更新零星耕地图层　将更新评价年度土地利用数据库中的零星耕地图层,与上一年度零星分等单元图层、年度更新评价零星耕地图层进行叠加,获取零星耕地的质量等别评定属性数据

整理评价相关成果,按照“数据库标准”的要求,更新县级耕地质量等别数据库。

注1:耕地质量等别数据库中的耕地图斑位置、形状、面积等信息应与土地变更调查数据库保持一致,不得对图斑进行切割与合并。

注2:若耕地质量等别数据库中的分等单元是由年度更新数据包中的耕地图斑与上一年度分等单元合并而来,则需在“县级分等单元属性结构描述表”中进行标注,具体标注内容参见“数据库标准”。

注3:若更新评价年度土地利用数据库中的耕地图斑,是由上一年度分等单元与年度更新数据包中的更新评价耕地图斑合并产生,同时,年度更新数据包中的更新评价耕地图斑又不是补充耕地时,则由耕地图斑面积大小,决定全库耕地图斑的属性评价信息;但若年度更新数据包中的更新评价耕地图斑为补充耕地的新增耕地图斑时,则全库耕地图斑的属性评价信息与补充耕地图斑的等别评价属性信息保持一致。

1.6.6　县级数据自查

数据更新完成后,技术承担单位应根据相关技术标准,从数据完整性、规范性、一致性、合理性等方面开展县级数据自查工作。

1.6.7　形成县级分析报告

分析、总结年度内耕地面积、质量等别、产能、分布的变化特征,形成县级耕地质量等别年度更新评价分析报告。

1.6.8　县级成果上报

通过检查后将成果上报至省级国土资源管理部门。上报内容包括县级耕地质量等别年度更新数据包、县级耕地质量等别数据库、县级耕地质量等别年度更新评价分析报告等。

1.6.9　省级对县级成果进行质量检查

省级国土资源管理部门接收县级上报的数据成果后,按照相关技术标准,对

上报成果进行完整性、规范性、一致性、合理性检查。

1.6.10 编制省级耕地质量等别年度更新评价分析报告

统计、汇总、分析年度内省级区域内耕地面积、质量等别、产能、分布的变化特征，形成省级耕地质量等别年度更新评价分析报告。

1.6.11 成果上报

省级国土资源管理部门按照规定的时间，将县级、省级成果上报到国土资源部。

1.6.12 国家级汇总建库

国家对省级上报的县级、省级耕地质量等别年度更新评价成果进行核查后，由国家组织全国耕地质量等别年度更新评价数据入库。

2 农用地质量现状及变化趋势

2.1 质量等别结构

全国耕地质量等别调查与评定总面积为 13 493.82 万公顷(202 407.32 万亩)，全国耕地评定为 15 个等别，1 等耕地质量最好，15 等最差。

国家自然等中以 6—12 等耕地为主，面积均大于 1 000 万公顷，占全国耕地评定总面积的 76.5%，采用等别面积加权法，计算得到全国耕地平均自然等为 9.42 等，等别总体偏低，高于平均自然等的 1—9 等地占全国耕地评定总面积的 46.9%，低于平均质量等别的 10—15 等地占 53.1%(表 1-1)。

国家利用等中以 7—13 等耕地为主，面积均大于 1 000 万公顷，占全国耕地评定总面积的 78.5%，采用等别面积加权法，计算得到全国耕地平均利用等为 9.97 等，等别总体偏低，高于平均利用等的 1—9 等地占全国耕地评定总面积的 39.8%，低于平均质量等别的 10—15 等地占 60.2%(表 1-2)。

表 1-1　全国耕地自然等面积比例

等别	面积		比例
	按公顷汇总(万公顷)	按亩汇总(万亩)	
1	58.17	872.62	0.4
2	171.66	2 574.97	1.3
3	269.17	4 037.60	2.0
4	284.73	4 270.93	2.1
5	374.68	5 620.13	2.8
6	1 229.40	18 441.03	9.1
7	1 296.37	19 445.57	9.6
8	1 123.92	16 858.86	8.3
9	1 525.48	22 882.21	11.3
10	1 976.94	29 654.08	14.7
11	1 834.26	27 513.89	13.6
12	1 336.68	20 050.27	9.9
13	969.02	14 535.30	7.2
14	556.29	8 344.37	4.1
15	487.03	7 305.47	3.6
合计	13 493.82	202 407.32	100.0

表 1-2　全国耕地利用等面积比例

等别	面积		比例
	按公顷汇总(万公顷)	按亩汇总(万亩)	
1	43.88	658.25	0.3
2	58.97	884.53	0.4
3	113.60	1 704.02	0.8
4	170.07	2 551.07	1.3
5	360.82	5 412.24	2.7
6	884.50	13 267.50	6.6
7	1 137.44	17 061.61	8.4
8	1 194.86	17 922.84	8.9
9	1 405.96	21 089.45	10.4
10	1 787.52	26 812.75	13.2
11	2 047.47	30 711.98	15.2
12	1 894.03	28 410.50	14.0
13	1 128.83	16 932.41	8.4
14	776.10	11 641.44	5.8
15	489.78	7 346.73	3.6
合计	13 493.82	202 407.32	100.0

国家经济等中以7—13等耕地为主，面积均大于1 000万公顷，占全国耕地评定总面积的80.0%，采用等别面积加权法，计算得到全国耕地平均经济等为10.19等，等别总体偏低，高于平均经济的1—10等地占全国耕地评定总面积的50.3%，低于平均质量等别的11—15等地占49.3%(表1-3)。

表1-3 全国耕地经济等面积比例

等别	面积		比例
	按公顷汇总(万公顷)	按亩汇总(万亩)	
1	35.02	525.37	0.3
2	44.61	669.13	0.3
3	91.45	1 371.80	0.7
4	161.18	2 417.71	1.2
5	286.58	4 298.73	2.1
6	659.69	9 895.37	4.9
7	1 032.32	15 484.85	7.7
8	1 270.03	19 050.46	9.4
9	1 416.60	21 249.03	10.5
10	1 789.36	26 840.46	13.3
11	2 073.55	31 103.29	15.4
12	1 897.35	28 460.21	14.1
13	1 310.32	19 654.79	9.7
14	962.07	14 431.12	7.1
15	463.67	6 954.98	3.4
合计	13 493.82	202 407.31	100.0

将全国耕地按照1—4等、5—8等、9—12等、13—15等划分为优等地、高等地、中等地和低等地，四种类型。

国家自然等中，优等地面积为783.73万公顷(11 756.12万亩)，占全国耕地评定总面积的5.8%；高等地面积为4 024.37万公顷(60 365.59万亩)，占全国耕地评定总面积的29.8%；中等地面积为6 673.36万公顷(100 100.45万亩)，占全国耕地评定总面积的49.5%；低等地面积为2 012.34万公顷(30 185.14万亩)，占全国耕地评定总面积的14.9%(图1-2)。

国家利用等中，优等地面积为386.52万公顷(5 797.87万亩)，占全国耕地评定总面积的2.9%；高等地面积为3 577.62万公顷(53 664.19万亩)，占全国耕地评定总面积的26.5%；中等地面积为7 134.98万公顷(107 024.68万亩)，

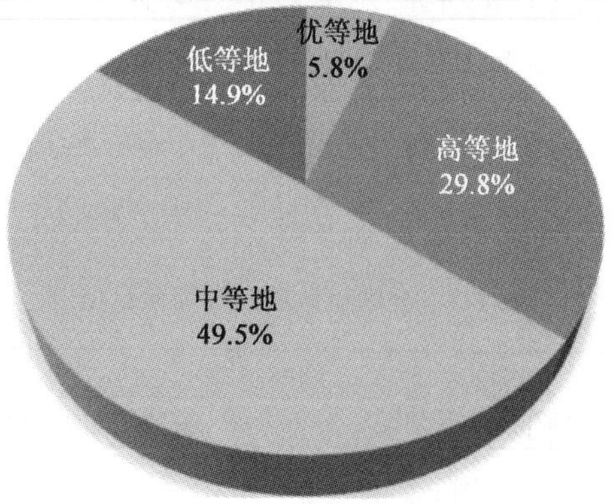

图 1-2　全国优高中低自然等耕地面积比例构成

占全国耕地评定总面积的 52.9%;低等地面积为 2 394.71 万公顷(35 920.58 万亩),占全国耕地评定总面积的 17.7%(图 1-3)。

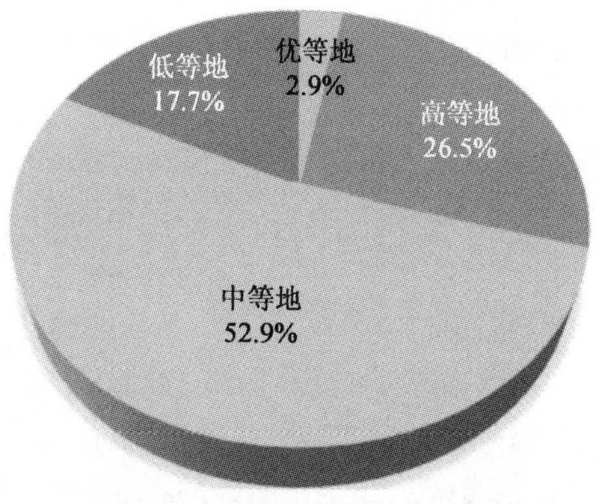

图 1-3　全国优高中低利用等耕地面积比例构成

国家经济等中,优等地面积为 332.26 万公顷(4 984.01 万亩),占全国耕地评定总面积的 2.5%;高等地面积为 3 248.62 万公顷(48 729.41 万亩),占全国耕地评定总面积的 24.1%;中等地面积为 7 176.86 万公顷(107 652.99 万亩),占全国耕地评定总面积的 53.2%;低等地面积为 2 736.06 万公顷(41 040.89 万亩),占全国耕地评定总面积的 20.3%(图 1-4)。

根据全国耕地质量等别面积累积曲线(图 1-5)可以看出,三种等别面积积累趋势非常一致,均呈现优等地所占比例小,并且随等别降低,曲线上升缓慢;而优、高等地累积百分比达到 26%～36%,随等别降低,面积迅速增加;中等地面积占全国评定总面积的 50%左右,优高中等地累积百分比达到 75%～80%;低等地所占比例较小，曲线上升减缓。

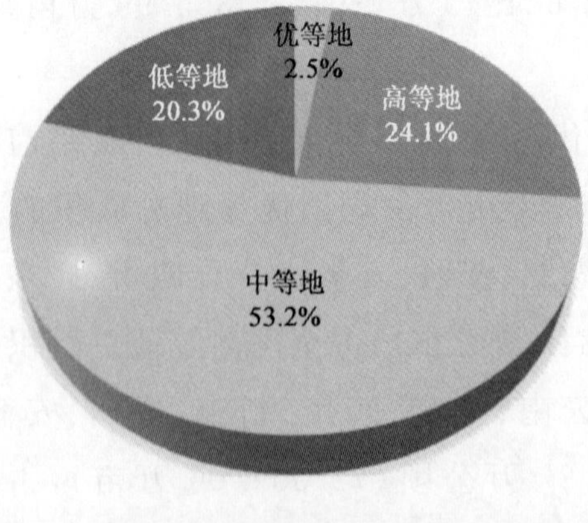

图 1-4　全国优高中低经济等耕地面积比例构成

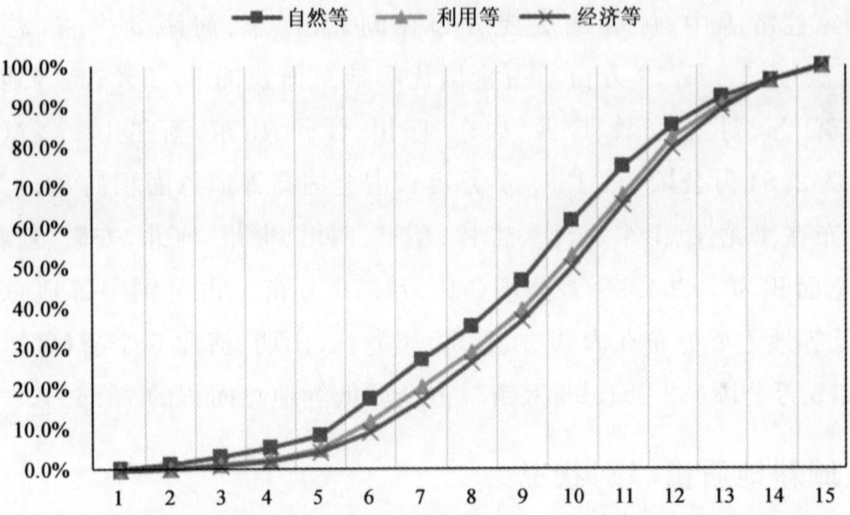

图 1-5　全国耕地质量等别面积累积曲线

2.2　质量等别空间分布

从优、高、中、低等地在全国的分布来看，在国家自然等中：优等地主要分布在湖北、湖南、广东 3 个省，总面积为 726.35 万公顷(10 895.24 万亩)，占全国优等地总面积的 92.7%；高等地主要分布在河南、山东、江苏、安徽、河北、湖南 6 个省(区)，总面积为 2 774.38 万公顷(41 615.77 万亩)，占全国高等地总面积的 68.9%；中等地主要分布在黑龙江、吉林、云南、四川、新疆、辽宁、贵州、河北、山西、广西、重庆、江西 11 个省(区)，总面积为 5 585.62 万公顷(83 784.30 万亩)，占全国中等地总面积的83.7%;低等地主要分布在内蒙古、甘肃、黑龙江、陕西4个省(区),总面积为1 624.40万公顷(24 365.96万亩),占全国低等地总面积的80.7%。

在国家利用等中:优等地主要分布在湖北、湖南、广东3个省,总面积为350.98万公顷(5 264.63万亩),占全国优等地总面积的90.8%;高等地主要分布在河南、江苏、山东、湖北、江西、安徽、广西、四川、广东9个省(区),总面积为2 852.31万公顷(42 784.66万亩),占全国高等地总面积的79.7%;中等地主要分布在黑龙江、吉林、云南、辽宁、四川、新疆、贵州、安徽、河北、山东10个省(区),总面积为5 267.27万公顷(79 009.06万亩),占全国中等地总面积的73.8%;低等地主要分布在内蒙古、甘肃、黑龙江、河北、山西5个省(区),总面积为1 884.64万公顷(28 269.53万亩),占全国低等地总面积的78.7%。

在国家经济等中:优等地主要分布在湖北、广东、河南3个省,总面积为266.54万公顷(3 998.13万亩),占全国优等地总面积的80.2%;高等地主要分布在河南、江苏、湖北、安徽、广西、广东、四川、江西、山东、新疆10个省(区),总面积为2 742.54万公顷(41 138.17万亩),占全国高等地总面积的84.4%;中等地主要分布在黑龙江、山东、云南、吉林、辽宁、四川、贵州、河北、安徽、新疆10个省(区),总面积为5 304.98万公顷(79 574.76万亩),占全国中等地总面积的73.9%;低等地主要分布在内蒙古、甘肃、黑龙江、山西、河北5个省(区),总面积为2 150.13万公顷(32 251.96万亩),占全国低等地总面积的78.6%。

2.3 区域耕地质量等别状况

全国划分为西部地区、东北地区、中部地区和东部地区4个经济区。

东部地区包括北京、天津、河北、上海、江苏、浙江、福建、山东、广东、海南等10个省(市),全区耕地评定总面积为2 637.90万公顷(39 568.54万亩)。国家自然等中,平均等别为7.14等,以5—10等为主,占全区评定总面积的83.2%,广东平均等别最高,为3.72等,河北最低,为9.57等;国家利用等中,平均等别为8.29等,以5—11等为主,占全区评定总面积的85.4%,广东平均等别最高,为5.49等,河北最低,为10.82等;国家经济等中,平均等别为9.13等,以7—13等为主,占全区评定总面积的88.9%,上海平均等别最高,为5.87等,河北最低,为11.18等(图1-6)。

东部地区国家自然等中,优等地面积为225.41万公顷(3 381.14万亩),占

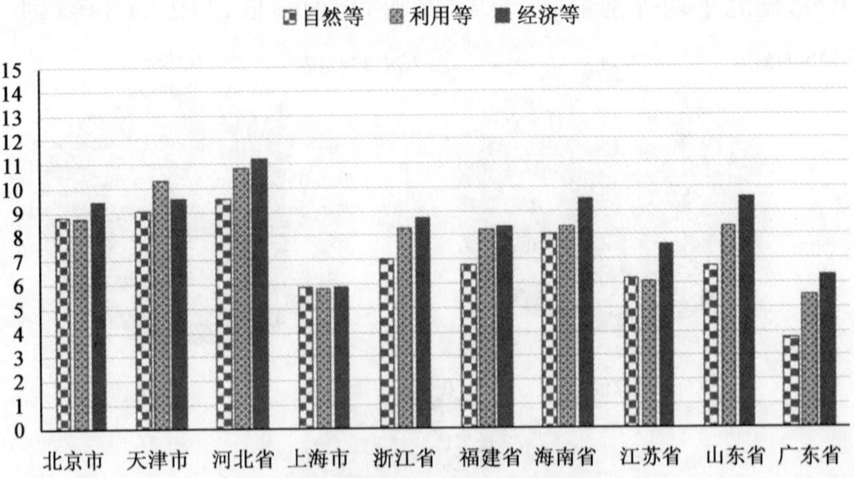

图 1-6 东部地区各省(市)耕地平均质量等别

全区耕地评定总面积的 8.5%,主要分布在广东、浙江等省;高等地面积较大,为 1 811.75 万公顷(27 176.28 万亩),占 68.7%,主要分布在山东、江苏、河北、浙江、福建等省(市);中等地面积为 514.96 万公顷(7 724.37 万亩),占 19.5%;低等地面积为 85.8 万公顷(1286.75 万亩),占 3.3%;国家利用等中,优等地面积为 76.60 万公顷(1 148.95 万亩),占全区耕地评定总面积的 2.9%,主要分布在浙江、福建等省;高等地面积较大,为 1 456.17 万公顷(21 842.60 万亩),占 55.2%,主要分布在山东、江苏、河北、浙江等省(市);中等地面积为 913.85 万公顷(13 707.68 万亩),占 34.6%;低等地面积为 191.29 万公顷(2 869.31 万亩),占 7.3%;国家经济等中,优等地面积为 50.55 万公顷(758.29 万亩),占全区耕地评定总面积的 1.9%,主要分布在广东、浙江等省;高等地面积为 1 071.24 万公顷(16 068.57 万亩),占 40.6%,主要分布在江苏、山东、广东等省(市);中等地面积较大,为 1 295.16 万公顷(19 427.34 万亩),占 49.1%;低等地面积为 220.96 万公顷(3 314.34 万亩),占 8.4%(图 1-7)。

中部地区包括山西、江西、安徽、河南、湖北、湖南等 6 个省,全区耕地评定总面积为 3 058.22 万公顷(45 873.23 万亩)。国家自然等中,平均等别为 7.13 等,以 3—10 等为主,占全区评定总面积的 83.6%,湖北平均等别最高,为 4.67 等,山西最低,为 10.90 等;国家利用等中,平均等别为 8.01 等,以 5—10 等为主,占全区评定总面积的 72.6%,湖北平均等别最高,为 5.42 等,山西最低,为 12.02 等;国家经济等中,平均等别为 8.37 等,以 5—11 等为主,占全区评定总面积的 72.0%,湖北平均等别最高,为 5.47 等,山西最低,为 13.03 等(图 1-8)。

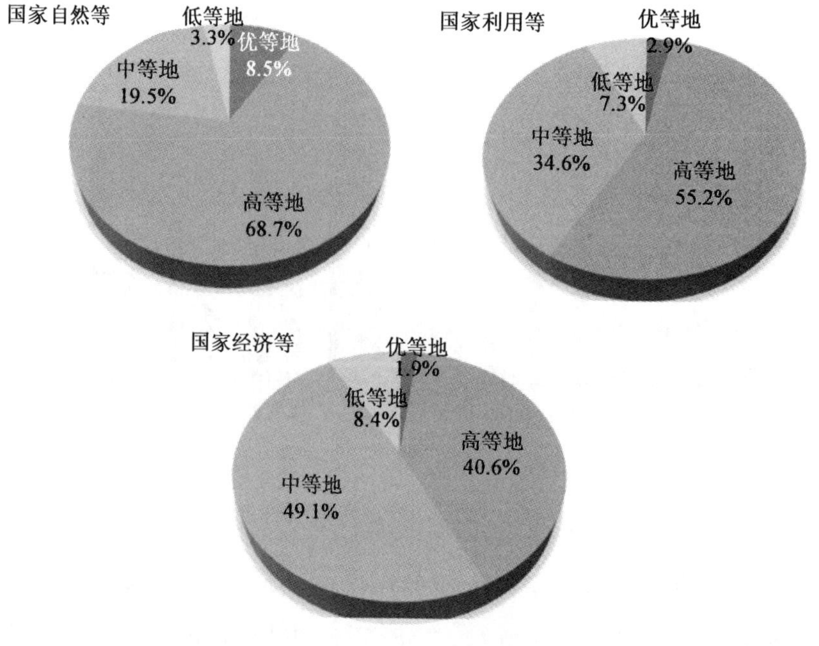

图 1-7　东部地区优高中低等地面积比例

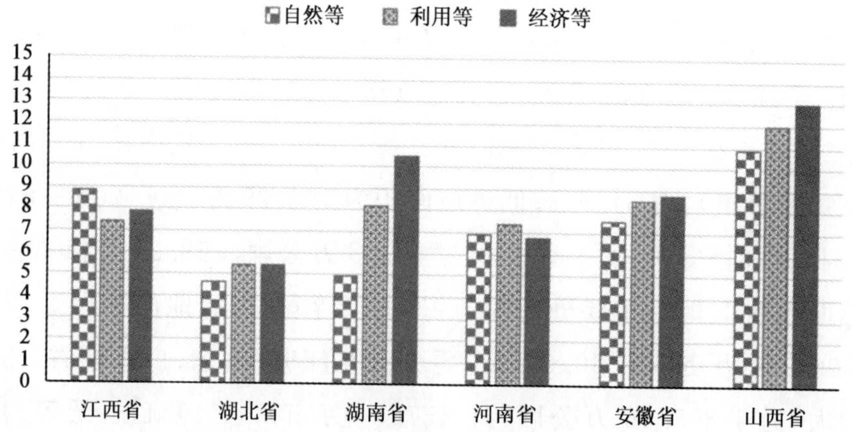

图 1-8　中部地区各省(市)耕地平均质量等别

中部地区国家自然等中,优等地面积为 558.22 万公顷(8 373.24 万亩),占全区耕地评定总面积的 18.3%,主要分布在湖北、湖南等省;高等地面积较大,为1 606.53 万公顷(24 097.88 万亩),占 52.5%,主要分布在河南、安徽等省(市);中等地面积为 789.63 万公顷(11 844.43 万亩),占 25.8%;低等地面积为 103.85 万公顷(1 557.68 万亩),占 3.4%;国家利用等中,优等地面积为 305.31

万公顷(4 579.62 万亩),占全区耕地评定总面积的 10.0%,主要分布在湖北、湖南等省;高等地面积较大,为 1 521.23 万公顷(22 818.52 万亩),占 49.7%,主要分布在河南、湖北、江西、安徽、湖南等省(市);中等地面积为 1 003.82 万公顷(15 057.26 万亩),占 32.8%;低等地面积为 227.86 万公顷(3 417.83 万亩),占 7.5%;国家经济等中,优等地面积为 271.96 万公顷(4 079.47 万亩),占全区耕地评定总面积的 8.9%,主要分布在湖北省;高等地面积较大,为 1 454.98 万公顷(21 824.71 万亩),占 47.6%,主要分布在河南、湖北、安徽等省(市);中等地面积为 896.17 万公顷(13 442.54 万亩),占 29.3%;低等地面积为 435.10 万公顷(6 526.50 万亩),占 14.2%(图 1-9)。

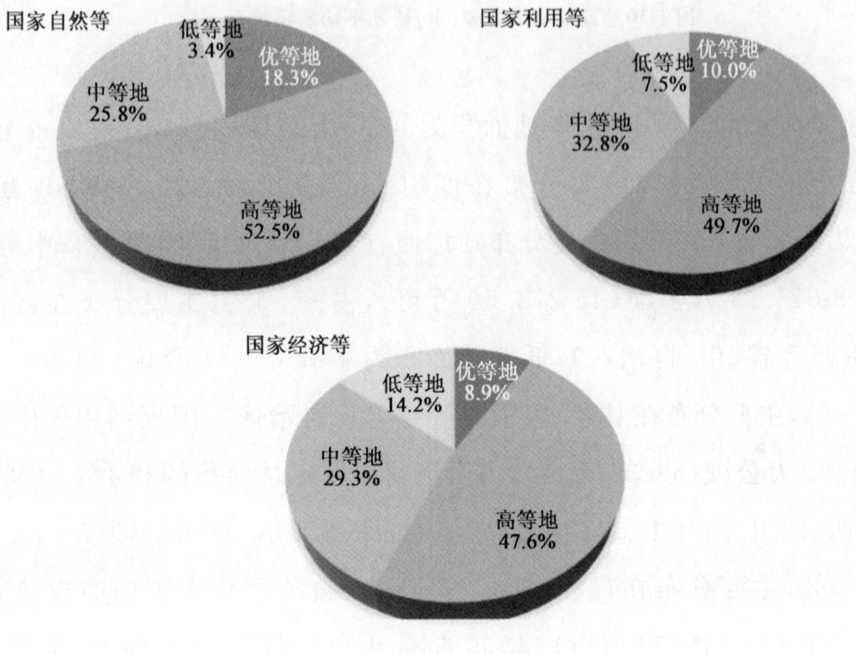

图 1-9 中部地区优高中低等地面积比例

西部地区包括内蒙古、广西、重庆、四川、贵州、云南、西藏、陕西、甘肃、青海、宁夏、新疆等 12 个省(区、市)。国家自然等中,平均等别为 11.22 等,以 9—15 等为主,占全区评定总面积的 90.0%,广西平均等别最高,为 8.44 等,内蒙古最低,为 14.00 等;国家利用等中,平均等别为 11.33 等,以 8—15 等为主,占全区评定总面积的 94.3%,广西平均等别最高,为 8.49 等,内蒙古最低,为14.04 等;国家经济等中,平均等别为 11.10 等,以 8—15 等为主,占全区评定总面积的 93.5%,广西平均等别最高,为 8.43 等,内蒙古最低,为 13.83 等(图 1-10)。

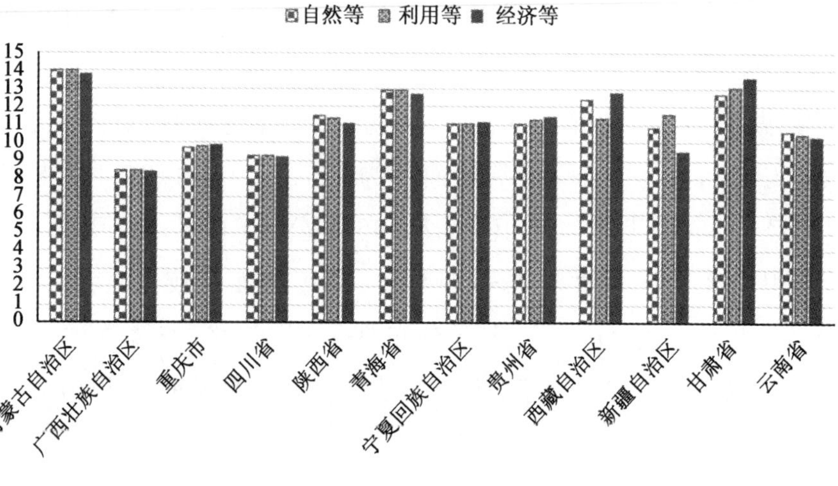

图 1-10　西部地区各省(市)耕地平均质量等别

西部地区国家自然等中,优等地面积为 0.12 万公顷(1.74 万亩),占全区耕地评定总面积的 0.002%,主要分布在四川省;高等地面积为 498.49 万公顷(7 477.31 万亩),占 10.0%,主要分布在广西、四川等省(市、自治区);中等地面积较大,为 3 018.23 万公顷(45 273.50 万亩),占 60.3%,主要分布在云南、四川、新疆、贵州等省(市、自治区);低等地面积为 1 486.96 万公顷(22 304.41 万亩),占 29.7%,主要分布在甘肃、内蒙古等省(市、自治区);国家利用等中,优等地面积为 4.62 万公顷(69.30 万亩),占全区耕地评定总面积的 0.1%,主要分布在广西、山西、四川等省(市、自治区);高等地面积为 576.05 万公顷(8 640.82 万亩),占 11.5%,主要分布在广西、四川等省(市、自治区);中等地面积较大,为 2827.50 万公顷(42 412.50 万亩),占 56.5%,主要分布在云南、四川、新疆、贵州等省(市、自治区);低等地面积为 1 595.62 万公顷(23 934.34 万亩),占 31.9%,主要分布在内蒙古、甘肃、陕西等省(市、自治区);国家经济等中,优等地面积为 9.75 万公顷(146.26 万亩),占全区耕地评定总面积的 0.2%,主要分布在云南、陕西、广西等省(市、自治区);高等地面积为 698.93 万公顷(10 483.88 万亩),占 14.0%,主要分布在广西、四川、新疆等省(市、自治区);中等地面积较大,为 2 748.94 万公顷(41 234.11 万亩),占 54.9%,主要分布在云南、四川、贵州、新疆等省(市、自治区);低等地面积为 1 546.18 万公顷(23 192.71 万亩),占 30.9%(图 1-11)。

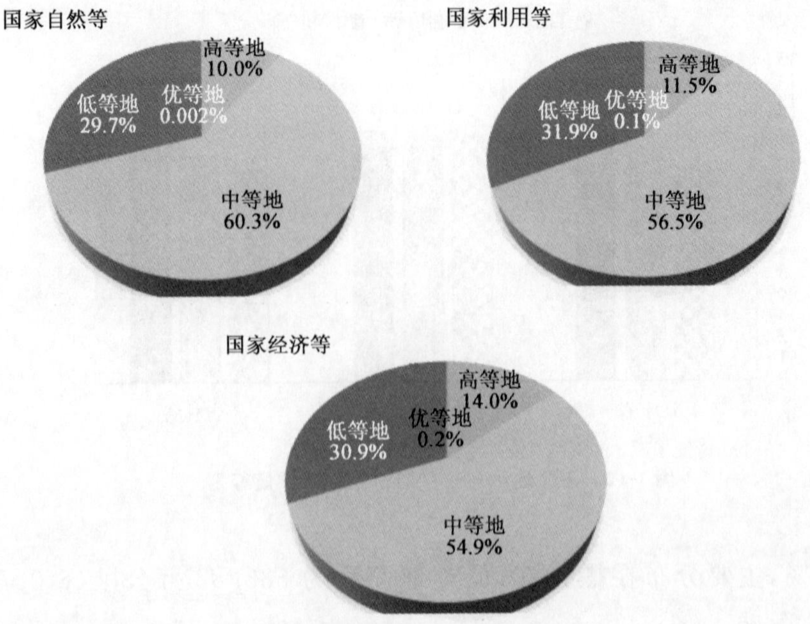

图 1-11　西部地区优高中低等地面积比例

东北地区包括辽宁、吉林、黑龙江等 3 个省。国家自然等中，平均等别为 10.84 等，以 9—13 等为主，占全区评定总面积的 95.3%，吉林平均等别最高，为 9.97 等，黑龙江最低，为 11.47 等；国家利用等中，平均等别为 11.25 等，以 9—13 等为主，占全区评定总面积的 97.4%，吉林平均等别最高，为 10.67 等，黑龙江最低，为 11.54 等；国家经济等中，平均等别为 11.55 等，以 10—13 等为主，占全区评定总面积的 89.7%，吉林平均等别最高，为 11.16 等，黑龙江最低，为 11.78 等(图 1-12)。

东北地区国家自然等中，无优等地；高等地面积为 107.61 万公顷(1 614.13 万亩)，占 3.9%，主要分布在吉林、辽宁；中等地面积较大，为 2 350.54 万公顷(35 258.15 万亩)，占 84.1%，3 个省都有分布，黑龙江占比最大；低等地面积为 335.75 万公顷(5 036.30 万亩)，占 12.0%，主要分布在黑龙江；国家利用等中，无优等地；高等地面积为 24.15 万公顷(362.24 万亩)，占 0.9%，主要分布在吉林；中等地面积较大，为 2 389.82 万公顷(35 847.23 万亩)，占 85.5%，主要分布在黑龙江；低等地面积为 379.94 万公顷(5 699.11 万亩)，占 13.6%，主要分布在黑龙江；国家经济等中，无优等地；高等地面积为 23.48 万公顷(352.25 万亩)，占 0.8%，主要分布在吉林；中等地面积较大，为 2 236.60 万公顷(33 548.99 万

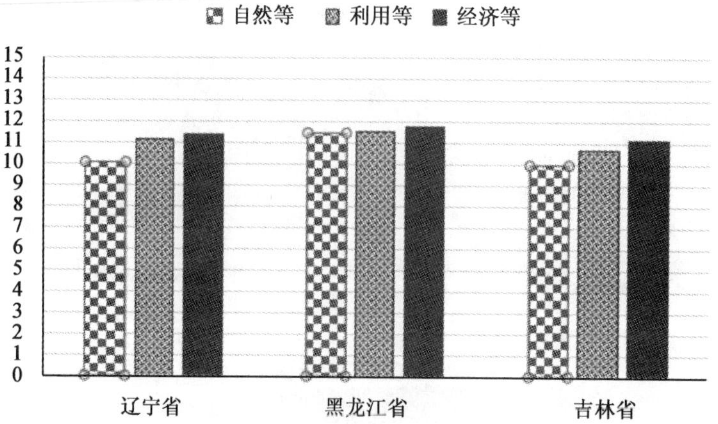

图 1-12　东北地区各省(市)耕地平均质量等别

亩),占 80.1%,主要分布在黑龙江;低等地面积为 533.82 万公顷(8 007.34 万亩),占 19.1%(图 1-13)。

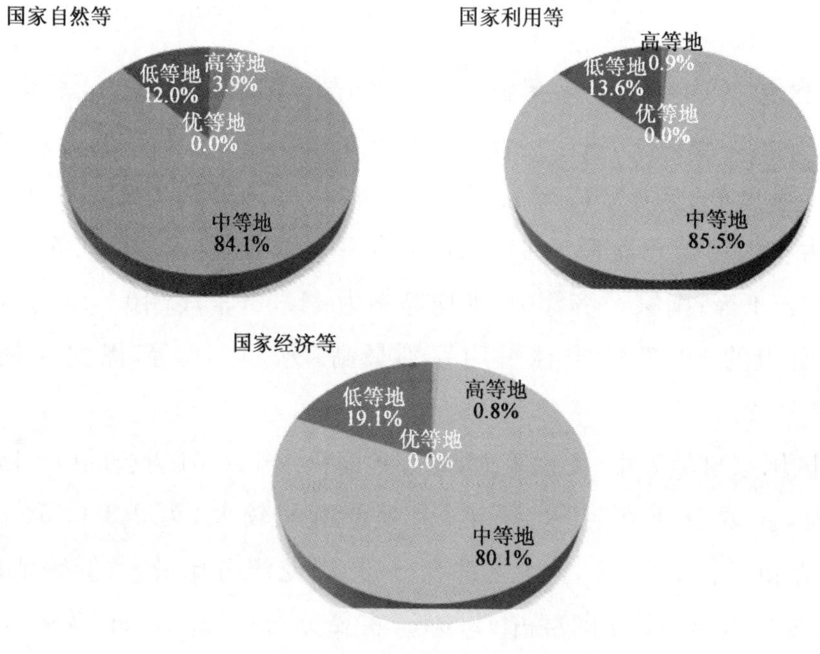

图 1-13　东北地区优高中低等地面积比例

通过对四大经济区耕地质量等别面积结构进行分析,可以看出在三种国家等别中,其分布情况及变化规律保持着较高的一致性:东部和中部地区优、高等地面积较大;西部和东北地区优、高等地面积比例较小(图 1-14)。

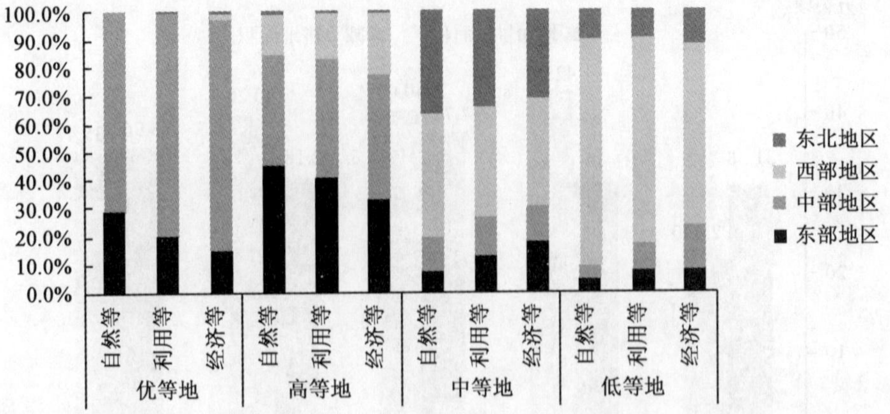

图 1-14　四大经济区在三种国家等别中分别占全国优高中低等地的比例

2.4　耕地质量变化分析

耕地变化包括耕地数量的增减变化和耕地质量的高低变化，两者都是影响耕地生产能力和粮食安全的重要方面，总的来说，我国的耕地资源数量在不断减少而质量在不断下降。

耕地数量方面，如图 1-15 和图 1-16 所示。

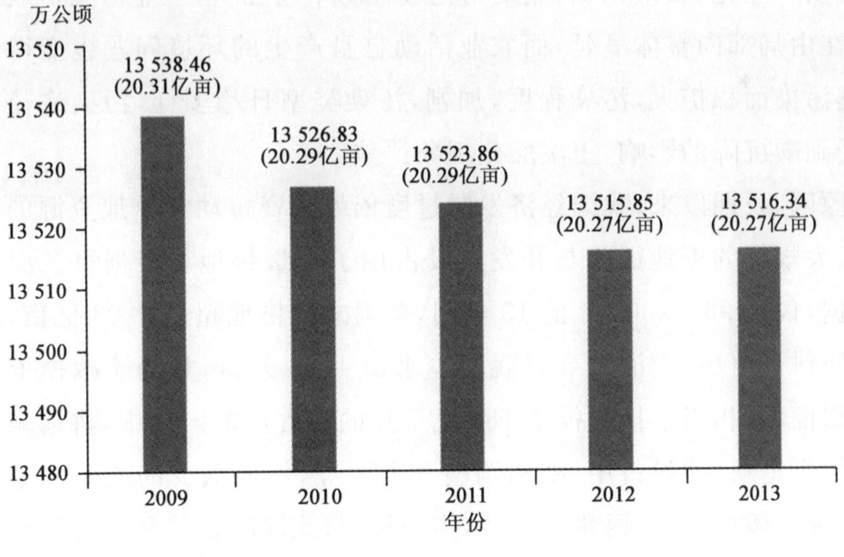

图 1-15　2009—2013 年全国耕地面及变化情况

耕地质量方面，这种不断的退化却是隐性的、不易察觉的，在我国，主要表现为以下几个方面：

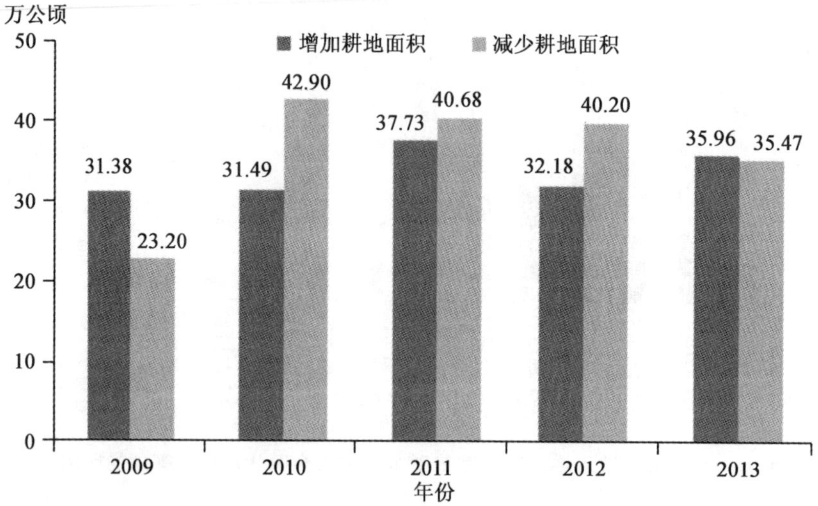

图 1-16　2009—2013 年耕地增减变化情况

第一，土壤侵蚀引起耕地质量下降，水土流失导致土层变薄和土地结构劣化，养分流失，耕地质量恶化；第二，土地的荒漠化、沙化使得土壤中富含营养元素的表土被风吹蚀，导致土壤肥力衰竭、物理结构变劣、生产能力衰退，耕地质量退化；第三，土壤不同程度上遭受肥力退化的影响，使得耕地地力发生退化；第四，随着我国工业化、城市化、农业集约化进程的不断加快，工业污染对农田土壤的危害正在由局部向整体蔓延，而农业活动自身产生的环境问题也变得越来越严重，土壤污染面积扩大，污染程度，加剧，污染类型日趋多样，污染途径日趋复杂，同时受到酸沉降的影响，土壤酸化现象严重。

究其原因，长期以来，我国经济发展过度依赖投资拉动和土地资源的高消耗粗放利用，大规模的土地征收与开发建设占用了大量耕地。根据第二次全国土地调查数据，仅 1996—2009 年的 13 年间，全国减少耕地超过 2.03 亿亩，其中大多数是优质耕地，仅东南沿海 5 省就减少水田 1798 万亩，相当于减掉了福建省全省的水田面积，相当于损失掉了 180 亿千克的粮食产能。其中，耕地减少的原因主要有生态退耕、建设占用、结构调整和灾毁等，耕地减少的流向大主要包括建设占用、灾害毁损、生态退耕、农业结构调整，与此同时自然和人为的破坏因素也让耕地质量收到了威胁。

为了应对我国严峻的耕地数量、质量问题，近些年国家十分重视耕地保护工作的开展和落实，每年国家都会下发大量的资金实施土地整治的项目，来增加我国耕地数量并改善耕地质量(图 1-17)。

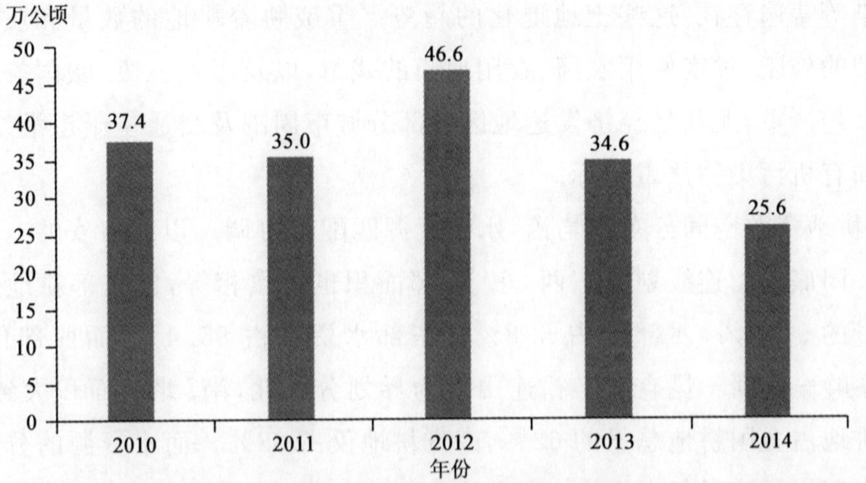

图 1-17　2010—2014 年土地整治新增耕地情况

3　农用地质量存在的问题及建议

3.1　现存问题

近年来，国家和政府对耕地保护等相关工作极为重视，在人力物力等方面均给予了大量的投入，也实施了众多重质重量的耕地保护工作，但我国耕地资源情况依旧不容乐观。

(1)耕地面积逐年减少，人地矛盾日趋尖锐　全国耕地因建设占用、灾毁、生态退耕、农业结构调整等原因而逐年减少，目前全国 20%以上的县区人均耕地低于 FAO 确定的 0.053 公顷/人的警戒线。由于经济发展对建设占用耕地需求长期存在，生态建设对生态退耕的要求以及农业结构调整等多方面原因，我国耕地总量下降趋势明显，在短期内难以逆转。我国的人地矛盾问题在世界上是最尖锐突出的，在相当长的时期内耕地问题始终是我国土地利用中第一位的、最根本的问题。

(2)耕地资源质量欠佳，土壤环境质量呈恶化趋势　我国中低产耕地比重大，耕地养分含量不高，障碍因素多，污染加剧，耕地的总体质量欠佳。我国耕地中有 60%～70%的面积存在某种主要限制因素，诸如侵蚀、干旱缺水、瘠薄、渍涝、盐碱、板结、砾石、砂姜层、潜育层等。我国水土流失、土地盐渍化、土地沙化、农田污染等普遍存在,这些土地退化的趋势严重威胁着耕地的数量和质量。同时不合理的施肥、过度使用农药、农用地膜的残留,以及工业三废、酸雨等造成土壤污染日趋严重,尤其是经济发达地区和部分城市周围及交通主干道沿线,土壤重金属和有机污染物严重超标。

(3)耕地资源空间分布不均衡,水土资源匹配不协调　以大兴安岭—阴山—阿尔金—冈底斯山连线划分东西,东、西部面积也大致相等,但东部耕地占全国耕地总量的94.2%,西部仅占5.8%。东部水资源占95.4%,而西部仅占4.6%;以秦岭—淮河—昆仑山—祁连山线为界划分南北,南、北部面积大致相等,但北方耕地占全国耕地总量的62%,南方耕地仅占38%。而水资源的分布状况则是北方河川径流量仅占19%,南方达81%。

(4)耕地后备资源日益匮乏,开发整理复垦难度大　我国宜耕土地后备资源较少,且绝大部分分布在中西部地区,区域分布不均。由于后备资源所在区域水资源短缺,生态环境较脆弱,限制因素较多,加上耕地后备资源自身质量差,开发后极易引起生态问题。我国农用地和农村建设用地整理、工矿复垦尚有一定的潜力,但整理所需资金巨大,特别是农村建设用地整理还受传统生产方式、土地权属关系的制约,面临的困难很大。

(5)农用地质量意识淡薄　项目建设单位耕地质量保护意识淡薄,屡有破坏表土层现象,只考虑增加耕地数量,改善生产条件,片面强调加快工程进度,减少工程成本,未考虑保护和提升新增耕地质量,致使项目实施后新增耕地表层土壤遭到破坏,新增耕地质量明显下降。

(6)补充地块质量差　各种建设用地绝大部分占用的是城郊及平原地区的良田沃土,而开垦的耕地则大多是在山区、丘陵或滩地,新增耕地基本上没有形成耕作层或耕作层很薄,土壤肥力低,而且地面坡度较大,梯面不平整,梯壁没有夯实,漏水漏肥严重,再加之绝大部分新增耕地普遍缺乏行之有效的后续培肥措施,致使新增耕地质量明显不如被占耕地质量。其代表土样经桃江县农产品质量安全监督检验检测站检测,所检项目(pH、有机质、碱解氮、有效磷、速效钾、缓效钾)与对照土样比较,有机质、碱解氮、有效磷、速效钾均大幅度下降,其土壤肥力明显降低。

(7)后续培肥措施不力　新增的耕地由于基础地力较低,表层土壤遭到不同程度的破坏,难以种植和产出农作物,故很少落实耕种;相关部门和单位没有完全落实后续耕种培肥补助经费;项目建设单位只考虑短期投资收益,没有考虑长远规划;权属单位或承包经营者在新增耕地后续培肥措施和方法上很少下大力气花大功夫去做,故提高新增耕地质量收效甚微。

(8)缺乏新增耕地质量评价　可以说,对山区土地整理项目新增耕地的科学合理的评价是正确评价项目实施效果的基础。然而并没有一套科学完整的适用于山区土地整理项目新增耕地质量评价的方法,并且在许多土地整理项目中,从立项到设计到施工再到竣工验收,都是以新增耕地的数量为重点,几乎忽视了其质量和潜力的评价与计算,这也直接导致通过整理得到的新增耕地质量无法得到保证。

3.2　相关建议

(1)加强宣传培训　国土和农业部门积极组织开展多种形式的新增耕地质量宣传培训活动,如运用报刊、电视、网络、连环画、广告标语、广告宣传车等宣传手段,广泛深入开展以保护和提高新增耕地质量为主要内容的宣传活动;组织开展新增耕地质量座谈会、培训会、辩论会、现场观摩会、现场指导会等,通过这些活动提高相关部门及人员的新增耕地质量建设意识,提高群众对新增耕地质量的监督意识,使新增耕地工作以质量建设为中心迈上一个崭新的台阶。

(2)加强协调与监督　国土、农业、财政等相关部门应加强协调与配合,从选址、立项,招投标、工程建设、质量评定、耕种培肥、资金管理等各环节全方位实施跟踪、检查、监督,及时发现质量问题,及时返工纠差,确保新增耕地质量符合要求。

(3)增加经费投入　加强新增耕地质量建设和管理,加快土地“熟化”进程,确保占补平衡补充耕地落实耕种和地力培肥,充分发挥项目投资效益,建议在投资土地开发项目新增耕地时实施耕种培肥补助。

在山区,土地整理确实存在着其特殊性,其地形地貌条件,经济发展水平等都使得山区土地整理中的新增耕地质量无法得到保证,因此如何切实提高新增耕地质量,让国家的资金投入取得应有的成效,值得我们去深思。

(4)利用生物学与土壤学的知识改良　新增耕地山多地少是山区的客观现实,在一些山区可以开发为新增耕地的资源很少,在这很少的耕地中,水土流失、土壤沙化、有机营养缺乏等现象又极为普遍,对于新增耕地,若能合理利用土壤学和生物学的知识来指导我们耕种,那么就可以很好的改善这一现象。

土地的自然特性表明土地具有功能的永久性,只要处理得当,土地就会不断改良。因而对于新增耕地,我们要种养结合,选择适合山区种植的绿肥扩大其种植面积,利用其根瘤菌固氮,压青腐熟,从而增加新增耕地的土壤有机质含量来培肥地力,提高新增耕地的产能。因此,结合地区的实际情况利用生物学和土壤学知识来保障与提高山区新增耕地质量不失为一良策。

(5)充分利用被占耕地的耕作层　中国的城市化进程不断加快,新增建设用地占用耕地不可避免。中华人民共和国土地管理法第四章第三十二条规定:县级以上人民政府可以要求占用耕地的单位将所占用的耕地的耕作层土壤用于新开垦耕地与劣质地或其他耕地的土壤改良。

在有些地区,土地的耕作层本身就较薄,虽然新增耕地在进行土地平整时都有表土剥离这一步骤,但这明显不能满足耕作的要求,与此同时,被占耕地的耕作层因建设而浪费,因此,如果地方政府要求用地单位在建设前先进行表土剥离,将这些表土作为新增耕地耕作层的有效土源补充进去,那么耕作层本身就较薄的的地区新增耕地质量就可以得到显著提高。

(6)在土地整理中引入市场机制　从目前的情况来看,许多地区的土地整理仍然是自上而下的政府行为。这样就为新增耕地弄虚作假提供了便利。因此政府的角色必须要进行转变。我们要建立土地整理的市场化运作机制,政府更多的负责宏观管理,以"谁整理,谁受益",即以投资土地整理换取建设用地指标的指导思想,让社会,银行的资金更多地投入到土地整理项目中,政府在公众参与的基础上指定项目区,然后由企业来进行招标,投标,公众参与监督,最后再由政府来对项目验收,这样就制约了各个不同的利益团体,使土地整理走向市场化,形成了土地整理的市场机制,从而大大降低了项目中新增耕地造假的可能性,新增耕地质量自然会有所提高。

总体研究概况

1 国外研究进展

1.1 全国粮食、生态、气候变化的三重挑战

2050 年，全球人口将达到 91 亿人，全球的粮食产量在现在的基础上增加一倍，才能满足全球的粮食安全(图 1-18)。但是，由于大量的生态用地被开垦以及耕地转化为建设用地，全球的耕地资源利用都将面临粮食安全、生态安全和城市化发展的挑战(图 1-19)。由于城市化和粮食安全的需求，全球大量生态用地已经得到了开垦，导致了全球气候变暖和生态环境的退化(图 1-20)。因此，从协调全球粮食安全、城市化和生态安全出发，基于存量的耕地资源利用以实现全球的粮食安全已经是不可替代的选择，因此，提升耕地质量，实现粮食产量的提升，是国际研究的热点和焦点问题。

全国人口增加趋势与与粮食需求变化

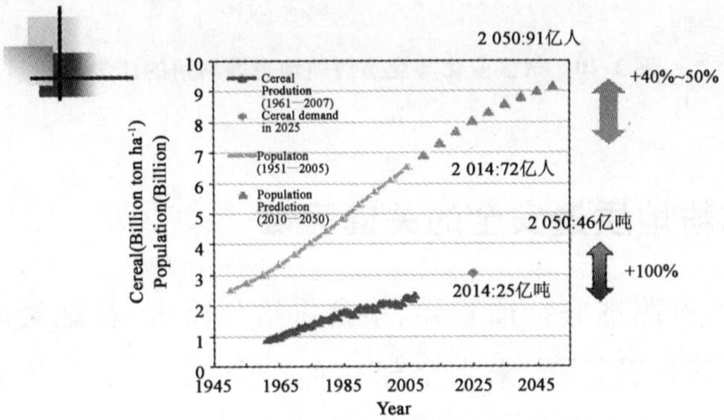

Data sources: Actual and predicted population from the UN population database (2008 revision); Actual cereal production from FAOSTAT database (Update:2009.06.23); Predicted World cereal demand in 2025 from Dyson et al., 1999; Predicted World cereal demand in 2050 from Cassman, 1999; Cohen and Federoff, 1999; Alexandratos, 1999; Predicted China cereal demand in 2030 and 2050 from Wang et al (2008) and Tso (2004), respectively

图 1-18 全球粮食安全挑战

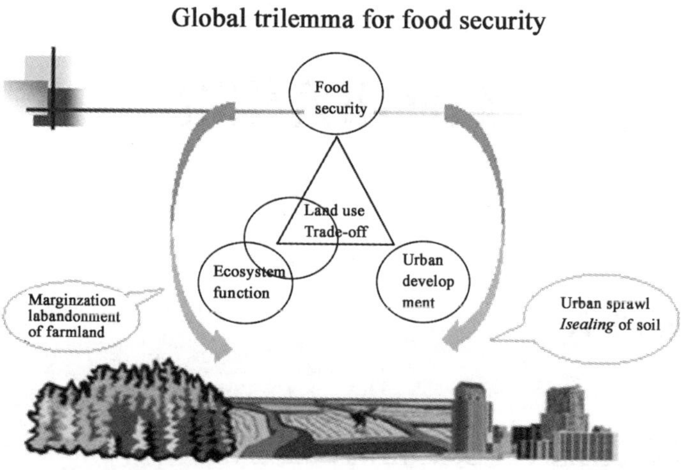

(Li,2011)

图 1-19 耕地资源利用面临的三重挑战

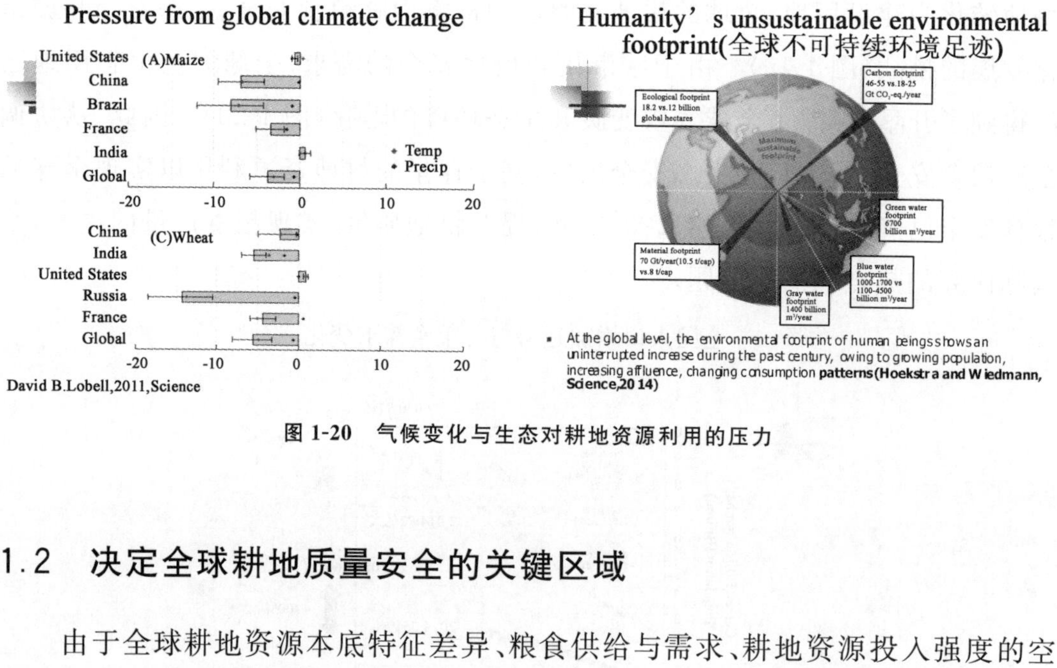

图 1-20 气候变化与生态对耕地资源利用的压力

1.2 决定全球耕地质量安全的关键区域

由于全球耕地资源本底特征差异、粮食供给与需求、耕地资源投入强度的空间差异不同，从全球来看，决定未来全球粮食安全、生态安全乃至气候安全的关键区域主要是耕地资源丰富的美国、粮食需求大国中国和印度、位于亚马逊河流域的巴西、热带森林砍伐严重的印度尼西亚。中国、印度人口众多，耕地资源投入强度大，生态环境压力大，C/N 等温室气体以及区域水资源缺乏，对全球的生态和气候变化产生重要的影响。而资源丰富的美国和巴西能够在保持生态安全的前提下，提供更多的粮食，成为制约全球粮食安全的关键。因此，要实现全球的粮食安全和生态安全以及城市化发展，必须解决这些关键的耕地质量持续利用的问题。

1.3 耕地质量研究趋势

1.3.1 耕地质量多功能与阶段转型研究

通过开发后备资源和实施高投入的耕地质量提升方式已经导致了严重的生态问题和全球气候变化。因此，分析耕地质量多功能（图 1-21）与区域土地利用转型之间的关系，并基于耕地多功能与区域土地利用转型的关系（图 1-22），通过提升耕地质量，实现耕地资源多功能，是未来耕地质量研究的重点。

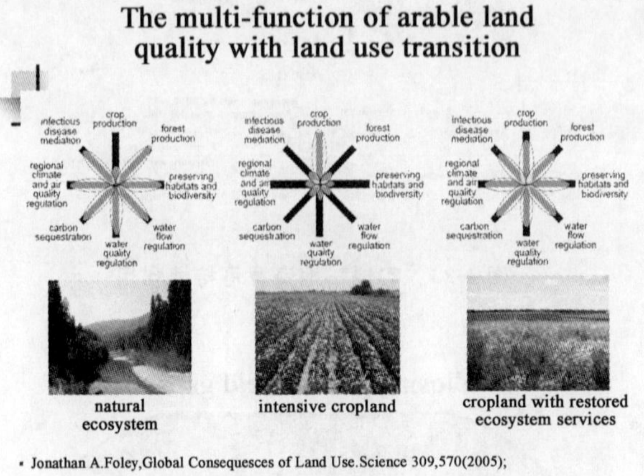

图 1-21　耕地多功能变化概念图

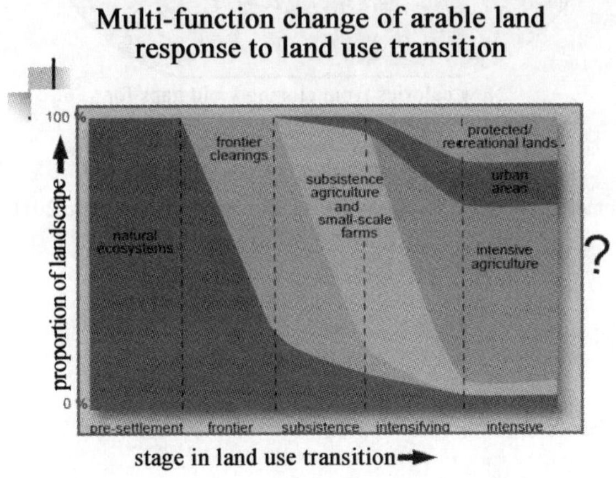

图 1-22　耕地功能与土地利用转型

1.3.2 耕地质量潜力差及其实现途径

基于已有的耕地资源，通过实施化肥、农药、水资源可持续利用(图 1-23)，实现已有耕地资源的生产潜力差(图 1-24)，是基于全球生态安全，实现粮食安全的有效途径。在全球、区域和国家尺度实现资源潜力差，特别是通过土地整治，实现耕地资源的可持续利用就是国际上一个重要的研究趋势和热点。

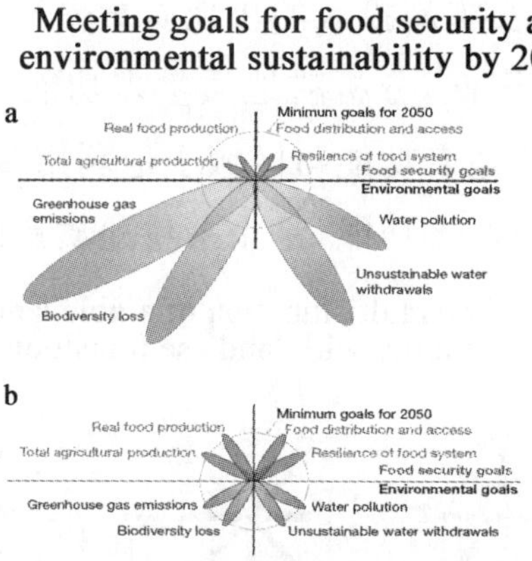

图 1-23 实现耕地资源可持续利用

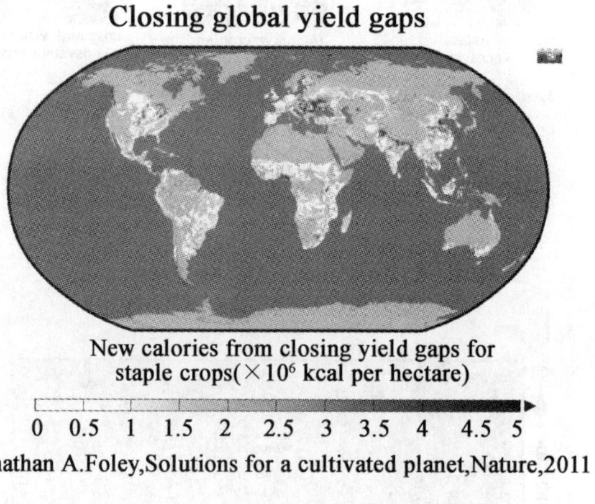

图 1-24 全球耕地资源潜力差

1.3.3 耕地质量与可持续集约利用

耕地资源紧缺，因此，要实现耕地质量的可持续利用，就不仅要考虑产量可持续增加的问题，还要分析耕地资源质量提升与区域生物多样性、动物福利以及区域农民经济发展以及食物的营养均衡问题。为此,科学解决耕地质量提升与可持续利用又是国际研究关注的另外一个热点。

1.3.4 TELECOPED 与耕地质量研究

国际著名生态学家刘建国构建了一个基于空间距离的土地资源可持续利用的研究框架(图 1-25)。在这个研究框架中,分别提出了输出系统、接受系统和溢出系统。基于这个概念,他以大豆为例,将巴西、中国和美国联系起来进行研究,分析中国进口大豆、巴西出口大豆以及美国替代大豆出口,通过大豆贸易,建立起远距离的空间分析,并提出促进全球土地资源可持续利用的策略。TELECOUPED 提供了全新的视角,正在形成新的研究趋势。

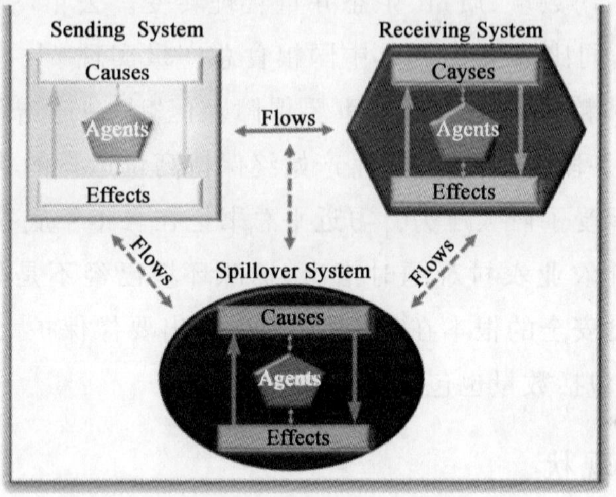

图 1-25 TELECOPUED 理论研究框架

1.4 结论与启示

基于已有耕地资源,实现耕地资源多功能为目标,促进耕地资源可持续利用,分析区域土地利用转型与耕地功能质量提升的关系,实施以降低水资源、物质等投入强度,全面提升耕地综合质量,缩小耕地资源潜力差,已经成为全球和不同区域研究的热点。基于国际研究趋势,我国土地整治、基本农田保护、高标准基本农田建设,必须从全球、国家、区域等不同尺度出发,区域耕地资源特征出发,以提升可持续利用为目标,通过综合整治提升耕地多功能。耕地质量的研究不仅要侧重从上到下的研究,比如国土资源部的农用地质量调查、监测,以及农业部的基础地力提升等质量提升的研究,还要重视与区域农民的资源特点和传统结合,特别是我国农耕传统与现代信息技术结合,是我国耕地质量研究的重要方面。

报告人:孔祥斌

2 国内研究进展

党的十八大以来,党中央国务院高度重视耕地质量管理工作,耕地质量管理已从数量管理为主向数量、质量、生态并重管理转变。去年,中国粮食总产量达到 60 709.9 万吨,同比增长 0.9%,中国粮食总产量实现"十一连增",为保障全国经济平稳发展和粮食安全提供了重要保障。但"十一连增"背后还有一个事实,那就是在过去一段时间内,粮食生产始终保持高位运行的状况下,土壤、地下水等资源要素都承受了巨大压力。习近平总书记在去年年底召开的中央经济工作会议上总结当前农业农村难题时指出,资源环境已经不是亮起黄灯,而是红灯。保障国家粮食安全的根本在耕地,党中央提出要像保护大熊猫一样保护好耕地,耕地红线既包括数量也包括质量。

2.1 耕地质量现状

纵观全国耕地质量管理,目前主要围绕耕地生产能力、耕地地力、土壤地球化学等方面由不同部门在全国范围内组织开展了相关调查与评定工作,调查结果显示我国耕地数量不稳定、质量总体不高以及土壤污染严重等现状。

2.1.1 耕地数量不稳定

国土资源部、国家统计局发布《关于第二次全国土地调查主要数据成果的公报》数据显示,我国人均耕地少、耕地质量总体不高的基本国情没有改变。2009 年全国耕地 13 538.5 万公顷(203 077 万亩),有灌溉设施的耕地 6 107.6 万公顷(91 614 万亩),比重为 45.1%,无灌溉设施的耕地 7 430.9 万公顷(111 463 万亩),比重为 54.9%。从耕地总量和区位看,全国有 564.9 万公顷耕地位于东北、西北地区的林区、草原以及河流湖泊最高洪水位控制线范围内,还有 549.6 万公顷耕地位于25度以上陡坡，占4.1%；有1 065.6万公顷（15 984万亩）耕地位于15～25度，占7.9%。这些耕地中，有相当部分需要根据国家退耕还林、还草、还湿和耕地休养生息等安排逐步调整；有相当数量耕地受到中、重度污染，大多不宜耕种；还有一定数量的耕地因开矿塌陷造成地表土层破坏、因地下水超采，已影响正常耕种。这样算下来，适宜稳定利用的耕地也就是1.2亿多公顷（约18亿亩）。所以，目前我国的耕地生产能力，是包括不稳定产能、坡耕地在内的20亿亩耕地生产出来的，这些耕地不稳定，随时有被调出的可能，18亿亩耕地红线很容易被突破。

2.1.2 耕地质量总体偏低

2014年12月17日，国土资源部最新发布的《全国耕地质量等别调查与评定主要数据成果》* 显示，全国耕地质量等别调查与评定总面积为13 507.2万公顷（202 609万亩），全国耕地评定为15个等别，1等耕地质量最好，15等最差，全国耕地平均质量等别为9.96等，等别总体偏低。与平均质量等别相比，高于平均质量等别的1—9等地占全国耕地评定总面积的39.8%，低于平均质量等别的10—15等地占60.2%。全国耕地质量等别分布情况见图1-26。

2014年12月10日，农业部首次发布《全国耕地质量等级情况公报》显示将全国18.26亿亩耕地（二调前国土数据）质量等级由高到低依次划分为1—10等。全国"劣质"耕地（7—10等）、"中等"耕地（4—6等）和"优良"耕地各占27.9%、44.8%、27.3%，中低产田比例达到70%以上。其中，中国的中低质量（4—10等）的耕地面积为13.28亿亩，占耕地总面积超过七成。

以上公告数据均显示耕地质量总体偏低，耕地质量保护形势依然严峻。

2.1.3 土壤污染重，重金属超标

2014年4月17日，环保部和国土部联合发布《全国土壤污染状况调查公报》显示，全国土壤环境状况总体不容乐观，部分地区土壤污染较重，耕地土壤环境质量堪忧。从点位监测看，全国土壤总的超标率达到16.1%；从土地利用类型看，耕地土壤点位超标率为19.4%，以18亿亩耕地面积计算，中国约3.49亿亩耕地被污染，其中中度和重度污染点位比例为2.9%；从污染分布情况看，南方

---

* 台湾省、香港特别行政区、澳门特别行政区资料暂缺。

图 1-26　中国耕地质量等别图

土壤污染重于北方；长三角、珠三角、东北老工业基地等部分区域土壤污染问题较为突出，西南、中南地区土壤重金属超标范围较大，镉、汞、砷、铅 4 种重金属含量呈现从西北到东南、从东北到西南方向逐渐升高的态势。

2.2　耕地质量保护政策体系发展

《土地管理法》首次以立法形式确认了“十分珍惜、合理利用土地和切实保护耕地是我国的基本国策”，中央 1 号文件每年都会提出要加强耕地质量管理的建议。自国土资源部成立以来，先后下发二十余个与耕地质量紧密相关的文件，总结发现，耕地质量保护政策体系的发展可以分为 3 个阶段(图 1-27)。

2.2.1　逐步树立耕地质量保护意识阶段

2004 年，国务院下发《关于深化改革严格土地管理的决定》(国发〔2004〕28 号)，要求补充耕地数量、质量实行按等级折算，防止占多补少、占优补劣。《国务院关于严格规范城乡建设用地增减挂钩试点切实做好农村土地整治工作的通知》(国发〔2010〕47号)也要求对增减挂钩试点项目耕地质量进行评定。在保护好耕地数量的同时,国土资源部结合土地利用总体规划、基本农田划定、耕地占补平衡、土地整治等工作,制定下发相关政策文件努力提升耕地质量,但并未形成系统的耕地质量管理政策体系,也并未将耕地质量管理落到实处。总之,这一阶段,耕地保护仍处在以保数量为重心的阶段,对耕地质量建设和管理重视还很不够,耕地保护"重数量、轻质量"倾向依然相当普遍。由于缺少全国耕地质量数据作为支撑,提升耕地质量的效应还仅限于定性的描述或以粮食产量数据来表达,更是难以通过定量数据来考核占用与补充耕地的质量,耕地质量提升效益并未显化,"占补平衡"并未得到真正落实。但经过10余年的发展,自上而下各级行政管理部门已逐步树立了耕地质量保护意识。

树立质量保护意识阶段(1999—2012)	形成系统的质量保护政策体系阶段(2012)	耕地质量政策实施应用阶段(2014—)
•《关于深化化改革严格土地管理的决定》(国发〔2004〕28号),要求补充耕地数量、质量实行按等极折算,防止占多补少、占优补劣。 •《国务院关于严格规范城乡建设用地增减挂钩试点切实做好农村土地整治工作的通知》(国发〔2010〕47号)也要求对增减挂钩试点项目耕地质量进行评定。 •结合土地利用总体规划、基本农田划定、耕地占补平衡、土地整治等工作,制定下发相关政策文件努力提升耕地质量。	•《国土资源部关于提升耕地保护水平全面加强耕地质量建设与管理的通知》(国土资发〔2012〕108号):系统梳理了关于耕地质量建设与管理的政策措施。加快划定永久基本农田,大力推进农村土整治,严格落实耕地占补平衡,积极推进"移土培肥",持续加强监测评价,加强组织领导。 •《耕地质量等别调查评价与监测工作方案》(国土资厅发〔2012〕60号):确定了耕地质量等别定期全面评价、年度更新评价和年度监测评价,是未来一段时间开展耕地质量等别调查与评定工作的重要依据。	•《关于强化管控落实最严格耕地保护制度的通知》(国土资发〔2014〕18号):建设确需占用耕地的,要补充数量质量相当的耕地,并作为通过预审的必备条件;土地整治补充耕地要先评定等别再验收,没有达到要求的不得验收。 •《国土资源部 农业部关于进一步做好永久基要农田划定工作的通知》(国土资发〔2014〕128号):依据第二次全国土调查、全国耕地质量等别评定等结果,遵循耕地保护优先、数量质量并重的原则,按照布局基本稳定、数量不减少、质量有提高的要求,严格划定永久基本农田保护红线。

图1-27 耕地质量保护政策体系的发展阶段

2.2.2 形成系统的耕地质量保护政策体系阶段

2012年,《国土资源部关于提升耕地保护水平全面加强耕地质量建设与管理的通知》(国土资发〔2012〕108号)下发,系统梳理了关于耕地质量建设与管理的政策措施。一方面,《通知》综合采取行政、工程、技术、经济等措施,构建了全面加强耕地质量建设与管理的政策体系,形成了未来耕地保护工作的路线;另一方面,《通知》把耕地的"守与建、建与管"统一起来,通过"最严格守,高标准建,上手段管"将耕地数量管控、质量管护融合在一起,形成了耕地保护"数质并重"的工作抓手。《通知》对新时期耕地保护工作具有里程碑式的意义。

2.2.3 耕地质量政策实施应用阶段

2014年后,为落实将耕地质量保护国家先后采取了重大措施来推动耕地质量政策的实施。《关于强化管控落实最严格耕地保护制度的通知》(国土资发〔2014〕18号)提出以严格建设占用耕地审批、强化耕地数量质量占补平衡、严格划定和永久保护基本农田为主要内容的严守耕地红线行动。要求建设确需占用耕地的,要补充数量质量相当的耕地,并作为通过预审的必备条件;要求土地整治补充耕地要先评定等别再验收,没有达到要求的不得验收。补充耕地质量一旦和实际用地管理相挂钩,必须引起各地方政府的足够重视。

2.3 耕地质量管理技术支撑

2.3.1 提供方法及成果支撑

(1)方法支撑　《农用地质量分等规程》(GB/T 28407—2012)、《农用地定级规程》(GB/T 28405—2012)和《农用地质量分等规程》(GB/T 28406—2012)可以为耕地质量等别评定、耕地质量定级及耕地价格评估提供统一的技术方法。

(2)成果支撑　补充完善成果(2013年验收,以2010/2011现状调查为基础),2013年度更新成果(2010/2011—2013变化情况)。以后每年的更新成果:主要是项目区耕地质量评定结果,可以覆盖所有耕地,反应所有耕地质量状况。

(3)应用基础支撑　在组织全国开展耕地质量等别调查评定工作过程中,也开展了成果应用研究,推动了成果在土地利用总体规划、高标准基本农田建设、永久基本农田划定、土地整治、耕地占补平衡等方面的应用。

(4)质量评定机构及队伍支撑　目前,全国国土系统不仅具备了开展耕地质量管理工作的成果支撑,而且在全国已经形成了专业的评定队伍。尤其是近几年,全国一半的省级土地整治机构已建立评价科,专职负责耕地质量等别评定工作。

2.3.2 存在问题及建议

(1)占补质量平衡评定制度缺失　要实现耕地占补数量质量平衡，需要从定量的角度衡量补充耕地质量，需要定量的质量数据作为支撑。全国耕地质量分等即耕地质量等别调查与评定工作是由国土资源部统一组织实施的一项基础性、公益性国土资源大调查工程，是中国第一次依据规程统一组织实施的、大比例尺的、覆盖全国的土地质量评价工作。经过十几年的发展，已建立了耕地质量等别年度更新和监测评价制度，为摸清耕地资源的质量状况提供了平台。目前耕地保护形势发生了重大变化，可能会面临评定结果失真的问题。补充耕地质量等别一旦作为建设用地审批的硬约束，“谁来评、怎么评，谁来认定、怎么认定”等问题就成为影响补充耕地质量评定的重要因素。目前我国尚未建立统一的耕地占补平衡质量评定制度，因此各级国土部门研究如何通过设定管理环节，建立科学的耕地质量等别评定与验收体系，保证评定结果客观准确，将是量化补充耕地质量评价的核心问题。

(2)建立补充耕地质量等别评定与验收制度，明确各部门职责　省级国土部门组织实施全省土地整治补充耕地质量等别评定，编制《土地整治补充耕地质量管理办法》，对补充耕地质量等别评定结果进行确认核实，认定评定结果，对评定结果负总责，确保农村土地整治监测监管系统中补充耕地质量等别报备结果可用。县级国土部门负责组织本县补充耕地质量等别日常评定工作，确保评定结果客观、真实、准确。

(3)等的涵义需要统一　在实际工作中发现，国土系统在使用耕地质量评定结果，尤其是农村土地整治监测监管系统中等别的填写结果时，存在地方等、国家等、地力等的概念，这给正常使用带来一定困难。总之，无论应用于哪项方面工作，使用的评定方法要一致才能确保评定结果好用。建议各省在开展耕地质量等别评定工作时，严格按照三个国标规定的技术方法，同时，各级国土部门应加强对规程的宣传和培训。

(4)等级价体系亟待建立　按照全国农用地等级价体系的设计，全国应建立“等”“级”“价”体系。但“十五”、“十一五”和“十二五”期间，在国家层面主要部署开展了农用地分等工作，定级估价只是部署了一些县级试点，没有全面推开。而在当前高度重视耕地数量质量并重管理的新形势下，随着耕地质量等别成果在相关领域应用的不断深化，越来越反映出等并不能完全满足各层面的管理需求，如很多地方提出等不能充分体现土地整治项目实施的成效,都在想方设法调整分等因素,而实际上这些因素都包含在级里,另外随着农村土地制度改革的不断深化,农用地估价也必将会发挥越来越重要的作用。因此,从满足国土资源管理不同层面的需求来看,应该按照最初设计的农用地等级价体系,尽快开展农用地定级和估价工作。

报告人:张蕾娜

【农用地质量专题研究报告】

农用地质量因素与过程

1 研究进展

本研究方向在2015年度围绕黑土地保育利用新技术体系、沙地高效灌溉技术、土壤耕作与肥力管理等方面开展了研究工作。参与的科研项目包括:科技部973计划课题1项,国家科技支撑计划课题2项、公益性行业项目课题2项、国家自然科学基金重点项目1项及面上项目2项、农业科研杰出人才及其创新团队项目1项等。主要研究进展如下:

1.1 黑土地保育利用新技术体系

指出东北粮食主产区由于"用养脱节"导致土壤有机质含量减少、侵蚀加重、肥力下降和耕层变薄等诸多土地退化问题,提出通过增加有机投入、调整种植方式、增加地表覆盖和改变耕作技术等方式,在土地规模化经营的基础上,实现粮食生产和土地保育的全程机械化,创立黑土地可持续现代农业的保育性利用模式的总体思路,实现农田"用养结合",农业生产可持续发展。

1.2 沙地高效灌溉技术

运用传统估算水分胁迫指数(PWDI)的方法与改进方法(且考虑根区土壤水分布以及根系分布)这两种灌溉控制方法对农田作物生长与水分利用的对比,探索了常规作物高效灌溉方式优化配置技术、作物根区土壤水分高效调控技术和沙地精细节水灌溉控制技术,提出相对于传统方法,因改进方法考虑了根系分布的影响,能更加准确的判断作物所受到的水分胁迫程度,提高判断灌水时间精度,增加灌水频次,增大灌水量,从而促进作物生长并提高产量。

1.3 土壤耕作与肥力管理

通过保护性耕作(免耕)和传统耕作两种方式的对比研究,揭示了耕作方式对土壤团聚体热稳定性的影响机理,在国际上首次考虑了土层重量对穿透阻力的影响,建立了基于容重、基质势和土层厚度的土壤穿透阻力模型。

1.4 土壤水热过程定量化

利用热—TDR 技术测定土壤热导率和含水量,优化了加热方式并建立了利用热—TDR 技术监测冻融过程中土壤含冰量的理论与技术;提出了一种基于土壤热导率原位估计土壤容重的热—TDR 方法;提出了宇宙射线传感器(CRS)在复杂条件(植被水分和积雪等因子)下监测中尺度土壤水分的方法及其机理。

1.5 土地复垦与生物多样性保护

开展了典型露天煤矿生物多样性保护与恢复情况的调研工作,形成了专题调研报告;分析比较国内外相关研究成果,阐述了露天煤矿生物多样性保护与恢复的进展,并提出了该方向未来的发展趋势;开展了露天煤矿生物多样性调查技术研究,明确了露天煤矿生物多样性调查的阶段、内容和技术方法等;基于生物多样性调查评价成果,以土地利用景观为重点,开展了露天煤矿生物多样性受损诊断和预测研究,并遴选出适合露天煤矿范围的土地利用景观格局变化预测方法。

基于上述研究,在农用地质量形成过程、演变规律及其驱动因素等方面取得了进一步的成果。研究成果在《Agricultural and Forest Meteorology》、《Journal of Hazardous Materials》、《Plos One》、《Geoderma》、《Soil Science Society of American Journal》等国际学术期刊投稿发表 SCI 收录论文 25 篇,在《农业机械学报》、《农业工程学报》等投稿发表 EI 收录论文 6 篇,中文核心期刊发表论文 10 篇,获得发明专利 1 项,获得 2 项软件著作权登记,参与编写著作 2 部。

2 专题报告

2.1 黑土地保育利用新技术体系

2.1.1 背景

东北粮食主产区是我国最重要的商品粮基地，对国家粮食安全起着举足轻重的作用。然而，土壤有机质含量减少、侵蚀加重、肥力下降和耕层变薄等土地退化问题严重制约着东北粮食主产区作物生产潜力的发挥并威胁着农业可持续发展。与开垦前相比，黑土地耕层的有机质含量下降了50%～60%，土层平均厚度由50～60厘米下降到30厘米左右，土地潜在生产力降低了20%以上，而且仍在以年均5‰的速率下降(图2-1)。照此速度，再过50年，东北粮食主产区作物产量将大幅度下降，严重威胁我国的粮食安全。防止东北黑土地退化，恢复和重建黑土地的高产高效生产功能，实现农业生产可持续发展，是东北粮食主产区农业和经济发展急需解决的重大问题。

图2-1　黑土地退化，水土流失(左)和耕层变薄(右)

2.1.2 黑土地退化问题及根源

我们近年来在在吉林省和黑龙江省的考察和研究表明，现代集约农作制度产生的土地“用养脱节”问题是东北地区黑土地退化的真正元凶(图2-2)。主要表现在以下几个方面：第一，农田输入和输出严重失调。过去30年来，该地区的作物单产稳步提升，高产田已经超过 15 吨/公顷，而投入(肥料)的增长则相对滞后，导致农田养分入不敷出，地力下降；第二，作物种植方式单一，传统的玉米一大豆轮作基本上被玉米单作取代，农田生态系统缓冲性能降低；第三，农田投入失衡，从“有机肥、化肥并重”转向“化肥为主、有机肥严重不足”，农家肥施用越来越少，大量秸秆被焚烧，导致土壤保水保肥性能降低；第四，土壤扰动强度大，以垄作、翻耕为主的土壤耕作技术加剧了土壤有机质分解和结构破坏；第五，顺坡向耕作、地表缺乏覆盖，导致耕层土壤水蚀风蚀加剧(图 2-2、彩图 2-2)。

图 2-2　黑土地退化原因分析

(a)农田输入严重小于输出；(b)高强度翻耕导致有机质分解；
(c)顺坡耕作导致水土流失；(d)大量秸秆焚烧，有机投入减少；
(e)种植方式单一，缺乏养地作物；(f)地表缺乏覆盖，风蚀严重。

2.1.3 解决黑土地退化问题的思路与技术体系

根据上述分析，我们提出解决黑土地退化的总体思路：通过增加有机投入、调整种植方式、增加地表覆盖和改变耕作技术等方式，实现农田“用养结合”，农业生产可持续发展(图 2-3、彩图 2-3)。

图 2-3 解决黑土地退化的技术
(a)秸秆还田增加有机质含量；(b)玉米/大豆间作；
(c)保护性耕作提高地表覆盖率；(d)等高耕作降低水土流失。

如何增加有机投入？黑土地区拥有大量的有机质资源，如随处堆放的作物秸秆和养殖场的畜禽废弃物，既污染环境，也是潜在的传染病、火灾隐患和雾霾物质来源。需要大力研究开发实用有效的有机肥堆放、运输和施用机械和技术，以及适合当地条件的秸秆机械还田技术，在将有机废弃物变废为宝的同时，提高土壤肥力。

如何调整种植方式？作物黑土区传统的养地作物，大豆的种植面积在过去30年来直线下降，主要原因在于其产量低、经济效益较差。然而，在降雨较少、土壤退化比较严重、玉米产量低而不稳的地区，应当通过玉米一大豆轮作和间作等方式，充分利用大豆培肥地力的优势，保持和提高地力，促进农业可持续发展。

如何改变耕作技术？在东北玉米带的大量田间试验和示范表明，实施等高耕作、以少免耕取代传统的垄作和翻耕，通过降低土壤扰动、增加留茬和地表覆盖，可以实现增产、增效、降低侵蚀和遏制土地退化，具有广阔的应用前景。

如何综合实施？黑土区可持续发展，必须要对现有的农业生产方式进行革新，把增加有机投入、调整种植方式和改变耕作方式等技术措施进行有机的整合，并在土地规模化经营的基础上，实现粮食生产和土地保育的全程机械化，创立黑土地可持续现代农业的保育性利用模式。

报告人：任图生　李保国

2.2　两种灌溉控制方法对玉米水分利用及生长的影响

2.2.1　研究背景

我国是人口大国，也是粮食消费大国，保障粮食安全是国家战略需求。随着粮食主产区持续向缺水和生态脆弱的北方地区转移，水资源匮乏、水土资源不匹配对粮食生产的影响更加突出。从长远看，国内耕地资源和农业水资源的短缺形势将进一步加剧，使我国的粮食供需前景十分严峻。一方面，我国可利用耕地较少，人均占有量仅为 933.3 米^2，不足世界人均水平的一半，并且耕地面积呈逐年下降的趋势。因此，在保障现有耕地资源的基础之上，需充分挖掘其生产潜力以便缓解耕地不足对粮食生产所造成的影响。另一方面，我国水资源总量虽然比较丰富，但时空分布高度不均，人均水资源占有量仅为世界平均水平的 1/4，属严重缺水国家之一。与水资源严重短缺的现状相比，我国水资源利用方式相当粗放，水资源利用效率很低，浪费非常严重，在农业用水方面表现得尤为突出：我国灌溉水利用率仅为 40％～50％，而发达国家却高达 80％～90％；我国单方水粮食生产能力只有 1.0 千克左右，还不及发达国家的一半。为缓解我国水资源供需矛盾，农业灌溉用水首当其冲受到了抑制，近年来逐年递减，并将继续保持递减趋势。在此情形下，提高农业水资源利用效率已成为保障国家粮食安全的必然举措，相关研究始终是农业水土资源领域中的热点和难点，其中最主要和必不可少的课题当属合理灌溉制度的制定。

2.2.2 研究现状

灌溉制度通常包括灌水时间、灌水定额、灌水次数，其中最难以控制、对作物生长与水分利用影响最大的当属灌水时间的确定。因此，为了通过灌溉适时调节作物根区土壤水分状况，使其既有利于作物生长又能减少蒸发与渗漏等损失，必须先准确地判断作物所受的水分胁迫程度，这是确定灌水时间的主要依据。作物水分胁迫程度的大小常用植物水分亏缺指数(PWDI)描述如下(Thornthwaite,1948)：

$$PWDI=\frac{T_p-T_a}{T_p}=1-\frac{T_q}{T_p} \tag{1}$$

式中，T_a 为作物实际蒸腾速率，cma^{-1}；T_p 为作物潜在蒸腾速率，cma^{-1}。从式(1)可以看出，确定 T_a/T_p(相对蒸腾速率)是评估 $PWDI$ 的关键。

近年来，随着科技水平的不断提高，蒸腾监测设备(如径流计、涡度相关仪等)与模拟模型虽已得到快速发展，但因影响蒸腾的因素众多且相互关系错综复杂，田间条件下快速、准确地获取 T_a 和 T_p 仍相当困难。因此，农业生产实践中，尚很难根据式(1)直接获得 $PWDI$。由于原理简单、监测方便、适应性强，基于根区土壤水分状况估算 $PWDI$ 的方法更受青睐，在生产实践中得到了广泛应用。其基本原理是：当根系层的土壤基质势(当根区土壤为单层均质土壤时，可用含水量来表示)在某一适宜的范围内时，作物不受水分胁迫，即根系吸水速率最大、蒸腾作用最强(为潜在蒸腾)，否则，作物将受到一定程度的水分胁迫，即根系吸水速率减小、蒸腾强度降低。此时，根区平均土壤水基质势常被用来表征根区土壤水分状况，并用一个基于根区平均土壤水基质势计算的土壤水分胁迫修正因子来代替相对蒸腾速率(T_a/T_p)，从而完成对 $PWDI$ 的估算(称为传统方法)：

$$PWDI=1-\gamma(\bar{h}) \tag{2}$$

式中，$\bar{h}$ 为根区各土层土壤水基质势的平均值即根区平均土壤水基质势，cm；$\gamma(\bar{h})$ 为基于根区平均土壤水基质势计算的土壤水分胁迫修正因子。

迄今为止，以上基于根区平均土壤基质势评估作物水分胁迫的思路和方法在农业生产和水资源评价过程中已被普遍采用和认可，在灌溉制度制定、土壤水分运移模拟分析与预测预报以及农业水资源利用效率评估等方面发挥了重要作用。然而,由于该方法对作物自身因素考虑不足,在应用过程中仍主要存在以下问题:单纯依靠根区平均土壤水基质势难以准确表征根区土壤水分状况。前已述及,在制定灌溉制度或进行区域水资源评价时,根区平均土壤水基质势常被用作评估指标(当 $\bar{h}$ 低于适宜土壤水基质势下限时需灌水至其上限),进而以 $\gamma(\bar{h})$ 来估算 $PWDI$。其隐含的假设是:作物根系吸水、蒸腾以及水分胁迫程度由根区平均土壤水基质势决定,与土壤水分以及根系分布情况无关。事实上,土壤水分在被根系吸收之前必须先从周边土体运移至根表处,即使在根区平均土壤基质势相同的情况下,由于水分与根系之间的相对分布关系不同,水分从土体向根表运移的阻力和距离会大相径庭,从而对根系吸水以及蒸腾造成不同影响。理论上,当土壤水分与根系分布趋势一致时(根系分布较多的区域,水分也较多),土壤水因运移阻力较小、距离较近而更容易被根系吸收利用,否则,较大的阻力和较远的距离会导致根系吸水困难、作物蒸腾减小。所以,仅考虑根区平均土壤水基质势而忽略根区土壤水分与根系的相对分布状况,试图通过式(2)来简单地评估作物水分胁迫程度,可能会导致一定的偏差。

基于传统方法所存在的上述问题,一种基于根区土壤水分布以及根系分布估算作物水分胁迫程度的方法最近被提出并受到广泛关注,从而对传统方法进行了改进(称为改进方法):

$$PWDI=1-\gamma(\bar{\bar{h}}) \tag{3}$$

式中,$\bar{\bar{h}}$ 为基于根系分布计算获得的根区各土层土壤水基质势的加权平均值,cm。室内土柱试验表明,相对于传统方法,改进方法能更准确地判断作物所受到的水分胁迫。显然,如果将这两种方法分别用于灌溉控制,将在判断灌水时间方面存在较大差异,从而对作物生长以及水分利用带来不同影响,但其影响程度尚不清楚。

2.2.3 试验简介

田间试验于 2014 年 6—10 月在内蒙古自治区通辽市科尔沁左翼后旗甘旗卡镇乌旦村进行(北纬 43 度 2 分,东经 122 度 17 分,海拔 275.2 米)。对玉米(宏玉 415)采用滴灌方式进行灌溉,并采用两种灌溉控制方法(传统方法 T 与改进方法 N)对农田土壤水分进行管理,同时对于每一种灌溉控制方法,再设置两个灌水临界值(作物水分亏缺指数 $PWDI$ 分别为 0.01 与 0.3)。另外,又设置了一个天然对照处理(CK)。除天然对照处理外(不灌溉),在玉米小区上方分别搭建移动式遮雨棚,平时处于不遮挡状态,下雨时移动遮雨棚遮住试验小区,防止雨水进入。膜下滴灌玉米试验场景如图 2-4(彩图 2-4)所示。

图 2-4　膜下滴灌玉米试验场景

2.2.4　初步研究结果

(1)两种灌溉控制方法对玉米水分利用的影响　不同灌溉控制方法对各生育期玉米灌水量与实际蒸腾量的影响如图 2-5 所示。图 2-5 表明,无论在传统方法或改进方法控制灌溉条件下,当 *PWDI* 灌水临界值取为 0.01 时(充分灌溉),玉米灌水量与实际蒸腾量都显著大于 *PWDI* 灌水临界值为 0.3 所对应的值。而对于同一个 *PWDI* 灌水临界值 0.01 或 0.3,改进方法控制灌溉条件下玉米灌水量与实际蒸腾量都显著小于传统方法。

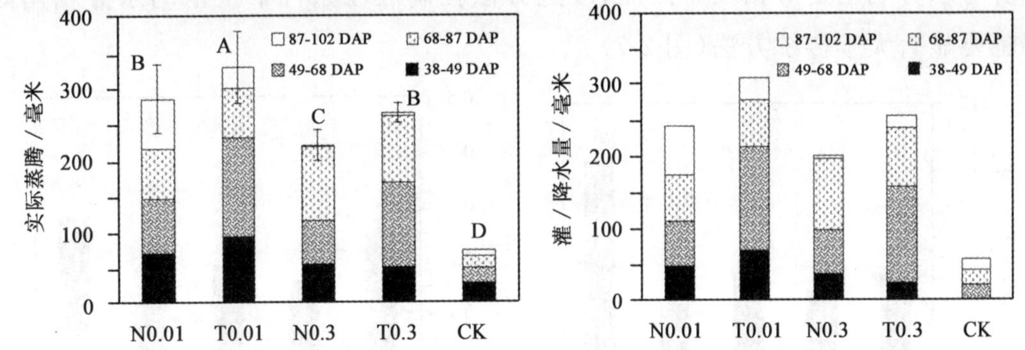

图 2-5　不同灌溉控制方法对各生育期(DAP:播种后天数)玉米灌水量与实际蒸腾量的影响

(2)两种灌溉控制方法对玉米生长的影响　不同灌溉控制方法对各生育期玉米各项生长指标的影响如图 2-6 所示。

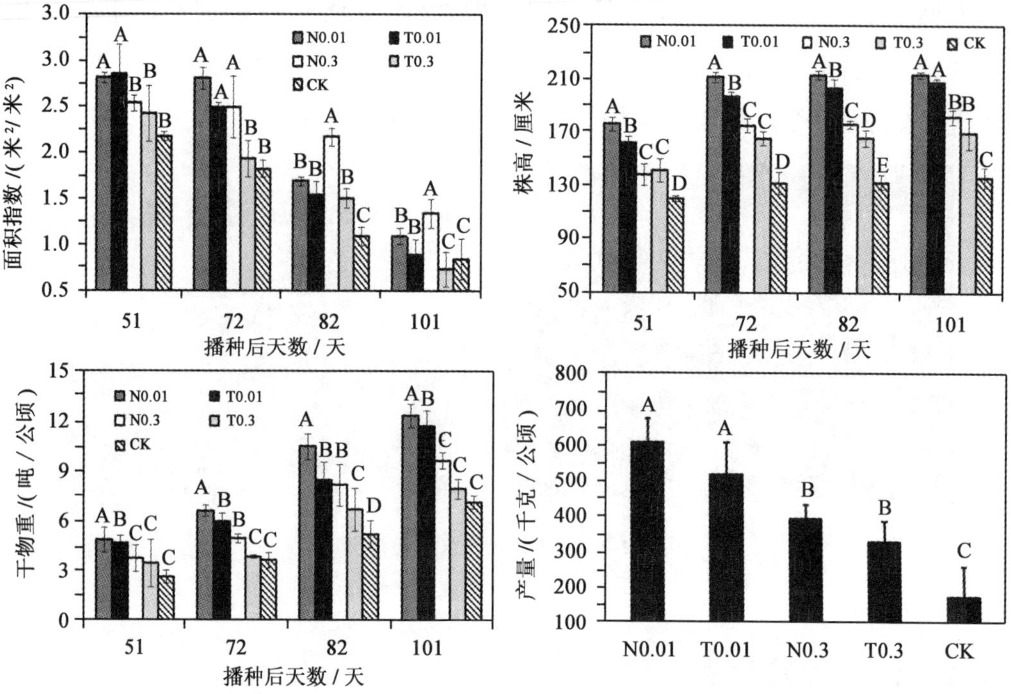

图 2-6 不同灌溉控制方法对各生育期玉米各项生长指标

图 2-6 表明,与水分利用相似,无论在传统方法或改进方法控制灌溉条件下,当 *PWDI* 灌水临界值取为 0.01 时(充分灌溉),玉米各项生长指标都显著大于 *PWDI* 灌水临界值为 0.3 所对应的值。而对于同一个 *PWDI* 灌水临界值 0.01 或 0.3,改进方法控制灌溉条件下玉米各项生长指标都要大于传统方法,该趋势与水分利用正好相反。因此,改进方法控制灌溉条件下玉米的水分利用效率都要显著大于传统方法(图 2-7)。

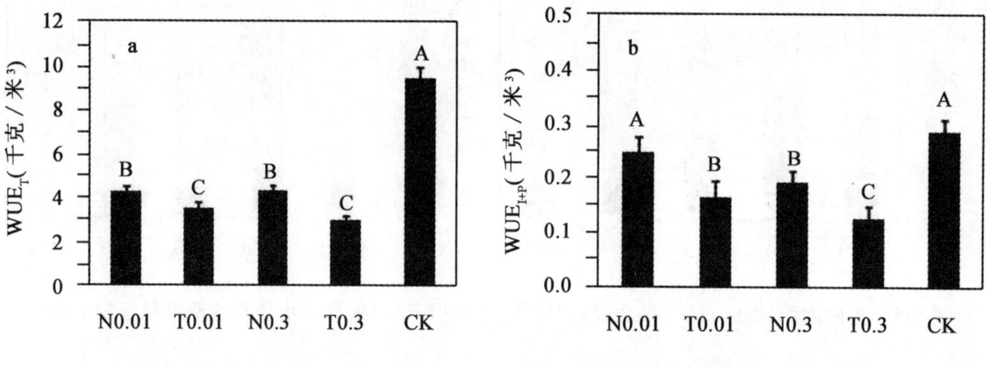

图 2-7 不同灌溉控制方法对玉米水分利用效率的影响

a:蒸腾水分利用效率;b:总输入水分利用效率

2.2.5 结论

试验研究结果表明，相对于传统方法，采用改进方法进行灌溉控制时，玉米耗水减少，但是却能促进玉米生长并提高其产量。然而，有关改进方法提高玉米水分利用效率的机制仍不清楚，有待进一步研究。

报告人：石建初　左　强

2.3 工矿废弃地复垦利用资金筹措与运行机制研究

2.3.1 研究背景

2012 年，国土资源部下发《关于开展工矿废弃地复垦利用试点工作的通知》(国土资源发〔2012〕45 号)，在 10 个省区开展工矿废弃地复垦利用试点工作。经过几年的试点实践和经验总结，2015 年国土资源部制订下发了《历史遗留工矿废弃地复垦利用试点管理办法》(国土资规〔2015〕1 号)，全国参与试点的省份也已经扩大到 12 个。国土资规〔2015〕1 号文件指出：工矿废弃地复垦利用是指将历史遗留的工矿废弃地以及交通、水利等基础设施废弃地等加以复垦，在治理改善生态环境基础上，与新增建设用地相挂钩，合理调整建设用地布局，确保建设用地总量不增加、利用更集约，耕地面积不减少、质量不降低的土地整治措施。

我国当前存在大量的历史遗留工矿废弃地，造成资源浪费、环境恶化。工矿废弃地复垦利用可以盘活存量建设用地、优化建设用地布局、改善生态环境、保护耕地，因此试点政策深得地方政府欢迎，地方复垦意愿强烈；但地方政府债务到期量巨大，经济下行压力不止，据审计署口径测算的 2015 年政府债务到期规模约 2.8 万亿元，与此同时《国务院关于加强地方政府性债务管理的意见》(国发〔2014〕43 号)提出："对地方政府债务实行规模控制，赋予地方政府依法适度举债权限"，而保障资金供给是推动工矿废弃地复垦利用的核心力量，因此，如何解决工矿废弃地复垦利用所需资金成为当前地方政府所面临的一大问题。另一方面，自 2013 年以来，国务院各部门陆续出台政策鼓励政府与社会资本合作，能否利用社会资本促进工矿废弃地复垦利用也成为一项亟待解决的问题。

2.3.2 工矿废弃地复垦资金需求与来源特点

(1)工矿废弃地复垦资金需求量大　根据《土地整治蓝皮书:中国土地整治发展研究报告 No.1》调查与评价结果,截至 2009 年底,我国当前仍有 10 125 万亩生产建设活动和自然灾害损毁的土地未复垦,而历史遗留损毁土地占未复垦土地的 40%左右。因此,历史遗留损毁土地约为 4 050 万亩。通过对已经开展工矿废弃地复垦利用试点的 12 个省份的 41 个市的规划文本进行整理分析得出:41 个市 2012—2015 年规划期内,复垦潜力为 173.89 万亩,市均复垦规模为 4.24 万亩。按照我国现有的 291 个地级市估算,全国工矿废弃地约为 1 234.22 万亩。

通过分析全国 12 个工矿废弃地复垦利用试点省份 2012—2015 年规划文本中的复垦投资与复垦规模,得到 12 个试点省份工矿废弃地平均复垦成本为 2.03 万元/亩。因此,若以试点省份的平均复垦成本(2.03 万元/亩)代替全国工矿废弃地复垦成本,取工矿废弃地规模中位数 2 642.11 万亩,可知工矿废弃地复垦大约需要 5 363.48 亿元。

(2)工矿废弃地复垦资金来源中财政资金所占比例高,财政压力大　根据工矿废弃地复垦利用试点监管系统统计数据以及实地调研得知,当前已经实施的 906 个项目,总投资 487 816.10 万元,其中财政资金投入占 78%,社会资金投入占 1%,信贷资金投入占 16%,其他资金投入占 5%。由此可见,财政资金是工矿废弃地复垦利用项目的主要资金来源。此外,由于地方政府债务规模受到限制,占工矿废弃地复垦利用项目总投资 16%的信贷资金又成为政府的财政负担,而地方政府财政收入有限,社会资本投资模式不成熟,信贷资金规模控制使得地方政府财政压力加大。

(3)地方经济发展水平与工矿废弃地复垦潜力不平衡　通过对比试点中 21 个县(区)2013 年财政收入(数据来源于各县年度政府工作报告)与本县(区)工矿废弃地复垦利用项目投资,发现工矿废弃地复垦投资与地方政府财政收入不成正比,工矿废弃地复垦潜力大的地方并没有相应较高的财政收入。如神木县财政收入 176.87 亿元,而工矿废弃地复垦投资仅为 0.32 亿元,占财政收入的 0.18%;而寻乌县财政收入 5.3 亿元,工矿废弃地复垦投资为 0.74 亿元,占财政收入的 13.87%;工矿废弃地复垦投资与地区财政收入并不平衡,财政压力在不同县(区)困难程度不同。

(4)现有工矿废弃地复垦收益核算机制制约复垦资金来源　《历史遗留工矿

废弃地复垦利用试点管理办法》(国土资规〔2015〕1号)中规定:“复垦后的土地不得改变农业用途;建新节余指标原则上不得跨县级行政区域使用”。现有政策仅对工矿废弃地复垦成耕地有明确的激励措施,工矿废弃地复垦成林地、草地、建设用地却缺乏相应的收益激励机制。因此,现有的激励措施间接弱化了因地制宜原则。同时收益核算机制不明确也限制了资金来源。

2.3.3 工矿废弃地复垦利用收益实现方式

工矿废弃地复垦利用一方面盘活存量建设用地、优化建设用地布局、缓解建设用地紧张、提高工矿废弃地使用收益,具有明显的社会效益和经济效益;另一方面保护耕地、治理污染、改善生态环境,具有良好的生态效益。

(1)挂钩指标收益　当前所提到的挂钩指标主要有耕地占补平衡指标、城乡建设用地增减挂钩指标以及地票(其实质也是增减挂指标),因其所适用项目以及流通范围不同而有所差别。根据工矿废弃地复垦利用内涵可知,工矿废弃地复垦利用通过与新增建设用地相挂钩实现收益是工矿废弃地复垦利用最主要的收益方式,其中,当工矿废弃地复垦为耕地时也可作为占补平衡指标获得收益。

通过查阅地方工矿废弃地复垦利用专项规划与实施规划可知,当前多数地区实行建新区与复垦区同步规划,实现工矿废弃地区位转换,进而利用建新区土地的有偿使用收益实现工矿废弃地复垦利用收益。为了充分利用市场的力量,重庆市率先开展“地票”交易,开始探索挂钩指标流转的市场化运作模式。2008年12月1日,《重庆农村土地交易所管理暂行办法》获得批准。12月4日,重庆农村土地交易所挂牌,标志着“中国首家农村土地交易市场”成立。随后,这种指标交易模式也被成都以及其他地方借鉴。

(2)复垦后土地经营收益　工矿废弃地复垦成耕地增加了耕地面积,进而增加了农民收益。不少地方以试点为平台,加快了工矿废弃地复垦,并与周边农田连片整治,增加耕地面积,带动农民增收。通过对已完成验收的工矿废弃地复垦利用项目信息进行统计分析发现,复垦后的耕地52%用于农民承包经营,35%用于农村集体经济组织承包经营,4%用于农业企业规模化经营。

对于不宜复垦成耕地或者复垦成本较高、复垦后耕地经营状况较差的工矿废弃地可复垦成林地,种植经济林、苗圃等实现收益,如福建省惠安县引导当地企业利用废弃采石场开垦苗圃园、生态养殖场。此外有一部分工矿废弃地继续作为建设用地使用,如湖北省黄石市铁山区通过实施工矿废弃地治理,平整出

1000 多亩工业用地,用于发展光伏产业。

(3)其他收益　其他收益主要是指财政补贴、税收减免等。如黄石市对于光伏发电产业给予了财政补贴、税收减免以及信贷支持等优惠政策。

(4)收益拓展潜力和途径　一方面,工矿废弃地复垦利用可在明确建设用地供需状况的情况下借鉴农村产权交易平台的指标交易实现收益拓展,此外应根据工矿废弃地的区位、损毁程度、发展环境等建立工矿废弃地复垦利用挂钩指标级差价格,从而引导其合理有序入市。

另一方面,借鉴国内当前成功的运作经验,工矿废弃地复垦利用也可以发展生态农场、休闲农业等提高复垦后的耕地收益。如福建泉州休闲农业,带动农户 24 940 户,营业收入达 101 974 万元(其中农副产品销售收入 71 374 万元),实现利润总额 21 642 万元,目前已成为泉州市农民就地就业和增加收入的新途径和新亮点;工矿废弃地复垦成林草地以及水域用地时,由于这类用地都具有较高的生态服务功能,可探索开发矿山公园发展旅游业或者发展林下经济、水产养殖等提高收益;此外也可探索碳排放权交易,拓展收益渠道。

2.3.4　工矿废弃地复垦利用多元化筹资模式与保障机制

2014 年 9 月 21 日国务院出台《关于加强地方政府性债务管理的意见》(国发〔2014〕43 号)提出要对地方政府债务实行规模控制,推广使用政府与社会资本合作模式。在此后,国务院和财政部等陆续发出一系列通知和意见强调和支持政府与社会资本合作模式在公共服务、资源环境、生态建设、基础设施等重点领域的进一步应用和创新。在当前"土地财政"难以持续、地方财政资金压力大的背景下,地方政府将主要依靠发债和引入社会资本两个渠道获取融资,前者在规模上受到限制,后者则有较大的发展空间。因此,引入社会资本以及整合财政资金成为解决工矿废弃地复垦利用项目资金缺口的主要途径。

(1)整合财政资金　2015 年 6 月 19 日国务院发布《国务院关于印发推进财政资金统筹使用方案的通知》(国发〔2015〕35 号)提出:"推进财政资金统筹使用,避免资金使用'碎片化',盘活各领域'沉睡'的财政资金,把'零钱'化为'整钱',增加资金有效供给"。由于工矿废弃地损毁类型多,涉及农村土地整治、矿山环境治理、土壤修复、粮食增产等项目,可以将这些项目与工矿废弃地复垦利用项目整合,统筹资金使用,避免重复投资。

另外,当前土地整治项目投资所涉及的财政资金主要为县财政资金,对于部分发展较好的乡镇同样也需要建设用地为其发展提供基础，因此，也可统筹城乡财政资金进行工矿废弃地治理。如北京市通州区永乐店镇南堤寺东村土地复垦项目主要利用乡镇财政进行投资复垦。

(2)引入社会资本

①引入社会资本进行工矿废弃地复垦的可行性分析：工矿废弃地复垦可以改善生态环境、优化建设用地布局、节约集约用地、保护耕地、促进经济发展，从这方面来讲增加了公共服务和公共产品的供给，符合国家关于引入社会资本的政策要求；根据对工矿废弃地复垦利用收益分析可知工矿废弃地复垦利用有其收益保障；最后，根据实地调研，当前部分地区已经开始探索与社会资本合作开展土地整治项目包括工矿废弃地复垦利用项目，如广西壮族自治区出台《自治区"小田并大块"耕地整治以奖代补专项资金管理办法》，鼓励农民及农业经营主体自筹资金或以投工投劳、以物折资等方式自发将耕地进行"小块并大块"耕地整治；湖南益阳成立土地托管公司，农民自愿将名下的土地承包经营权委托给该公司，并签订土地信托合同，再由土地托管公司整理后出租给农业大户耕种；四川省宜宾市某土地整理项目依靠引入社会资本进行整理，由企业负责落实项目实施资金，最后获得80%的新增耕地指标等。

因此，引入社会资本进行工矿废弃地复垦基本符合当前国家鼓励政府与社会资本合作的政策要求，且有一定的相关实践基础，引入社会资本进行工矿废弃地复垦是可行的。

②引入社会资本进行工矿废弃地复垦的运作模式：根据工矿废弃地复垦利用项目特点，工矿废弃地复垦利用方向不同，其收益方式也不相同，因此提出以下两种融资与运作模式：第一，鉴于工矿废弃地复垦利用项目相比地铁、公路等基础设施项目而言，复垦后的耕地或者林草地大多不能吸引投资人继续经营，因此可参照政府购买服务的BT(Build-Transfer)模式，即由社会资本方负责融资、复垦，验收完成后由政府按照事先约定的收益方式拨付给社会资本方，并把验收合格后的土地交由原工矿废弃地权利人。第二，当利用工矿废弃地发展生态农场、休闲旅游等服务业或者工业等产业时，可参照特许经营的BOT(Build-Operation-Transfer)模式即由相关意向人投资复垦，并特许经营一定年限后无偿交还政府，投资人自行经营获得收益。

(3)工矿废弃地复垦利用多元化筹资模式的保障机制

①收益保障：收益保障是引入社会资本的前提。投资收益率过低不利于发

挥社会资本的积极性，甚至将迫使其退出；而投资收益率过高会给政府带来沉重的财政负担，而且工矿废弃地复垦利用方向不同，其收益保障程度不同，既有收益较高的经营性项目，也有收益不明显的非经营性项目。因此，一方面要设定一个合理的投资收益率，保证社会资本既盈利但又不暴利；另一方面，要捆绑盈亏状况不同的工矿废弃地，提高投资收益的可持续性。

②风险控制：工矿废弃地复垦利用引入社会资本过程中存在着由于传统的政府与社会资本地位不平等、信息不对称等造成的政府信用风险、合作不透明导致的腐败风险、将有复垦义务人的工矿废弃地作为历史遗留工矿废弃地的伪装风险以及常见的项目质量风险和建设风险。因此，有必要建立防范机制，如建立第三方监督、质量监督、公众参与等，提高政府与社会资本方的契约意识以及合作意识。

③政策保障：现有引入社会资本的政策不明晰，缺乏引入社会资本进行工矿废弃地复垦利用的具体实施办法，且工矿废弃地复垦利用项目可利用的相关资金较多，但资金整合困难。因此，可出台加强部门间以及项目间合作的政策，引导建立业务领导小组，打通项目经费使用障碍；参考其他项目政府与社会资本合作模式，制定社会资本进行工矿废弃地复垦利用的指导性政策。

2.3.5 研究展望

本研究分析了我国当前工矿废弃地复垦利用的资金需求与来源特点及其收益方式，在此基础上结合国家政策，针对地方开展工矿废弃地复垦利用项目政府财政压力大的问题，提出了对策及保障措施。为了保障工矿废弃地复垦利用资金筹措模式的实施，未来可进一步开展如下工作：

(1)本研究在工矿废弃地复垦利用效益及收益实现方式的研究中提出了工矿废弃地复垦利用增益方式。除此之外，可进一步收集案例，拓展思维，挖掘工矿废弃地复垦利用的收益方式，探索制定工矿废弃地复垦利用项目收益指南。

(2)探索挂钩指标市场化交易，根据地方经济发展水平与复垦潜力制定有差别的交易价格和指标流动范围。

(3)做好工矿废弃地复垦利用的生态价值评估，探索建立工矿废弃地复垦利用的生态价值补偿机制。

报告人：李　贞　张　勇　兴　安　孙忠祥　黄元仿

2.4 露天煤矿生物多样性调查的内涵、原则、内容和方法

2.4.1 背景

我国露天煤矿采掘挖损土地面积约 8 800 公顷，外排土场压占土地面积约 16 300 公顷，矸石山占地面积约 5 800 公顷，而全国露天煤矿土地复垦率仅为 20%～30%。土地作为动物、植物和微生物多样性的载体，剧烈的土地利用变化必然导致生物多样性受损甚至发生毁灭性的变化。同时，我国露天煤矿主要分布在草原、沙漠和丘陵等生态脆弱区，露天煤矿开采将进一步加剧当地生态环境恶化，给当地生物多样性保护和恢复带来了巨大威胁。

国外将露天煤矿生物多样性保护作为矿业可持续发展的必要条件，尤其注重矿业开发初期对生物多样性的调查与影响评价，并出台了相应技术规范作为指导。多采用环境影响评价技术对不同矿业开发阶段生物多样性的影响状况进行分析，重点识别对生态系统健康具有重要意义的生态高敏感区，拥有珍稀物种和特有物种的生物多样性高价值区。

然而，我国生物多样性调查研究主要集中于自然保护区，国家公园，湿地、森林和草原生态系统等未经扰动的自然生态系统，缺少对受到剧烈开采扰动并进行人为复垦的露天煤矿生物多样性调查的深入研究。国土资源部公益性行业科研专项资助项目“典型露天煤矿复垦生物多样性恢复研究”(201411017)对露天煤矿生物多样性调查的内涵、原则、内容和方法进行了研究，本报告即是该项目取得的部分阶段进展。

2.4.2 露天煤矿生物多样性调查内涵

生物多样性指地球上陆地、海洋和其他水生生态系统及其所构成的生态系统综合体中的所有生物体，包括物种内、物种之间和生态系统的多样性，可划分为遗传、物种、生态系统和景观 4 个层次。

露天煤矿生物多样性调查应借助于一定技术手段和方法，综合考虑实地调查和遥感调查，针对损毁前、土地损毁与复垦和完全复垦后 3 个阶段，揭示露天煤矿开采和复垦过程中物种和景观层次生物多样性现状、演变过程及其驱动机制。

2.4.3 露天煤矿生物多样性调查原则

露天煤矿生物多样性调查原则涉及调查层次、调查阶段、调查频率以及调查单元等内容。

(1)露天煤矿生物多样性调查层次　生物多样性包括遗传、物种、生态系统和景观4个层次,基本涵盖了生物多样性从微观到宏观的全部尺度。而露天煤矿对生物多样性的破坏主要体现在对物种多样性和对景观多样性破坏2个层次:

①露天煤矿剥离、采矿、排弃、堆置、造地等一系列采矿工程行为对矿区范围内物种多样性,尤其植物物种多样性造成了灾难性影响;

②露天煤矿开采严重改变了矿区原有土地利用景观类型,如矿界范围内已征用的耕地、林地、草地等土地利用类型全部转为独立工矿用地,土地利用景观发生严重扰动。

因而,大规模的矿山开采主要会对微观层次的物种多样性(尤其是植物多样性)和宏观层次的土地利用景观多样性产生强烈扰动。所以,调查露天煤矿生物多样层次可划分为微观层次上的物种多样性(侧重植物多样性)和宏观层次上景观多样性(侧重土地利用景观多样性)2个层次。

(2)露天煤矿生物多样性调查阶段　露天煤矿生物多样性调查主要针对露天煤矿损毁前、土地损毁与复垦和完全复垦后3个阶段,开展上述2个层次的生物多样性调查。

①损毁前本底调查阶段:指针对矿山整体未进行生产或者某些用地类型进行局部生产建设之外的区域进行调查的阶段。本底调查结果可为露天煤矿生物多样性恢复提供指导和依据。

②土地损毁与复垦阶段调查阶段:指矿山已进入生产建设状态,或同时有部分区域复垦工作进行的阶段。对于用地类型而言,同时可以具备损毁和复垦两个阶段,包括采掘-外排(表土剥离、存放与养护)、采掘-外排-内排(外排场部分复垦)、采掘-内排(外排开始全面复垦,内排场逐步开始复垦)等阶段。

③完全复垦后阶段调查阶段:是指矿山闭坑,复垦工作已全部完成后的阶段。

④考虑到我国露天煤矿处在不同生态类型区(草原区、荒漠区和丘陵区),并且各露天煤矿开采工艺流程(穿爆、采装、运输、排土)、生产开发时序和土地损毁

类型等实际情况有较大不同，因而，可结合各露天煤矿实际情况，从而确定该露天煤矿土地损毁与复垦阶段调查节点和完全复垦后阶段调查节点。

(3)露天煤矿生物多样性调查频率　原则上至少分别在露天煤矿开采前、典型土地损毁与复垦阶段和完全复垦后阶段各调查 1 次。有条件矿区可实行每 5 年或者每 10 年的生物多样性动态监测，要求能够全面反映露天煤矿生物多样性本底状况、生物多样性受损情况和生物多样性恢复情况。

(4)露天煤矿生物多样性调查单元

①土地损毁前阶段生物多样性调查单元划分：根据露天煤矿范围内的土地利用类型和地形地貌划分调查单元。

②土地损毁与复垦阶段生物多样性调查单元划分：该阶段内未受影响的区域纳入本底调查；损毁区域仅考虑宏观层面的调查，调查单元可根据用地类型和损毁类型来划分；已复垦区域应综合考虑用地类型和复垦方向来划分调查单元。

③完全复垦后阶段生物多样性调查单元划分：应综合考虑用地类型和复垦方向来划分调查单元。

2.4.4　微观层次生物多样性调查内容和方法

微观层次生物多样性主要调查物种多样性，而物种多样性是指动物、植物和微生物种类的丰富性，考虑到露天煤矿开采主要对矿区范围内的植物多样性进行了破坏，故应重点针对植物物种多样性展开调查。

(1)微观层次生物多样性调查阶段划分　虽然露天煤矿生物多样性调查分为土地损毁前、土地损毁复垦和完全复垦后 3 个阶段，但是，由于露天煤矿表土剥离、采坑挖损、外排土场压占、内排土场先挖损后压占以及工业广场土地占用等一系列土地损毁过程对微观层次植物多样性造成毁灭性灾难，故无需对土地损毁阶段植物多样性展开调查。

因而，微观层次生物多样性仅针对土地损毁前阶段和完全复垦后阶段这 2 个阶段进行。

(2)微观层次生物多样性调查内容　露天煤矿开采前必须进行生物多样本底调查，主要包括生境调查和植物物种多样性调查。

①生境调查内容：生境主要是指无机环境，如地形、地貌、气候、水文等，生境多样性是生物群落多样性的基础。具体调查内容包括地理位置、地形条件、土壤条件、气候条件等。

在上述生境调查的基础上,可进一步对矿区生态系统的结构和功能进行分析,并进行物种流、能量流、水分循环和营养物质环境等生态过程分析。

②植物物种多样性调查内容:植物物种多样性调查主要包括调查时间、调查范围和调查内容等。

(a)调查时间:必须进行露天煤矿开采前物种多样性本底调查,以提供生物多样性恢复的本底数据。

(b)调查范围:露天煤矿开采前物种多样性本底调查范围包括露天煤矿矿界范围以及露天煤矿开采可能造成影响的周边区域(如矿界范围外扩 100 米或 200 米范围)。也可根据露天煤矿实际情况,确定调查范围。

(c)植物物种多样性调查内容:主要包括植被覆盖类型、植被群落多样性和矿区范围内珍稀和特有物种多样性调查。

(d)植物物种多样性调查程序:包括确定调查对象和内容,制定调查计划(包括调查时间、调查范围、调查指标、调查方法及实施程序和人员组织等),实施野外调查工作,整理、分析调查数据及样本,建立数据库,编写调查报告等。

(e)植物物种多样性调查技术:露天煤矿生物多样性调查样地设置原则、样地标记方法、样地调查技术等参考《自然保护区与国家公园生物多样性 监测技术规程》(DB 53/T 391—2012)。

2.4.5 宏观层次生物多样性调查内容和方法

宏观层次生物多样性主要调查景观层次生物多样性。景观层次生物多样性指景观单元在结构、功能以及随时间变化方面的多样性,揭示了景观的复杂程度。由于露天煤矿开采严重改变了矿区原有土地利用景观类型,故应重点对景观水平上的土地利用景观多样性展开调查。

(1)土地利用景观分类　基于遥感图像的光谱特征、纹理结构、土地覆盖、土地利用和土地管理等因素进行土地利用景观分类。可参考《土地利用现状分类》(GB/T 21010—2007),在不改变分类含义的前提下,根据实际情况,不同一级类、二级类可有选择地进行合并。

(2)土地利用景观调查范围　应包含露天煤矿范围以及由于露天煤矿开采造成影响的周边区域(如矿界范围外扩 100 米或 200 米范围),也可根据露天煤矿具体情况,确定调查范围。

(3)土地利用景观调查内容　应用遥感数据,按照露天煤矿开采前、土地损毁和土地复垦3个典型阶段调查露天煤矿土地利用景观变化情况，主要包括不同阶段土地利用景观类别、各类景观范围、位置和相应面积等。

(4)土地利用景观调查方法　遥感数据来源、平面坐标系、高程标准、遥感数据精度、最小上图图斑、影像纠正控制点测量、影像处理等调查方法可参考土地利用动态遥感监测规程(TD/T 1010—1999)。

2.4.6　结论

国土资源部公益性行业科研专项资助项目"典型露天煤矿复垦生物多样性恢复研究"(201411017)的阶段研究进展明确了露天煤矿生物多样性调查的内涵，提出了露天煤矿生物多样性调查层次、调查阶段、调查频率和调查单元等基本原则，分析了宏观和微观层次露天煤矿生物多样性调查方法。露天煤矿生物多样性调查必须综合运用实地调查与遥感调查等多种手段，针对露天煤矿损毁前、土地损毁与复垦和完全复垦后3个不同阶段，并重点对植物多样性和土地利用景观多样性进行调查。露天煤矿生物多样性调查研究可为推动露天煤矿基础调查和建设绿色矿山提供参考和依据。

报告人：张立平　张世文　张红艳　曹　梦　黄元仿

农用地多功能诊断与评价

1 研究进展

耕地资源不仅具有生产功能，而且具有生态功能、景观功能和文化传承功能。对于人多地少的中国来讲，还具有社会保障以及维持社会公平的功能。农用地多功能性在学术界已得到高度关注及普遍认可，众多学者从不同研究目的和不同角度对农用地多功能开展科学研究，获得了一些研究成果。围绕农用地多功能诊断、多功能评价等领域的主要研究进展包括以下几方面：

1.1 国外研究进展

1.1.1 耕地生产功能

从国外研究来看，发达国家和发展中国家研究的焦点存在巨大区别，相较于耕地的社会保障功能以及社会稳定功能，发达国家更加关注的是耕地系统生产功能、生态功能以及景观功能。

从耕地系统的生产功能研究来看，美国斯坦佛的一些教授着重从全球尺度进行研究，他们的研究集中在南美的巴西、阿根廷、非洲和俄罗斯等国家。在研究中，他们采用了从下到上的控制和从下到上尺度上移两个方法，分析了全球的适宜性优质耕地面积。他们的研究结果表明全球优质耕地的稀缺性，这些优质耕地资源不仅受到来自建设用地的占用，还受到了经济作物对粮食作物的竞争。因此，从全球来讲，如何保持具有优质生产功能的耕地是非常重要的政策问题。只有守住全球的优质耕地资源，才能保护好亚马逊、非洲以及热带区域的森林资源。围绕耕地资源的生产功能，荷兰及澳大利亚等的相关学者还进行了区域和国家尺度的耕地资源潜力差的研究，并且测算全球尺度的耕地资源潜力差。他们的研究结果表明，从潜力差的实现的角度来看，关键的制约因素是来自经济和社会对粮食生产者的影响。

相对于发达国家而言，发展中国家更加重视如何实现耕地资源的潜力差，特别是对于人多地少，耕地资源规模小的国家而言。从2003年以后，中国的粮食产量持续增加，是充分发挥农户积极性的全球典范，但是，由于耕地资源质量降低，导致了粮食生产成本不断增加，因此，中国的粮食进口量也不断增加，以上严峻现实反映了在全球一体化的趋势下，如何提升耕地资源生产功能，降低劳动强度和投入强度，依然是未来研究的重点内容。

1.1.2 耕地生态功能

发达国家还更加关注农用地系统的固碳能力以及生物多样性的研究。2015年在法国巴黎召开的全球气候大会，更是将这个研究推向了一个新的高潮。从FAO来讲，确定每年的12月5日为全球的土壤日，这表明耕作土壤的生态功能日益受到国际社会的关注。全球的土壤科学家和资源学家共同撰写了《Status of the World's Soil Resources》[1]，分析了全球土壤资源，特别是农用地土壤资源利用的现状和保护面临的严峻形势。全球农用地资源占据地球陆地表层38%左右[2]，并且是人类干扰强度最大的陆地表层。为此，如何保持农用地土壤的碳固定功能，水循环功能和气候稳定功能，通过科学管理减少农用地土壤的碳排放，提升碳固持水平是减缓全球气候变化的重要手段。国际知名期刊《自然》杂志，也发表多篇关于全球土壤固碳、对土壤有机质的重新认识等相关文章。这表明，未来的农用地多功能研究，必须要研究农用地管理对土壤碳的固持、排放和稳定的影响，未来的耕地资源生产功能和潜力差的实现必须要考虑碳的影响。

耕地资源，不仅具有生产粮食功能，同时，还具有良好的景观功能。在本人2015年参加的美国康奈尔第二届全球粮食安全大会上，来自美国、欧洲、非洲等众多科学家，都在探讨如何在实现农用地资源生产功能的同时，提升景观功能和生态服务价值的问题。国际众多科学家都将中国的哈尼梯田和龙胜梯田等作为人类协调粮食生产功能、景观和生态服务功能的全球典范。自然的本质本来是多样性、安全的系统只有多样性的农用地才是可持续的食物安全的保障。美国农业生态系统联合会主席Sara Scherr从农业生产系统的可持续角度，提出了整个农业生产过程的可持续性问题，特别指出农用地系统的多样性稳定性的问题，她还提出了包容性的农业增长。因此，未来的农用地集约化利用，必须破解集约与多样性的关系，进行不同的尺度上进行研究。

1.2 国内研究进展

与国外相比,国内的研究更加重视的是耕地的多功能识别、评价与诊断等方面。

1.2.1 耕地资源多功能内涵及诊断

耕地资源多功能在不同角度及不同层次存在不同内涵。从整体定义上看,耕地功能即耕地满足人的多种需求的功用;从不同类型上看,大多数学者将耕地分为生产功能、生态服务功能和社会保障功能三大类[3-5];结合特定研究区,亦有学者将耕地多功能定位为生产服务、生态服务、景观文化服务、旅游观光休闲服务及社会服务等[6]。在对耕地资源多功能内涵进行综合解释分析的基础上,进一步完善耕地资源多功能理论框架,孔祥斌等以黄淮海平原为研究区,采用SWAT模型识别诊断了影响耕地多功能的关键因素[7],对黄淮海区域在水资源限制下的耕地生产功能、生态功能、景观功能的可能影响。

在耕地多功能诊断方面,需要结合中国耕地人多地少压力下耕地多功能的特殊性,这些功能与社会经济发展的关系,及其在不同的自然条件和人地关系下的演变特征,以及这些功能受到自然、社会和人类生活方式改变的影响,特别是分析我国快速城市化和工业化对于耕地多功能的可能影响。

1.2.2 耕地资源多功能评价

开展耕地资源多功能评价是耕地多功能利用的重要基础。以协调耕地资源质量与环境要素关系、减少资源耗费为的目标,在构建功能质量与水土资源匹配的相关评价指标体系的基础上,孔祥斌等对中国耕地资源多功能进行评价,实现了大中尺度上耕地资源多功能评价的突破[8]。王枫等以广州市为例,利用灰色关联投影法对包括耕地在内的土地利用多功能进行动态评价,利用障碍度模型对障碍因子进行了诊断分析[9]。类似研究还有以黑龙江延边地区[10]、沈阳城市边缘区[11]、西安市[12]、西藏自治区[13]等为研究区,利用不同方法(表征方法、层次分析法、熵权法等),构建评价指标体系进行农用地多功能评价等。亦有学者从公众角度出发,在分析评价公众对耕地资源多功能价值的认知状况的基础上,识别其主要影响因素[14,15]。

耕地功能在空间上存在差异性,在时间上其变化则具有明显的阶段性。宋小青等在构建耕地功能变化分析框架与度量方法的基础上，分析了1949年以来中国耕地功能变化过程[16]。施园园等以北京市为研究区，在对耕地的生产、生态、社会功能进行评价的基础上，通过信息熵模型对耕地多功能与社会经济的空间相关性进行测算，揭示北京市耕地多功能在社会经济影响下的空间分异特征[17]。杨雪等亦对北京市耕地功能空间差异及其演变进行了研究[18]，同时将北京作为整体分析耕地多功能的演变特征，并运用改进的灰色T关联度研究分析耕地各功能之间的关联性[19]。

多功能评价的难点在于如何科学确定诊断指标，设定阈值范围，提出表征耕地多功能的指标，分析耕地多功能在时间和空间上的消涨规律，建立耕地多功能评价表征指标，为国家实施农用地资源可持续利用与保护提供科学依据。

1.2.3 耕地多功能理论在土地利用管理实践中的应用

耕地多功能内涵及诊断、评价和时空演变分析，是耕地可持续利用及土地利用管理的重要科学基础。杜继丰等以珠江三角洲为研究区域，以耕地多功能理论为基本理论依据，结合生态绿当量、碳氧平衡法和景观格局分析等最小生态用地需求量测算理论和方法，构建集粮食生产功能、生态服务功能等多功能需求于一体的巨型城市区耕地保护阈值测算模型[20]，同时还从耕地生产、生态功能视角下探讨研究了巨型城市区耕地补偿分区及补偿金配置模式[21]。

如何从区域、国家乃至全球视野分析耕地资源的多功能，特别是我国耕地资源与全球耕地资源的生产潜力差以及实现潜力差的投入差异，可以为我国粮食安全和耕地资源保护策略提供政策支撑；深入研究我国农用地土壤固碳潜力以及实现途径，可以为实施我国碳减排计划提供科学依据，也可以提升我国农用地土壤的固碳潜力，提高农用地质量，提升支撑粮食安全的能力；从我国传统的农田集约化利用和生态农业的传统文化精髓中进行挖掘，研究适合我国的人地关系的耕地资源战略，而不是盲目的追求规模化经营，具有重要的政策支撑意义。

从国际和我国的研究现状来看，结合我国在农业生产中面临的环境约束天花板和资源紧缺的地板，研究农用地多功能的机理，提出多功能的诊断指标体系，建立显化的指标体系，评价耕地多功能时空变化，提出基于多功能的耕地资源可持续利用策略，依然是未来研究的重点内容；而从全球的角度来研究我国耕地资源的多功能特征，不仅对我国确定农用地利用政策具有重要意义，也对于推动我国农用地多功能研究的学科发展，提升整体研究水平具有重要意义。

参考文献

[1] FAO. Status of the World's Soil Resources [Z]. 2015. http://www.fao.org/globalsoilpartnership/highlights/detail/en/c/215220/.

[2] Foley J A, Navin R, Brauman K A, et al. Solutions for a cultivated planet. [J]. Nature. 2011, 478(7369): 337-342.

[3] 蔡运龙. 中国农村转型与耕地保护机制[J]. 地理科学, 2001(01): 1-6.

[4] 蔡运龙. 土地管理如何贯彻科学发展观[J]. 中国土地, 2005(06): 15-16.

[5] 宋小青, 欧阳竹. 耕地多功能内涵及其对耕地保护的启示[J]. 地理科学进展, 2012(07): 859-868.

[6] 赵华甫, 张凤荣, 许月卿, 等. 北京城市居民需要导向下的耕地功能保护[J]. 资源科学, 2007(01): 56-62.

[7] Kong X, Lal R, Li B, et al. Chapter Four -Fertilizer Intensification and Its Impacts in China's HHH Plains[M]. Advances in Agronomy, Donald L S, Academic Press, 2014: Volume 125, 135-169.

[8] Xiangbin K. China must protect high-quality arable land. [J]. Nature. 2014, 506(7486): 7.

[9] 王枫, 董玉祥. 基于灰色关联投影法的土地利用多功能动态评价及障碍因子诊断——以广州市为例[J]. 自然资源学报, 2015(10): 1698-1713.

[10] 李宏, 关国锋, 郑浩, 等. 沿边开放开发进程中农用地多功能性评价[J]. 测绘与空间地理信息, 2015(07): 41-44.

[11] 边振兴, 康萌, 刘琳琳, 等. 沈阳城市边缘区农地多功能分析[J]. 土壤通报, 2015(03): 533-538.

[12] 王云, 周忠学. 多功能性的都市农业用地效率评价——以西安市为例[J]. 经济地理, 2014(07): 129-134.

[13] 张晓平, 朱道林, 许祖学. 西藏土地利用多功能性评价[J]. 农业工程学报, 2014(06): 185-194.

[14] 江冲, 金建君, 李论. 基于公众参与的耕地资源非市场价值认知研究——以浙江省温岭市为例[J]. 中国农业资源与区划, 2012(06): 72-78.

[15] 李论, 金建君, 高艺玮, 等. 北京市居民对耕地资源多功能价值的认知及其影响因素分析: 2015'全国土地资源开发整治与新型城镇化建设学术研讨会[Z], 中国河南安阳: 20156.

[16] 宋小青,吴志峰,欧阳竹. 1949 年以来中国耕地功能变化[J]. 地理学报,2014,69(4):435-447.

[17] 施园园,赵华甫,郧文聚,等. 北京市耕地多功能空间分异及其社会经济协调模式解释[J]. 资源科学,2015(02):247-257.

[18] 杨雪,谈明洪. 北京市耕地功能空间差异及其演变[J]. 地理研究,2014(06):1106-1118.

[19] 杨雪,谈明洪. 近年来北京市耕地多功能演变及其关联性[J]. 自然资源学报,2014(05):733-743.

[20] 杜继丰,袁中友. 基于耕地多功能需求的巨型城市区耕地保护阈值探讨——以珠江三角洲为例[J]. 自然资源学报,2015(08):1255-1266.

[21] 杜继丰,袁中友. 耕地生产、生态功能视角下巨型城市区耕地补偿分区与补偿金配置研究——以珠三角为例[J]. 中国土地科学,2015(04):34-40.

2 专题报告

2.1 农田景观生态服务功能提升——生物多样性和景观管理的原理与途径

2.1.1 农田景观的生态服务功能

农田景观是农用地和镶嵌其间的自然、半自然用地构成的景观镶嵌体,是由农业生产、自然资源和环境相互作用形成的可视结果(图 2-8)。

农业景观除了具有为人类提供食品、纤维、燃料、生化与天然药品药物等生产功能外,还为人类提供多种调节服务和文化服务,其中调节服务包括对洪水的调控、碳存储、通过限制温室气体排放或作为绿色空间进行全球或局部地区的气候调节、作为地表覆盖物防固扬尘和风沙、限制城市过度膨胀等。而文化服务既包括为人类提供秀丽的田园风光、提供科学教育、休闲和旅游的场所,也包括对农耕文化的保留、继承与发展等等。在解决温饱、人类生活水平不断提高的今天,人们对于农业景观的非生产性的、调节和文化服务功能的需求也就显得愈发迫切,土地管理也需要顺应这种需求,研究制定促进农业景观多功能性的管理策略。

图 2-8　农田景观示意图

(1)农业景观生物多样性及其生态服务功能　农业景观生物多样性保护是实现农业景观多功能性的基础，生物多样性与生态系统服务密切相关，包括为作物进化和育种提供原材料，为农业生产提供景观保护、水土保持以及健康的土壤、清洁的水质和空气等，也为农业生产提供所需的一系列生物支持服务功能，如土壤养分循环、害虫控制、传花授粉等。因此，生物多样性及其所提供的生态系统服务被认为是农业可持续发展的重要基础。

2050 年全球人口预计超过 90 亿，要满足不断增长的粮食需求，同时应对气候变化、作物育种增产遭遇瓶颈、传统依赖高投入的增产的模式不可持续等问题，通过提升生物多样性及其所提供的害虫控制、传粉、土壤养分等生态服务，发展生态集约型农业成为在可持续发展前提下促进粮食增产的重要模式，得到世界粮农组织、欧盟共同农业政策、美国 21 世纪土地合理利用战略的高度重视和强调。由此，提升农业景观生态服务也成为保障粮食安全的重要途径。

(2)农业景观生态服务功能提升需要景观的观点　农业景观生态服务功能的提升需要景观的观点，这是因为：1)局部生物多样性由景观范围的物种库所决定，仅仅保护局部的生物多样性效果有限；2)很多物种在其生命周期中需要一种以上的生境，会在不同土地利用(生境)之间迁移和活动，景观的改变会影响景观范围的生物过程以及与这些生物过程相关联的生态服务；3)局部生物多样性管理的措施是否能取得成效，不仅仅取决于保护措施本身，还受周围景观的影响，在中等复杂程度的景观中，保护措施的效率最高；而多样化的土地利用模式可以在一定程度上促进集约化农业景观多样性的维持，增加景观复杂性可以补偿局部集约化生产的负面效应;4)景观连接度影响物种持续存在及生物过程,并进一步影响生态服务;5)结构复杂的景观在变化的环境条件下提供更高的时空保险,使得生态系统应对干扰时具有更高的弹性和稳定性。

因此,对农业景观生态服务功能的提升离不开景观尺度的建设和管理。

(3)我国农业景观土地利用的现状与问题　过去几十年间,我国农业景观土地利用的过程中主要存在如下几方面的问题:

①为了扩大生产过度开垦土地,导致在生物多样性保护和生态服务功能维持中扮演重要作用的自然、半自然生态用地缺失,农业景观高度均质化,生物多样性和生态服务功能破坏严重(图 2-9)。

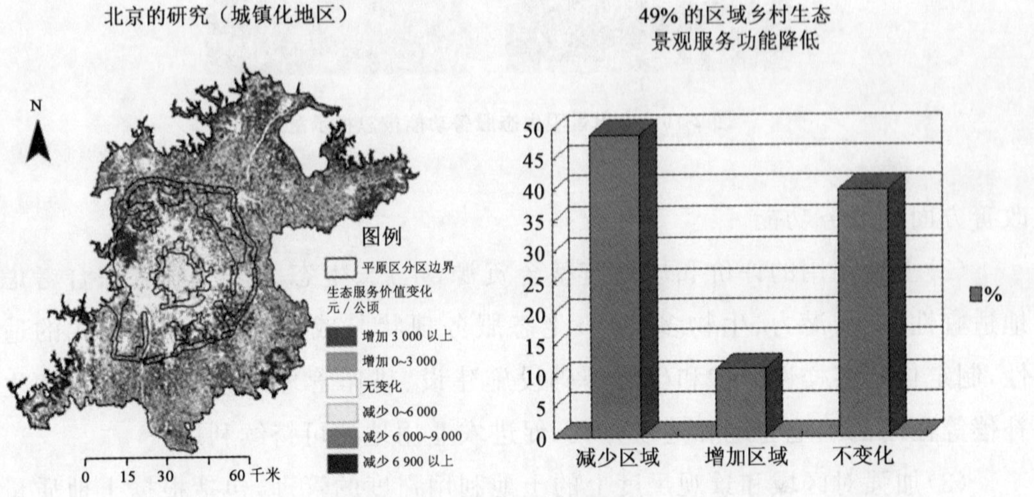

图 2-9　农田景观生物多样性和生态服务功能破坏示意图

②过度强调农田基础设施的生产服务功能,而忽略其生态服务功能。一些情况下,农田基础设施的建设过程就是对生态服务功能的破坏过程(图 2-10)。

③耕地质量堪忧,威胁作物产量的提高和维持。

④农村劳动力减少导致农业转型、耕地经营管理集约化可能造成农业景观生态服务功能进一步下降。

2.1.2　如何提高农业景观生态服务功能:思考与建议

要提高农业景观的生态服务,在未来的土地利用管理中应该:

(1)转变观念,不再仅仅将农业景观看作是生产的场所,重视农业景观多功能建设和管理,更好发挥农业景观在居民粮食需求以外的精神需求及生态环境

图 2-10　农田景观生态服务功能被忽视示意图

改善方面的服务功能。

(2)土地利用的评价和规划应整合资源、生产、生态、管理，通过综合考虑土地适宜性、产量潜力、生物多样性、生态服务现状与威胁、耕作管理方式的适宜性，制定包括多样性保护和生态基础设施建设、耕作管理改进、生态修复和生态补偿等在内的土地管理和建设方案，促进农业用地的可持续利用。

(3)加强对区域和景观尺度上的土地利用强度的管理，包括根据土地质量状况、生产潜力、是否处于生态脆弱/敏感区域等制定对应的种植管理强度方案，划定区域不同管理强度的用地类型的比例分配(景观中保留适当比例的自然、半自然生境作为生态用地)，生态脆弱区低产田转换成低集约化生产或者生态用地，规定适度的农田规模等。

(4)从不同的尺度上进行以生物多样性和生态服务提升为目的的生态基础设施建设，如在区域尺度上建立生态廊道网络、在田间尺度上建立甲虫带、野花带、树篱、农田边界等，并研究制定本地化的生态基础设施建设模式、方法(植被选择、宽度、规模和效益)、管理方法和技术规程(图 2-11)。

(5)发展多样化土地利用模式以减少农业污染、改善土壤质量、促进农业增产(图 2-12)。

报告人：刘云慧　宇振荣

图 2-11　生态基础设施建设示意图

图 2-12　多样化土地利用示意图

2.2　通过全球粮食订单式生产满足国家粮食需求——中国耕地资源休养生息战略思考

2.2.1　问题的提出

“民以食为天”，只要人类的生命存在和得以延续，不仅需要粮食，而且需要低价粮。而优质耕地是提供粮食生产，也是保障低价粮生产的基石。

什么样的土地最适合以低成本和持久的方式生产出的安全的粮食？只有那些水土资源匹配好的耕地才具有这样的生产能力。对于中国人来讲，这些土地就是中国胡焕庸线以东、不到国土面积44%的土地。换句话说，在珠江三角洲、长江三角洲、黄淮海大平原、东北平原、四川盆地区域，分布着中国最优质的耕地，最适合永久进行低成本生产粮食的耕地(图2-13)。

珠江三角洲　长江三角洲　黄淮海平原　东北平原　四川盆地

图2-13　各地区耕地景观

这些区域的耕地地势相对平坦、土壤质地疏松肥沃，光照充足、积温高，一年可以种两熟甚至三熟，天然降水就可以满足作物生长。优质的耕地资源，不仅支撑了中国人世世代代的生存和发展，而且支撑了中华文化和文明。然而，这些分布在中国东部区域的优质耕地，地势平坦、面临海洋，也是人类最适合居住和适合发展工业的区域，是中国工业化和城市化的首选。这些承载了中华文明五千年的土地，我们只用了不到30年的时间，盖上了住房、建了工厂、开发了工业区，30年发展的结果，我们失去了最优质的耕地资源，失去了能够以最小的投入支撑我们永世生存的土地。

要保障自己的粮食供给怎么办？只能通过改良不适合粮食生产的土地，只能通过不断地提高投入来增加耕地和改良耕地，只能不断增加化肥、农药、通过不断抽取地下水进行灌溉提高产量。30年来，我们努力的结果是中国的粮食总产提高了，但同时，粮食生产成本不断上升、资源代价不断增加，已严重威胁到国家的生态安全。

一个最大的问题摆在我们面前，我们的粮食需求想要一种怎样的满足？是短暂一时的满足还是永久可持续的满足？是以最低投入来满足还是以不断提高投入水平来满足？理性的回答应该是永久的满足，是永久的低成本的满足！为实施耕地资源永久的持续利用，永久的满足中国人的粮食问题，党的十八届三中全从国家层面提出了耕地资源休养生息战略。但是，现实的问题是，实施耕地休养生息可能就意味着国内无法满足粮食需求，必须国外粮食的进口替代。

2.2.2 通过实施全球粮食订单式生产满足国家粮食需求

我们站在了一个选择的十字路口，是继续以不可持续的方式来暂时满足我们当下的粮食需求，还是要通过“虚拟水”、“虚拟地”方式，即通过进口替代的方式来满足我们的粮食安全。“虚拟水和虚拟地”的好处就是立竿见影，可以通过全球贸易满足国内的粮食需求。当然，这种方式也存在一个显著问题，即长久的依赖会导致被控制的局面。一旦形成路径依赖，能否获得粮食以及获得粮食的代价就掌握在他人手中，长此以往，可能导致严重后果甚至灾难。中国历史上就出现过这样的问题。吴越争霸，越国就采用过这种办法，换给吴国炒熟的粮食做种子，导致吴国颗粒无收，为越国战胜吴国打下了基础。虚拟水和虚拟土是不是也可能给我们带来这样的后果？

这是一个两难的境地：自己生产不可持续，进口不可控制。那么，是否有第三个办法，我们能否从美国工业产品的全球配置得到借鉴？发达国家利用了中国低廉的劳动力为他们生产工业产品，我们是不是也可以利用他们丰富的土地资源为中国人生产粮食？

美国自己确定产品的知识产权，确定服装和鞋类的价格，他们控制着订购权，在全球实施订单式生产。中国的农产品，是否也可以借鉴这种模式？作为粮食需求大国，中国也可以引进这种定价生产机制。培育符合拥有自主知识产权、符合中国人口感的小麦、玉米和大豆乃至水稻品种，建立育种、栽培及管理等技术体系与标准，在全球实现订单式生产，实现全球生产者的竞争关系，进而享受最低的农产品价格，从而降低中国农地的利用强度，降低对水资源的开采程度，减小其对中国生态安全的不良影响，减少边际土地的使用问题。

中国的粮食安全保障可以按照工业化生产分工的思路来实施虚拟水和虚拟土地战略。以水稻为例，可以将水稻整个生产过程进行技术分解，大概可以分为育种、育秧、栽培、耕作、施肥等技术、水土空间支撑载体几部分。通过育种技术，培育满足中国人口味的水稻品种，并实施品种资源技术控制；通过栽培、耕作、施肥等水稻的技术标准化和对生产过程的控制，建立符合中国人口味的水稻技术生产体系；最后通过采用订单式的生产，在全球范围内配置生产基地。

上述中国粮食生产全球配置战略就是通过采用全球通用的市场和技术专利规则，建立满足中国人口味的水稻、小麦、玉米等农产品，既能显著提升中国在作物育种、生产的核心技术能力，又能形成核心竞争力，取得粮食生产的核心技术控制，通过实施定价权，以全球订单式生产的方式，有效防止被一两个国家控制的局面形成。甚至，可以将中国粮食生产全球配置战略与中国人的饮食产业结合起来，在全球打造一批像美国快餐麦当劳、肯德基这样的知名饮食 品牌，在全球发展一批中高端中国饮食品牌，将中国的粮食生产与美味的中餐结合在一起，实施全球的发展大战略。

只有将中国粮食作物生产的全球配置战略与中国严格的耕地保护战略有机地结合在一起，才能真正实现中国耕地资源休养生息，才能保障中国人以最低的代价和最为便捷的方式永久可持续地获得粮食。

报告人：孔祥斌

2.3 水资源限制下太行山山前平原理论产能核算

2.3.1 研究背景

耕地资源是人类赖以生存的基本资源和条件。我国实行最严格土地管理制度的目的是保护耕地资源，实现我国耕地资源的可持续利用。保护耕地不仅要求数量质量占补平衡，还要向着“数量、质量、生态”并重管理理念方向转变，以实现环境资源的友好利用，达到耕地生产能力的持续稳定。

产能核算是基本农田建设与保护区划定的依据，在为耕地资源保护提供科技支撑的同时，在地籍管理、土地利用规划等工作中也发挥着重要作用。研究中将农用地产能定义为，在一定地域、一定时期和一定的经济、社会、技术条件下所形成的农用地生产能力，分为农用地理论产能、可实现产能和实际产能 3 个层次。农用地理论产能是指在农业生产条件得到充分保证，光、热、水、土等环境因素均处于最优状态，技术因素所决定的农作物所能达到的最高产量。农用地可实现产能是指在农业生产条件得到基本保证，光、热、水、土等环境因素均处于正常状态、技术条件可以满足，由政策、投入等因素决定的正常年景下农作物能够获得的最高产量。农用地实际产能是指目前已经实现的产能，即某年农作物已经达到的平均产量。

太行山山前平原地区资源性缺水，地下水水位下降速度明显，水资源的缺乏已经成为该地区农业发展和经济腾飞的主要限制因素，在高标准基本农田建设中，土地整治的重点也放在增设井灌，提高耕地灌溉保证率上，使山前平原区原本缺乏的水资源更加紧张。另外在农用地分等基础上进行的产能核算没有考虑水资源的可持续利用问题，其理论生产能力用技术专家实现的农作物最高产量表示，亦为区域理论上所能达到的最高产量潜能。本研究在产能核算中考虑水资源限制因素，以保护生态环境为重点，以土地资源可持续利用为目标，对太行山山前平原进行了水资源限制下的理论产能核算，即对区域耕地最大生产潜能进行水资源限制下的修正核算。

2.3.2 研究区概况

太行山山前平原区是我国黄淮海地区的二级分类区，位于太行山东侧，华北平原西北部，主要包括保定市、石家庄市、邢台市与邯郸市的37个县市(区)。本研究分析的是区域粮食生产能力问题，所以在划分河北山前平原的区域范围时，参照了综合农业区划的划分标准、粮食生产能力标准和行政区划(图2-14所示)。研究区为暖温带半湿润半干旱气候，年均气温12～14℃，年降水量约为500毫米，种植制度为冬小麦与夏玉米的一年两熟制，年均实际蒸散量约为800～900毫米，明显高于同期降雨量。因此为获得高产，近80%的地下水及地表径流用来灌溉，地下水的开采又导致了地下水位的严重下降及一系列的环境、生态问题。作为河北省乃至华北平原的农业高产区，太行山山前平原区可利用水资源的缺乏已经成为其农业发展的主要限制因素之一。因此，进行水资源限制下的生产能力核算，对于该地区耕地资源、生态环境保护及保障粮食安全有重要参考意义。

2.3.3 研究方法与数据来源

本研究是在河北省农用地理论产能核算结果的基础上，对其理论产能在地下水灌溉的限制条件下，用作物产量反应系数对其进行修正核算，得到水资源限制下的绿色理论产能，其技术路线图2-15所示。

本研究的农用地分等基础上理论产能数据来自于《河北省农用地综合产能调查与评价技术报告》；基准作物为国家规定的河北省地区的冬小麦；太行山山前平原多年平均冬小麦生育期需水量数据来源于《海河流域农田水循环过程与农业高效用水机制》(康绍忠，2013)；多年平均冬小麦生育期内的需水量、降水量、灌溉需水量来自于《中国主要农作物需水量等值线图研究》(陈玉民等，

图 2-14　研究区概况

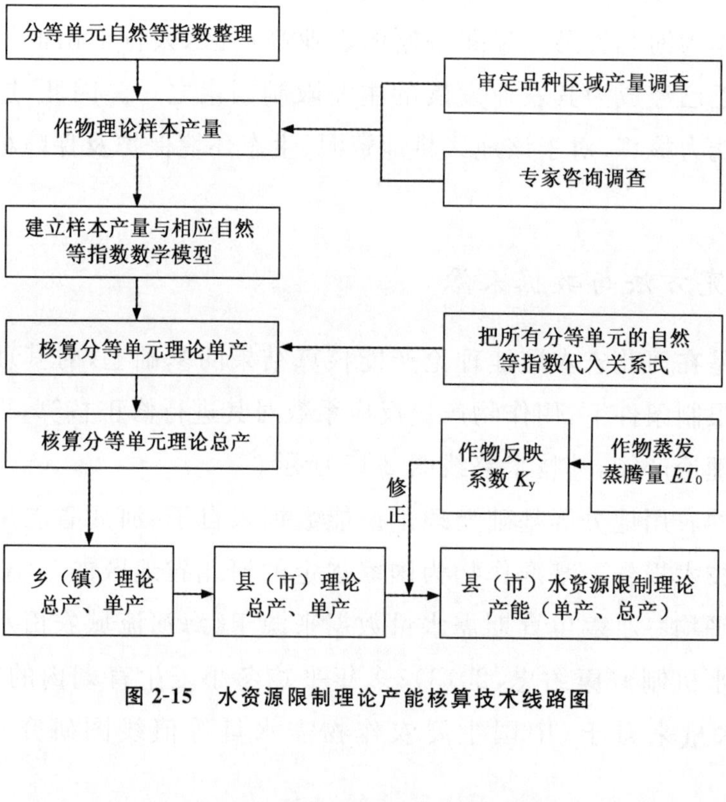

图 2-15　水资源限制理论产能核算技术线路图

1993)；地下水可持续利用下的补给量来源于《中国地下水资源.河北卷》(张宗祜，李烈荣，2005)。

2.3.4 研究结果分析

20 世纪 80 年代以来，华北地区持续干旱，地表水严重缺乏，海河平原地下水超采十分严重，本文根据 266 个样本点的多数据源融合空间插值计算，得到黄淮海平原浅层地下水位下降速度数据，其中太行山山前平原浅层地下水平均下降速度如图 2-16 所示。

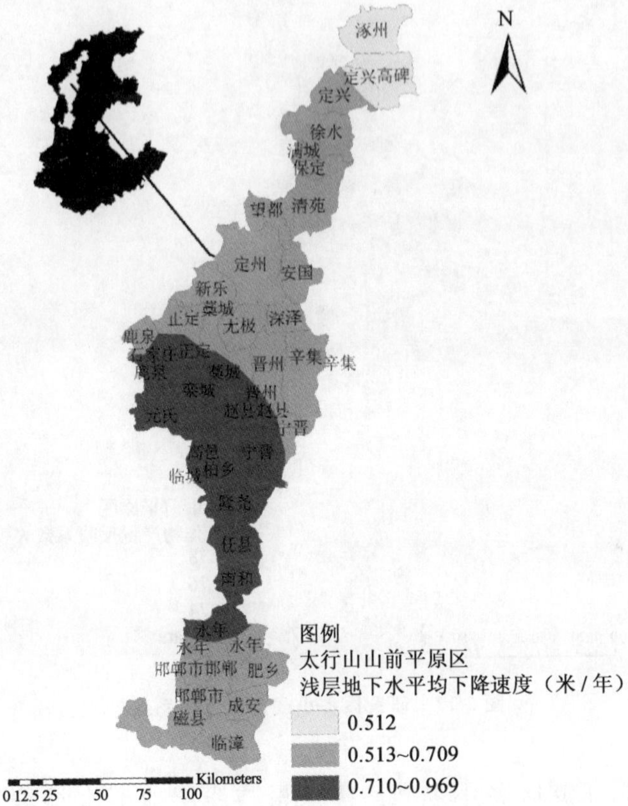

图 2-16 研究区浅层地下水平均下降速度

结果显示，石家庄大部分区域及邢台、邯郸部分县市，浅层地下水平均下降速度已经达到 0.71～0.97 米/年，为研究区下降速度最快的区域，其余县市，除了涿州、定兴、高碑店的平均下降速度为 0.51 米/年外，其余县市的平均下降速度达到 0.51～0.71 米/年。由此可见太行山山前平原地下水资源已过度开发利用，耕地的最大生产潜能已不能单纯以光、温、水、土等环境因素最优条件来核算。因此本研究从地下水资源的可持续利用角度,利用作物产量反应系数对研究区农用地理论产能进行修正,太行山山前平原区所选基准作物为冬小麦,产量反应系数如图 2-17 所示。可知,保定、石家庄的冬小麦反应系数较大,即其对水分亏缺的敏感性较大。经产量反应系数修正的水资源限制下理论产能可更合理科学评价区域异质因素下的综合产能,为农用地评价及其潜力预测提供依据。

图 2-17 研究区冬小麦产量反应系数

图 2-20 表明,研究区冬小麦灌溉需水量与浅层地下水补给量存在一定的空间差异,石家庄市的地下水补给量要高于其他地区,而石家庄的冬小麦灌溉需水量则不是最大。黄淮海农作区中温度、日照时数、平均风速与冬小麦需水量呈显著正相关,考虑到研究区较小,气候变化不明显,故冬小麦灌溉需水量空间差异也不明显。浅层地下水补给量则有比较大的差异性,邢台、邯郸补给量不到 150 毫米,而石家庄的最大补给量则达到近 300 毫米。理论产能与水资源绿色理论产能的地域差异性较为相近,整体石家庄东部与保定市南部地区的产能相对较高(图 2-21)。

图 2-18　研究区灌溉需水量

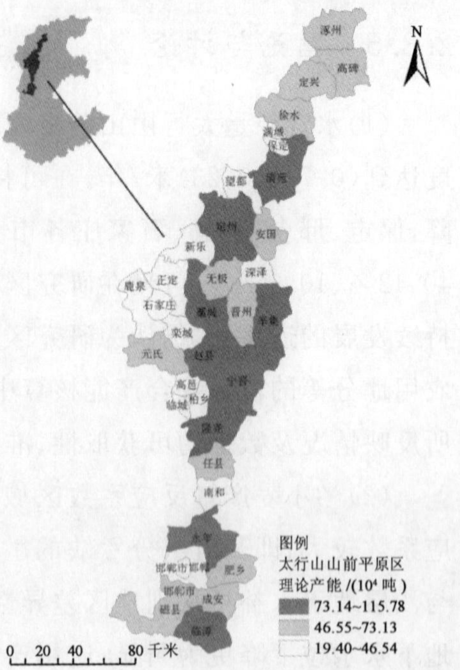

图 2-19　研究区理论产能

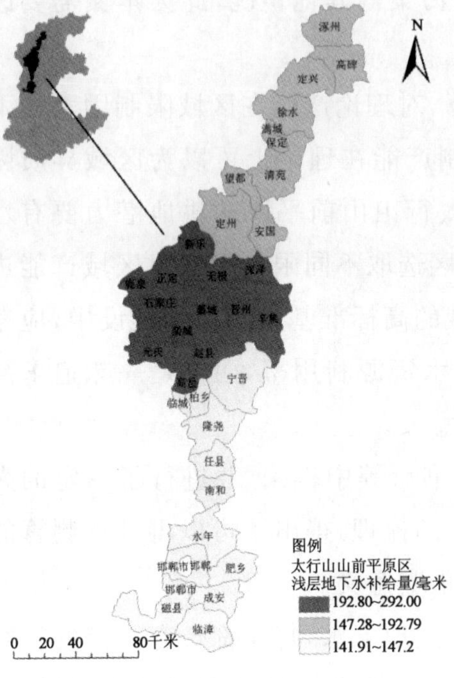

图 2-20　研究区地下水补给量

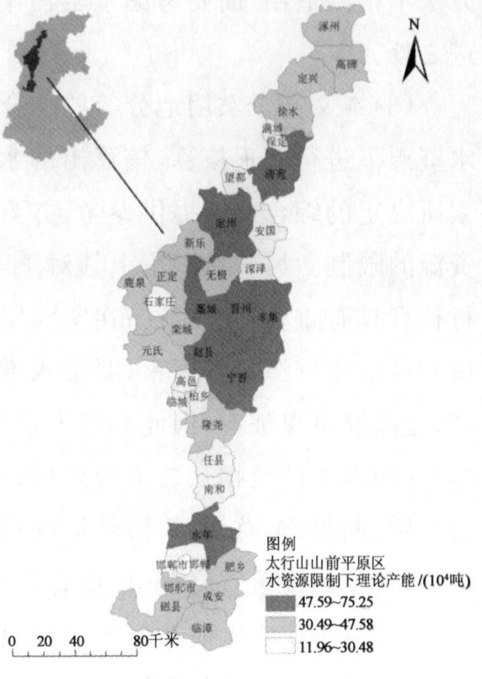

图 2-21　研究区水资源限制理论产能

2.3.5 结论与讨论

(1)水资源是太行山山前平原可持续发展的瓶颈,其浅层地下水平均下降速度达到(0.74±0.23)米/年,在可持续水资源的限制下,研究区理论产能明显下降,保定、邢台、邯郸、石家庄各市县平均理论单产分别下降38.34%、42.55%、40.42%、10.51%。可见在研究区的理论产能对水资源的亏缺敏感度较大,在可持续发展的道路上,仍认为研究区耕地有很大潜力可以挖掘是错误的;对于基于农用地分等的耕地综合产能核算中的可实现产能的核算,本文考虑到文章中心、所反映情况及数据的可获取性、准确性,没有对其进行修正。

(2)冬小麦产量反应系数区域差异性不是很明显,保定、石家庄的冬小麦反应系数较大,即其对水分亏缺的敏感性较大。对于研究区冬小麦的灌溉需水量与浅层地下水补给量则地区差异性较为明显。原因可能为石家庄大部分县市的地下水水位下降更为明显;应用产量反应系数模型对产能进行修正的方法更具有区域适宜性的特点,并考虑应用到的区域资源禀赋情况是独具创新性的。由于各区域资源禀赋不同,可持续发展限制因素不同,因此对于水资源丰富地区此方法不是很适用,而要考虑土壤污染、地表水污染等其他情况,此为本文需要改进之处。

(3)本文基于农用地分等的综合产能核算,对理论产能在区域限制因素地下水资源下进行修正核算,核算出的水资源限制产能在理论上可以为区域异质因素所决定的综合产能提供参考,并且说明了太行山山前平原的耕地潜力要有水资源的限制。另外在理论上其对于不同研究区选取不同限制因素对区域产能进行核算具有重要参考意义;在实践层面该区域的高标准基本农田的建设中,应考虑到区域水资源差异因素,要限水灌溉,提高水资源利用率,而不是一味追求高产,提高灌溉保证率,因此有较为重要的实践意义。

(4)本文的数据从较为权威的研究成果、书籍等中得来,并进行了一定的人为识别、调整、汇总,将零散数据进行了系统化的梳理,得出了可以再进行测算的数据,其精确度虽有降低,但也有一定的参考借鉴意义。

(5)对于研究区农业所用水资源主要为浅层地下水,每年都会有一定的补给量,利用补给量来进行灌溉,进行"采一补一"是水资源可持续利用的重要思路。本文只考虑了冬小麦生育期内的总灌水量,没有对其各生育期内缺水敏感程度进行优化分配,故所得理论产能仍可进一步进行在优化灌溉水量上修正,使有限的水生产更多的粮食。本文中的水资源限制下产能核算间接揭示:如果人类继续无节制开采利用水资源,其所产生的生态环境及产能代价会很大。

报告人:李 月 孔祥斌

2.4 环京津贫困带土地利用变化及其优化调控研究

2.4.1 研究背景

土地利用变化与优化利用调控的综合研究是当前学术前沿。环京津贫困带是京津冀的生态屏障、供水水源地,也是中国东部沿海地区贫困程度最严重的地区之一。随着京津冀一体化进程的推进,该区域土地资源供需矛盾将进一步加剧,迫切需要研究这个特殊地域内土地利用变化及其优化利用调控。这是该区域摆脱贫困、实现区域可持续发展急需研究的实践问题和科学问题,也是实现京津冀区域协调发展最为紧迫的任务之一。

因此,本研究着眼于京津冀一体化发展背景,通过整合区域社会经济和环境变化的时间尺度和历史背景,研究近30年来环京津贫困带土地利用变化格局和演进态势,剖析京津冀一体化进程中贫困带土地利用变化的内在驱动及外在因素作用机制;模拟分析贫困带土地利用结构与空间格局的优化方案,提出京津冀区域经济协调发展背景下贫困带土地优化利用调控途径和对策;为冀北贫困带土地资源可持续利用和经济社会可持续发展科学决策提供依据。

2.4.2 环京津贫困带土地利用变化的地形梯度效应研究

(1)地理位置 环京津贫困带位于河北省北部与京津接壤地区(图2-22),包括张家口市和承德市,保定市的易县、涞水县和涞源县,共24县(区),面积82 483 千米^2。

(2)数据来源与处理 土地利用数据通过对1985年,1995年,2000年,2010年的Landsat TM影像解译得到,土地利用类型划分为耕地、林地、草地、水域、建设用地和未利用地6类(图2-23,彩图2-23),将矢量数据转为栅格数据,栅格大小为30米×30米。地形因子选取ASTER GDEM高程数据(DEM,Slope),空间分辨率为30米。

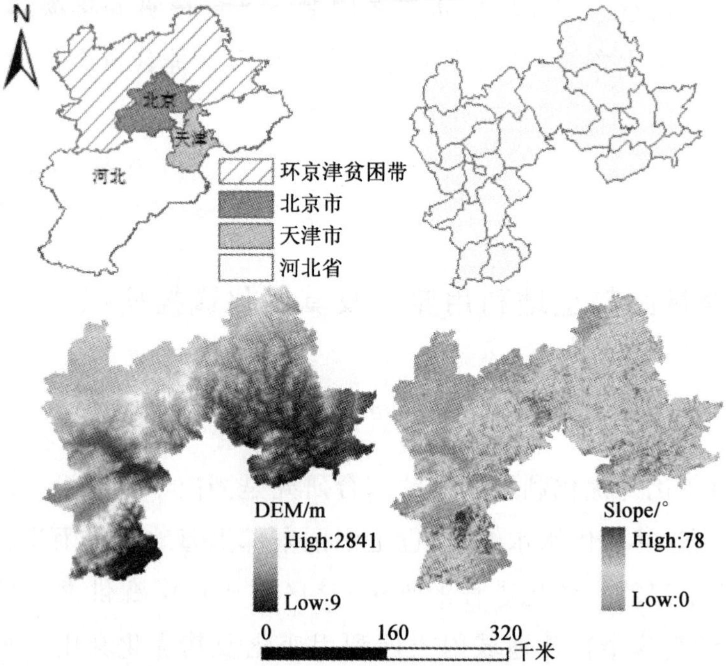

图 2-22　京津贫困带地理位置、DEM 和 Slope 图

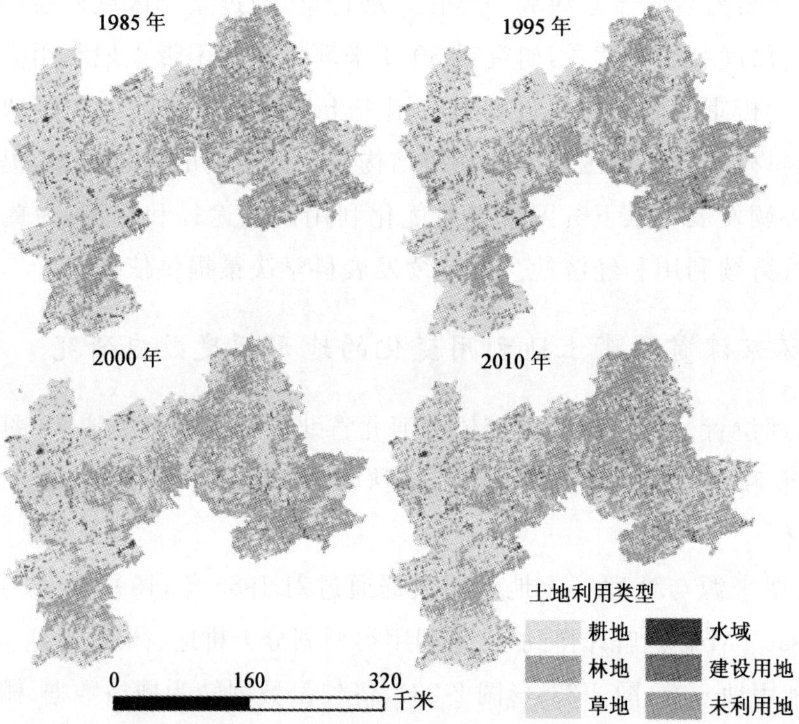

图 2-23　环京津贫困带土地利用类型图

(3)研究方法　基于地形梯度等级(地形起伏度、坡度变率和地形位等)划分,选取表征土地利用格局演变特征的地学信息图谱,结合地类分布指数和土地变化强度指数,分析土地利用变化地形梯度特征及其分异,借鉴地理学垂直地带性分异规律解释土地利用变化的地形梯度效应。

综合考虑地形因子的可定量性和对土地覆被变化的影响程度,选取地形起伏度、坡度变率、坡向和地形位等地形因子为地形梯度划分依据。基于研究区实际情况,对地形起伏度、坡度变率、坡向因子进行分级。采用等数量重分类法对地形位进行分级,15 级地形位分属为低、中低、中高和高地形位 4 个梯度。

土地利用变化图谱分为稳定型图谱(1985—2010 年未发生变化)、前期变化型图谱(仅在 1985—1995 年发生变化)、后期变化型图谱(仅在 2000—2010 年发生变化)、中间过渡型图谱(变化仅发生在 1995—2000 年)、反复变化型图谱(1995—2000 年发生变化后出现回归)和持续变化型图谱(持续发生变化)。

采用分布指数反映土地利用类型或图谱在不同地形梯度的分布特征:

$$DI=(A_{ij}/A_i)/(A_j/TA)$$

$DI>1$,该土地利用类型呈现优势分布,DI 值越大,优势度越高。

(4)研究结论

①1985—2010 年研究区土地利用类型分布呈现明显的层级性。耕地、水域、建设用地的优势分布区集中于低地形梯度区,草地优势分布区集中于中高、高地形梯度区,林地和未利用地的优势分布区集中于高地形梯度区。

②研究区土地利用变化图谱以稳定型图谱和反复摆动型图谱为主。稳定型图谱主要分布于低、中高和高地形梯度区,反复摆动型图谱集中于中低和中高地形梯度区。1985—2000 年耕地向较高地形梯度区扩展,林地、草地和未利用地是耕地的主要转入来源;2000 年后耕地的优势地形位不变,但优势度增大,草地和未利用地的优势分布区向更高级地形位集中,林地的优势分布区向较低地形位扩张,“耕地－建设用地”、“耕地－林地”、“草地－林地”变化图谱相继出现。

③土地利用变化的地形梯度特征及分异效应是自然因素、社会经济因素和政策因素共同作用的结果。其中,自然因素是土地利用变化地形梯度效应分异的基础因素,社会经济因素和政策因素是重要驱动力量。

2.4.3　京津冀一体化下张北县土地利用变化模拟

(1)地理位置　张北县位于河北省西北部,地处我国北方农牧交错带中段内蒙古高原东南缘的坝上地区，是离京津地区最近的高原地区(图 2-24)。

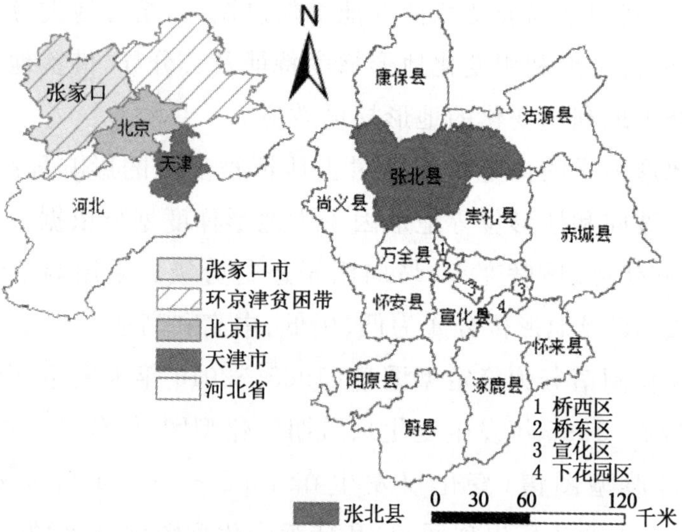

图 2-24　张北县地理位置图

(2)数据来源与方法　土地数据：1989 年，1995 年，2000 年，2010 年土地利用现状数据，来自于 TM 影像解译。社会经济统计数据：张家口市社会经济统计年鉴、张北县土地志、土地利用变更调查数据等。

土地利用类型分为 7 类：耕地、园地、林地、草地、建设用地、水域和未利用地(图 2-25，彩图 2-25)。

研究方法：系统动力学模型 (SD model)、CLUE-S model。

(1)张北县土地利用系统动力学模型

①系统因果关系图：见图 2-26。

②系统流图：见图 2-27。

③情景设定

经济加速发展模式：经济发展最快，总量增长迅速，人口和 GDP 增长较快。

生态保护模式：保证生态用地尤其是林地的稳定增长，加快退耕还林和荒山造林，放缓建设用地增加速度及城镇化进程，有效控制人口增加速率。

耕地保护模式：以保证粮食安全为目标，在保证耕地生产水平的前提下逐步推进县域城镇化发展。

(2)CLUE-S 模型空间模拟

①驱动因子空间分布图：见图 2-28。

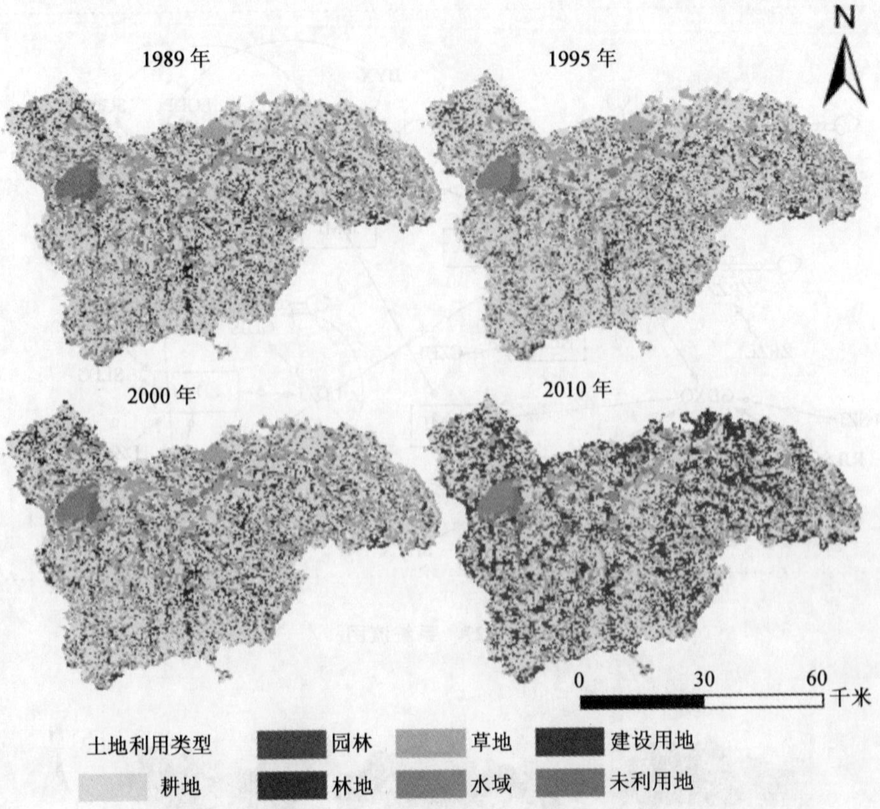

图 2-25　张北县不同时期的土地利用空间格局对比图

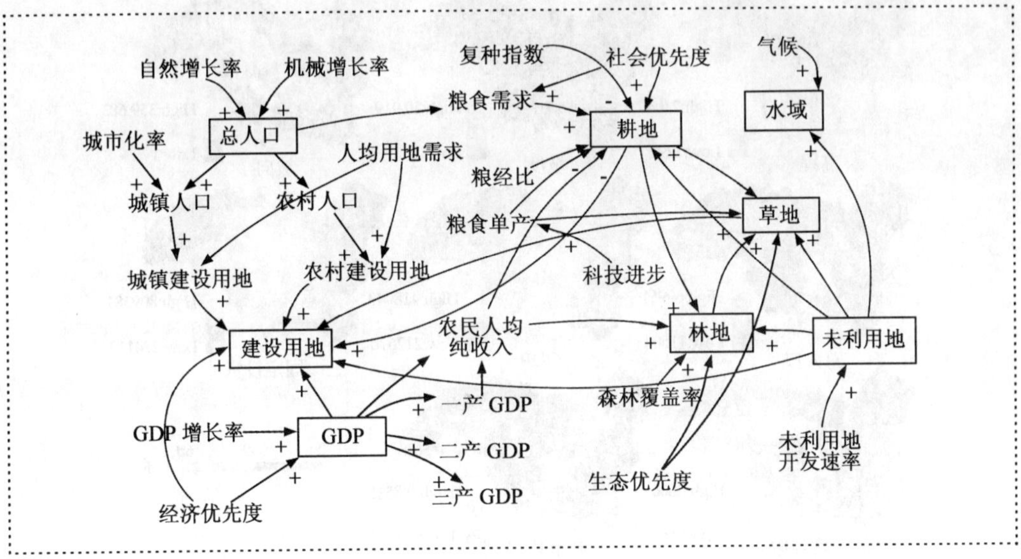

图 2-26　系统因果关系图

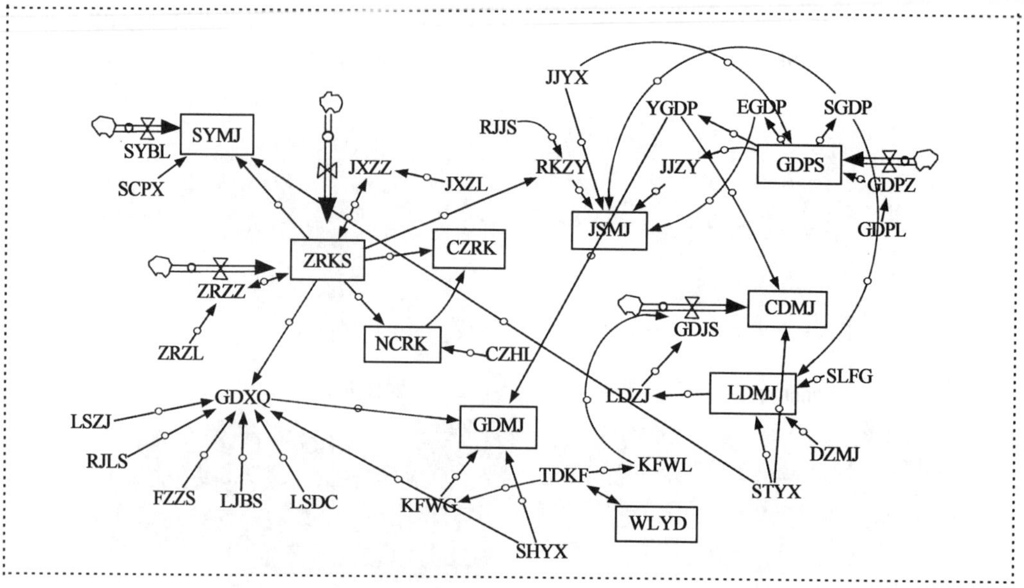

图 2-27 系统流图

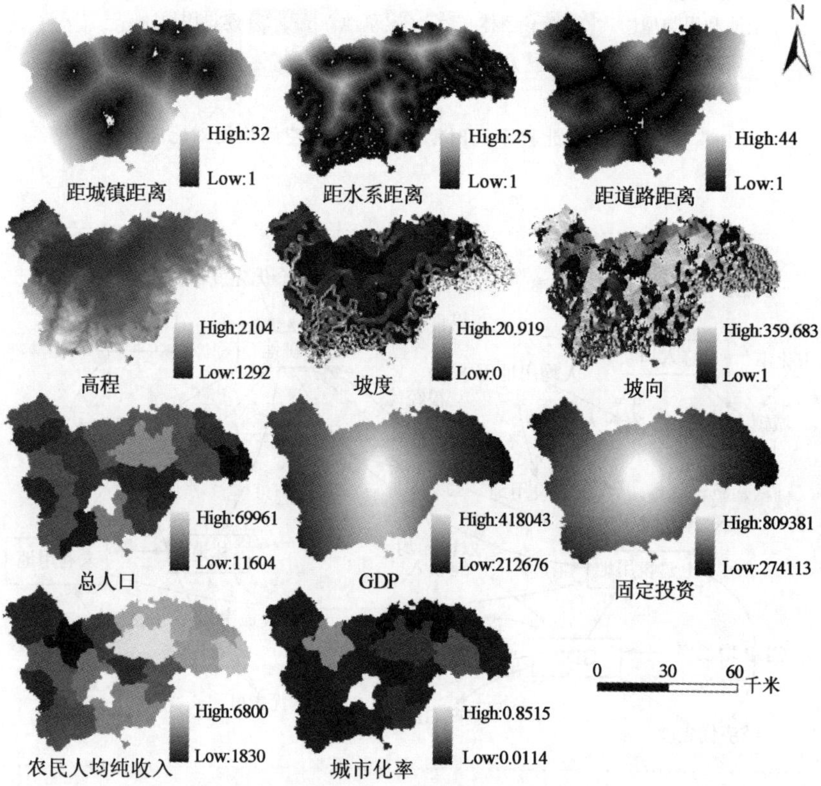

图 2-28 Logistic 回归驱动因子空间图

②模拟结果分布图：见图 2-29(彩图 2-29)。

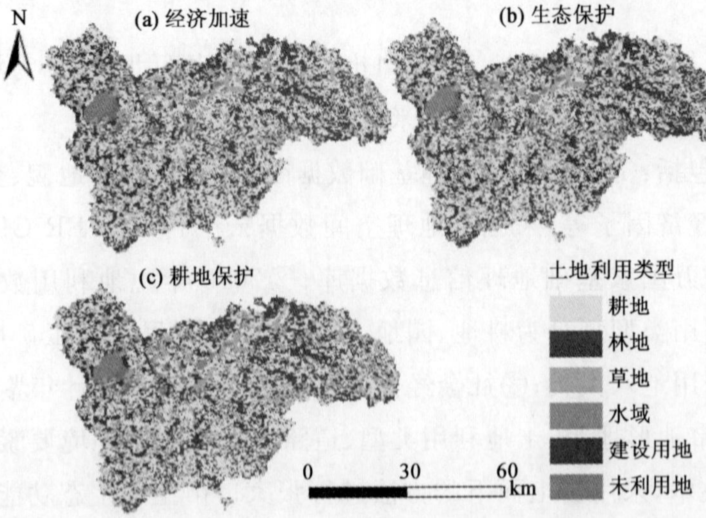

图 2-29 张北县 2020 年土地空间格局模拟

(3)研究结论

①1989—2010 年张北县土地利用类型以耕地、林地和草地为主，耕地、草地和未利用面积不断减少，其他地类面积均有增加。地类转换主要表现为耕地/草地→林地/建设用地，部分林地/草地→耕地，草地和未利用地之间相互转换。

②张北县地处京津的上风上水地带，担负京津生态屏障的重要角色，县域发展及土地利用功能应以生态保护及生态涵养为首要目标。

③不同情景模式下的土地数量结构有明显差异。经济加速发展情景下建设用地快速增加，伴有耕地、林地、草地的快速减少，未利用地开发速度加快；生态保护情景下林地面积稳定增长，退耕还林和荒山造林速度加快，建设用地增加速度和城镇化进程放缓；耕地保护情景下耕地面积保持稳定，林地和建设用地面积缓慢增长。

④不同情景需要条件下土地利用空间格局差异显著。经济加速发展情景下建设用地斑块数显著，呈现集中分布趋势，周围耕地和草地向建设用地转化，部分未利用地开垦为耕地；生态保护情景下林地斑块数较多，集中连片分布趋势显着，周边未利用地部分向林地转化，耕地斑块分布较少；耕地保护情景下耕地斑块数较其他情景多，呈现集中连片分布趋势，林地和草地斑块数较少，未利用地斑块较其他情景多。

2.4.4 张家口市土地利用优化调控

(1)研究区域、数据与方法　张家口市位于河北省西北部,分为坝上、坝下两个不同的自然区域,总面积3.7万千米²。

数据主要包括:①张家口市地理基础数据图层,包括地形地貌、交通道路、河流水系及社会经济因子等,来源于地理空间数据云平台ASTER GDEM高程数据集和1∶400万国家基础地理信息数据库;②2010年土地利用数据由遥感解译获得,土地利用类型划分为耕地、园地、林地、草地、居民点与工矿用地、交通用地、水域和未利用地八大类;③社会经济数据来源于张家口统计年鉴。

以张家口市地形地貌、土地利用类型、道路河流及生态环境要素等数据为基础,利用GIS技术,采用自上而下的方法进行张家口市土地生态功能区划分。

(2)土地利用功能分区与优化调控　张家口市的一级功能区划分及生态功能亚区划分情况如图2-30。

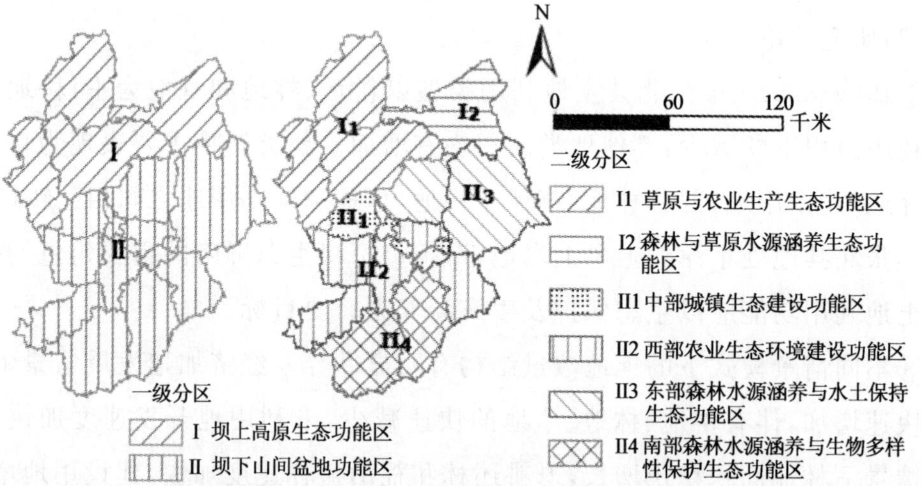

图2-30　张家口市一级功能区划分(左)和生态功能亚区划分(右)

①草原与农业生产生态功能区:加强未利用地再开发利用,优先选择林地、草地、耕地等对土地生态环境贡献较大的土地利用类型。

改善农业生产设施条件,构建高效农业示范区,保障粮食安全。

严格控制面源污染,以绿色农业为发展目标,建设绿色蔬菜生产示范项目。

②森林与草原水源涵养生态功能区:加大退耕还林还草力度,控制草场载畜量,调整农牧用地比例,加大林业建设力度。

依托区内丰富的草地和林地资源大力发展塞北林场生态旅游业，保护原始次生林，大力营造水源涵养林。

③东部草原水源涵养生态功能区：保护林地和草地，禁止乱砍滥伐及陡坡开垦。

调整植被覆盖类型，提高水源涵养功能。

转变畜牧业生产经营方式，鼓励围栏和舍饲，减少对草地的破坏。

④中部城镇生态建设功能区：做好建设用地规划，提高用地效率。

大力构建城市绿地系统，建立城市交通绿化带，大力植树造林，增加植被覆盖度，加大未利用地再开发利用，大力发展低耗能、集约化的无污染工业。

⑤西部农业与生态环境建设功能区：严谨建设占用耕地，加强基本农田生产条件建设，提高基本农田保护区耕地质量。

实行林业与农业耕作相结合措施，在林场实施封山育林、退耕还林还草措施，提高森林植被覆盖率；大力发展生态农业，治理面源污染。

⑥南部森林水源涵养与生物多样性保护生态功能区：积极开展土地整治活动，加大未利用地再开发力度，提高植被覆盖率。

依托自然资源条件，发展生态旅游。

报告人：许月卿

2.5 华北平原典型农户智能体验模型研究——以河北栾城县为例

2.5.1 引言

农用地系统是一种典型的“人文-自然”交互与演化系统，农户会根据自身特点及其所处的区位、政策、市场、技术等环境进行决策，农户决策的结果导致了农用地利用方式及其宏观空间格局的形成和演变。Agent-based model(ABM)采用面向对象的建模思想，在模拟自适应行为主体决策方面具有独特的优势，因而非常适合“人文-自然”交互系统的模拟。国内在基于 ABM 的农用地利用模拟研究方面起步较晚，现有研究大多是在村域尺度对农户行为进行模拟。

尽管 ABM 模型在农用地利用变化及农户决策方面已成为国际研究热点，但是在将模型应用于区域尺度农户决策时，多样化农户决策的复杂性、模型对大量农户信息的需求等因素使 ABM 农户模型的应用受到极大限制,因此 ABM 模型通常应用于地方尺度 的农户决策;Martha M. Bakker,Diego Valuena 和 Peter H. Verburg 等科学家探索应用经验统计方法来模拟农户决策行为,从而提高了 ABM 模型在区域尺度农户决策模拟的适用性,然而其研究依然需要完整的农户地籍信息支持,该方法在我国现阶段难以得到数据支持。另一方面,我国具有完全不同于国外的农用地产权制度、农业政策和社会背景,在研究理论和方法上需要新的探索。

将 ABM 方法应用于我国区域农用地利用变化模拟,必须取得两个方面的突破:一是从我国国情和研究目的出发,将现实农户进行抽象化和空间化,建立空间化的典型农户模型;二是在此基础上实现典型农户土地利用行为(决策)的定量表达。

2.5.2 研究区概况及数据来源

栾城县位于河北省西南部,是省会石家庄市 4 个卫星城之一,土壤、气候、水文条件适宜,适宜各种农作物的繁育生长。典型耕作制度为“冬小麦-夏玉米”一年两熟制。县域交通便利,距离省会石家庄 15 千米,北距首都北京 320 千米。境内贯穿京沈高速公路、107 国道、308 国道,南三环路横穿县境北部,省级、县级和乡村公路四通八达,连接成网,区位优越。

本研究采用的基础数据包括土地利用数据,社会经济数据以及农户数据。土地利用数据来源于栾城县 2012 年土地利用现状数据库及 Google Earth 多时相遥感解译;社会经济数据来源于石家庄市及栾城县 2010 年统计年鉴;农户数据源于典型农户调查和农户访谈两部分,典型农户调查共调查有效农户 268 户,农户访谈有效农户数为 65 户,涵盖栾城县所有乡镇和主要农用地利用类型。

2.5.3 典型农户智能体决策模型方法

(1)“典型农户”空间化　ABM 模型需要大量的农户数据,区域尺度的农户空间及属性数据获取工作量巨大,因此本研究中采用虚拟的“典型农户”代替真实农户。“典型农户”不是现实中真实的农户,而是通过大量农户调查,在分析区域农户家庭特征及其经营的农地特征(面积、利用方式)基础上,构建的与区域实际农户具有统计一致性的模拟农户,模拟农户也具有家庭特征和其所经营的农地特征，并且与真实农户一样处于真实的土壤、区位以及周边农地利用格局的环境中。这种“典型农户”的设计，主要是克服当前我国获取真实农户及其所经营农地数据的困难。典型农户构建(农户空间化)过程如图 2-31 所示。

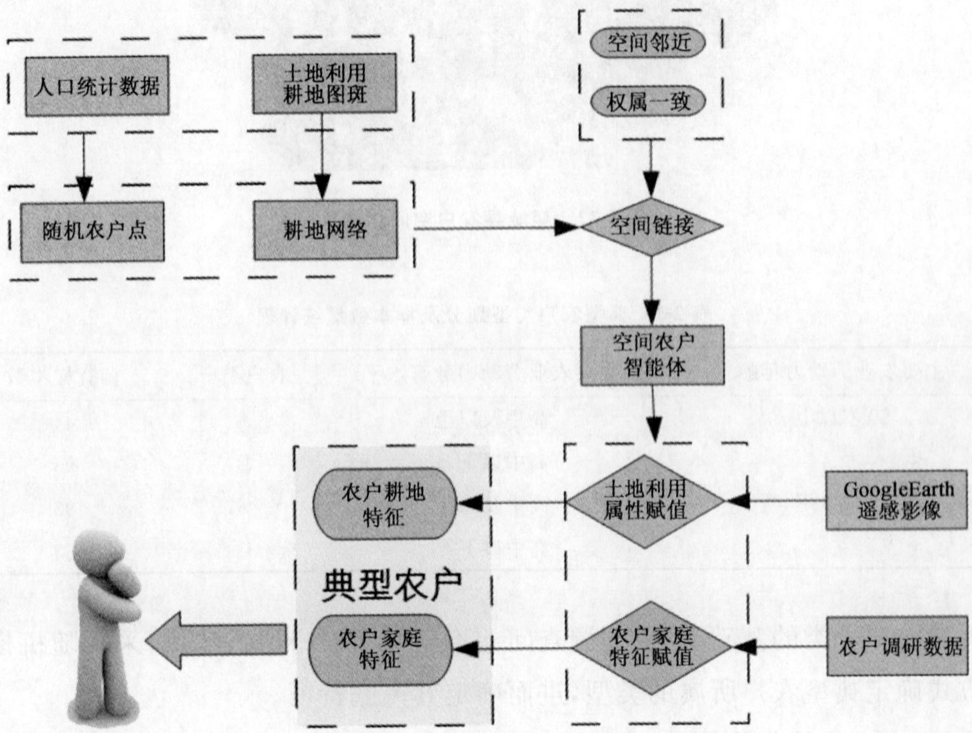

图 2-31　农户空间化技术路线图

首先按各不同权属单位(村庄)农户数量统计数据生成与之对应的农户随机点，其次根据土地利用现状图耕地数据生成耕地网格作为耕地空间模板，依据空间邻近和权属一致的原则，确定农户与耕地网格的经营关系，并根据实际的农地利用方式(主要是种植类型)格局，确定各网格利用方式。根据农户调查得到的农户属性统计特征(年龄、教育等)，采用农户分类和随机模拟的方法确定农户所属的类型。

依据栾城县统计年鉴中各村农户户数，采用 20 米×20 米耕地网格，得到栾城县农户空间化结果(图 2-32)。

研究区农户调查及访谈结果显示，主要农业劳动力的年龄和教育水平是影响本区域农户决策的主要因素。因此，根据这两个因素对研究区农户进行分类(表 2-1)：

图 2-32 栾城县农户空间化结果

表 2-1 典型农户类型划分及样本数量统计表

主要农业劳动力年龄	主要农业劳动力教育水平	农户类型	调查样本数
50 岁以上	高中及以上	A	44
	高中以下	B	93
50 岁以下	高中及以上	C	93
	高中以下	D	38

在农户分类的基础上,根据调查问卷不同类型农户所占比例,采用随机模拟的方式确定典型农户所属的类型,进而确定其家庭特征。

(2)农户决策集构建　此处决策集指种植类型的集合,区域决策集指研究区域内所有的种植类型,农户决策集是区域决策集的一个子集(图 2-33)。根据农户决策特点,农户决策集的构建主要包括两个步骤:1)初选农户决策集,在羊群效应(效仿效应)影响下,当农户周围或者农户所在的村庄中某一种植类型达到一定规模时,农户就会考虑是否选择这一种植类型(周围环境),因此可将农户周边一定范围内或者同村内出现的种植类型纳入农户决策集,另一方面也有少数农户作为"领军者",虽然周边或同村没有某一种植类型,或该种植类型不成规模的情况下,出于对效益的追求而选择该种植类型,称之为突现(一定范围内新的种植类型的突现),本研究中突现的种植类型依然包含在区域总的决策集中,没有考虑在区域内引入新的种植类型,这一步可以初步构建可供特定农户选择的农户决策集;2)农户根据自身条件最终确定自己的决策集,考虑到从一种种植类型转变为另一种种植类型往往需要一定的资金(退出当前种植类型和进入另一种植类型的成本)和技术支持,当农户满足这一转变所需的资金和技术要求时,农户考虑这一转变过程,本研究采用转变系数表示转变的难易程度。

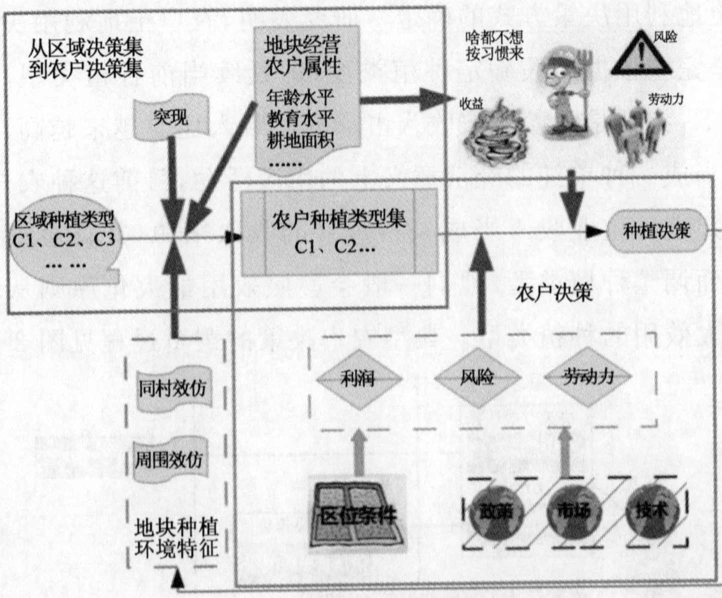

图 2-33　典型农户决策概念模型图

依据农户调查和访谈结果确定本区域不同种植类型"领军型"农户概率以及不同种植类型间的转变系数见表 2-2 和表 2-3，模型采用随机模拟的方法来判断农户是否会成为某一种植类型的"领军型"农户和农户是否满足目标种植类型转变要求。

表 2-2　种植类型—"领军型"农户概率 表

种植类型	"领军型"概率	说明
粮食	1	基础种植类型，农户一定会考虑
露天蔬菜	0.005	有一定的技术要求
大棚蔬菜	0.001	技术能力要求高，需要资本投入
草坪	0.003	小范围种植类型，有一定的技术要求

表 2-3　典型农户种植类型转变系数 表

种植类型		目标种植类型			
		粮食	露天蔬菜	大棚蔬菜	草坪
当前种植类型	粮食	1	0.5	0.1	0.3
	露天蔬菜	0.7	1	0.3	0.3
	大棚蔬菜	0.3	0	1	0.1
	草坪	0.5	0.1	0.5	1

(3)农户土地利用决策方式的确定　研究表明,农户土地利用决策通常有两种情形:一种是完全根据习惯确定种植类型,即延续当前种植类型,在小农经济为主的大环境下,特别是随着非农收入占家庭总收入比重越来越高,很多农户甚至不再把种地当成一种单纯的经济意义上的生产活动,目前这种农户占多数;第二种情形是农户把种植业收入当成一种重要的收入来源,并且会根据市场和技术条件的变化而调整种植类型,他们一般会遵照效用最大化原则从农户决策集中选择具有最大效用的种植类型。典型农户决策的逻辑过程见图 2-34。

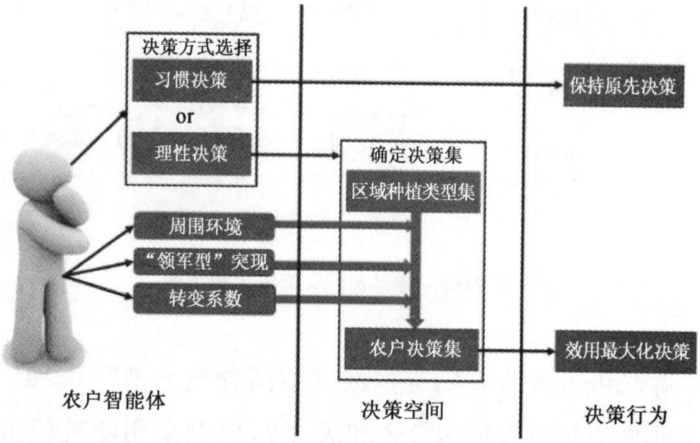

图 2-34　典型农户决策逻辑图

本研究通过农户调查确定不同类型农户(年龄水平、教育程度等)理性决策农户的比例(表 2-4),并且通过随机模拟方式确定特定农户是否遵循理性决策调整种植类型。而农户所处的区位条件、政策、市场及技术环境会对农户理性决策下的效用产生影响,进而影响农户决策。

农户做出本次决策后,其决策结果会通过羊群效应对其周围和同村农户的决策集产生影响,进而影响自身及其他农户的下次决策。

表 2-4　农户理性决策概率表

农户类型	总调查户数	理性决策户数	理性决策概率
A	44	8	0.18
B	93	25	0.27
C	93	22	0.24
D	38	2	0.05

(4)效用最大化决策模型构建　农户效用与其年纯收入(Z)和闲暇时间(L)

有关，采用柯布－道格拉斯效用函数模型，可将农户效用(U)表示为：

$$U=Z^a\times L^b(a,b>0) \tag{1}$$

对农户效用函数进行等效变换，变换后的农户效用函数为：

$$U=Z\times L^k(k>0) \tag{2}$$

农户的年纯收入(Z)可分为农业收入(Z_f)和非农收入(Z_{of})，见下式：

$$Z=Z_f+Z_{of} \tag{3}$$

农户不同种植类型下的农业收入(Z_f)和劳动力投入(T_f)是关于农户的耕地面积(A)、所处区位(Local)、市场(M)、政策(G)和技术(T)的函数，表示为：

$$(Z_f,T_f)=F(A,Local,M,G,T) \tag{4}$$

农户的非农收入(Z_{of})可认为是农户非农劳动时间(F_{of})与农户务工工资[ω，单位：元/(人＊天)]相关的函数，表示为：

$$Z_{of}=\omega * T_{of} \tag{5}$$

农户可支配的总劳动力(T_0)，农业劳动力投入(T_f)和非农劳动时间(T_{of})以及闲暇时间(L)关系表示为：

$$L+T_f+T_{of}=T_0 \tag{6}$$

当农户种植模式为 i 时，其农户劳动力投入为 T_{fi}，闲暇时间为 L_i，农业利润为(Z_{fi})，则其年纯收入(Z_i)可表示为：

$$Z_i=Z_{fi}+\omega(T_0-L_i-T_{fi}) \tag{7}$$

其效用可表示为：

$$U_i=[Z_{fi}+\omega(T_0-L_i-T_{fi})] * L_i^k \tag{8}$$

农户实现效用最大化的一阶条件为：

$$\frac{dU_i}{dL_i}=0 \tag{9}$$

联立(8)，(9)，解得，种植类型为 i 时，农户效用最大化下的闲暇时间和年纯收入为：

$$L_i = k * \frac{Z_{fi} + \omega T_0 - \omega T_{fi}}{(k+1) * \omega} \tag{10}$$

$$Z_i = \frac{Z_{fi} + \omega T_0 - \omega T_{fi}}{k+1} \tag{11}$$

对于特定的农户,效用函数中的 k 和非农务工工资 ω 为固定值,则在效用最大化原则下,农户从种植类型 i 转变为种植类型 j,其闲暇时间和年纯收入的变化(L_{ij},Z_{ij})为:

$$L_{ij} = k * \frac{Z_{fij} - \omega T_{fij}}{(k+1) * \omega} \tag{12}$$

$$Z_{ij} = \frac{Z_{fij} - \omega T_{fij}}{k+1} \tag{13}$$

Z_{fij} 反映了农户种植类型转变所带来的收益变化,ωT_{fij} 反应农户种植类型转变的机会成本,农户种植类型转变的收益和闲暇时间变化与 $Z_{fij} - \omega T_{fij}$ 均呈正向的相关关系。

地块与农户住处的距离增加了各种植类型的生产成本,本研究将其归为劳动力投入的增加,即:

$$T_f^* = T_f + T_f * I_{\mathrm{dhome}} \tag{14}$$

I_{dhome}为农户地块距家庭住址的距离对农户农业劳动力投入的影响系数,其计算公式如下:

$$I_{\mathrm{dhome}} = \frac{n * D_{\mathrm{home}}}{v * h} \tag{15}$$

式中,n 为单位劳动力(人 * 天)在家庭住址与地块间的行进次数;I_{dhome}为农户地块距离家庭住址的距离;v 为农户的行进速度;h 为单位劳动力(人 * 天)的劳动时间。

区位对产出的影响体现为销售距离增加导致销售成本增加。考虑销售距离后,各种植类型的资本投入可表示为:

$$C^* = C + W_Y * \frac{D_m * W_{\mathrm{oil}} * P_{\mathrm{oil}}}{100 * laod} \tag{16}$$

式中,C 为原资本投入,W_Y 为农户所销售产品的重量,D_m 为农户地块的销售距离,W_{oil} 为运输工具的百千米油耗,P_{oil} 为油价,$laod$ 为运输工具的载重。

2.5.4 系统实现

图 2-35 为典型农户智能体模型构建的技术流程图。数据方面，使用 Shp 矢量数据作为农户及农户经营农地的空间数据载体，同时矢量数据属性表储存农户属性（年龄、教育程度及劳动力等）和农地数据（所属农户、种植类型、区位特性等）属性数据，利用 Agent Analyst（基于 ARCObject，JTS 以及 Java，采用 Not Quite Python 语言编译）对这些数据进行调用和编辑；农户智能体方面，以农户点作为农户智能体的数据载体，采用 Agent Analyst 对其属性和行为进行编码。模型的运行结果包括土地利用类型的改变，投入要素（种子，农药，化肥，劳动力等）改变、产出（产量，价格等）变化以及其他参数。

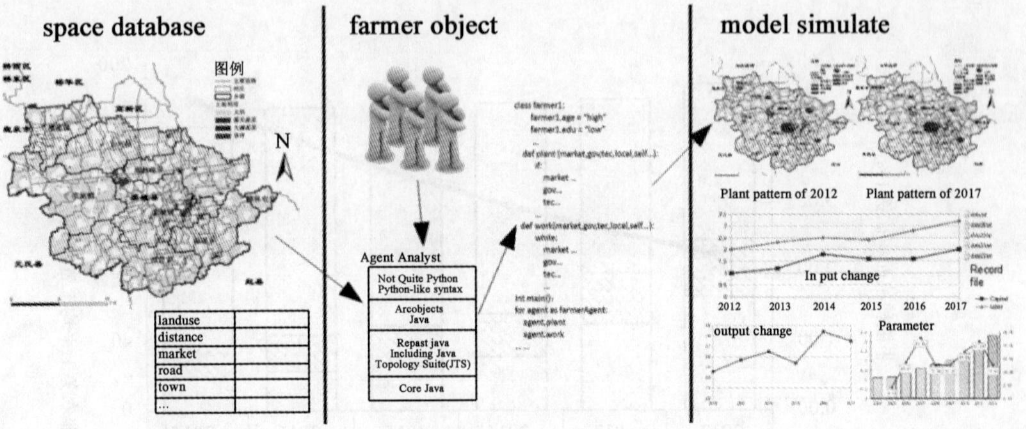

图 2-35　典型农户智能体模型

2.5.5 模型验证及情景分析

(1)模型验证　石家庄市统计年鉴数据显示，栾城县 2004—2012 年栾城县平均工资年增长率为 14.74%，据此设定劳动力非农务工工资逐年提高 14.74%，在此基础上模拟 2012—2017 年栾城县种植类型的变化过程（图 2-36）。

结果可知（图 2-37），随着农户非农务工工资的增加，农户倾向于选择劳动力投入相对较少的粮食和草坪作为其主要种植类型。草坪由栾城镇向周围乡镇开始扩展，冶河镇西北角出现明显的大棚种植退出现象。以上各种植类型的数量和空间变化特征与本团队在 2013 年和 2014 年农户访谈的结果相一致，验证了模型的可靠性。

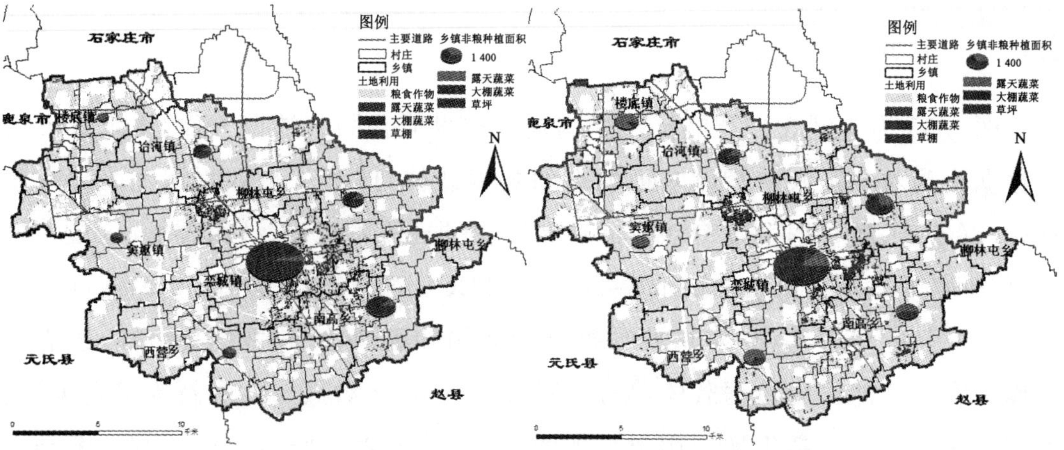

图 2-36　栾城县 2012 年(左)、2017 年(右)种植类型对比图(情景 1)

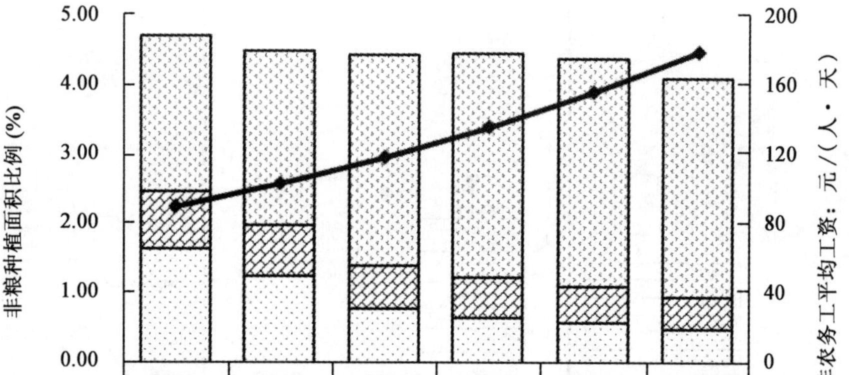

	2012	2013	2014	2015	2016	2017
草坪 (%)	2.24	2.50	3.03	3.22	3.26	3.14
大棚蔬菜 (%)	0.82	0.72	0.61	0.57	0.52	0.47
露天蔬菜 (%)	1.64	1.25	0.79	0.66	0.57	0.48
非农务工工资（元）	89.62	102.83	117.99	135.38	155.34	178.24

露天蔬菜 (%)　大棚蔬菜 (%)　草坪 (%)　非农务工工资（元）

图 2-37　栾城县耕地非粮种植面积比例变化堆积图(情景 1)

(2)情景分析　设定产业结构调整下农户非农务工工资逐年提高 6%和考虑水资源保护下,水价提高 10%和 20%,研究共设置 4 个情景(表 2-5)并对其结果进行对比分析。

图 2-38 和图 2-39 为 4 种情境下栾城县 2017 年耕地非粮种植类型的空间分布及数量对比图。

表 2-5　情景设置表

情景名称	非农务工情景	水资源情景
情景 1	务工工资逐年提高 14.74%	水价不变
情景 2	务工工资逐年提高 6%	水价不变
情景 3	务工工资逐年提高 14.74%	水价提高 10%
情景 4	务工工资逐年提高 14.74%	水价提高 20%

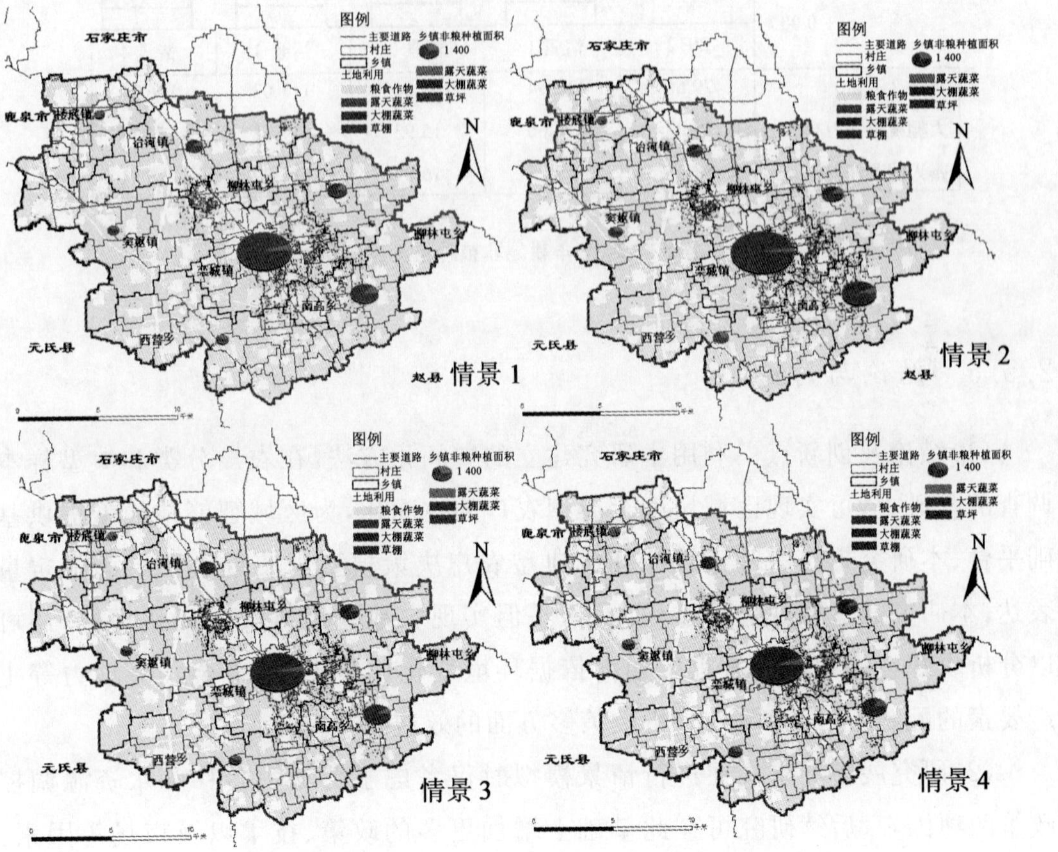

图 2-38　各情景 2017 年耕地利用方式空间分布对比图

综合对比四个情景，农户非农务工工资逐年提高的情境下，农户退出蔬菜种植的意愿明显，草坪种植扩展的速度较慢，产业结构调整情境下，农户非农务工收入降低，农户种植草坪的意愿显著加强；由于水资源投入占农户种植投入的比重较低，水价提高对蔬菜种植规模影响不大，当水价提升幅度较高时，耗水量相对较大的草坪种植规模会略有下降。

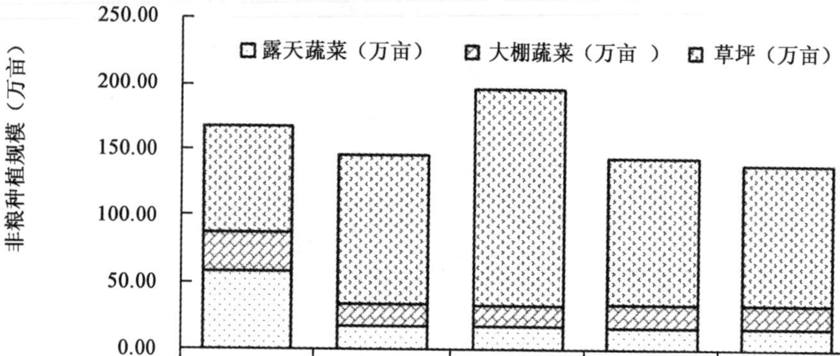

	2012	情景 1	情景 2	情景 3	情景 4
草坪（万亩）	79.66	111.94	163.66	111.03	106.37
大棚蔬菜（万亩）	29.22	16.66	15.93	17.18	17.33
露天蔬菜（万亩）	58.45	17.25	16.89	15.89	15.91

图 2-39　各情景 2017 年耕地非粮种植类型数量对比图

2.5.6　结论与讨论

(1)结论及创新点　利用本研究建立的空间化方法,在农户分类和典型样本调查的基础上,可实现区域尺度上典型农户的空间化,为区域智能体模型提供基础平台;本研究提出的基于智能体的典型农户决策模型可实现农户行为的定量表达;本研究通过微观决策过程入手,不但实现农地利用方式的变化模拟,还可以分析农户在土地利用过程中如何依据环境变化调整土地、资金和劳动力等生产要素的配置,从而为深入分析政策多方面的效应提供基础。

(2)研究展望　本文在进行情景模拟时仅考虑了劳动力转移和水资源调控政策两项因素,后续研究可在此基础上增加更多的政策、技术以及市场等因素,对不同情景下农户种植类型的变化及结果进行模拟,同时可从资源消耗、环境代价、粮食安全、劳动力利用效率等方面对模拟结果进行分析讨论。

与此同时,本模型采用网格和点数据模型作为农户耕地及农户模型的数据载体,理论上可实现与 Clue-s 土地利用变化模型、土壤侵蚀模型、气候变化模型等进行耦合模拟。

报告人:姚静韬　段增强

2.6 基于地块面积和形状的农地规模经营效率研究

2.6.1 研究背景

农地规模经营是必然的发展趋势，适度农地规模经营是中国发展的必然选择。通常农业经营规模所指的农业生产单位中生产要素的聚集程度和组合关系，也就是土地、劳动力、资金等要素结合起来，发挥作用的范围和数量界限。它是一个综合的概念，可以表现为单个农业生产要素的规模，如土地经营规模、劳动力经营规模、资本经营规模等。其中，土地要素与劳动力要素和资本要素的根本区别在于土地是不动产，对规模经营具有刚性约束力，土地的集中更为困难。因此，从农田耕作单元上进行规模经营效率量化研究具有重要意义。

农业规模经营是促进农业经济发展，提高农业竞争力的重要途径，而土地规模经营是农业规模经营的重要内容。土地规模效益主要是指由于土地经营规模的扩大，导致单位农产品生产成本的降低，或单位面积农产品产量的提高，从而提高农业生产的经济效益，所以在一定程度上农户土地经营规模决定了农业生产效率和农业收入。其中，农田地块的大小在一定程度上反映了土地规模经营的潜力。农田规模经营效率是评价规模经营的重要指标，因为促进农田规模经营的重要目标就是降低农地细碎化程度，提高生产效率。土地细碎化浪费了农地有效面积，增加了农作物生产的劳动力成本，降低了土地生产率。农业生产效率可以依据农业经济活动中的不同生产要素的效率来判断，即土地产出率、劳动生产率和资本效率。本研究中的农田规模经营效率所涵盖的内容比通常所说的农业生产经营效率范围更小一些，鉴于农田规模经营效率与田块的大小和形状相关，在同样的机械化条件下，毫无疑问，耕作效率受耕作单元大小和形状的影响；用机械耕作时单位有效面积的耕作时间加以参数修正来表示和度量评价。

本研究中的地块单元为自然因素和田间基础设施分割形成的土地单元；耕作单元为农户实际生产经营土地单元；农田规模是基于单个生产要素——耕作单元的形状和大小来确定的农业规模。以期对规模经营实际状况进行评价，为相关政策制定和土地整治工程项目实施提供科学依据。

2.6.2 耕作效率实验设计

田块大小和形状对于农田的机械耕作效率有着直接影响。形状规则与否则直接影响着机械作业效率与田间管理的方便程度，确定田块基本形状为矩形、梯形和三角形，以此为基础衍生五组形状组合(图 2-40，图 2-41)。一定范围内，田块面积越大，越便于规模化生产和机械耕作，但受到地形限制或者灌排渠系布设等客观条件的限制，地块面积也应有一定的上限。拟将地块面积由小到大划分为 7 个梯度：500 米^2，1 000 米^2，2 000 米^2，3 000 米^2，5 000 米^2，7 000 米^2 和 10 000 米^2。

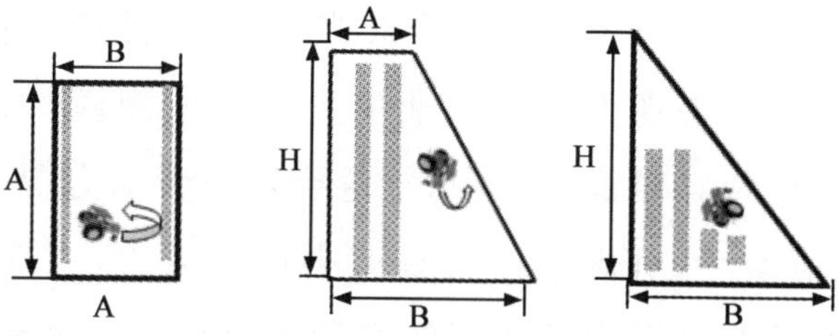

图 2-40　标准地块基本形状

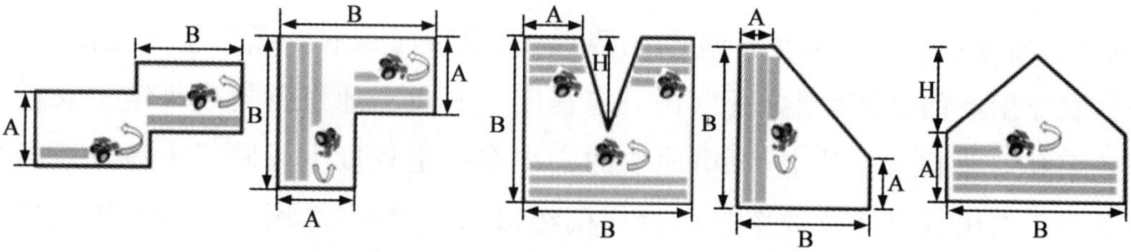

图 2-41　标准地块衍生形状组合

本实验选择在中国农业大学曲周实验站周边农田进行，使用的耕作机械为 95 马力的东方红 LX950 拖拉机配套旋耕机(图 2-42)。

图 2-42　实验地块位置及机械

2.6.3 实验结果分析

$$W=T/A$$

其中 W 为机械耕作效率,描述为机械耕作过程中单位有效面积的耕作时间,单位秒/米^2。

T为耕作时间,指农用机械耕作完指定地块所消耗的总时间。实验结果见表2-6。

表2-6 地块面积、形状与机械耕作效率的关系

A(米^2)	形状			矩-矩组合4	矩-矩组合5	梯-梯组合6	梯-三角组合7	梯-三角组合8
	矩形	梯形	三角形					
500	0.390	0.425	1.005	0.560	0.564	0.903	0.554	0.516
1 000	0.321	0.401	0.575	0.421	0.420	0.507	0.434	0.503
2 000	0.315	0.390	0.404	0.354	0.331	0.427	0.343	0.404
3 000	0.305	0.326	0.358	0.315	0.313	0.352	0.335	0.335
5 000	0.280	0.282	0.322	0.289	0.281	0.305	0.304	0.295
7 000	0.263	0.266	0.290	—	—	—	—	—
10 000	0.249	0.256	0.282	—	—	—	—	—

分析实验结果,得到以下结论:

(1)随着地块面积的增大,单位有效面积的耕作时间不断减小,机械耕作效率不断提高,最终趋近于稳定,耕作效率的提升速度变慢。这种规律在长方形、梯形和三角形的机械耕作效率曲线图中更为明显。

(2)在相同的面积梯度上,矩形、梯形的机械耕作效率远远高于其它标准形状,其中矩形的机械耕作效率最高,三角形的机械耕作效率最低。

(3)在5个衍生形状组合中,梯-梯组合6的机械耕作效率最低,其它四组衍生标准形状组合的机械耕作效率较为接近。这表明形状越规整,拐点越少,转弯角度越大,机械耕作效率越高。

2.6.4 区域机械耕作效率测算及分析

耕作单元:即农户开展田间作业和生产经营活动的最基础的土地利用单元。耕作单元具有以下特征:①不同于田间工程设施所围成的地块;②不同于地形自然因素分割形成的地块单元,可能一致,也可能更细碎化;③和土地产权相关,但不绝对。

地块单元：指由地形地貌等自然因素限制形成的地块或者田间基础设施(道路、林网、沟、渠)围割而成的地块。

研究区遥感底图和矢量化结果见图 2-43。

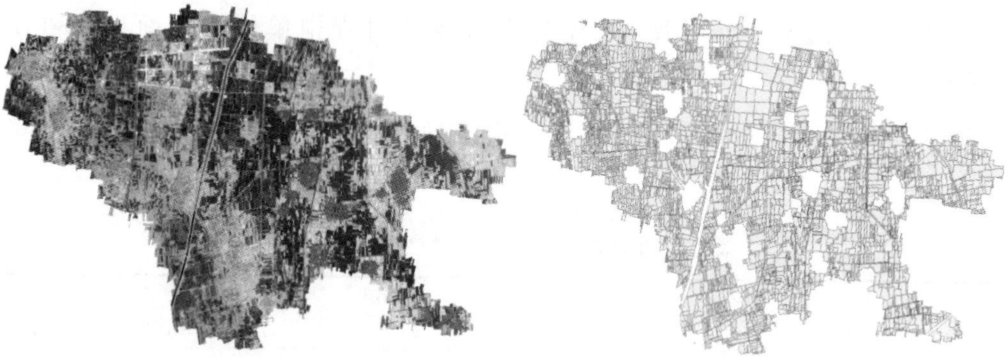

图 2-43 第四疃镇遥感底图(左)和第四疃镇矢量化图(右)

(1)区域地块的机械耕作效率与标准地块机械耕作效率的形状耦合 一维空间形状系数：

$$I=0.25P/\sqrt{A}$$

其中 I 为一维空间形状系数，P 为地块图斑的总长度，A 为地块图斑总面积。

二维空间形状系数是指地块图斑与其最小外包络矩形的面积比，它反映地块图斑相对于其最小外包络矩形的面积紧凑度。

$$\mathrm{SD}=A_{\mathrm{p}}/A\_\mathrm{min\ ref}$$

其中 SD 为二维空间形状指数，A_{p} 和 $A\_\mathrm{min\ ref}$ 分别为地块图斑面积及其最小外包络矩形的面积。

(2)面积耦合 根据一维形状系数和二维形状系数将地块图斑归类成标准地块形状，在标准形状的 7 个面积梯度中确定面积断点。面积断点依据在 500～10 000 米^2 范围内每相邻两个面积梯度的耕作时间中点结合相应和函数所求的面积点而确定的。

(3)系数修正

形状修正系数：

$$a=\frac{P/\sqrt{A}}{P^{\wedge\prime}/\sqrt{(A^{\wedge\prime})}}$$

面积修正系数：

$$b=A/A^{\wedge}*$$

田块规模经营综合系数：

$$PSI=\frac{1}{2}(a+b)RT*$$

其中 PSI 为田块规模经营综合指数，也是区域总机械耕作效率，b 为面积修正系数，a 为形状修正系数，$RT*$ 为相应标准地块的耕作效率。

(4)等级区分标准　机械耕作效率以 2 000 米^2、3 000 米^2、7 000 米^2、10 000 米^2 作为划分效率等级的面积标准(表 2-7)。

表 2-7　耕作效率等级划分的面积标准(表结构调整)

形状\面积(米^2)	0～2 000(低效)	2 000～3 000(中低效)	3 000～7 000(中效)	7 000～10 000(中高效)	10 000～+∞(高效)
矩形	0.315	0.305	0.263	0.249	
梯形	0.390	0.326	0.266	0.256	
三角形	0.404	0.358	0.290	0.282	
矩-矩组合 4	0.354	0.315	0.263	0.249	
矩-矩组合 5	0.331	0.313	0.263	0.249	
梯-梯组合 6	0.903	0.507	0.263	0.249	
梯-三角组合 7	0.343	0.335	0.263	0.249	
矩-三角组合 8	0.404	0.335	0.263	0.249	

(5)测算结果　研究区的机械耕作效率等级测算结果见图 2-44(彩图 2-44)。

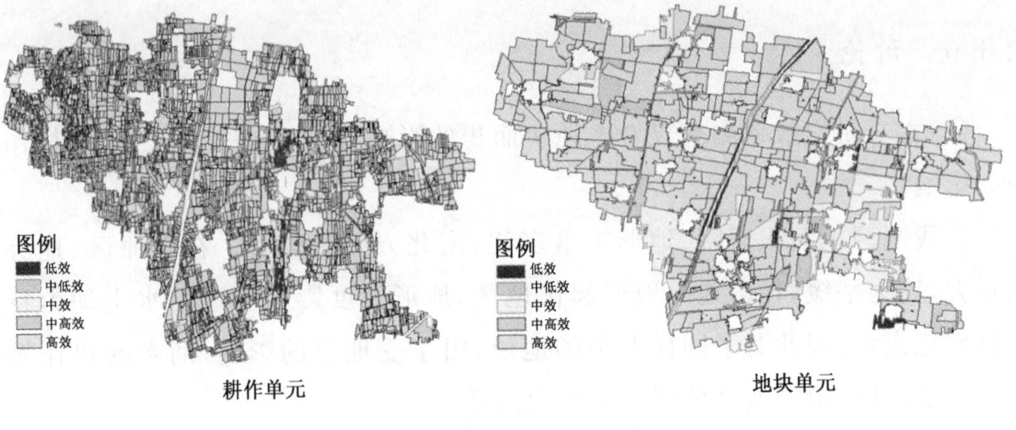

耕作单元　　地块单元

图 2-44　第四疃镇机械耕作效率等级分布图

比较耕作单元和地块单元的区域 PSI 值，可以看出：

①第四疃镇地块单元的区域机械耕作效率远远高于耕作单元的机械耕作效率,是由于地块单元较之于耕作单元有较大的农田规模。

②局部地区出现地块单元的效率等级小于该区域内所包含耕作单元,说明形状的规则程度对机械耕作效率有很大的影响。

2.6.5　结论

(1)随着地块面积的增大,单位有效面积的耕作时间是不断减小的,耕作效率不断地增加。随着地块面积不断增大,耕作效率曲线最终趋近于平行,整体变化成"S"型增长。

(2)在相同的面积梯度上,矩形、梯形比其他形状的耕作效率要高,其中矩形的耕作效率最高,三角形的耕作效率最低,在5个形状组合中,组合6的耕作效率最低,其他四组形状组合耕作效率水平差异较小,这表明形状越规整,拐点越少,转弯角度越大,耕作效率越高,也越适宜耕作。因此在耕作中,矩形和直角梯形是最适宜的耕作地块形状。

(3)比较同种形状不同面积地块的机械耕作效率,发现机械耕作效率在地块面积为500～2 000米^{2}的梯度内急剧增加,在2 000～3 000米^{2}的梯度内仍有明显的上升趋势,而在3 000～7 000米^{2}的梯度内增速缓慢,当达到7 000～10 000米^{2}时,增速更加缓慢,超过10 000米^{2}以后基本趋于稳定,整体变化呈"S"形增长。其中,在面积为3 000～7 000米^{2}区间,效率值已经进入缓慢变化区间,机械耕作效率已经基本稳定。

2.6.6　讨论

(1)本文耕作效率测算仅考虑地块面积的影响,没有考虑其他因素对耕作效率的影响。

①我国国土面积辽阔、地形丰富多样、南北方差异较大。在平原区,地势起伏不大,较为平缓,在山地等地形起伏地区,地形坡度影响土地的水土动力特性和机械稳定性,因此对于同样大小的地块,由于受地势的影响,两者的耕作效率也会有所不同,山地地区效率比平原地区低。

②经济发展水平及机械化程度也会对耕作效率产生影响。对于经济发展水平高、机械化程度高的地区,实际的投入较高,耕作机械较为先进,在其他条件不变的情况下,耕作效率会有所提高。

③不同耕作方式的耕作效率存在差异。耕作方式主要分为3种：回耕法，套耕法和穿梭形耕法。本文实验采取的是普遍使用的回耕法，实际生产中农户或将根据具体情况及耕作习惯采取其他两种方法，这样会使得效率值发生变化。

(2)由于实验设备及其他条件的限制，相关研究结果的应用存在一定的有限性。

(3)现实中各土地整理项目的具体情况不同，对于地块大小的设计也不能一概而论。

(4)在未来的整理规划中不能一味地追求规模效应，有些地区的土地整理可能破坏了当地独特的农业生产经营景观，造成美学价值的下降。

(5)本文是对土地整理耕作效率的初步探索，还不够深入细致，需要在以后的实践工作中检验，有待进一步完善。

报告人：徐　艳

农用地质量调查与监测

1　研究进展

耕地，是人类赖以生存的最基本生产要素，更是粮食安全的保障。从古至今，世界各国均对其给予了高度的重视，针对耕地的变化情况作出了相关的分析和预警等研究，但近些年人们也从最初的主要关注耕地的数量变化，转变为了如今的质量、数量并重。耕地资源的数量变化是显性的，目前为止相关研究已经较为成熟；而其质量的变化却是隐性的，不易察觉，但只要发生就会对农业生产造成巨大的影响，于是对于耕地质量情况及变化的研究成为目前国内外的研究热点。

要实现对耕地质量情况的详细了解和对其变化的实时掌握，离不开对耕地质量调查与监测的研究。目前国内外的相关研究已取得一定的进展。

1.1　国外研究进展

1.1.1　耕地质量评价研究

耕地质量评价隶属于土地评价，早期的土地评价主要是为赋税服务的，资料最早见于15世纪莫斯科公国的税册中。

从19世纪开始，俄罗斯对应土地评价有“尼日格勒州土地鉴定材料”，美国则陆续产生“斯托利指数分等”(STR)、康乃尔评价系统、《农地评价条例》，并于60年代提出适于本国的土地评价系统，联合国粮农组织(FAO)提出的《土地评价纲要》、“农业生态区划法(AEZ)”、《旱地农业土地评价指南》、《雨耕农业土地评价纲要》、林业土地评价、《牧业土地评价》等文件也形成了相当完整、系统、全面的土地评价体系。

20世纪80年代开始随着地理信息系统等技术的广泛运用，促进了土地评价方法由定性向定量、定性与定量相结合的方向转变，之后FAO陆续颁布了《可持续土地利用评价纲要》(《FESLM》)、《土地质量指标》成为土地资源可持续利用管理的指导性纲要,国际地圈一生物圈计划(International Geosphere-Biosphere Program,IGBP)和"全球环境变化的人文领域计划(HDP)"联合提出"土地利用和覆盖变化"(Land use and land cover change,LUCC)研究计划,在荷兰恩斯赫德召开了"可持续土地利用管理和信息系统国际学术会议"等深化了土地可持续利用评价的理论支撑。

在耕地评价的方法研究方面,在地理信息系统的技术的基础上,除了与土地调查相结合,众多研究者还将统计学、模糊集和克里格插值法等数学方法引入其中,对耕地质量的评价指标和体系的构建进行定量研究,推动耕地质量评价向综合化、精确化、定量化、动态化发展。

1.1.2 耕地质量监测研究

加拿大是世界上最早开展耕地土壤质量监测的国家,于1988年开始着手开展耕地土壤质量监测项目,至1992年确定了23个点并取样,构成了基准监测网络,对农场历史、土壤和地貌条件、土壤的各种化学、物理和生物学特性等重要指标开展长期观测。

最典型的在全国范围内布设样点开展调查评价的工作是美国的国家资源清查(NRI),美国于1934年开始了第一次全国范围的土地资源调查,实质就是一次与土地质量有关的调查,1961年美国农业部土壤保持局正式颁布了土地潜力分类系统(Land Capability Classification)开始对全美土地的适宜性进行评价,成为了当时世界上第一个较为全面的土地评价系统;此后从1977年开始,确立了每5年一次的国家资源清查的制度进行国家资源调查和监测,2000年之后改为了每年清查,时至今日已为美国政府提供了非常有价值的土壤、水和其他自然资源的多方面的数据,对于政府制定自然资源保护政策、项目规划等方面发挥了重要作用。

澳大利亚从1997年开始开展了以土地和国家水资源为对象的动态监测调查与评估活动,内容涉及到土壤质量、肥力等方面,但目前尚没有以耕地质量动态监测为核心的调查。

荷兰主要针对环境污染、自然空间变异性、土地的分割破碎等进行监测,建立了国家尺度和省级尺度的监测网络,在每个子样本点上分析重金属、杀虫剂等的含量,实行国家层面环境质量的监测。

欧盟在2006—2008年间,开展了土壤环境评价监测项目,该项目覆盖全部欧盟成员国,制定了土壤监测程序和相关规定,最终选出能够包含当前所有威胁的关键问题及监测指标组成最小数据集,并且对相应监测点的布设进行了研究。

英国洛桑试验站建立以来,各国陆续建立了自己的农业土壤生态环境监测试验站,目前世界上已经持续观测60年以上的长期土壤生态环境定位试验站有30多个,主要集中在欧洲、苏联、美国、日本和印度等。

1.1.3 监测指标选取及指标体系构建研究

1993年经济合作与发展组织采用了"压力-状态-响应"(PSR)模型的土地质量监测和决策系统,由压力指标、状态指标和响应指标三部分相互连接组成,John R. Dymondl等研究者在此基础上进行了拓展和进一步的研究。

荷兰则通过在全国范围内选取样点的方式建立环境质量监测系统,特别是对徒弟的分割破碎现象进行分级监测,根据地域不同而制定有针对性的监测方案及措施。

美国、澳大利亚、新西兰等均采用了遥感技术作为质量监测的手段,一系列的遥感设备及技术为土地质量的监测提供了更为便捷、有效、精准的途径。

除了系统建设方面,在监测指标的研究和选取方面也有巨大的进展:

美国土壤保持局建议将渗透性作用、土壤质地、土壤结构、密度、排水等作为评价土壤质量的物理指标,而把阳离子交换量、肥力、有机质含量作为化学指标;美国国家资源清单计划(NRI)采样的数据包括:种植作物、土壤利用方式、水土保护措施、耕作类型、灌溉类型等。

欧盟的土壤环境评价监测项目最重要的成果是确定了包含所有威胁的27个关键问题和27个指标组成的最小监测指标数据集。

加拿大的耕地土壤质量监测将土壤性质分为容易改变的性质(pH、有效磷和钾等)、中等容易改变的性质(代换性阳离子、土壤持水力等)和不易改变的性质(颗粒大小分布、黏土矿物性质等)3类。

1.1.4 标准样地布设及监测样点的选取研究

美国从1977年开始的国家资源清查(NRI)包含了土地调查的范围,其监测样点分为核心采样点和轮流采样点,前者每年都进行采样,后者每隔几年进行一次采样,样点布设采用了符合美国国情的网格均匀布点法。

加拿大从20世纪80年代后期开始建立土壤质量监测体系，并按照七条指导监测点选择的标准在1992年确定了23个监测样点，为土地生产力的评估等研究提供了依据。

荷兰从80年代后期开始建立了环境质量监测体系，样点的布设方法是在全国选取若干个具有典型性的不同土壤类型和不同土地利用方式的地区，每个地区选取四个样本点，每个样本点在不同深度上各选四个样本，得到多个子样点，省级尺度上采用的方法与此基本一致，同时还根据地方差异进行了适当的调整。

欧盟在2006—2008年期间的土壤环境评价监测项目(The Environmental Assessment of Soil for Monitoring Project)在选取监测点位置方面，主要采用网格方法，在网络节点上设置监测点，并且采用两级监测网络体系，确保了在每个土壤制图单元和每个土地利用类型上都布设有监测点。

发达国家的监测工作已发展的较为成熟和系统，总结起来，其样点布设遵循的规则有：①大都采用网格均匀布点法，从统计学角度出发依据均匀分布原则确定；②研究区域覆盖了不同土地利用类型、土壤带及土壤类型；③选择具有代表性的地区进行监测；④要形成一定的系统化。

1.2 国内研究进展

1.2.1 耕地质量变化研究

我国耕地变化研究经历了早期调查、动态监测以及土地利用和耕地变化综合研究3个发展阶段。早期的耕地质量变化研究主要以静态评价为主，从第一次土壤普查(1958)、第二次土壤普查(1979)到土地资源详查(1984—1996)和第二次土地调查，从农用地分等(2001)到耕地质量等级变化监测，缺乏连续系统的长时间序列观测数据。从1985年开始的耕地土壤动态监测工作采用了分层监测的方法，利用监测样本点来获取所需的耕地土壤数据，进行相关的研究和分析[1]。

在此基础上，张素媛等[2]、王秀兰等[3]、胡金明等[4]、张凤荣等[5]、王华等[6]、陈浮等[7]、葛向东等[8]、沈斌强[9]、赵玉领等[10]、张鸿辉等[11]、姜广辉等[12]、邹一旻[13]均做了建设性的研究。

但在目前仍存在着综合性与系统性不够、缺少定量指标和综合模型、研究尺度不全面、机理研究不够深入和服务目标不明确等方面的问题。

1.2.2 耕地质量评价研究

我国从20世纪50年代起开展土地评价的工作，期间宜农荒地调查与评价和第一次土壤普查的相关工作，开创性地分别形成了全国荒地分类系统和土地类-土地亚类-土地等-土地组的四级分类系统[5],[14]，70年代开始又分别形成了《全国第二次土壤普查暂行技术规程》和《中国1∶100万土地资源图》，并对区域性和地方性(县级)的土地评价也进行了推进[15],[16]，80年代初定性地划分了农用地自然生产潜力级别[17]，中后期开始运用数学和决策模型对评价因子及等级划分进行半定量处理，GIS等技术的发展也推动了土地评价工作的进步，之后又推出了《县级土地评价技术规程》(试行草案)[18]，90年代开始评价工作得到了系统化，1995年在县域耕地分区评价的基础上得出各县的耕地质量指数。我国农业部于1996年发布《全国耕地类型区、耕地地力等级划分》(NY/T309—1996)，并在2012年底组织完成了全国耕地地力调查与质量评价工作，将全国耕地质量等级由高到低依次划分为一至十等；国土资源部则先后颁布了《农用地分等规程》、《农用地定级规程》、《农用地估价规程》、《耕地地力调查与质量评价技术规程》，并于2009年发布了农用地分等成果和《农用地质量分等规程》国家标准，自2011年底开始，基于第一次全国土地利用现状调查的耕地质量等别成果通过补充调查和更新评价，形成了基于第二次全国土地调查的最新耕地质量等别成果。

随着GIS等技术的发展，研究工作也由定性描述逐步深入到定量的解析，多年间，通过陈安庆[19]、梁朝仪等[20]、史清华[21]、彭补拙等[22]、李莹星等[23]、丁生喜[24]、但承龙等[25]、张凤荣等[26]、张凤荣等[27]、王洪波[28]、郧文聚[29]、胡科等[30]、刘耀林等[31]、唐秀美等[32]、陶崇鑫[33]、赵建军等[34]的研究，使得土地评价向着更加综合化、更加多元化方向发展。

这些年，国内众多学者越来越意识到坚守18亿亩耕地数量红线对我国粮食安全的重要意义，为此国家出台了耕地“占补平衡”政策，保证耕地总量动态平衡，但真正的平衡应当兼顾数量与质量，土地整治便是对此的有效措施，因此国内的韩霁昌等[35]、周佳松等[36]、朱玉碧等[37]、郭洪泉等[38]、高明秀[39]、刘现伟等[40]、王瑗玲[41],[42]、陈倩[43]、孙凯[44]对基于土地整治的耕地质量评价进行了深入研究。

1.2.3 耕地质量监测研究

要实现耕地质量评价最有效的实际应用，实施长期的、有效的农用地质量监测就是必由之路。在我国，相关的耕地质量动态监测工作开始于1985年，国内有关专家学者开展了众多相关研究。

周慧珍、曹子荣等人以江阴市璜塘乡为例，对基本农田动态监测及预警进行了研究，利用多种软件汇集成基本农田动态监测及预警系统[45]；葛向东等人通过耕地占补平衡的定位监测数据和耕地地力等级划分数据，对耕地总量动态平衡进行了预警分析[46]；王静等人研究了基于3S技术的耕地退化监测和评价技术，借助高分辨率遥感影像以及3S技术，建立土地利用变化与耕地退化环境响应研究的方法体系[47]；刘坤等应用GIS手段进行了耕地总量动态平衡的评价和监测预警研究[48]；伍育鹏基于农用地分等成果以湖南省为例，进行了耕地质量动态监测体系的设计研究，探讨了监测指标、监测时间间隔、空间采样点设计及监测信息系统建立等问题[49]；颜国强、杨洋对耕地质量动态监测进行了初探，研究了相应的方法及监测指标体系的设置[50]；伍育鹏、郧文聚、李武艳在农用地分等的基础上进行农用地质量动态监测和预警研究，提取了动态监测指标、探讨了监测周期、分析了空间采样点的设计并初步建立了基于标准样地的耕地质量动态监测指标信息系统[51]；赵烨等开发了耕地质量预警信息系统[52]；彭茹燕、张晓沛在伍育鹏等人的基础上更深入地探讨了基于农用地分等成果的国家耕地质量动态监测体系的设计与建立[53]；田燕、孙婷婷等对基于“3S”技术的耕地质量动态监测进行了探讨[54]；何江华、周明中等则是基于标准样地对监测指标选取、监测方法及监测周期等问题进行了研究和探讨[55]；林晨等人以农用地分等属性数据为基础，综合应用GIS、RS技术及统计学原理，通过相关性分析建立农用地自然等质量遥感数据模型对其时空变化信息进行监测[56]；密长林等结合WebGIS技术，对耕地质量动态监测系统的结构和功能进行初步设计，提出了质量监测系统的总体框架[57]；许妍等认为欧盟土壤环境检测项目较为成熟，通过对国内学者对农用地质量监测研究进行综述，提出未来中国农用地质量监测工作可在关注土壤环境质量等诸多方面借鉴欧盟的经验[58]；马建辉、吴克宁等在借鉴国外耕地质量监测体系经验及对耕地质量影响因素理论分析的基础上，对耕地质量监测指标选取、监测周期等进行了探讨，初步建立了我国开放式可选择的跟各地质量监测指标体系[59]；朱锦尉等根据农用地分等规程，利用先进技术手段对浙江省慈溪市进行监测样点布设、动态监测、土地评价及变化分析，构建了当地的耕地质量等级监测体系[60]；张川等基于农用地分等成果和构建耕地自然质量监测体系前提下，运用综合指数法和统计分析法对县域耕地自然质量变化进行分析，为耕地质量等级更新和耕地质量变化监测提供参考[61]；李奕志等对美国国家资源清单的建立方法进行了深入探讨，并提出了3条值得中国在建立全国尺度耕地质量动态监测系统中借鉴的结论[62]；罗卓等充分利用已有数据成果，总结分析研究区耕地质量现状并找到质量变化的主导因素建立监测因素体系，根据一般区域监测和重点区域监测结合、点状监测与面状监测结合、定位监测与随机抽样监测结合的原则，"以点控面"地进行样点布设和各时段耕地质量等别的判定，并为耕地质量监测预警系统提供依据[63]；张蚌蚌、孔祥斌等通过对耕地质量与监控研究进展的系统总结和梳理，采用文献综合法和总结归纳法进行研究，提出了耕地质量与监控未来的重点研究反向[64]。

但目前在对土地质量指标监测的定量性方面研究仍然较为缺乏。

1.2.4 监测指标选取及指标体系构建研究

耕地质量是一个综合概念，监测指标应既有自然指标又有社会经济指标，既包括定量化指标也包括定性描述性指标[50]。目前国际上一般将土地质量指标体系分为3大类：一是土地生产能力指标体系(类似于耕地地力调查)，二是土地生态质量指标体系(针对区域自然与社会的协调)，三是地基承载力指标体系(针对建设用地及其容积率)。从土地质量监测的目的出发，根据层次分析法和土地综合评价法，评价体系可分为三个层次：一是目标层(标准样地质量综合评价的总目标)，二是质量因子层(包括自然环境因素及社会经济因素两种)，三是因素层(如年平均气温等多个具体因素)。评价指标的选取原则主要有：综合性原则、稳定性原则、空间变异性原则、主导性原则、土地收益差异性原则、全面性原则、易获取性原则、生产性原则、动态性原则、可比性原则、非相容性原则、定性与定量分析相结合原则和敏感性原则等。近年来在耕地质量监测指标的选取方面，国内学者也开展了众多研究。

张凤荣等分析了指标选取的原则、方法和依据，并提出最有效的农用地分等定级野外诊断指标选取方法是根据土壤学和作物栽培学等科学研究成果和生产实践经验[27]；王建国等则构建了农用地分等的光温生产力、供水质量和土壤质量指数以及农用地定级土地区位质量和土地作业质量指数等评价模块，并具体讨论了土壤质量指数计算中土壤养分等因素评价模型[65]；周际鹏等研究分析了农用地生态经济评价指标[66]；葛向东在对耕地系统中的压力指标、状态指标及响应指标进行研究的基础上指出，这三者往往界限模糊，分析时应将三者结合起来考虑[46]；李丹、刘友兆等从系统论的角度，将耕地质量界定为耕地本底质量、经济质量和健康质量，并建立了耕地质量动态变化指标体系[67]；邵景安等对西部欠发达地区的农用地分等定级指标体系进行了研究[68]；陈薇等利用耕地质量分等成果，建立土地整理的耕地质量评价指标体系，并探讨其在耕地占补平衡中的应用[69]；牛海鹏在河南省土地开发整理耕地质量评价指标体系构建的基础上，进行评价因素可比性修正和光温生产潜力修正，得出土地开发整理耕地质量综合指数[70]；刘灵伟、孔祥斌等设计出国家级标准样地短期和长期两种监测内容，短期主要监测产量水平、土地投入和产出、土地利用强度、土地利用条件等内容，长期主要监测标准耕作制度、耕地质量、土地退化等内容[71]；孔祥斌等建立了基于农户土地利用行为的"压力—状态—效应—响应"耕地质量变化框架模型，构建了基于农户土地利用行为的"耕地质量评价指标体系"[72]；彭茹燕等以农用地分等成果为依托，从一系列的影响因素中筛选出在一定时间内最具影响力的自然因素与社会经济因素作为监测指标，构建起耕地质量监测指标体系[53]；梁思源、吴克宁等进行了农用地质量动态监测系统的分析与设计，采用系统分析法，通过、进行需求分析，对其构架及数据流程进行了设计[73]；陈柏松等在已有农用地分等定级指标体系成果的基础上，进一步分析导致易变性指标变化的驱动力，并据此确定能够直接或间接监测并评价农用地等级质量的监测指标，建立了农用地等级质量监测指标体系，并针对各种指标提出了相应的监测方法[74]；郭力娜等将省级以上标准样地作为国家级农用地质量监测样点，并建立基于标准样地的农用地质量监测体系[75]；赵蕾把土地整理工程的影响因素作为补充指标，对耕地自然质量等指数进行修正，并对丽江市永胜县沿边片区土地整理项目进行了实证研究[76]；余建新等探讨了土地整治项目区耕地质量等别的修正方法，对耕地质量评价指标进行选取和修正[77]；马建辉、吴克宁等构建了县域基础上的包括指标体系（指标构成及监测周期）、网络体系（控制区、监测样点、监测样区）、评价体系（生产性评价、保护性评价等）以及组织体系的质量动态监测体系[59]；梁晓晴通过对内蒙古达拉特旗耕地质量的影响因素及其驱动力分析，选取指标、建立了监测指标体系、制定了监测周期，并提出相应指标的监测方法[78]。

1.2.5 标准样地布设及监测样点的选取研究

布设标准样地、选取监测样点是实现区域耕地质量监测的基础,目前我国标准样地选取遵循的原则有:分层设置、生产条件综合最优、稳定性、均匀性、典型性、已有数据支持优先等。由此,建设的体系大致分为3层:中央政府设置的国家级标准样地、省级政府设置的省级标准样地、县级政府设置的县级标准样地。用于表达标准样地特征好坏的因素体系包括两个方面:一是标准样地的实际产量水平,二是包括气候因素、土壤因素等在内的土地构造因素。农用地质量监测等工作的基本组织实施单位是县级行政区,成果完成后直接进行省级汇总,最终形成国家级成果。标准样地的设置目的是为了实现农用地分等定级成果的控制和校订,充当成果汇总过程中节点的作用,而在农用地质量动态监测中,相当于监测样点的参考系,最终在其基础上建成农用地质量等级变化的动态监测与预警系统。

标准样地是综合条件最优的一部分耕地,而在实际工作中,为了全面掌握耕地质量,其概念也就拓展到了:在一点的自配技术条件下,代表区域内主要土壤地带及耕作制度,能全面表达区域内农作物产量水平的若干农用地分等单元[51],彭建等、吴克宁等和张蚌蚌等详细介绍了标准样地在耕地质量等级监测方面的应用原则及方法[79],[80],[81]。

我国从1985年开始进行耕地土壤的监测工作,采用分层监测的方法,将监测点分为国家级、省级和县级;1987—1997年,全国共建立监测点150多个,1997年进行了监测点调整,全国性监测点达201个,此外,省级、县级也有相当数量的监测点,根据地方重视程度不同,省级监测点从数十个到上千个不等,县级监测点多采用网格布点的方式,由于近年来机构调整,减少较多,保留的也难以处于良好的运行状态[50]。

除了传统的简单随机抽样、分层抽样和规则格网布样方法外,近几年国内许多学者在监测样点布设方面有了进一步的研究:郝宏生、侯东民在全国耕地抽样监测系统方案研究中采用分层多级区域概率与规模成比例(PPS)抽样方法,根据精度要求和实施的可行性提出全国样本可共抽选250个县级单位,每县平均抽取50个样本点[82];伍育鹏、郧文聚等人将农用地分等成果中的标准样地作为能够代表其所在小区域耕地质量特征的监测样点,对其进行监测并掌握该范围内耕地质量的变化情况，并以此建立了基于标准样地的耕地质量动态监测与预警体系的初步框架[51]；吴克宁、焦雪瑾等将标准样地国家级汇总成果与耕地质量动态监测结合起来，探讨了基于标准样地国家级汇总的耕地质量监测点的选取[80]；王洪波、郧文聚等在农用地分等成果的基础上建立了耕地产能监测体系，设计了监测样点与监测样区相结合、点状监测与面状监测相结合、重点监测和基础监测相结合的方法，提出每个县设置 30～100 个监测样点，3～5 个监测样区，随机抽样数量为监测样点数量的 2 倍[83]；在前人研究的基础上彭茹燕、张晓沛提出在县级范围内就每一个等别耕地，选择能较全面代表区域内该等别耕地质量状况的、具有一定面积的、交通方便的基本农田作为监测点，以便保证监测点具有区域代表性，而新增或新开发整理的耕地作为特殊监测点随时增加[53]；郭力娜、刘毅等探讨了省级尺度上监测样带的布设方法以及国家尺度上的耕地质量监控县选取方法[84],[85],[86]。

以上对于监测样点选择与布设的研究大多遵循某些原则，在专家知识和已有经验的基础上进行主观的指定，这样得到的监测样点人为因素影响大，且普遍缺乏对耕地质量空间分布规律和模式的分析。此后学者们逐渐将函数、相关性、统计方法等更加客观、定量的研究方式引入到了监测样点的选取研究中。

魏巍等从满足耕地等级变化野外监测基地的耕地等级监测空间分区、监测点布控的关键技术需求出发，研究耕地质量等级变化的空间监测分区以及监测样点布设技术方法[87]；宋艳华、毛含冰等在 GIS 技术的支持下，利用统计学方法确定在一定误差条件下的最优监测样点总数，再综合研究区耕地质量水平、利用水平、经济水平等因素的空间分布对其进行综合控制区划分，分区计算空间变异系数，作为实现监测样点数量分配的依据，再简单随机抽样布设样点，提高监测精度[88]；相慧、孔祥斌等基于农用地分等数据库和实地考察数据，采用空间叠置、地统计学、统计检验等方法对县域耕地质量等别监测样点布控进行了研究，并提出了相应等别监测分区、样点布设方法和精度验证方法[89]；杨奇勇、王倩、胡晓涛等、马建辉充分考虑地理空间事物普遍存在的空间相关性，提出了基于变异函数的样点布设方法，通过球状模型等对耕地之然质量等指数进行拟合，对监测样点的选取指明了新的道路[90],[91],[92],[93]；孙亚彬等、余述琼等在空间模拟退火算法的基础上分别提出了基于“自然等别－主导因素”的潜力指数组合和基于“熟制－土壤类型－海拔－土地利用系数－土地经济系数”的因素组合的耕地质量等级监测样点布控方法，研究了县域耕地质量监测样点的选择与布控[94],[95]；

杨建宇、汤赛等基于 Kriging 估计误差探索县域耕地质量监测样点的布控，力求以较小的监测点反映县域耕地质量分布和变化趋势[96]；杨建宇、岳彦利等基于空间模拟退火算法提出了耕地质量布样的优化方法，在生成一组最优样本的基础上构建基础监测网络，利用潜在变化区、专家知识和异常监测点等对基础样本点进行更新，生成最终的监测样点并进行精度验证[97]。

但是目前这类研究仍存在着理论研究不够深入、理论模型过于简单、耕地时空变异性强、研究成果精度验证欠缺、国家尺度相关研究欠缺等问题，有待进一步研究。

1.2.6 基本农田保护区耕地质量监测研究

我国最早于 1963 年提出“基本农田”这一概念，时至今日，中央及各级地方政府均已出台了众多法律法规及相关措施来践行保护基本农田的国策，随着国家的迅速发展，18 亿亩耕地红线日益被重视，保护基本农田成为了关乎国家粮食安全的重中之重环节。然而长期以来，我国的基本农田划定工作，重点基于原有的耕地数据和信息，缺乏对耕地现实性和变更性等的考量，导致基本农田的划定工作与实际耕地状况不符，同时存在着片面强调集中连片性而忽视耕地质量的问题，因此如何综合考量耕地质量等因素从而合理划定基本农田并对其进行长期质量、数量的监测，就成为了研究的重难点。

其中，将耕地质量纳入基本农田保护的重要内容，是我国土地资源保护工作的一大完善，因此基本农田保护区耕地质量监测体系的建立于管理，是加强我国耕地质量建设的一项战略性任务。许福涛对基本农田保护区耕地质量监测体系建立的必要性进行了阐述，并研究了体系的建设内容及管理方法，为基本农田的耕地质量监测提供了理论支持[98]；张硕和屈清分别基于 GIS 的技术和方法研究了基本农田的划定优选方法，针对耕地质量的评价指标确定、获取、指标体系的确定及适应性综合指数的测算进行了重点研究，为基本农田的划定提供了定量支持[99],[100]；魏洪斌基于当前我国大力开展土地整治和高标准农田建设的北京，构建了适用于不同时序的土地整治耕地质量评价指标体系，形成开放时刻选择的耕地质量综合评价指标体系，以便定量化评价土地整治和高标准农田建设对耕地质量等级的影响，并在此基础上进行评价修正[101]。相关研究仍需要进一步深入。

参考文献

[1] 张素媛,孙绍宽,杨连志,等.对天津市宝坻县土壤养分动态变化的评价初报[J].天津农林科技,1998(01):42-44.

[2] 王秀兰,包玉海.土地利用动态变化研究方法探讨[J].地理科学进展,1999(01):83-89.

[3] 胡金明,刘兴土.三江平原土壤质量变化评价与分析[J].地理科学,1999(05):417-421.

[4] 王华,黄宇,彭晓英.西南环境移民示范区土壤肥力动态变化[J].河北省科学院学报,2001(03):183-188.

[5] 朱德举,卢艳霞,刘丽.土地开发整理与耕地质量管理[J].农业工程学报,2002(04):167-171.

[6] 陈浮,濮励杰,曹慧,等.近20年太湖流域典型区土壤养分时空变化及驱动机理[J].土壤学报,2002(02):236-245.

[7] 邵景安.农用地分等定级研究进展[J].成都大学学报(自然科学版),2002(03):30-35.

[8] 葛向东,彭补拙,濮励杰,等.长江三角洲地区耕地质量变化的初步研究——以锡山市为例[J].长江流域资源与环境,2002(01):47-51.

[9] 沈斌强.县域农用地标准样地体系构建与耕地质量监控研究[D].南京农业大学,2007.

[10] 张鸿辉,刘友兆,曾永年,等.耕地质量预警系统设计与实证[J].农业工程学报,2008(08):74-79.

[11] 赵玉领,苏强,吴克宁,等.河南嵩县土地整理的数量质量潜力[J].农业工程学报,2008(09):73-78,314.

[12] 姜广辉,赵婷婷,段增强,等.北京山区耕地质量变化及未来趋势模拟[J].农业工程学报,2010(10):304-311.

[13] 邹一旻.县域耕地质量等级变化研究[D].中国地质大学(北京),2011.

[14] 张雁,谭伟.国内外土地评价研究综述[J].中国行政管理,2009(09):115-118.

[15] 陈百明.土地资源学[J].地球科学进展,1991(06):66-67.

[16] 石玉林,王立新.新疆农业土地利用动态分析[J].自然资源,1992(03):47.

[17] 邵景安.农用地分等定级研究进展[J].成都大学学报(自然科学版),2002(03):30-35.

[18] 吴晓光,郝润梅,苏根成,等. 农用土地质量评价研究进展[J]. 西部资源,2014(01):98-101.

[19] 陈安庆. 兰州市农用土地分等定级的基本理论和方法[J]. 甘肃科学(甘肃省科学院学报),1990(04):32-43.

[20] 梁朝仪,吴克宁,王鹏飞,等. 驻马店市农用土地综合评价研究[J]. 河南农业大学学报,1992(03):260-267.

[21] 史清华,周眉生. 平川区农户土地经营规模物元分析与评估[J]. 农业现代化研究,1992(05):302-306.

[22] 彭补拙,余旭升,褚维德,等. 荒漠绿洲农业区土地分等定级模式研究——以新疆石河子市为例[J]. 南京大学学报(自然科学版),1994(04):679-689.

[23] 李莹星,王济民,张妙玲,等. 耕地分等定级方法的比较及应用研究[J]. 中国土地科学,1997(01):33-37.

[24] 丁生喜. 农用耕地分等定级的评价指标选取及其定量化处理[J]. 青海师范大学学报(自然科学版),2000(02):54-57.

[25] 但承龙,王万茂,厉伟. 农用土地分等定级和估价理论与技术路线的探讨[J]. 华中农业大学学报(社会科学版),2000(04):42-46.

[26] 张凤荣,安萍莉,胡存智. 制定农用地分等定级野外诊断指标体系的原则、方法和依据[J]. 中国土地科学,2001(02):31-34.

[27] 张凤荣,孔祥斌,安萍莉,等. 对《农用地分等定级规程》土地利用系数的探讨[J]. 中国土地科学,2002(01):16-19.

[28] 王洪波,许皞,霍习良,等. 农用土地分等定级中土壤有效系数的求算方法及应用[J]. 河北农业大学学报,2002(04):53-56.

[29] 郧文聚. 农用地分等及其应用研究[D]. 中国农业大学,2005.

[30] 胡科,石培基. 甘肃省耕地质量评价研究[J]. 中国土地科学,2008,11:38-43.

[31] 刘耀林,赵翔,唐旭. 基于插件技术的多用途土地评价信息系统研究[J]. 中国土地科学,2010,11:27-34.

[32] 唐秀美,陈百明,路庆斌,等. 栅格数据支持下的滨海蔬菜主产区耕地质量评价研究——以山东省寿光市为例(英文)[J]. 北京大学学报(自然科学版),2011(02):363-369.

[33] 陶崇鑫. 耕地质量动态变化研究[D]. 新疆农业大学,2012.

[34] 赵建军,张洪岩,王野乔,乔志和,候光雷. 基于AHP和GIS的省级耕地质量评价研究——以吉林省为例[J]. 土壤通报,2012(01):70-75.

[35] 韩霁昌,成生权,罗林涛. 建立新增耕地质量评价体系[J]. 中国土地,2002(02):30-32.

[36] 周佳松,刘秀华,廖兴勇,等. 南方丘陵区土地整理新增耕地质量评价研究[J]. 西南农业大学学报(社会科学版),2004(01):30-33.

[37] 朱玉碧,凌成树. 土地整理潜力评价指标体系初探——以重庆市为例[J]. 中国农学通报,2006(06):410-413.

[38] 郭洪泉,胡振琪,张亚龙,等. 基于GIS的耕地整理潜力评价系统研究——以北京市延庆县为例[J]. 中国土地科学,2006(03):50-54.

[39] 高明秀,张芹,赵庚星. 土地整理的评价方法及应用[J]. 农业工程学报,2011(10):300-307.

[40] 刘现伟,高佩玲,武文红,等. 土地整理潜力评价的应用研究——以山东省平阴张天片区为例[J]. 山东理工大学学报(自然科学版),2010(01):35-38.

[41] 王瑷玲,胡继连,赵庚星,等. 莱芜里辛土地整理耕地质量级别变化研究[J]. 中国土地科学,2010(10):52-57.

[42] 王瑷玲,胡继连,刘文鹏,等. 土地整理耕地质量评价和经济潜力评价比较研究——以莱芜里辛土地整理项目为例[J]. 山东农业大学学报(自然科学版),2011(02):269-274,288.

[43] 陈倩. 基于土地整理的耕地质量评价研究[D]. 北京林业大学,2012.

[44] 孙凯. 湖北省襄阳市土地整理前后的耕地质量评价研究[D]. 华中农业大学,2014.

[45] 周慧珍,曹子荣,蒋晓. 基本农田动态监测及预警研究[J]. 土壤学报,1999(02):245-252.

[46] 葛向东,彭补拙,濮励杰,等. 耕地总量动态平衡的监测和预警研究[J]. 自然资源学报,2002(01):35-41.

[47] 王静,张继贤,何挺,等. 基于3S技术的耕地退化监测与评价技术方法探讨[J]. 测绘科学,2002(04):45-49+0.

[48] 刘坤. 耕地总量动态平衡的评价和监测预警研究[D]. 山东师范大学,2004.

[49] 伍育鹏. 基于农用地分等成果的耕地质量动态监测体系研究设计[J]. 国土资源导刊,2004(02):14-16.

[50] 颜国强,杨洋. 耕地质量动态监测初探[J]. 国土资源情报,2005(03):41-43,29.

[51] 伍育鹏,郧文聚,李武艳. 用标准样地进行耕地质量动态监测与预警探讨[J]. 中国土地科学,2006(04):40-45.

[52] 赵烨,袁顺全,郧文聚,等. 农用地资源安全的监测-评价-预警系统[J]. 农业工程学报,2007(01):77-81.

[53] 彭茹燕,张晓沛. 基于农用地分等成果的国家耕地质量动态监测体系设计[J]. 资源与产业,2008(05):96-98.

[54] 田燕,孙婷婷,马军成,等. 基于"3S"技术的耕地质量动态监测初探[J]. 畜牧与饲料科学,2009(06):17-19.

[55] 何江华,周明中. 基于标准样地的耕地质量监测研究[J]. 河北农业科学,2010(09):125-127.

[56] 林晨,周生路,吴绍华. 基于MODIS影像的农用地自然质量动态快速监测研究[J]. 地域研究与开发,2011(01):116-121.

[57] 密长林,马爱功,张晓东. 基于WebGIS技术的耕地质量动态监测信息系统研究[J]. 山东国土资源,2011(12):28-31,35.

[58] 许妍,吴克宁. 欧盟土壤环境评价监测项目及其对我国农用地质量监测的启示[J]. 生态环境学报,2011(11):1777-1782.

[59] 马建辉,吴克宁,赵华甫,等. 我国耕地质量监测指标体系的构建[J]. 广东农业科学,2012(21):74-78.

[60] 朱锦尉,祝锦霞,徐保根. 基于农用地分等的耕地质量监测评价[J]. 上海国土资源,2013(02):20-23.

[61] 张川,廖晓虹,王敬,等. 基于农用地质量动态监测的耕地自然质量变化分析[J]. 国土与自然资源研究,2013(02):8-11.

[62] 李奕志,李立强,孔祥斌,等. 美国国家资源清单及其对中国耕地质量动态监测的启示[J]. 中国土地科学,2014(07):82-89.

[63] 罗卓,陈令,彭正涛,等. 基于农用地分等的耕地质量等级动态监测架构研究[J]. 江西农业学报,2014(07):128-132.

[64] 张蚌蚌,孔祥斌,郧文聚,等. 我国耕地质量与监控研究综述[J]. 中国农业大学学报,2015(02):216-222.

[65] 王建国,单艳红,杨林章. 我国农用地分等定级理论与方法探讨[J]. 农业系统科学与综合研究,2002(02):84-88.

[66] 周际鹏,侯莉琴. 农用地分等定级中的生态经济评价[J]. 中国土地,2002(03):26.

[67] 李丹,刘友兆,李治国. 耕地质量动态变化实证研究——以江苏省金坛市为例[J]. 中国国土资源经济,2004(06):24-27,49.

[68] 邵景安,魏朝富,谢德体. 西部欠发达区县域农用地分等定级指标体系研究[J]. 西南师范大学学报(自然科学版),2005(06):1133-1137.

[69] 陈薇. 土地整理理论与实践研究[D]. 安徽农业大学,2006.

[70] 牛海鹏. 河南省土地开发整理耕地质量综合指数测算[J]. 河南理工大学学报(自然科学版),2006(04):301-305.

[71] 刘灵伟,孔祥斌,姚兰,等. 国外经验对建立我国国家级标准样地质量监测体系的启示[J]. 国土资源科技管理,2006(06):16-19.

[72] 孔祥斌,刘灵伟,秦静,等. 基于农户行为的耕地质量评价指标体系构建的理论与方法[J]. 地理科学进展,2007(04):75-85.

[73] 梁思源,吴克宁,郧文聚,等. 农用地质量动态监测系统设计与应用[J]. 国土资源科技管理,2009(02):69-73.

[74] 陈柏松,游娟,潘瑜春,等. 农用地等级质量监测指标体系与方法[J]. 农业工程学报,2009,S2:272-276.

[75] 郭力娜. 基于标准样地的国家级农用地质量监测体系建设研究[D]. 河北师范大学,2007.

[76] 赵蕾,谭荣建. 基于农用地分等的土地整理耕地质量评定方法[J]. 科学技术与工程,2012(17):4266-4270.

[77] 余建新,魏巍,廖晓虹,等. 土地整治项目区农用地质量分等方法的修正[J]. 农业工程学报,2013(10):234-240.

[78] 梁晓晴. 耕地质量监测指标体系研究[D]. 湖南农业大学,2014.

[79] 彭建,蒋一军,刘松,等. 标准样地在农用地分等成果汇总中的应用设想[J]. 中国土地科学,2004(03):41-45.

[80] 吴克宁,焦雪瑾,梁思源,等. 基于标准样地国家级汇总的耕地质量动态监测点构架研究[J]. 农业工程学报,2008(10):74-79,316.

[81] 张蚌蚌,孔祥斌,相慧,等. 中国西部区国家级标准样地分布特征及代表性[J]. 农业工程学报,2014(07):227-235.

[82] 郝宏生,侯东民. 全国耕地抽样监测系统方案要点研究[J]. 中国土地科学,1998(01):42-44.

[83] 王洪波,郧文聚,吴次芳,等. 基于农用地分等的耕地产能监测体系研究[J]. 农业工程学报,2008(04):122-126.

[84] 郭力娜,马仁会,徐东瑞,等. 农用地等别质量监测带布设方法探讨——以冀豫鄂三省为例[J]. 资源科学,2008(08):1199-1205.

[85] 郭力娜,张凤荣,马仁会,等. 基于标准样地的国家级农用地等别质量监测点设置方法探讨——以冀豫鄂三省为例[J]. 资源科学,2009(11):1957-1966.

[86] 刘毅,高尚,刘希霖,等. 西部地区耕地质量监测县选取方法的研究[J]. 资源科学,2013(11):2248-2254.
[87] 魏巍,廖丽君,余建新. 县域耕地质量等级变化监测区划定及监测点布控技术研究[J]. 安徽农业科学,2013(10):4641-4642,4646.
[88] 宋艳华,毛含冰,王令超,等. 基于控制区空间变异性的耕地质量监测样点布控方法[J]. 地域研究与开发,2014(06):131-136.
[89] 相慧,孔祥斌,陈培雄,等. 县域耕地质量等别监测样点布控研究——以内蒙古自治区达拉特旗为例[J]. 资源科学,2014(06):1203-1210.
[90] 杨奇勇,杨劲松. 基于GIS的土壤盐分空间变异及盐分监测样点合理布设研究[J]. 灌溉排水学报,2011(02):10-14.
[91] 王倩,尚月敏,冯锐,等. 基于变异函数的耕地质量等别监测点布设分析——以四川省中江县和北京市大兴区为例[J]. 中国土地科学,2012(08):80-86.
[92] 胡晓涛,吴克宁,马建辉,等. 北京市大兴区耕地质量等级监测控制点布设[J]. 资源科学,2012(10):1891-1897.
[93] 马建辉. 基于变异函数和等别类型的耕地质量监测样点布设研究[J]. 世界农业,2015(05):111-116.
[94] 孙亚彬,吴克宁,胡晓涛,等. 基于潜力指数组合的耕地质量等级监测布点方法[J]. 农业工程学报,2013(04):245-254,302.
[95] 余述琼,张蚌蚌,相慧,等. 基于因素组合的耕地质量等级监测样点布控方法[J]. 农业工程学报,2014(24):288-297.
[96] 杨建宇,汤赛,郧文聚,等. 基于Kriging估计误差的县域耕地等级监测布样方法[J]. 农业工程学报,2013(09):223-230,297.
[97] 杨建宇,岳彦利,宋海荣,等. 基于空间模拟退火算法的耕地质量布样及优化方法[J]. 农业工程学报,2015(20):253-261.
[98] 许福涛. 基本农田保护区耕地质量监测体系的建立与管理[J]. 土壤,2005(05):104-106.
[99] 张硕. 基于GIS的永久性基本农田划定研究[D]. 西南大学,2012.
[100] 屈清. 基于GIS的永久性基本农田划定关键技术研究[D]. 西南大学,2014.
[101] 魏洪斌. 基于土地整治的耕地质量评价与提升研究[D]. 中国地质大学(北京),2015.

2 专题报告

2.1 县域耕地质量等级监测样点布设及优化方法研究

2.1.1 研究背景和意义

耕地是粮食生产的基础，是最宝贵的农业生产资料，是农业持续发展的重要保障。截至 2009 年，中国人均耕地面积仅为 1.52 亩，只有世界平均水平的 45%。国土资源部从 1999—2009 年在全国范围内组织完成了全国农用地分等工作，这项工作从统一技术方法、分省组织实施，到全国汇总工作的完成，历时 10 年。2013 年又完成了全国耕地质量分等成果补充完善工作，2014 年全面开展耕地质量年度变更评价工作（项目突变区）和监测试点工作（缓变区），2015 年继续推进耕地质量年度变更评价工作（项目突变区）和监测工作（缓变区）。

2.1.2 国内外研究现状

(1)国外研究现状　美国自 1977 年开始以立法的形式正式确定了每五年进行一次国家资源清查 NRI（National Resources Inventory），对全美国领土约 75%非联邦土地上的土地利用、自然资源条件和趋势进行统计调查。样点布设采用了网格均匀布点法，因为美国以平原高原为主，农业生产规模大且地带性分布显著，行政界限也比较平直。

加拿大于 20 世纪 80 年代后期开始建立土壤质量监测体系，并依据七条指导监测点选择的标准在 1992 年确定了 23 个监测样点，这些监测点能够代表加拿大主要的农业生态区域的主要景观。

荷兰从 80 年代后期开始，针对环境污染和自然空间的变异性，建立了环境质量监测体系。在国家尺度上，选取了 10 个具有代表性的地区，每个地区选取 4 个样本位置，每个点在两个土层厚度上采 40 个样本。

欧盟于 2006—2008 年开展了土壤环境评价监测项目（The Environmental Assessment of Soil for Monitoring Project），制定了土壤监测程序和相关规定。监测点位置选择方面，主要采用网格方法，在网络节点上设置监测点，涵盖所有土壤类型和土地利用类型，一级监测网最小空间密度为每 300 千米^2 布设 1 个监测点。

(2)国内研究现状　土地整治中心王红波等提出将点-面监测相结合，每县30～100个监测点，3～5个监测样区，随机抽样数为监测点的2倍。

北京师范大学伍育鹏等认为农用地分等成果中的标准样地能代表其所在小区域耕地质量的特征，对标准样地进行监测可以掌握该范围内耕地质量的变化情况，提出基于标准样地的监测框架。

中国地质大学吴克宁将标准样地与动态监测相结合，提出监测点的选取原则。

土地整治中心彭茹燕提出耕地质量监测点必须有广泛的区域土地质量代表性，且便于管理和监测，具体做法是在县级范围内，就每一个等别耕地，选择能较全面代表区域内该等别耕地质量状况的、有一定面积、交通方便的基本农田作为监测点，此外新增或新开发整理的耕地作为特殊监测点随时增加。

中国农业大学余述琼等提出以耕地质量等别为控制，熟制—土壤类型—海拔—土地利用系数—土地经济系数因素组合确定监测样点的方法，即因素组合法。

通过以上对耕地等级监测研究的分析，在样点布设方面大都采用网格法布样，监测点过度依赖专家知识和经验。在专家知识和已有经验基础上主观指定，人为因素影响大，普遍缺乏对耕地质量空间分布规律的分析。监测点选择考虑耕地质量现状过多，对监测区耕地质量潜在变化规律研究较少，无法重点监测耕地质量变化区域。

2.1.3　研究目标与研究内容

(1)研究目标　针对耕地等级监测的特点，总结现有方法的不足，本文具体研究目标如下：

县域监测样点合理采样数量的确定，即满足耕地等级监测需求下尽量少的样点数目，要求样点对总体均值估计的相对误差在1%以内。

县域监测样点的优化空间布局，即在样点数量确定的基础上，如何对监测样点进行合理的空间布局，要求样点对未采样耕地的估计精度高于经典抽样模型。

(2)研究内容　本文的主要研究内容包括以下几个方面：

布样数据预处理及样点数量确定方法。

基于空间模拟退火算法的布样及优化方法。

2.1.4　技术方法与对比分析

本研究的技术路线及方法流程如图2-45所示。

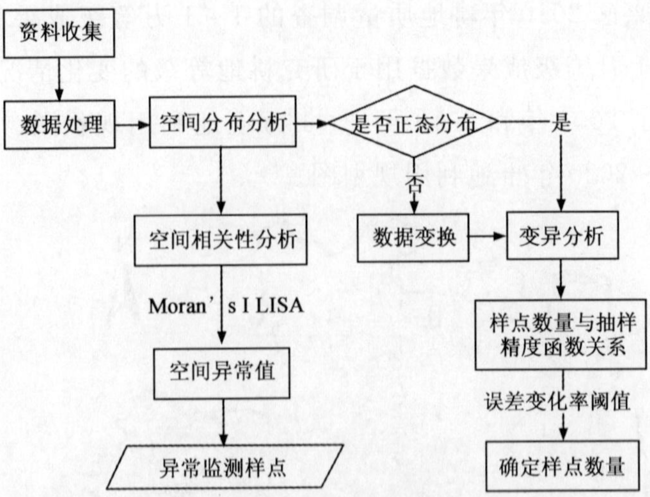

图 2-45　方法流程图

(1)布样预处理及样点数量确定方法　研究区为北京市大兴区(图 2-46),地处北京市南郊,116°13′～116°43′E,39°26′～39°51′N,大兴区的标准耕作制度为一年两熟,指定作物为小麦、玉米,所属一级耕作制度分区为黄淮海区,二级耕作制度分区为燕山太行山山前平原区。

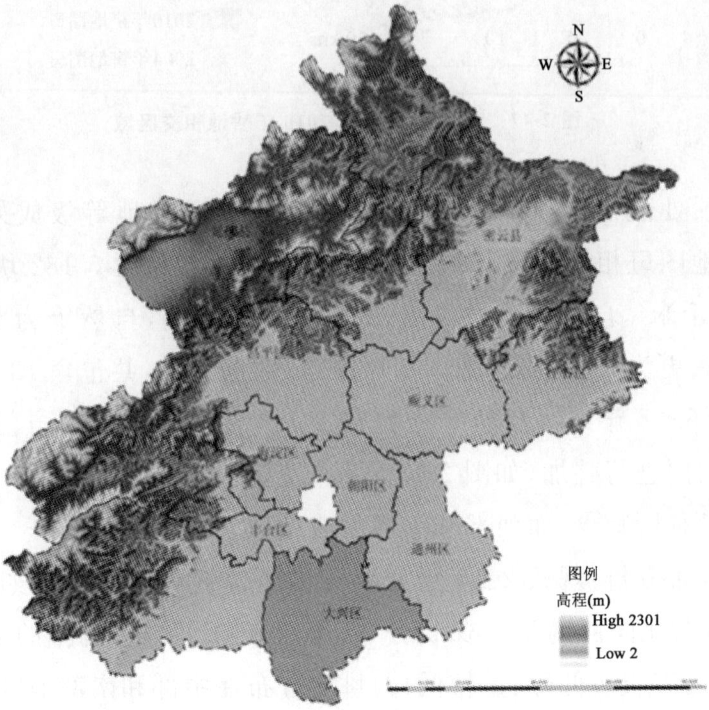

图 2-46　大兴区地理位置

本研究以大兴区2010年耕地质量调查的1∶1万等级成果为基础数据，并辅以2004年1：1万等级成果数据用于研究耕地等级的变化情况(图2-47，彩图2-47)，同时收集了2004年和2010年1∶1万土地利用现状图、行政区划图、统计年鉴、2004年～2020年土地利用规划图。

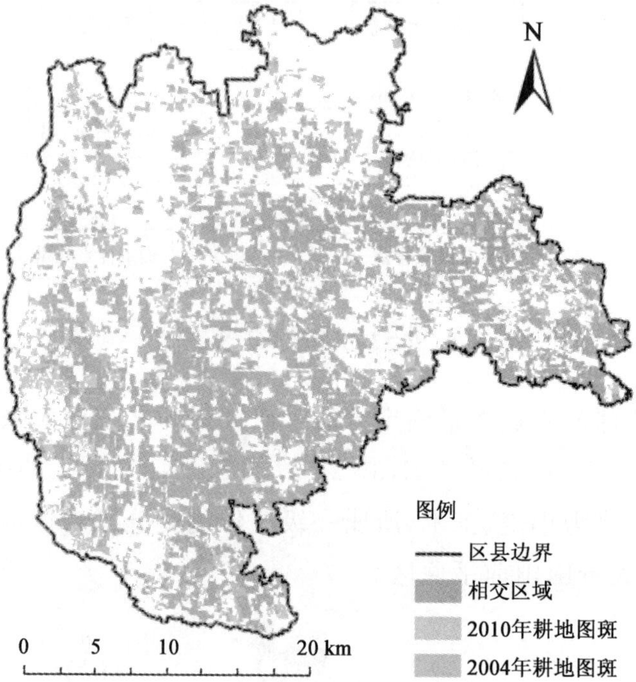

图2-47　大兴区2004与2010年耕地相交区域

①数据预处理：研究2004年和2010年大兴区耕地等级成果数据，发现：a. 2004年耕地图斑相对规整，集中连片，数据量小，共包含5 182块耕地图斑，总面积416.43千米^2，自然等指数在2 133～2 680之间，自然等为11～14等；b. 2010年的调查更为详尽，耕地图斑相对破碎，数据量大，共包含13 148块耕地图斑，总面积416.28千米^2，自然等指数在2 134～2 719之间，自然等为11～14等。将两年数据进行叠加，如图2-47所示，发现从2004年到2010年，大兴区北部的耕地数量有所减少，而西部和南部的耕地数量有所增加。

②空间分布分析：观察2010年大兴区耕地自然等分布情况如图2-48(彩图2-48)所示，由东北向西南呈阶梯状分布，等级较高(质量较高)的耕地主要分布在东北部地区，等级较低(质量较低)的耕地分布在中部和南部地区。

③正态分布检验和变异分析：在布设样点之前，首先需对研究区的耕地质量等级进行检查，若不服从正态分布还应该进行相应的变换操作。

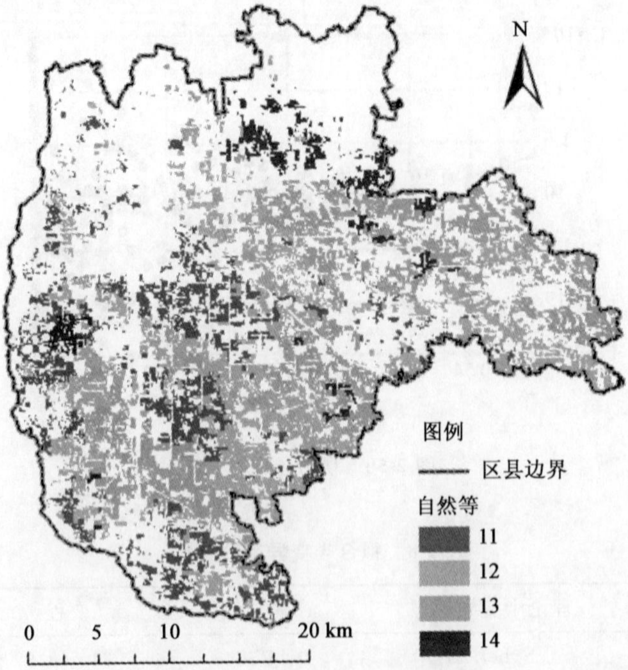

图 2-48 大兴区耕地自然等分布

对耕地自然等指数进行半变异函数计算与拟合，得到半变异函数图和协方差函数图，如图 2-49 和图 2-50 所示。

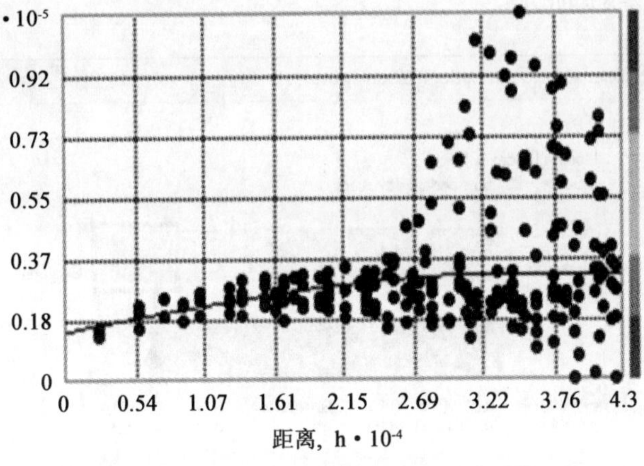

图 2-49 半变异函数图

通过几种变异函数的拟合发现球状模型拟合效果最好，拟合后的变异函数参数如表 2-8 所示。可以看出大兴区自然等指数的变程较大，接近研究区域的直径大小，由于变程表示在某种观测尺度下空间相关性的作用范围，因此可说明空间自相关特性对耕地自然等级影响较大，即在较大尺度范围上也存在相关性。

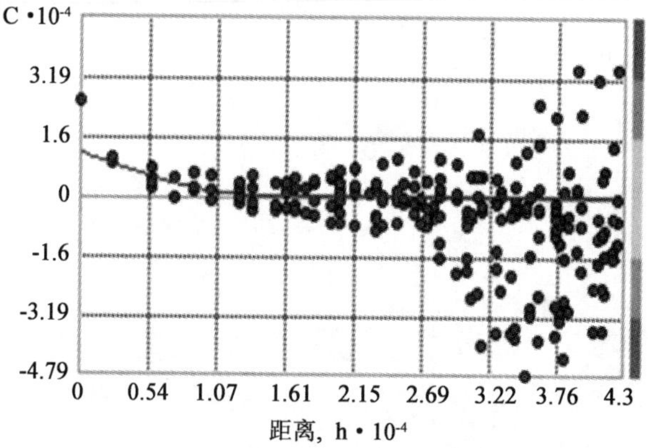

图 2-50　协方差函数图

表 2-8　拟合半变异函数参数

区域变量	理论半变异模型	块金值	变程	基台值
自然等指数	Spherical	14 384	34 648.9	31 547

④空间相关性分析：运用空间统计分析方法对大兴区耕地自然等指数的相关性进行分析。计算自然等指数的全局自相关统计量 Global Moran's I 指数及相关参数，可得：Global Moran's I 指数为 0.57，Z 得分为 287.66，对应 P 值远远小于 0.01，如图 2-51 所示：

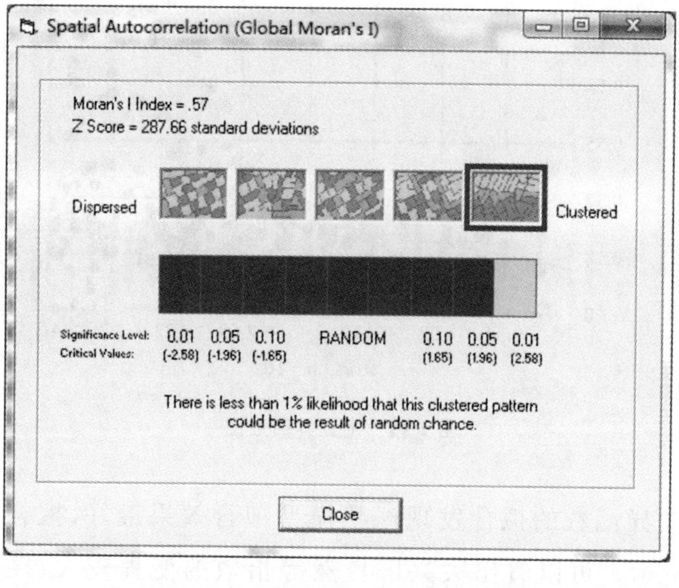

图 2-51　Global Moran's I 指数计算结果

分析计算结果可得：大兴区耕地自然等呈空间正相关，空间分布特点为聚集模式。

⑤设立耕地等级异常监测样点：为了更好地了解大兴区耕地自然等的空间局部变化格局，计算自然等指数的 Moran's I LISA 及其 Z 得分，并在 ArcGIS9.3 中用聚类分布制图显示，如图 2-52(彩图 2-52)所示。

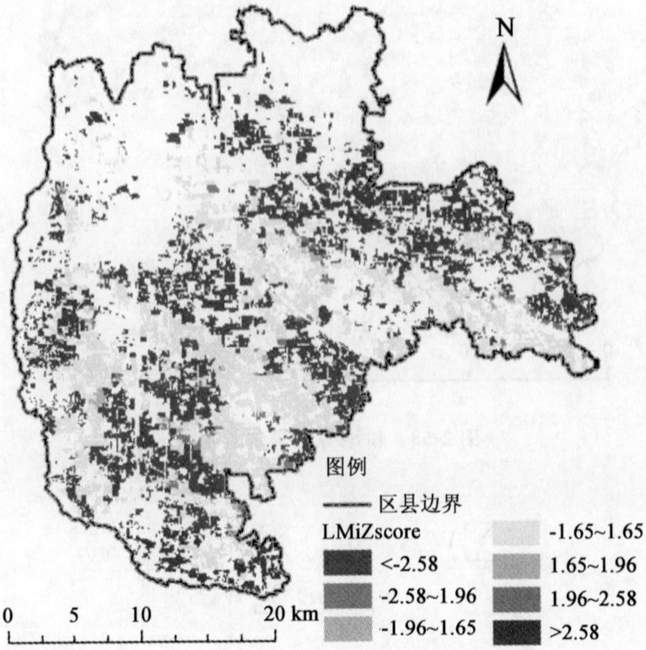

图 2-52　局部空间自相关 Z 得分图

局部异常值产生的原因有两个，一方面这些异常值可能是现象中的异常情况，另一方面可能是错误测量或记录造成的。如果异常值是现象中的真实异常情况，那么关注这些点对耕地等级的研究很有意义；如果是由于测量或记录中的错误导致的，那么在进行空间插值之前应该进行校正或移除。

本研究将空间位置上相邻的异常耕地图斑进行融合操作，将融合后的图斑重心作为耕地等级异常监测样点，如图 2-53(彩图 2-53)所示，共设立了 6 个异常监测点。

⑥确定合适的样点数量：针对县域耕地自然质量涵盖的等级，样点数量 x 与抽样精度 y(希望得到的总体均值估计的标准差)的函数关系类似分层抽样模型，如下：

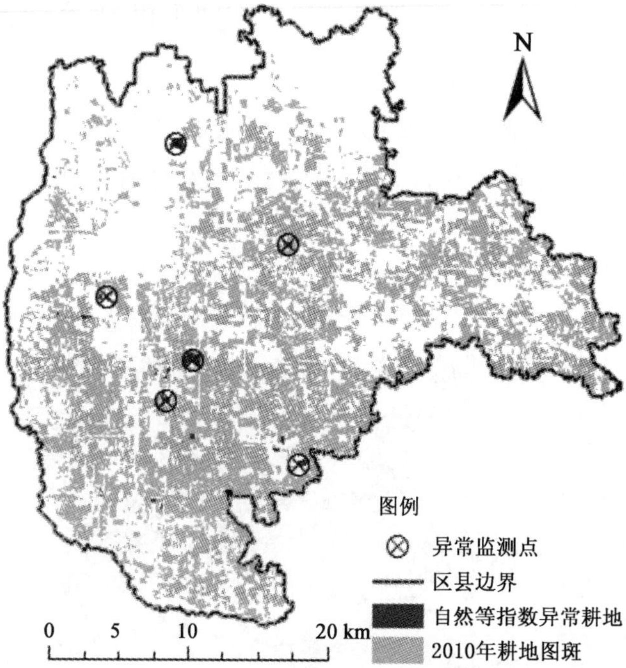

图 2-53 耕地等级异常监测点

$$x = \frac{\left(\sum W_h S_h \sqrt{C_h}\right) \sum \left(W_h S_h \sqrt{C_h}\right)}{y + (1/n) \sum W_h S_h^2}$$

其中：$W_h = \frac{n_h}{n}$

式中，h 为耕地自然等；n_h 为县域内 h 等级耕地的图斑个数；n 为县域耕地图斑总数；W_h 为 h 等级耕地权重；S_h 为 h 等级耕地等指数的真实标准差；C_h 为调查 h 等级耕地的单样本费用。

根据公式可以得到样点数量 x 与抽样精度 y 的函数关系 $y = f(x)$，对 y 求导：

$$y' = \lim_{x \to x_0} \frac{f(x) - f(x_0)}{x - x_0}$$

式中，导数表征抽样精度 y 随样点数量 x 的变化率。如果设定一个误差变化率阈值 $y0$，则当 $|y'| \leqslant y_0$ 时，表明误差满足用户设定的精度变化要求后，再增加样点数量对抽样精度的提升已无太大意义，解出该不等式即可确定合适的最少样点数量。

将大兴区耕地自然等级成果数据带入公式，考虑抽样精度变化速率的临界值，当变化速率小于0.5，样点数量 x 发生2个单位的变化时，抽样精度 y 随之产生的变化小于1个单位，认为此时再增加样点数量对抽样精度的提升作用已不够显著。得到 $x \geqslant 40.95$，此时 $x \leqslant 20.34$，也就是说对自然等指数的总体均值2 356.42(来自耕地等级成果数据)的估计误差小于等于20.34，相对误差在1%以内，满足耕地等级监测需求。因此，本文将变化率阈值设为0.5，在大兴区内除去异常监测点外，最少应该布设41个监测样点。

(2)基于空间模拟退火算法的布样及优化方法　本文提出一种基于空间模拟退火算法的布样及优化方法，该方法针对县域耕地等级未来的变化情况进行监测，主要考虑耕地图斑和监测点的空间位置关系，与当前的耕地等级无关，具体流程如图2-54所示。

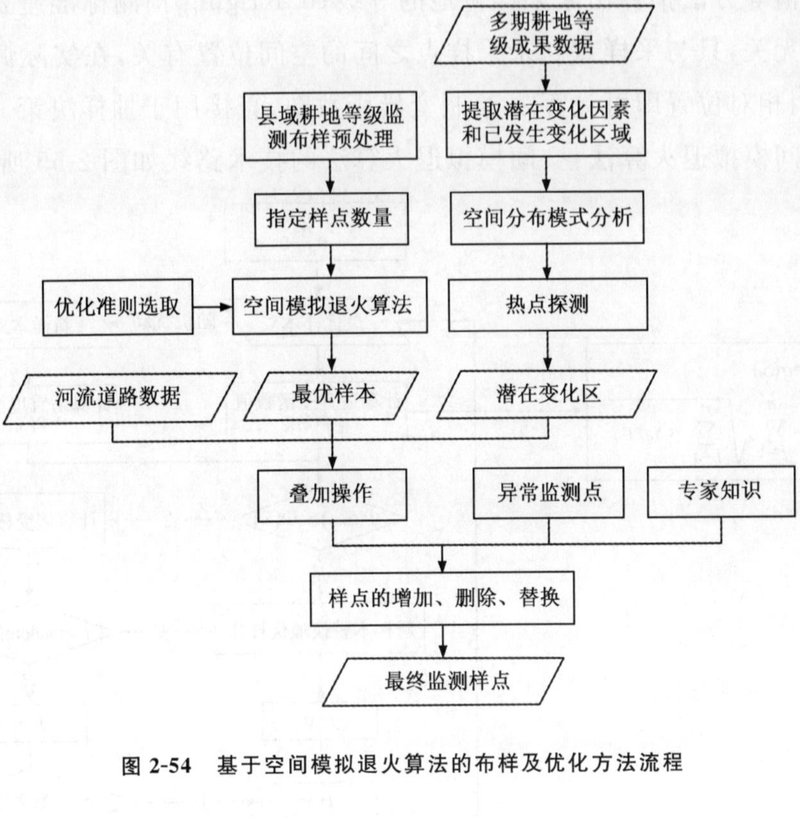

图2-54　基于空间模拟退火算法的布样及优化方法流程

在县域耕地等级监测布样预处理和确定样点数量之后，首先选取优化准则并执行空间模拟退火算法，生成一组最优样本；然后通过多期耕地等级成果数据提取属性发生变化的分等因素(称为“潜在变化因素”)和对应发生变化的区域，分析变化区域的空间分布模式，通过热点探测找到变化因素可能的影响范围，即潜在变化区;最后将空间模拟退火算法最优样本与河流道路数据和潜在变化区叠加,可以结合研究区实际情况并辅以专家知识,对样点进行增加、删除、替换等优化操作,生成最终监测样点。

①优化准则选取:本文以 Kriging 插值精度为基础对监测样点的选择与优化进行约束,将平均 Kriging 预测标准差 σ 作为优化准则,计算公式如下:

$$\sigma=\frac{1}{n}\sum_{j=1}^{n}\sqrt{\sum_{i=1}^{n_1}w_i\gamma_{ij}+\mu}$$

其中:n 为县域耕地图斑总数;n_1 为监测样点数,w_i 为监测样点 i 对估计点 j 的贡献权重;γ_{ij} 为半变异函数值,μ 为 Lagrange 常数。

选择此优化准则主要考虑到:a. 耕地等级监测需要通过监测点的属性值,运用空间插值等方法推算出未采样耕地的等级;b. Kriging 预测标准差 σ 与监测点的属性值无关,只与采样点和未采样点之间的空间位置有关,在实际调查数据获取前,应用相对位置即可计算 σ,绘制变异函数图,直接用于抽样决策。

②空间模拟退火算法:空间模拟退火算法的技术路线如图 2-55 所示。

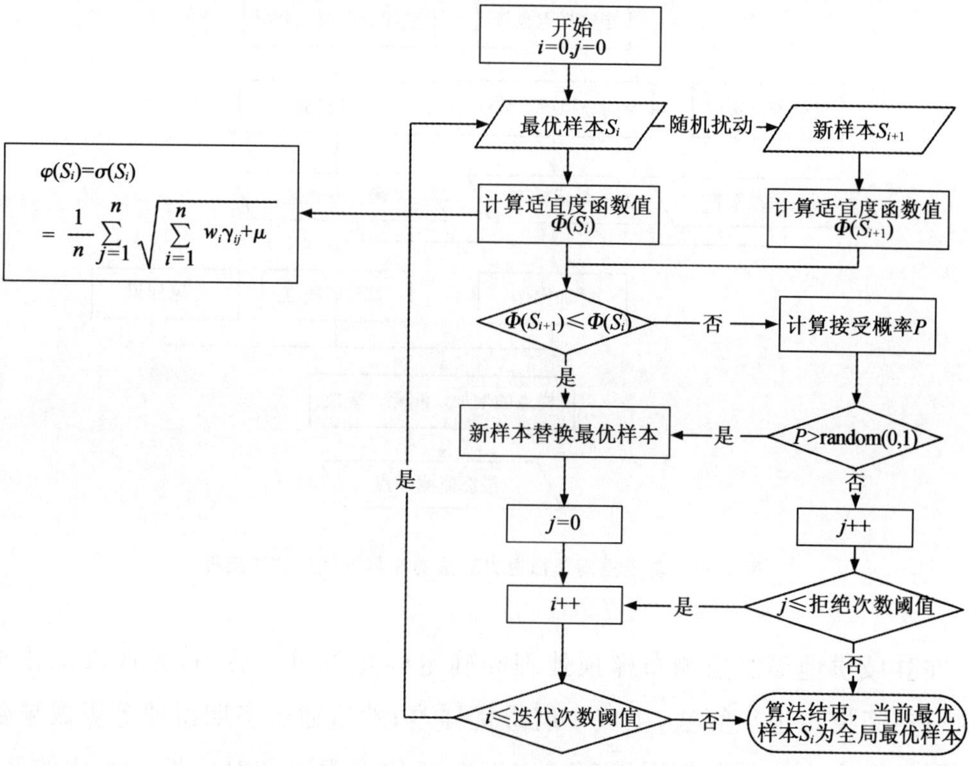

图 2-55 空间模拟退火算法技术路线图

空间模拟退火算法的实施过程为：假设抽样总体为 n 个可能采样点的集合 S_n，首先随机选择一组样点 $S_0 \in S_n$ 作为初始最优样本，通过样点的随机扰动生成一组样点集序列 $S_1, S_2 \cdots S_i, S_{i+1} \cdots$，对比每次随机扰动前样本 S_i 和扰动后新样本 S_{i+1} 的适宜度函数 φ，如果新样本适宜度函数值更小，说明新样本更优，则将新样本替换为最优样本，否则以一定概率 $P(S_1 \rightarrow S_{i+1})$ 拒绝替换（保证算法能跳出局部最优），以此重复多次，当连续拒绝次数达到指定阈值或迭代次数达到指定阈值时算法终止，最终得到近似全局最优的样点布局方案。

③算法执行与样点布设：样点数指定为 41，迭代次数阈值设为 2000，连续拒绝次数阈值设为 2000，随机扰动距离衰减参数设为 0.997，温度衰减参数设为 0.997，初始温度参数设为 0.1。结果如图 2-56。

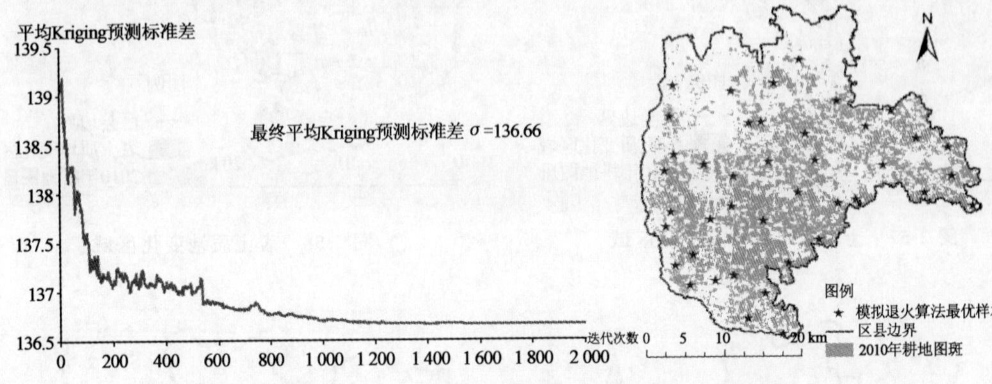

图 2-56　Kriging 预测标准差变化过程(左)和模拟退火算法最优样本(右)

④提取潜在变化因素和潜在变化区：将大兴区两期分等因素属性值逐个耕地图斑进行对比，发现存在变化的因素及其变化幅度如表 2-9 所示。

表 2-9　大兴区变化因素及变化幅度

分等因素	相同部分(面积百分比)	不同部分(面积百分比)
土壤有机质含量	80.44%	19.56%
表土质地	88.04%	11.96%
剖面构型	73.32%	26.68%
盐渍化程度	97.28%	2.72%

通过两期数据对比发现，产生变化的因素包括：土壤有机质含量、表土质地、剖面构型和盐渍化程度，其中变化较多的是土壤有机质含量和剖面构型这两项。

综上,大兴区的潜在变化因素为土壤有机质含量、表土质地、剖面构型和盐渍化程度。

从 2004—2010 年,大兴区土壤有机质含量、表土质地、剖面构型和盐渍化程度发生变化的耕地位置如图 2-57 至图 2-60 所示。

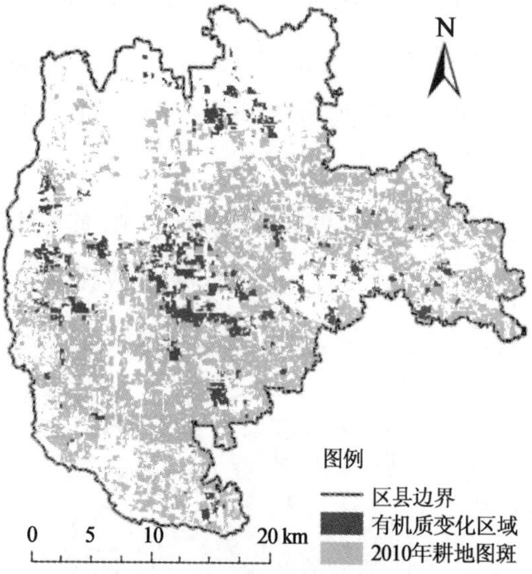

图 2-57 土壤有机质含量变化区域

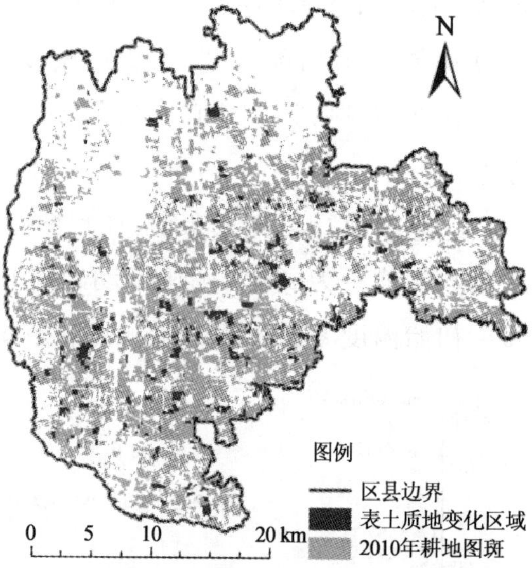

图 2-58 表土质地变化区域

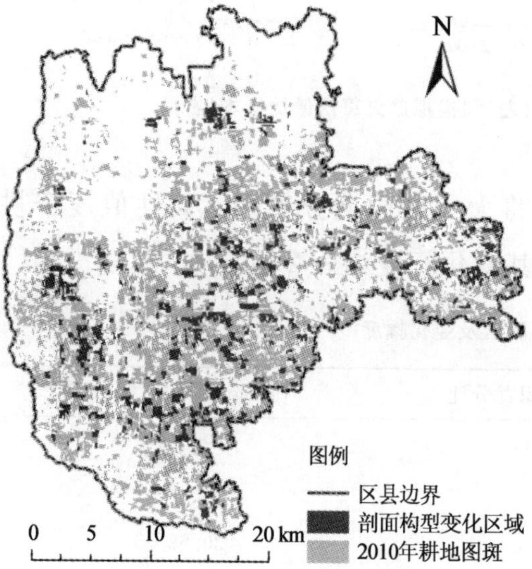

图 2-59 剖面构型变化区域图

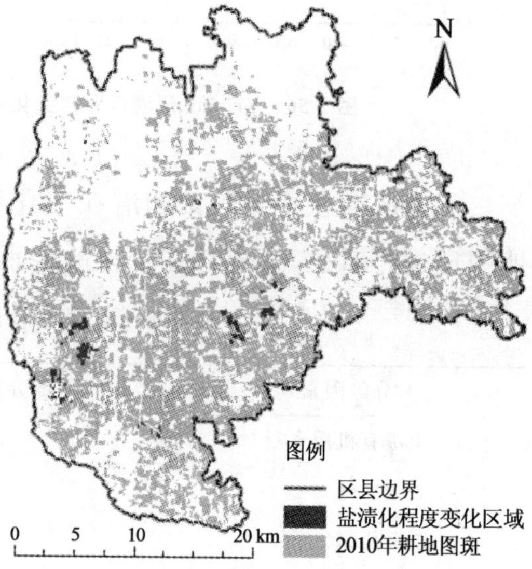

图 2-60 盐渍化成都变化区域

运用"平均最近邻统计量"分析以上变化区域的空间分布模式,判断发生变化的区域是由于随机过程产生的还具有统计显著性的聚集或分散分布模式。计算结果如图 2-61 至图 2-64 所示，因此，大兴区土壤有机质含量、表土质地、剖面构型和盐渍化程度发生变化的区域均为显著的聚集分布模式。

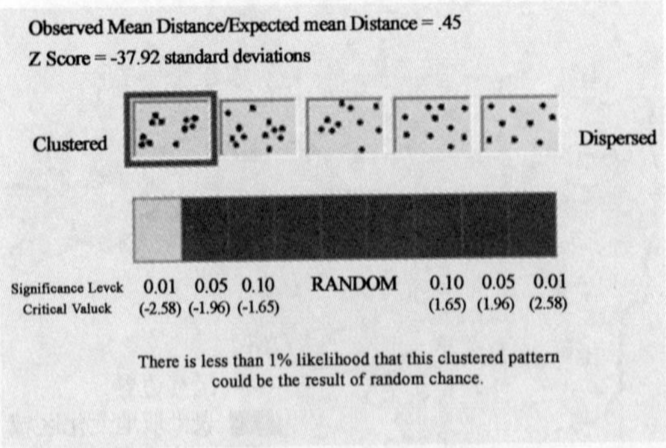

图 2-61 土壤有机质含量计算结果

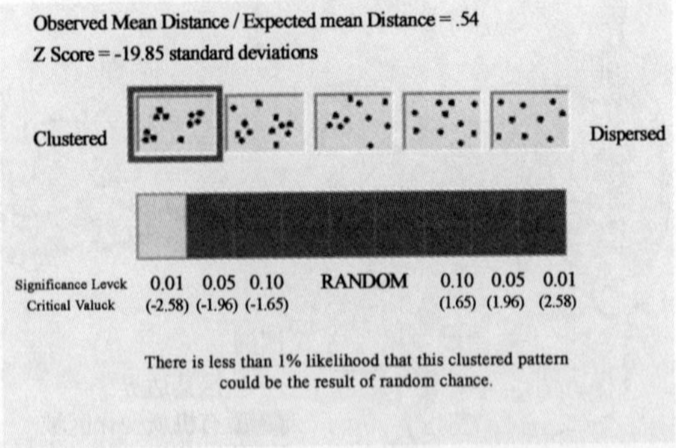

图 2-62 表土质地计算结果

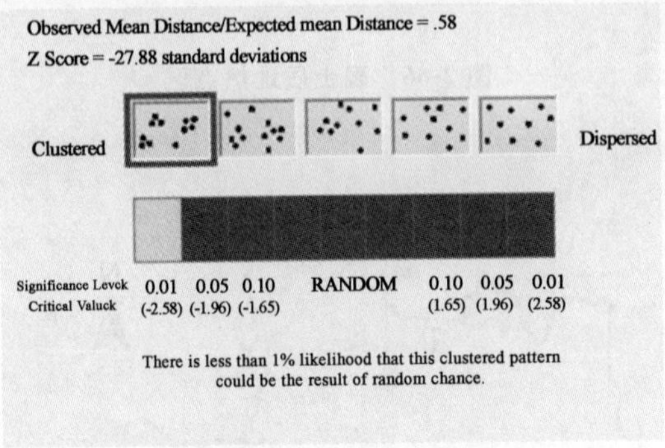

图 2-63 剖面构型计算结果

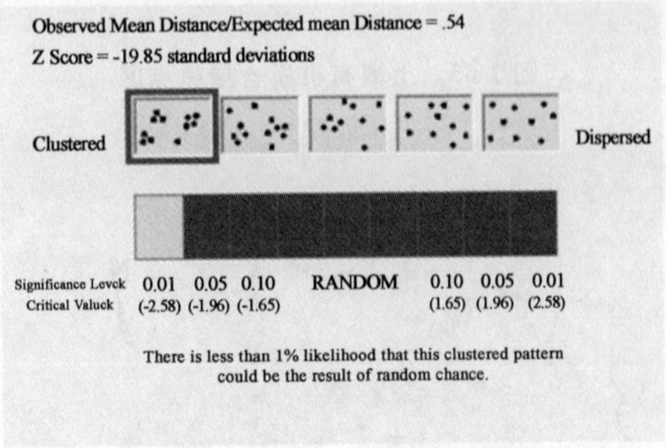

图 2-64 盐渍化程度计算结果

由以上分析，变化区域均呈现聚集分布模式，因此对变化区域进行热点探测（空间聚集分析探测），就可以形成各因素对应的潜在变化区，本文认为这些潜在变化区中的耕地质量等级更有可能发生变化。

对大兴区土壤有机质含量、表土质地、剖面构型和盐渍化程度变化区域进行热点探测，得到各因素热点区如图 2-65 至图 2-68（彩图 2-65 至彩图 2-68）所示，再将二阶和三阶热点区进行融合，得到各因素潜在变化区如图 2-69 至图 2-72（彩图 2-69 至彩图 2-72）所示。最后，将各因素的潜在变化区叠加并求取并集（Union），得到大兴区耕地等级潜在变化区，如图 2-73 所示。

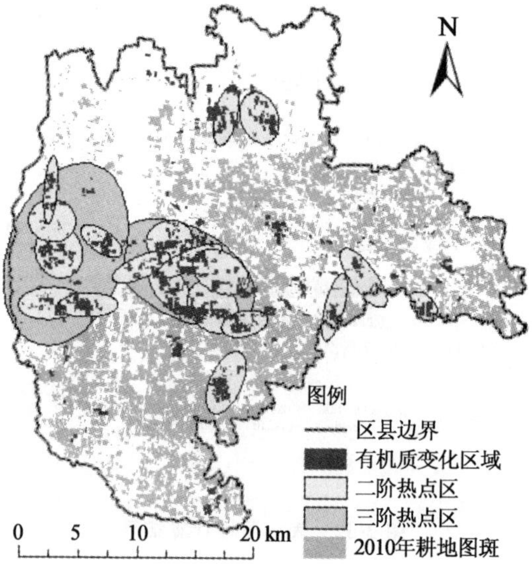

图 2-65　土壤有机质含量热点区

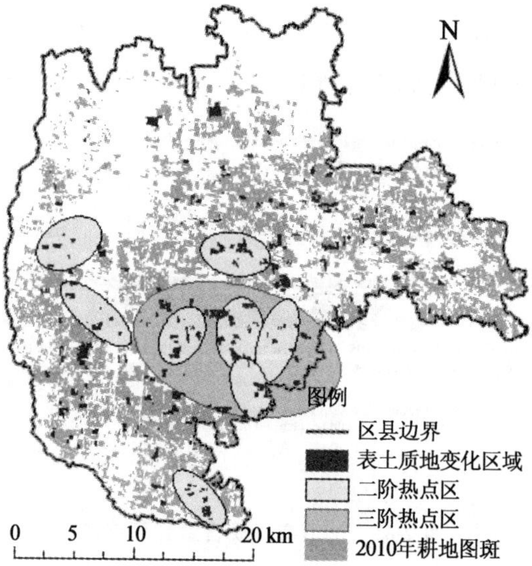

图 2-66　表土质地热点区

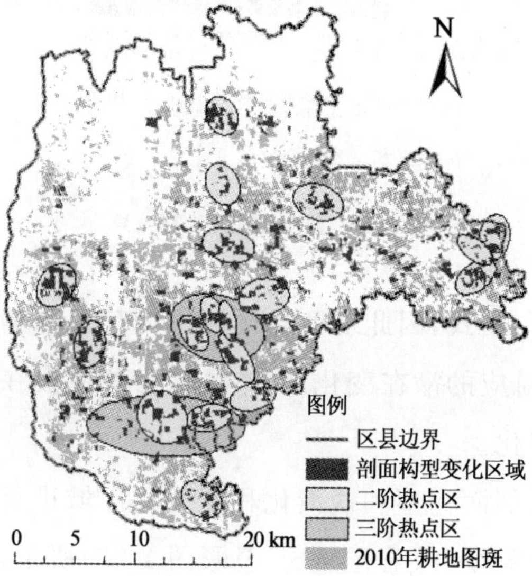

图 2-67　剖面构型热点区

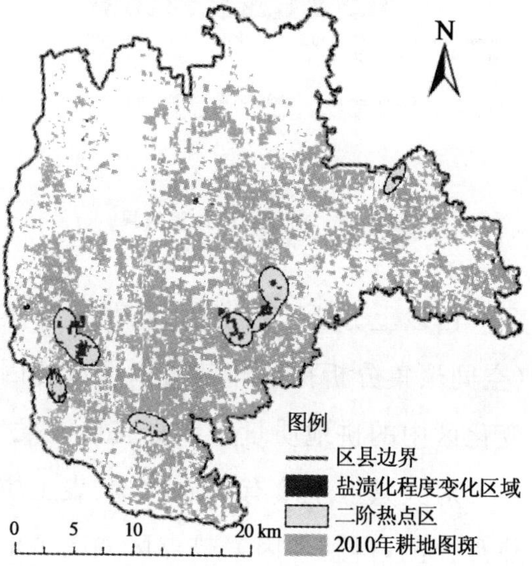

图 2-68　盐渍化程度热点区

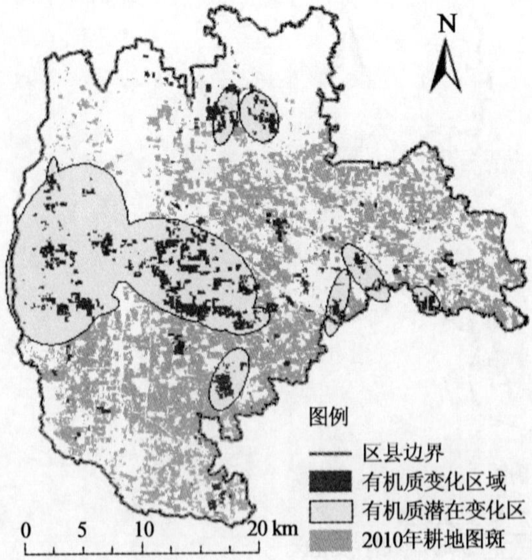

图 2-69 土壤有机质含量潜在变化区

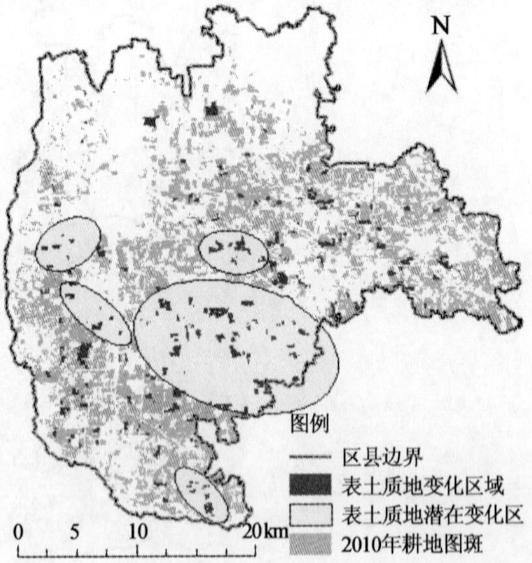

图 2-70 表土质地潜在变化区

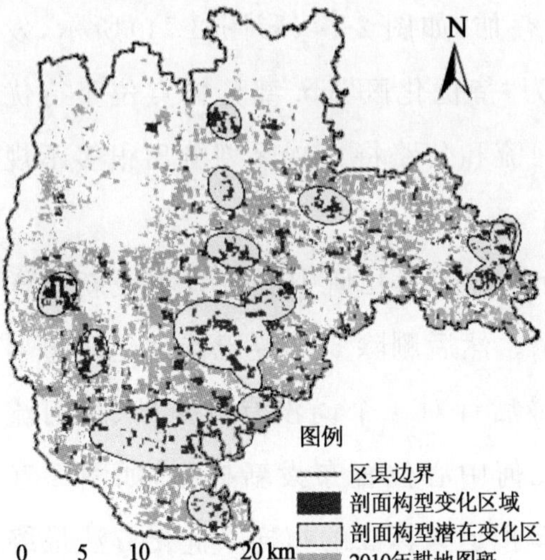

图 2-71 剖面构型潜在变化区

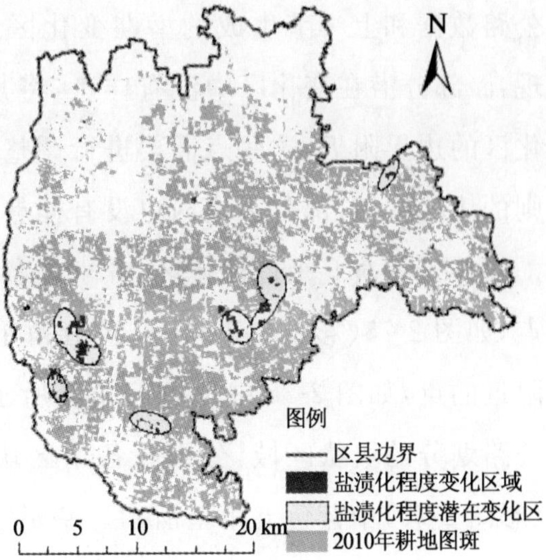

图 2-72 盐渍化程度潜在变化区

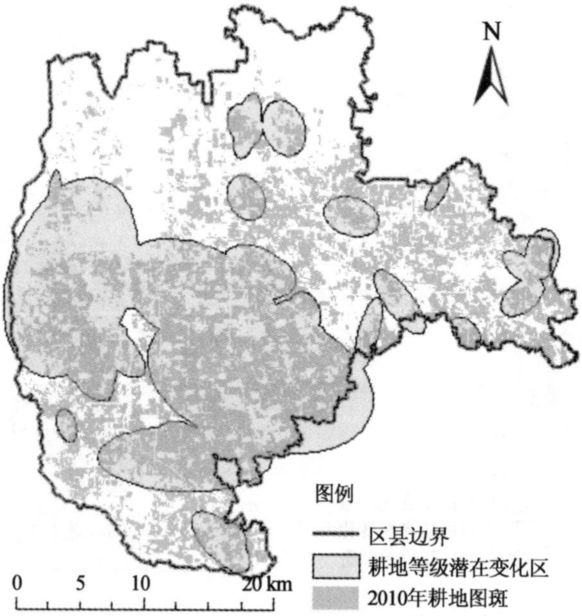

图 2-73　大兴区耕地等级潜在变化区

⑤样点的优化调整:将空间模拟退火算法生成的最优样本与大兴区的河流、公路数据和上一节生成的潜在变化区进行叠加,如图 2-74(彩图 2-74)所示,发现:a. 部分潜在变化区中没有样点,将其称为“待优化区”;b. 部分样点位于待优化区的边界附近,这些点需要进行调整;c. 河流和公路将大兴区划分出很多不规则的块状区域,部分区块内也没有样点。

首先针对 9 个待优化区,分别在各个待优化区的几何中心位置布设新的样点,如图 2-75(彩图 2-75)中蓝色五角星所示。然后删除 5 个位于待优化区边界附近的点,如图 2-75 中黑色五角星所示。最后针对 4 个尚没有样点的、由河流公路划分的块状区域,分别在各个区块的几何中心位置布设新样点,如图 2-76(彩图 2-76)中蓝色五角星所示。基于空间模拟退火算法的布样及优化方法最终布设监测样点 49 个,如图 2-77(彩图 2-77)所示。这 49 个监测样点与 3.3 节中设立的 6 个异常监测点一起,构成了大兴区耕地质量等级监测样点,如图 2-78 所示。

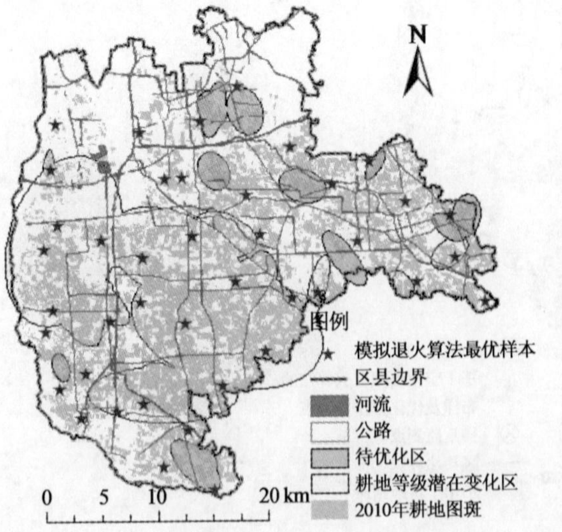

图 2-74 待优化区和河流公路示意图

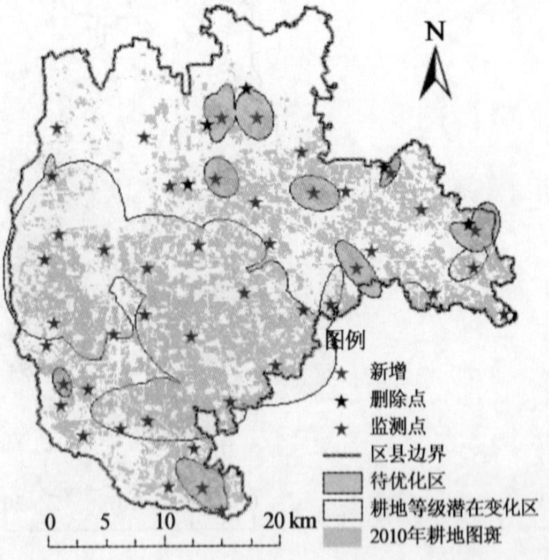

图 2-75 针对待优化区的优化调整

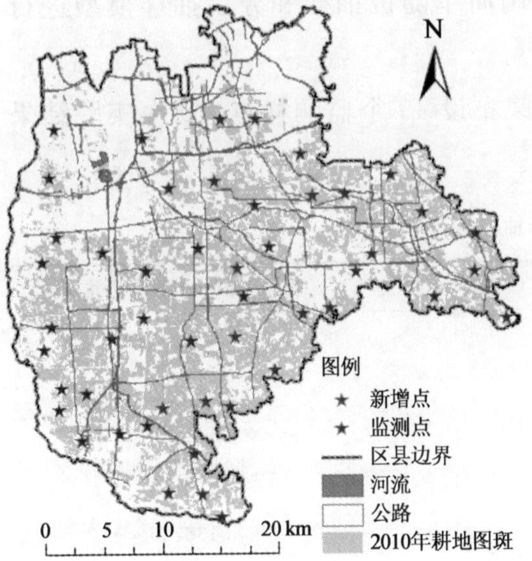

图 2-76 针对河流公路区块的优化调整

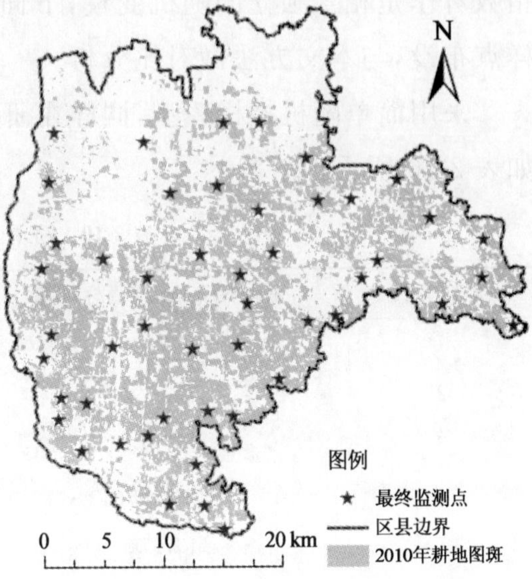

图 2-77 基于空间模拟退火算法

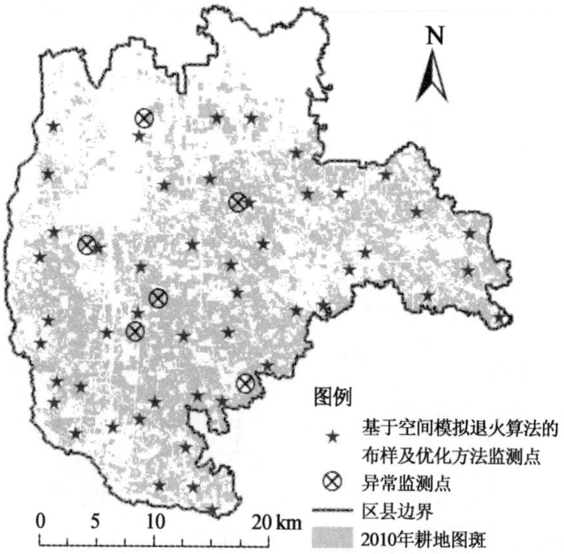

图 2-78 大兴区耕地质量等级监测样点

⑥实验结果对比分析:基于空间模拟退火算法的布样及优化方法最终布设样点 49 个,平均 Kriging 预测标准差 $\sigma=135.78$。经典抽样模型将耕地自然等指数看作是相互独立的随机变量,下面采用简单随机抽样和分层抽样模型进行样点布设,与本文方法做对比分析。

采用简单随机抽样模型,同样在研究区布设 49 个监测样点,20 次实验结果如表 2-10 所示。

表 2-10 简单随机抽样实验结果

实验次数	平均 Kriging 预测标准差	实验次数	平均 Kriging 预测标准差
1	138.42	11	140.04
2	137.78	12	140.81
3	137.28	13	141.19
4	139.89	14	138.23
5	137.70	15	138.26
6	138.27	16	138.44
7	138.12	17	138.25
8	139.45	18	139.45
9	138.24	19	138.60
10	139.68	20	139.65

结果表明,当样点数相同时,简单随机抽样布设的样点在耕地等级预测方面的精度低于本文方法。

在研究区采用不同尺寸大小的规则方形格网布样,将格网中心点作为监测样点,实验结果如表 2-11 所示。

表 2-11　不同格网尺寸的样点数及平均 Kriging 预测标准差

格网尺寸/m	样点数	平均 Kriging 预测标准差	格网尺寸/m	样点数	平均 Kriging 预测标准差
5 000	21	144.83	2 400	66	135.49
4 500	23	142.66	2 300	73	136.05
4 000	25	142.63	2 200	97	133.46
3 500	34	141.98	2 100	103	133.61
3 000	47	138.51	2 000	104	133.11
2 900	45	139.29	1 900	102	133.54
2 800	55	136.82	1 800	118	132.75
2 700	62	136.52	1 700	160	131.31
2 600	67	135.59	1 600	174	130.76
2 500	57	136.91	1 500	180	130.76

实验结果表明,使用规则方形格网布样的效率和精度低于基于空间模拟退火算法的布样及优化方法,本文设计的采样和优化方案是有效的。

2.1.5　总结与展望

(1)总结

①系统提出了布样预处理方法:确定将自然等指数作为属性变量,运用空间分布分析、相关性分析、变异分析等,对耕地质量自然等指数进行了系统深入的分析。

②提出了样点数量确定方法:样点数量与抽样精度呈幂函数关系,误差变化率阈值设为 0.5、除异常监测点外最少设立 41 个样点、对总体均值估计的相对误差在 1%以内,在保证一定抽样精度的前提下有效减少了抽样成本。

③提出了基于空间模拟退火算法的布样及优化方法:布设监测点 49 个,精度和效率高于经典抽样模型和规则方形格网布样,能够有效预测县域耕地等级并监控其变化情况,满足监测需求。

(2)展望

①对于样本代表性,除了本文采取的事前保证,事后评估可作为下一步研究内容,即实地采样后再根据样点数据评估监测点代表性并进行调整。

②本文空间模拟退火算法采用单目标优化,下一步可进行多目标优化研究,可借鉴博弈理论,考虑经济因素、后勤保障等多方面因素。

③如果县域内已设置了标准样地,可用一定距离内的标准样地替换部分监测样点,有助于减少抽样成本。需要注意的是,应计算替换后的 Kriging 预测标准差,选择合适的距离阈值。

④随着年度耕地等级变化监测的开展,在采样和知识的累积过程中,要不断更新和调整变异函数模型。

报告人:杨建宇

2.2 耕地质量等别数据质量控制与年度更新应用

2.2.1 引言

空间数据的质量问题是伴随着数据的采集、处理和应用的过程而产生并表现出来的。空间数据质量我们可以用精度和可靠性来描述,精度用误差的大小来度量,可靠性用正确率来度量。数据质量问题在很大程度上可以看作是数据误差问题,数据误差的主要来源为:数据源误差、数据处理、应用误差。数据源误差包括地图(纸质或矢量)、各种测量数据、遥感影像(航天或航空)、统计数据、文档、照片等造成的误差;数据处理中几何矫正、坐标变换和比例变换、几何数据的编辑、属性数据的编辑、空间分析、数据格式的转换等会引起数据误差;应用误差是指空间数据被使用过程中出现的误差,包括数据的完备程度、现势性、拓扑关系的正确性等。

耕地质量等别数据质量关注的重点是在数据处理中引起的误差,研究耕地质量等别数据处理中的误差,能对耕地质量等别数据进行有效控制,减少误差。

2.2.2 耕地质量等别数据质量控制的必要性

(1)数据质量控制是耕地质量调查评价工作的必然要求　数据质量体现了

耕地质量等别成果的价值；数据质量制约着“国家—省—市—县”四级管理工作；数据质量影响制定各项决策的精确性，是其他耕地工作的重要的基础；耕地质量控制是提高耕地等别成果数据质量、实现四级数据共享互访、提高耕地质量等别管理工作的效率和信息服务的技术保障。

(2)数据质量控制是耕地质量成果是否具有生命力的保证　规范的耕地质量成果是耕地质量更新与监测的工作基础，上一轮耕地质量等别成果是第二年度耕地质量年度更新的重要基础；规范的耕地质量成果是其他国土业务的基础，包括高标准农田建设、土地综合整治、耕地占补平衡、农用地流转等项目都离不开耕地质量等别成果的支持；规范的耕地质量成果也是对外部提供信息服务的基础，耕地质量等级成果对农业、水利、环保、交通、建设等部门具有重要的应用价值，没有规范化的成果，将严重影响其他部门共享耕地质量成果数据。

(3)数据质量控制是耕地质量成果与“一张图”衔接的重要技术保障　国土资源信息化“十二五”规划明确“完善国土资源调查评价和监测技术体系，加快以国土资源遥感监测“一张图”为基础的核心数据库建设，加快国土资源管理全业务网上运行，构建国土资源管理决策与综合监管技术支撑体系。在十二五期间，“一张图”和三大平台(综合监管平台、电子政务平台、共享服务平台)，成为了全国国土资源信息化建设的主体内容之一。因此规范化的数据成果，才是衔接到“一张图”的重要基础。经对数据质量的处理，上一轮的耕地质量等别补充完善成果已经衔接到“一张图”平台上。

2.2.3　补充完善成果数据质量问题

(1)数据加工处理过程必然带来质量问题　图 2-79 代表了耕地质量等别的层次组成结构，也代表了各个图层层次组成结构的加工提取过程，数据按类别分层组织，包括独立的统计表格数据、空间数据、属性数据及其之间的关联。

最终的成果图是通过土地利用图、土壤分类图、农田水利图等加工形成的。分等单元图从土地利用现状图中提取出，再把农业的土壤和农田水利的中的评价信息进行提取，提取过程为数据的再加工过程，过程中受到数据的硬件、软件、处理人员、以及数据源本身存在的影响，必然带来数据的质量问题。

(2)提交成果的完整性　成果完整性是指县级提交的成果是否按照“数据要求”的内容、格式以及存放目录提交，补充完善成果由四部分组成：文字报告、数据库、图件成果、数据表。在“数据要求”中详细列出了文件命名规则、存放目录以及需要提交的数据。

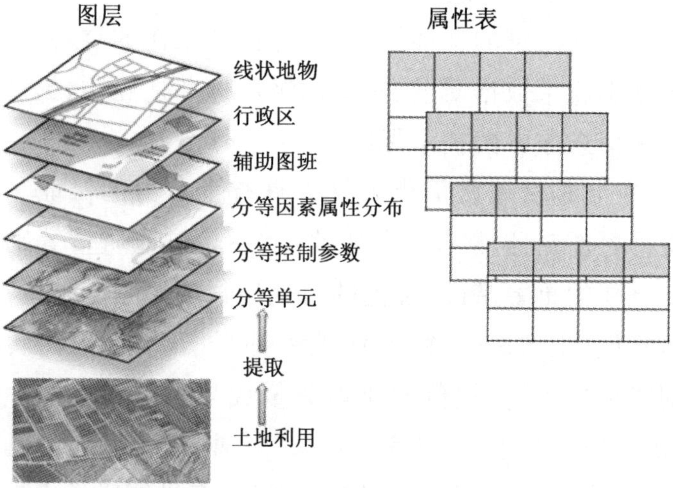

图 2-79　耕地质量等别数据的层次组成结构

对于补充完善成果的检查，发现存在以下问题：①有的省份大部分县都缺少部分数据：a. 耕地质量等别成果；b. 耕地分等因素分值图；c. 土地利用系数和土地经济系数等值图；d. 自然质量等别图、用等别图和经济等别图；②缺少农用地分等成果完善工作报告和技术报告；③不安规定的目录存放文件。

(3)补充完善成果逻辑一致性　重大国土业务，为了保证质量，都会制定一系列的技术规范和标准，数据要求对耕地质量等别成果数据之间暗含很强的逻辑性。补充完善成果与土地利用变更数据的一致性、空间数据与属性数据一致性、内部数据逻辑一致性。如若不满足逻辑一致性要求，在对全国的数据进行拼接时，数据不能无缝拼接。

在对逻辑一致性进行检查时，发现的主要问题有：①数学基础不一致，对于空间数据应该和土地利用变更调查数据的基础是一致的(图 2-80、图 2-81)，但部分县出现了：a. 坐标参照系统丢失；b. 地方独立坐标系；c. 分带号丢失或错误；②空间数据存在拓扑错误，拓扑错误致使无法进行空间一致性和属性一致性检查；③空间数据不完全重合，经过叠加分析后，出现多余图斑、遗漏图斑、相交图斑；④属性数据不一致：地类、地类图斑面积。

(4)补充完善成果内容的规范性　内容完整性是指提交的成果数据表的字段是否完整、字段类型是否正确、必要字段是否为空。补充完善成果内容的规范性问题体现在：①存在空白记录；②属性表内字段内容重复，造成数据冗余，或者

图 2-80　图层间坐标严重偏差

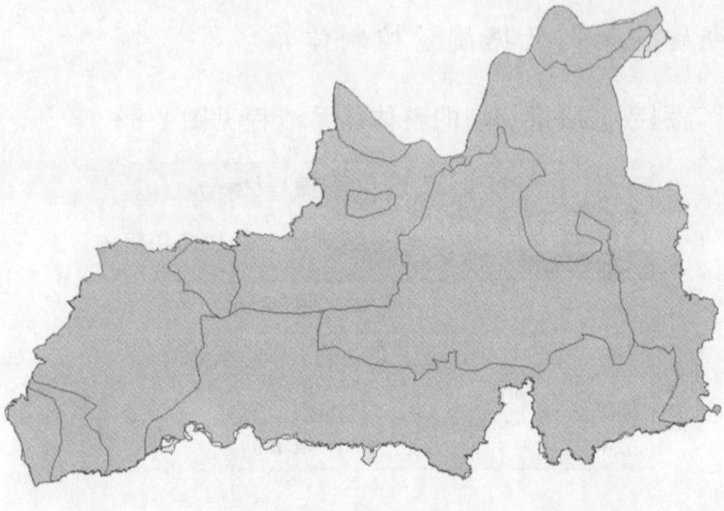

图 2-81　“灌溉保证率”属性分布图与分等单元图层不吻合

字段缺失，可用信息太少；③字段命名不符合标准，中英文混用混乱；④必填字段值异常或缺省；⑤分等因素字段代码不符合标准，或不使用字段代码（图 2-82）；⑥属性值代码不统一。

（5）问题成因分析　有关“数据库标准”的宣贯力度不够，导致上一轮数据中地方对“数据库标准”理解不够；数据处理技术水平，通过上一轮补充完善数据与 14 年的更新工作对比来看，技术水平有所提高，在对数据的处理过程中，数据的质量很大一部分依赖于技术人员的操作水平和其责任心；地方主管部门重视程度不够，重视的程度体现在组织层面。

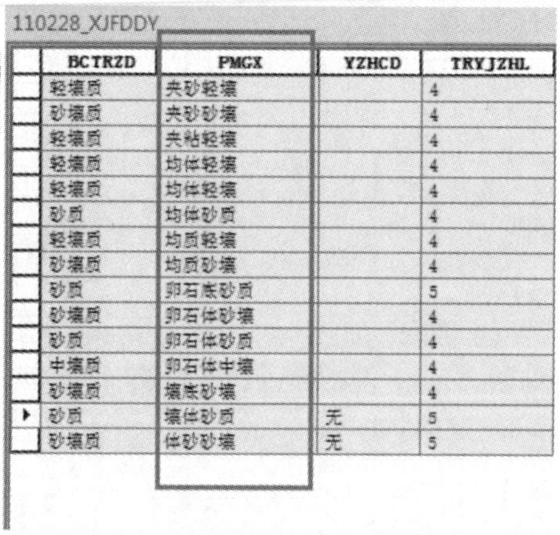

110228_XJFDDY

BCTRZD	PMGX	YZHCD	TRYJZHL
轻壤质	夹砂轻壤		4
砂壤质	夹砂砂壤		4
轻壤质	夹粘轻壤		4
轻壤质	均体轻壤		4
轻壤质	均体轻壤		4
砂质	均体砂质		4
轻壤质	均质轻壤		4
砂壤质	均质砂壤		4
砂质	卵石底砂质		5
砂壤质	卵石体砂壤		4
砂质	卵石体砂质		4
中壤质	卵石体中壤		4
砂壤质	壤底砂壤		4
砂质	壤体砂质	无	5
砂壤质	体砂砂壤	无	5

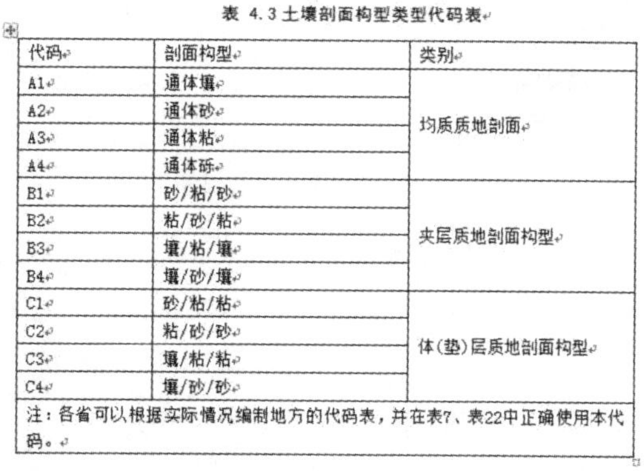

表 4.3 土壤剖面构型类型代码表

代码	剖面构型	类别
A1	通体壤	均质质地剖面
A2	通体砂	
A3	通体粘	
A4	通体砾	
B1	砂/粘/砂	夹层质地剖面构型
B2	粘/砂/粘	
B3	壤/粘/壤	
B4	壤/砂/壤	
C1	砂/粘/粘	体(垫)层质地剖面构型
C2	粘/砂/砂	
C3	壤/粘/粘	
C4	壤/砂/砂	

注：各省可以根据实际情况编制地方的代码表，并在表7、表22中正确使用本代码。

图 2-82　土壤剖面构型未按规程分类

2.2.4　耕地质量等别数据质量控制体系

耕地质量等别数据质量控制的整体体系流程见图 2-83。

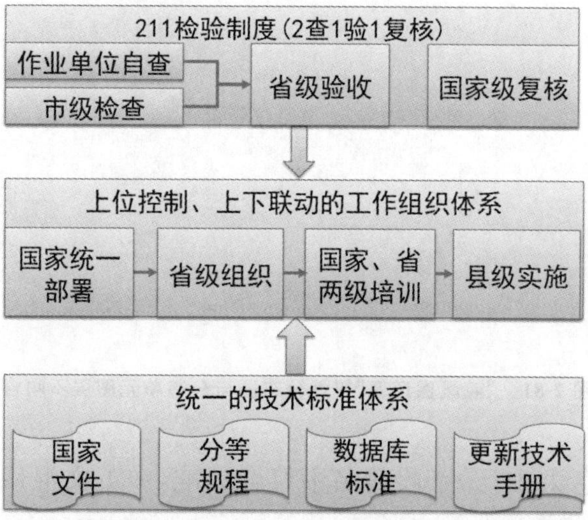

图 2-83　耕地质量等别数据质量控制体系的整体流程

(1)全国统一的“数据库标准”　全国统一的“数据库标准”涵盖了《农用地质量分等规程》要求的成果内容(图 2-84)，包括分等参数、属性代码、空间要素。统一的“数据库标准”便于国家-省级对成果的检验与监督，原因如下：①基本控制性因素(控制要素、分等参数)是等别评价科学合理的关键性因素；②统一的属性编码是数据规范统一的基础；③关键性中间过程数据的记录保证评价过程能够回溯。

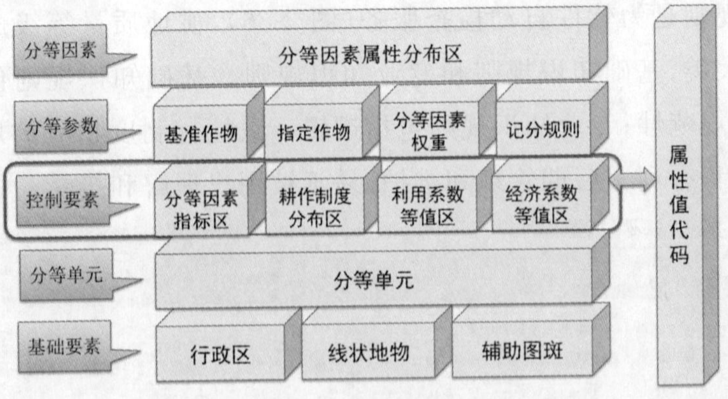

图 2-84 《农用地质量分等数据库标准》基本框架

在数据库标准中，灵活的存储结构保证动态信息的保存：①部分控制图层不存在不影响相关数据存储；②土地利用系数与土地经济系数不同的存储方式；③土地利用系数与土地经济系数图层。

(2)基于规则集的耕地质量等别数据检查系统 FQChecker 知识是指人类在实践中认识客观世界的成果，而规则是基于知识之上的规范和约束的表示，任何数据/信息集都存在着知识和规则。信息到知识的转换是一个认知过程，知识规则的挖掘就是完成整个过程最有力的工具，我们从领域专家的经验中得到知识与规则，从数据库中挖掘知识规则，得到相应的知识和规则，最后设计了通过基于规则集的耕地质量等别数据检查系统。基于规则集的质检技术流程图如图 2-85。

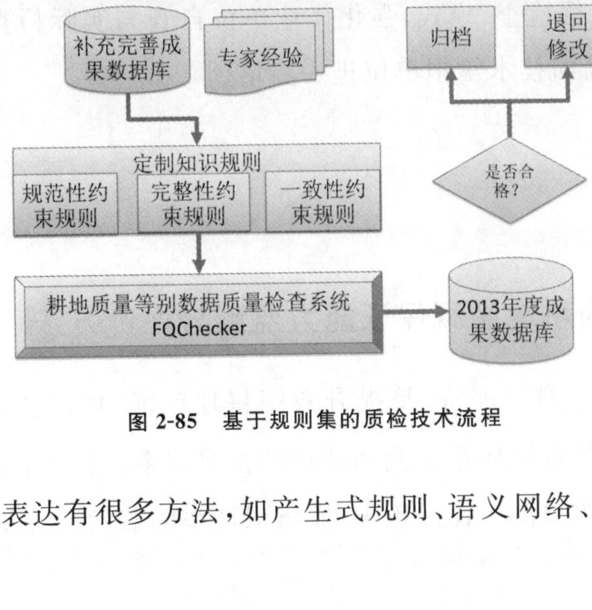

图 2-85 基于规则集的质检技术流程

知识规则的表达有很多方法，如产生式规则、语义网络、框架、模糊逻辑、谓词演算、面向对象等,针对具体的应用挑选最合适的方法进行表达。耕地质量等级成果知识规则是为软件自动检查服务(图 2-86),耕地质量等级成果知识规则可以分为两大类,基础知识规则和专业知识规则。基础知识规则包括成果的完整性、数据的规范性;专业知识规则包括逻辑一致性。制度相应的规则方便计算机识别和调用,有利于后期管理和维护,易于被用户理解和接受。

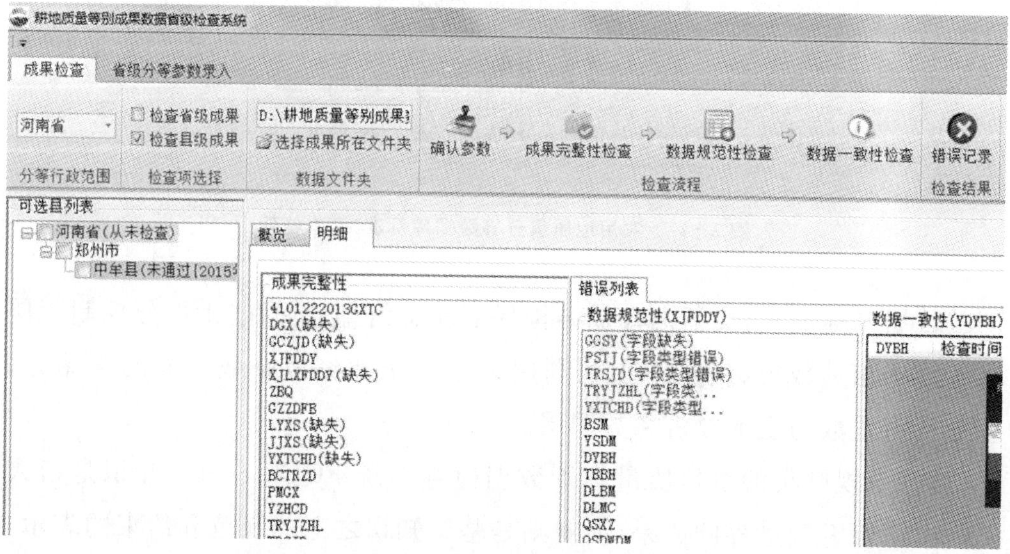

图 2-86　耕地质量等别数据检查系统 FQChecker 实现

2.2.5　进一步提升年度更新成果质量的建议

科学合理的制定省级参数统一控制,保证成果的合理性;强制生成"分等因素图";落实"211 数据检查"模式,强化作业单位自查与实际检查的作用;可以重点实验室的名义,面向技术承担单位进一步培训。

报告人:杨永侠

2.3　基于遥感的耕地灌溉保证能力监测与评价方法

耕地质量等级监测与评价,是提升我国耕地产能、保障粮食安全的重要工作。灌溉保证能力是耕地质量监测和评价的重要因素。针对目前基于地面实地调查的耕地质量等级监测工作过程中,灌溉保证率的监测与评价存在工作量大、周期长、大范围信息获取困难等问题，研究以京津冀地区为实验区，利用 MODIS 的蒸散发和 LAI 产品数据，冬小麦-夏玉米种植区为研究对象，构建了一种基于作物有效灌溉量与灌溉需水量的灌溉保证能力评价指标(IGCI)，并利用多年的监测结果对研究区耕地灌溉保证能力进行了综合评价。

2.3.1 基于有效灌溉量与灌溉需水量的耕地灌溉保证能力评价

通常情况下，耕地灌溉保证能力一方面取决于灌溉工程的建设情况，另一方面与灌溉水源相关，与此同时，区域天然降水、农作物种植类型结构等自然或人为因素对于灌溉能力的评价都具有直接或间接的影响，且各因素之间的关系复杂。在自然降雨不能满足作物生长需求的情况下，灌溉保证能力表现为满足作物生长所需水分的能力，因此利用灌溉供水与灌溉需水量之间的相互关系，可以反映出耕地相应的灌溉保证能力水平。

利用遥感估算地表蒸散发量，可以大范围、快速的获取空面连续的农田作物实际耗水量和灌溉需水量，在此基础上，本文构建了基于有效灌溉量与灌溉需水量比值的灌溉保证能力评价指标(Irrigation Guarantee Capability Index, IGCI)，即：

$$\mathrm{IGCI}=\frac{\mathrm{EIW}}{\mathrm{IDW}}$$

式中，EIW(Effective Irrigation Water)为耕地实际的有效灌溉量，IWD(Irrigation Water Demand)为理想状态下的灌溉需水量，单位均为毫米。

对于耕地，当实际的有效灌溉量大于或等于理想状态下的灌溉需水量时，ICGI 值大于或等于 1，耕地的灌溉保证能力能够满足农作物需水的要求，对应高的灌溉保证能力；当实际的有效灌溉量小于理想状态下的灌溉需水量时，ICGI 值介于 0～1 之间，值越大，对应的灌溉保证能力越好；当 IGCI 等于 0 时，实际的灌溉量为 0，耕地基本无灌溉保证能力。

2.3.2 基于 MODIS 产品数据的 IGCI 计算方法

基于 MOD15 中的 LAI 产品，研究了时序作物系数的获取方法；利用 MOD16 中的 PET 产品，得到了 2000—2012 年研究区时空连续的作物需水量，计算得到年作物需水量与传统方法得到的单点作物需水量之间的误差小于10％；利用气象站点逐日的降水量观测数据，结合MOD16中的ET产品，计算了时空连续的耕地有效降雨量；依据水量平衡原理，分别建立了空间连续的灌溉需水量与有效灌溉量的计算方法，得到了如图2-87(彩图2-87)所示的2000—2012逐年份IGCI空间分布。

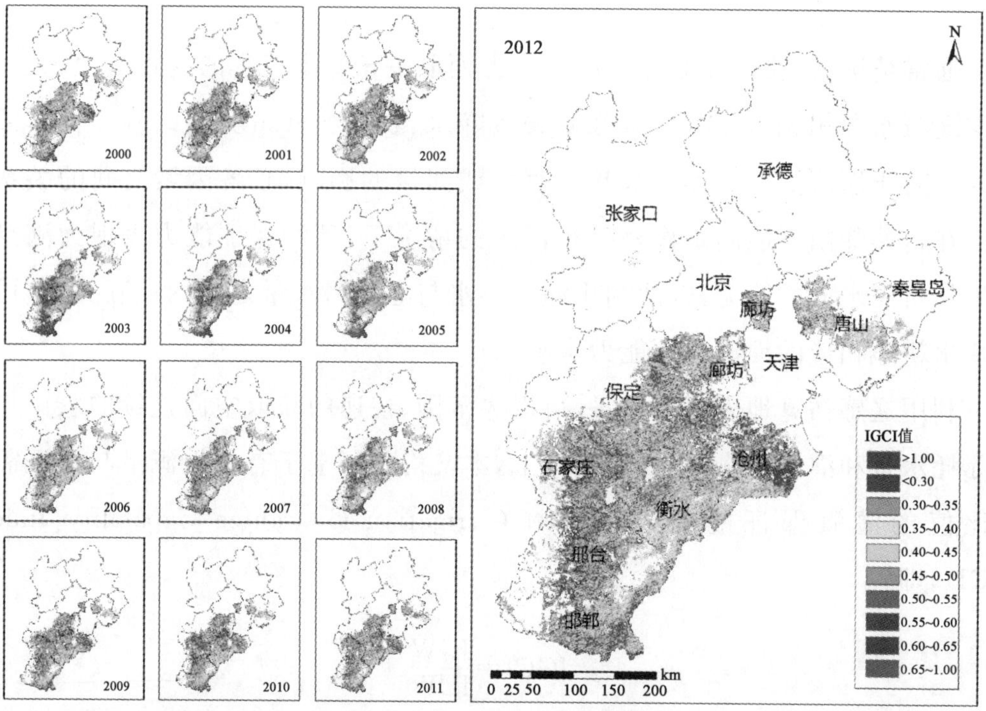

图2-87　2000—2012年京津冀冬小麦-夏玉米种植区IGCI空间分布图

2.3.3　耕地灌溉保证能力的综合评价与分析

受自然降水、人为等多种不确定因素的影响，耕地的灌溉保证能力在不同的时间段呈现出不同的状态。但种植作物的耕地，其灌溉水源、灌溉设施、农作物种植结构等影响灌溉保证能力的因素具有相对稳定的状态，因此，在不发生重大改造或建设的情况下，耕地的灌溉保证能力为一个相对稳定的量，而这种相对稳定的状态，是耕地灌溉能力评价因子参与耕地质量评价的基础。开展耕地灌溉保证能力综合评价的目的是基于长时间序列的耕地灌溉保证能力评价指标，在动态变化的基础上，获取相对稳定的耕地灌溉保证能力评价结果。

基于京津冀冬小麦-夏玉米种植区 2000—2012 年 IGCI 时间序列值，尝试采用了平均分析法、概率统计法、基于灌溉需求指数的加权平均法开展耕地灌溉保证能力综合评价指标值的计算，并结合农用地分等规程中灌溉保证率的评价体系，将研究区域内的冬小麦-夏玉米耕地单元划分为“充分满足”、“基本满足”、“一般满足”、“不能满足”四个等级，相应的分级结果如图 2-88 所示。

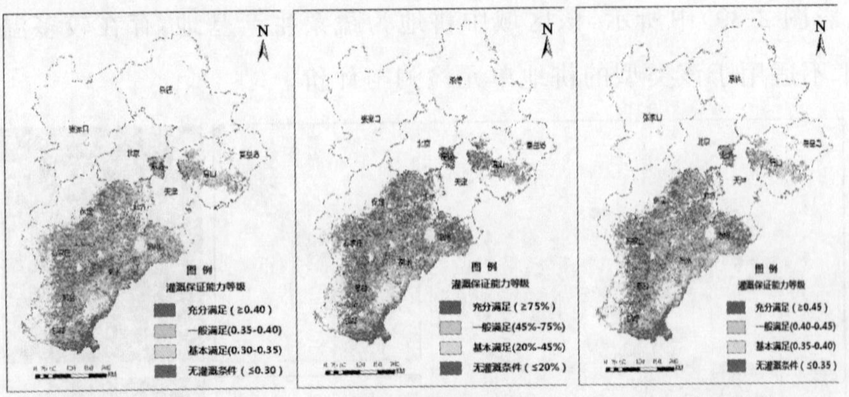

a.算数平均值　　b. 概率统计值　　c.加权平均值

图 2-88　基于时序 IGCI 值的耕地灌溉保证能力综合评价结果

用农用地分等中的灌溉保证率等级分别减去基于平均值、IGR 值、IGCI_CEI 值所获取的耕地灌溉保证能力评价等级，对比等级差值空间构成，基于 IGCI_CEI 值与 IGR 值的综合评价结果与农用地分等数据库中基于灌溉保证率的分级结果之间等级差异在 1 级以内的耕地单元所占比例分别达到 72.8%、71.3%，相对而言，基于 2010—2012 年平均值的综合评价结果与分等数据库中的分级结果差异较大。

从等级差异的空间分布来看，以基于 IGCI_CEI 值的耕地灌溉保证能力综合评价结果与分等数据库中的耕地灌溉保证率分级结果之间的等级差异为例，如图 2-89 所示，等级差异基本上处于 1 级以内，综合评价结果比分等数据库中分级结果高的区域主要分布在邯郸市东南部，综合评价结果比分等数据库中分级结果低的区域主要分布在沧州市西北部、衡水北部等区域，。以差异较大的区域包括邯郸市馆陶县、衡水市饶阳县等为例，从图中可以看出，馆陶县东南部的耕地单元对应的等级差异为“高 3 级”，表现为基于 IGCI_CEI 值的综合评价结果为 1 级即“充分满足”，在农用地分等数据库中对应的灌溉保证率等级为 4 级即

“无灌溉条件”。将对应的耕地单元叠加到 Google 影像中，如图 2-89 中所示，该区域中耕地单元紧邻卫运河，耕地的灌溉相对而言，能够得到较好的保证。相反，饶阳县境内的耕地单元的等级差异以“低 3 级”为主，表现为基于 IGCI_CEI 值的综合评价结果为 1 级即“无灌溉条件”，在农用地分等数据库中对应的灌溉保证率等级为 4 级即“充分满足”。将对应的耕地单元叠加到 Google 影像中，如图 2-89(彩图 2-89)中所示，该区域中耕地为蔬菜生产基地，存在较多温室大棚，遥感技术不适用于该类型的耕地单元检测与评价。

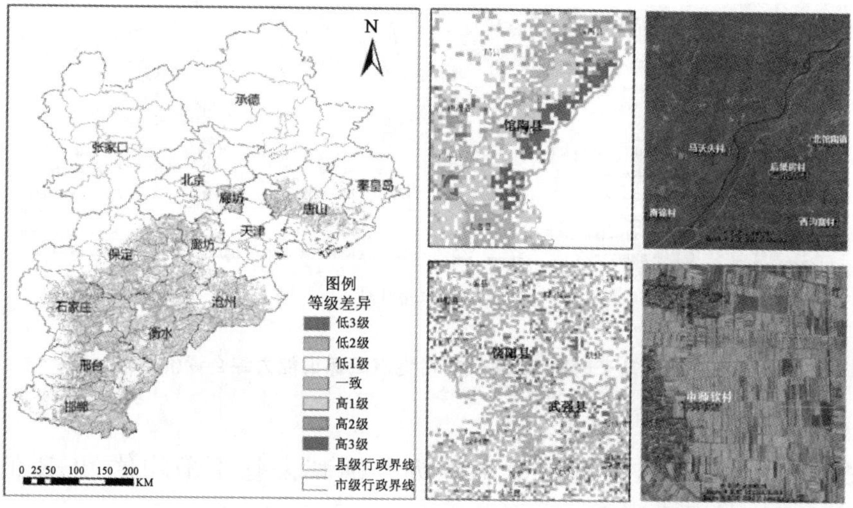

图 2-89　综合评价结果与分等数据库中分级结果等级差异

采用基于 IGCI_CEI 指标值的京津冀冬小麦-夏玉米耕地单元灌溉保证能力综合评价结果，以县为单位，对京津冀地区耕地灌溉保证能力的空间分布展开相应的分析。基于 ArcGIS 的区统计工具，获取了每一个县域内所有冬小麦-夏玉米耕地单元的灌溉保证能力等级的平均值，得到如图 2-90(彩图 2-90)所示的空间分布图。可以看出，京津冀冬小麦-夏玉米产区中，以县域为尺度，灌溉保证能力评价等级相对较高的县主要有邯郸临漳县、魏县、大名县、馆陶县以及石家庄市的赵县、天津市西青区等，平均灌溉保证能力评价等级在 2.5 级以上的县主要分布在邯郸市中部、邢台东部、衡水市西北部、保定市中部等区域，灌溉保证能力等级较低的区域主要分布在廊坊的文安县、大城县以及沧州市东北部区域的沧县、青县、海兴县等区域。

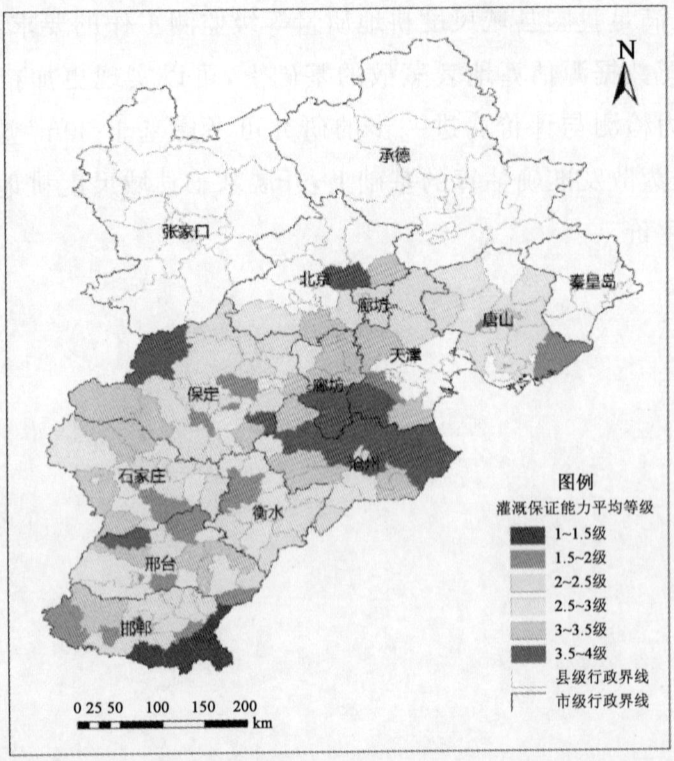

图 2-90　京津冀县级尺度耕地灌溉保证能力等级空间分布图

2.3.4　总结与展望

灌溉保证能力是耕地质量等级监测的重要方面，本文利用遥感估算的地表蒸散发量的数据产品，结合农作物类型识别、物候监测等的研究成果，以及气象站点常年降雨量观测数据，通过计算耕地单元年时间尺度上的灌溉需水量、有效灌溉量，通过供需之间的比值关系构建的 IGCI 评价指标，不仅具有明确的物理意义，在获取区域耕地灌溉保证能力水平空间分布的同时，长时间序列的 IGCI 值也能够反映出区域耕地灌溉保证能力水平的随时间演变过程。

基于 IGCI 值的耕地灌溉保证能力评价方法，利用遥感获取的相关量化值信息，结合气象、农业等观测数据，在量化信息的精确度尤其是遥感蒸散发估算、有效降雨量的计算以及空间连续的作物需水量的计算方面，仍需要作进一步的深入和研究，其中有效降雨量的计算可以结合当前基于遥感土壤水分反演的相关研究实现大范围、空间连续的获取。

受遥感数据源的限制，1 千米×1 千米网格大小的耕地单元受地表异质性的影像较大,难以满足我国县域尺度耕地质量等级监测工作的要求,在利用更高空间分辨率的遥感数据源估算地表蒸散的基础上,可以实现更加精细和准确的耕地灌溉保证能力检测与评价。进一步的研究可考虑基于 30m 空间分辨率的遥感数据,在地表蒸散发准确估算的基础上,开展基于县域尺度耕地图斑的灌溉保证能力监测与评价。

报告人:黄健熙

农用地质量与产能提升

1 研究进展

耕地质量提升主要表现在生产力水平的提升，通过耕地土壤肥力的提高和土地整治满足现代化生产方式的要求。同时，随着人们对耕地质量认识水平和能力的不断提高，对耕地质量特性，特别是空间特性、环境质量特性和功能质量特性的认识也越来越多样化和精细化。

1.1 耕地质量提升的相关理论研究

耕地质量是一个多层次的综合概念，耕地质量提升的内涵解释也应从不同范畴展开。郝晋珉提出耕地质量提升包括动态性、综合性两个方面，动态性是指：随着社会进步，生产力和生产方式不断变化，耕地质量的内涵表现出动态性，从而决定耕地质量提升也表现出动态性，而消除影响耕地质量的限制因素是耕地质量提升的主要手段。综合性是指：耕地质量除表现出生产力以外还具有空间质量特性、功能质量特性和环境质量特性，耕地质量综合性下的耕地质量提升是对质量特性的全面控制，而人工控制系统是耕地质量提升根本手段。同时总结出耕地质量提升分为三个阶段：综合治理阶段、综合发展阶段和城乡一体化阶段。在综合治理阶段，通过消除旱涝盐咸薄等耕地质量障碍因素提升耕地质量；综合发展阶段，通过土壤培肥、水肥耦合、良种良法等方式实现增产增效，进行耕地质量综合挖潜；城乡一体化阶段，则要进行高产高效的生态化农业生产，提升耕地综合质量，也就是解决效率问题，包括资源转化率、劳动生产率、产品商品率等。郧文聚提出提升耕地质量重在健康产能建设，"健康产能"内涵是指是耕地利用过程中各种功能的正常体现，主要有 3 个特征：一是始终具备持续、稳定地进行农业生产的能力；二是具有自我调节和对损害的恢复能力；三是生产的农产品不会对人体健康造成影响。简单来说，健康产能不仅要求耕地要有高的产能、好的质量、稳定的产出，同时要有好的环境状况，可以通过科学规划，合理布局；

防止损毁,加快修复;减缓退化,加大改造;调整结构,规模经营实现健康产能[1]。

1.2 耕地质量提升的相关技术研究

耕地质量提升的相关技术包括土壤质量提升与基于耕地生产环境的综合质量提升,即单项提升技术和综合提升技术两个方面。其中秸秆还田、施用土壤调理剂、增施有机肥、种植绿肥是增加土壤有机质、培肥地力、改良土壤、调节水肥利用是提高土壤质量的有效手段;而土地整治则是基于耕地生产环境的综合质量提升的有效途径。

1.2.1 土壤质量提升

(1)国内研究进展　随着生产力的发展,土壤质量提升的相关技术发展较快,相关研究也较多。叶达、吴克宁等人针对不同土壤限制因子提出改良方法,明晰在差异化投入水平下进行土壤限制因子改良对耕地质量等别提升的影响,为转变耕地整治模式、提升耕地生产力、提高粮食产量提供思路和方法上的借鉴[2]。孙旭霞等人通过在河北平原低产田的2年田间试验表明在秸秆还田的基础上,施用小麦籽粒带出的N、P、K量相等的无机肥并配以1 500千克/公顷鸡粪有机肥可以促进需爱买养分吸收,提高籽粒养分利用率,提高小麦产量以及杆重的同时,也有很好的土壤肥力提升效果[3]。牛斐通过在渭北旱区合阳县五年种植作物研究不同种植模式及秸秆还田对旱地农田及土壤有机碳的影响,试验结果表明轮作+秸秆还田模式速效磷含量最高的;春玉米秸秆还田处理为速效钾含量最高的;试验不能增加全氮的含量,对土壤全磷有增加作用;而且秸秆还田处理与秸秆移出处理对土壤全效养分没有显著影响;秸秆还田处理对土壤有机质有明显的增加作用[4]。李大伟通过在肇州县开展田间小区实验来研究盐渍化旱地土壤肥力提升的技术与方法,实现土壤盐碱障碍的消减、土壤肥力的提升及土壤生产能力的改善,实验表明有机肥+盐碱化旱地专用配方肥和有机肥+深耕+地膜覆盖为肇州县盐渍化旱地高效利用的最佳技术模式,这样处理不仅使土壤含水量最大,土壤碱解氮含量也最高;秸秆高茬还田+有机肥+分解菌+无机肥与无机肥+有机肥+深耕+地膜覆盖+硫酸铝处理的土壤田间持水量量和土壤速效磷最高,有机肥与地膜覆盖结合能有效提高盐渍化旱地土壤田间持水量,提高土壤保水能力[5]。以上提高耕地土壤肥力的研究虽然都是针对某个区域,但对全国耕地保护都有一定的指导意义,除了通过合理施用无机肥、有机肥、秸秆还田等措施外，让耕地“休养生息”也是提高耕地土壤肥力的有效措施，孔祥斌教授于 2013 年提出“关于黄淮海平原地下水超采区休耕政策建议”，这项政策建议受到国务院副总理汪洋和国土资源部姜大明部长的高度重视，相关内容转化为《中共中央关于全面深化改革若干重大问题的决定》的第 53 条中“调整地下水严重超采区耕地用途，有序实现耕地休养生息”的重大战略调整，上升到国家政策高度。

(2)国外研究进展　近年来，国外对农用地质量的相关研究，更多的是一方面耕地的肥力保持，尤其是生态土壤质量，另一方面追求农用地的可持续利用管理。Sarah Neilson，Nishanta Rajakaruna 研究发现针对重金属污染的耕地质量修复应该用植物吸收，同时讨论了潜在的基因改造，以减少金属吸收的粮食作物[6]；J. P. van Leeuwen，D. Moraetis，G. J. Lair 等研究侧重于确定生态土壤质量指标，比如微型节肢动物的分类丰富度就是非常有用的一个[7]；Martina Kasper，Bernhard Freyer，Kurt-J? rgen H? lsbergen 等认为土壤腐殖质在土壤中的重要作用就是保持土壤肥力，对植物产量和产量潜力产生重大影响，因此在一般情况下，腐殖质的繁殖可以被认为是足够的农业生产[8]；Jasmin Schiefer，Georg J. Lair，Winfried E. H. Blum 研究指出可持续集约化的土地是最有生产力的土地[9]；Jean-Marc Blazy，Carla Barlagne，Jorge Sierra 通过设计新的农业环境计划(AESS)，结合有机和无机氮的投入，可以应用良好的土地利用政策发挥其保证作用，一方面可以促进促进土地休耕和减少硝酸盐污染的风险，同时保证小农纯收入[10]；Keith Paustian，Adam Chambers，Mark Easter 等研究指出温室气体与农用地利用管理密切相关，并提出了严格的量化管理技术，提供了一些温室气体减排措施[11]；Reshmita Nath ，Yibo Luan ，Wangming Yang 等通过对印度和中国的人口众多，快速经济增长与有限的自然资源等进行比较分析，研究粮食供需平衡的历史变迁，阐明面临粮食安全压力，最后提出控制高产量工艺，肥料等的使用，协商现代技术的使用，以避免环境恶化；政府实施多项政策，不仅能够实现粮食安全，增加农民收入的目标，同时也促进了可持续农业和有机农业的发展[12]；Zofia Ko? oszko-Chomentowska ，Józefa Wiater ，Jan ? ukovskis 基于农业生态指标和环境负荷指标对控股波德拉谢省的农业环境的可持续发展进行评估，指出可持续农业既要与经济发展联系起来，保证生产粮食的数量和质量，又要保护自然资源和平衡生态系统[13]。

1.2.2 耕地生产环境整治及综合耕地质量提升

(1)国内研究进展 土地整治工程技术是解决土地与人类之间的供求矛盾，运用工程技术手段协调人地关系，研究工程措施，如将荒山、荒地、荒滩等未利用地进行综合开发，成为能够被人类利用的土地；将以利用的土地通过土地工程技术提高土地资源价值和土地资源利用。根据我国土地整治的特点，目前基础理论研究主要着重于指导土地整治的发展方向上[14]。但是目前关于土地整治技术的研究相对较少。

我国土地整治的活动历史悠久，可以追溯到公元前1066年的井田制度《周礼？遂人》中“凡治野，夫间有遂，遂上有径；十夫有沟，沟上有畛；百夫有洫，洫上有涂；千夫有浍，浍上有道；万夫有川，川上有路，以达于畿。”说明当时人们已开始注重田块、沟渠和道路的布设形式，并开展了以田块规整、渠道建设和道路整修的土地整治活动。在我国的不同历史时期，都有不同形式的整治活动存在，如开荒、围垦、屯田等。然而，我国近现代意义上的土地整治则始于改革开放后，正式开展土地整治活动只有几十年的历史[15]。近些年对土地整治的研究更是注重为机械化耕作服务，提升耕地的基础设施建设，比如开挖水渠、打井、修路以及平整土地等。以下将从土地整治评价、土地整治技术、土地整治战略以及土地整治成效评价三方面来进行研究综述。

在土地整治战略方面：郧文聚从我国耕地资源开发利用中存在的突出问题入手，分析了土地整治促进耕地资源合理开发利用的实现途径，提出了“十三五”时期土地整治的发展战略[16]。刘彦随分析了土地整治基础理论[17]；张正峰研究了土地整治可持续性标准与评估[18]；吴海洋探讨了中国“十二五”时期土地整治工作战略布局[19]；严金明进行了当前中国土地综合整治战略顶层设计[20]。

在土地整治评价方面：龙华楼等研究通过开展农村土地综合整治，重构乡村生产、生活和生态空间，搭建新农村建设和城乡一体化平台[21]；黄辉玲在界定土地整治规划效益评价的基础上，构建了3级评价指标体系，采用多种方法，分析和评价了黑龙江省土地整治规划(2011—2020年)的实施效益[22]；以及谷晓坤提出的土地整治项目的社会效应评价、韦俊敏提出土地整治的合理度评价、杨俊提出土地整治项目实施后效益评价等[23],[25]。

在土地整治技术方法方面：我国土地整治技术的核心是景观设计与生态化整治技术[26]。胡静等为实现运用信息化手段对土地整治项目建设情况进行动态监测和预警，对提高项目管理效率提供了技术支撑，对土地整治工程项目建设监测管理系统进行了研究与设计，从建设一体化监管信息平台出发，构建了“中央—省级—县(区)级”三级动态监测管理系统[27]；王金满等应用数字高程模型(DEM)原理，借助 GIS 软件的统计功能，研究了山地丘陵区坡式梯田土地整治工程量测算方法和流程，并为测算土地整治量提供了方法借鉴[28]；叶艳妹等设计了农地整治中急需解决的路沟渠生态化技术和灌排沟渠生态化设计技术[29]。

在土地整治成效方面：胡业翠分析了土地整治新增耕地的区域差异[30]；张正峰研究了土地整治对田块利用影响[31]；杨绪红分析了中国土地整治项目的空间特征[32]；管栩定量分析了土地整治对国民经济的影响[33]；危小建研究了省域土地整治项目空间分异[34]。

土地整治的研究对推动我国农业现代化具有重要作用，随着农用地对生产环境的需求及对质量综合性提升的要求，该方面的研究也会越来越多。

(2)国外研究进展　每个国家对土地整治的定义有所差别，称谓也是多种多样，通常翻译为“Land Consolidation”(LC，土地整理)、“Land Readjust-ment”(LR，土地调整)或者“Land Assembly”(LA，土地合并)等。通过土地整治对农村零散地块的归并，可以提供农业生产效率，有助于农民耕作的积极性和提高农民收入[35-37]；土地整治可以改变农民的耕作方式，修建道路、沟渠等农田设施，有效的保护了耕地数量，提升了耕地质量，有助于稳定粮食生产能力，保障粮食安全[38]。

关于土地整治与农业、农村发展的关系的研究主要集中在从宏观角度分析土地整治对于农业和农村发展以及农村生态景观建设的作用，G Van Huylen-broeck 等认为土地整治既是微观上改变土地破碎化、大型基础设施(如公路、铁路等)建设与改扩建、改进水资源管理系统等重要方法，也是促进农村社会、经济和生态可持续发展的多目标途径[39]；Van den BrinkA. 等认为通过土地整治可促进农村社会经济可持续发展，便于生态、环境管理，促进城市理性扩展[40]-[42]；Lerman Z dengren 等人在对大量实地调查结果分析的基础上，土地整治可以将农田地块合并扩大，有利于农业规模化，从而对农村经济和农民个人都有着积极的作用[43]；E Yaslioglu 等认为土地整治有利于缩短农田与居住地距离，改善农田基础设施与耕作状况，进而提高粮食生产力水平[44]。

日本早期的土地整理十分重视对农地盐碱化治理措施的研究、通过围海造田以缓解土地资源有限的困境，后来逐渐重视对农村道路、农田水利等农业基础生产设施的建设与治理,发展到重视整理区域整的体规划和生态安全型的土地整理活动,并通过建设居住区将农村分散的居住点集中起来统一安排居住以共享公共服务设施和基础设施,既方便农村生产生活又将多余的农村居住点加以整治增加农用地面积,从而达到提升农业生产力水平和农村居民生活质量的目的[45～46]。

1.3 总结

近些年国内外对于耕地质量的研究已经逐渐从单一性转为综合性方向的研究,对于耕地质量提升的认识也更加全面和深入,由于我国目前耕地形势非常严峻,人多地少的矛盾非常突出,所以关于提升耕地质量,提高耕地产量,解决粮食安全问题依然是我国耕地研究的重点,但在环境日益恶化的新形势下,如何兼顾耕地质量生产性及综合性的研究也越来越丰富,今后我们应根据生产发展阶段的需求进行耕地质量与提升的深入研究。

参考文献

[1] 郧文聚.提升耕地质量重在健康产能建设[J].专家在说,2015(03.004):22-23.

[2] 叶达,吴克宁等.基于土壤限制因子改良的耕地质量等别提升研究.湖北农业科学,2015.8.

[3] 孙旭霞,王艳群,彭正萍,等.河北平原区低产麦田土壤肥力提升技术研究[J].河北农业大学学报,2015,38(4):18-24.

[4] 牛斐.不同种植模式及秸秆还田对旱地农田土壤肥力及土壤有机碳的影响[D].杨凌:西北农林科技大学,2013:13-20.

[5] 李大伟.肇州县盐渍化旱地土壤肥力提升技术模式的研究[D].哈尔滨:西北农林科技东北农业大学,2013:12-24.

[6] Sarah Neilson,Nishanta Rajakaruna. Phytoremediation of Agricultural Soils: Using Plants to Clean Metal-Contaminated Arable Land[M]. Springer International Publishing,2015: 159-168.

[7] J. P. van Leeuwen 1,D. Moraetis ,G. J. Lair ,J. Bloem ,N. P. Nikolaidis ,L. Hemerik ,and P. C. de Ruiter. Ecological soil quality affected by land use and management on semi-arid Crete[J]. SOIL Discuss,2015 (2),187-215.

[8] Martina Kasper, Bernhard Freyer, Kurt-Jurgen Hulsbergen , Harald Schmid , and Jurgen Kurt Friedel. Humus balances of different farm production systems in main production areas in Austria[J] . J. Plant Nutr. Soil Sci. 2015, 178, 25-34.

[9] Jasmin Schiefer, Georg J. Lair , Winfried E. H. Blum. Indicators for the definition of land quality as a basis for the sustainable intensification of agricultural production [J] . International Soil and Water Conservation Research 3 (2015) 42-49.

[10] Jean-Marc Blazy, Carla Barlagne, Jorge Sierra. Environmental and economic impacts of agri-environmental schemes designed in French West Indies to enhance soil C sequestration andreduce pollution risks. A modelling approach[J] . Agricultural Systems 140 (2015) 11-18.

[11] Keith Paustian, Adam Chambers, Mark Easter, and Emanuele Lugato. Making it real: operationalizing soil C sequestration and GHG mitigation on agricultural lands[C] . EGU General Assembly, 2015.

[12] Reshmita Nath, Yibo Luan, Wangming Yang , Chen Yang , Wen Chen , Qian Li and Xuefeng Cui. Changes in Arable Land Demand for Food in India and China: A Potential Threat to Food Security[J] . Sustainability , 2015, (7): 5371-5397.

[13] Zofia Kołoszko-Chomentowska , Józefa Wiater , Jan ? ukovskis. Environmental sustainability of family-owned agricultural holdings in the Podlaskie Voivodeship [J] . Journal of Ecological Engineering, 2015, 10(16): 111-116.

[14] 国土资源部. 2013 年国土资源公报[R]. 2013.

[15] 甘藏春. 社会转型与中国土地管理制度改革[M] . 北京: 中国发展出版社, 2014: 81-82.

[16] 郧文聚. 我国耕地资源开发利用的问题与整治对策. 中国科学院院刊, 2015. 30. 4: 484-490

[17] 刘彦随, 朱琳, 李玉恒. 转型期农村土地整治的基础理论与模式探析[J]. 地理科学进展, 2012, (06): 777-782.

[18] 张正峰. 土地整治可持续性的标准与评估[J] . 农业工程学报, 2012(07): 1-7.

[19] 吴海洋. "十二五"时期中国土地整治工作思考[J] . 中国土地科学, 2013(03): 4-9.

[20] 严金明, 夏方舟, 李强. 中国土地综合整治战略顶层设计[J] . 农业工程学报, 2012, (14): 1-9.

[21] 龙华楼. 论土地整治与乡村空间重构[J]. 地理学报, 2013(09): 1019-1028.

[22] 黄辉玲, 吴次芳, 张守思. 黑龙江省土地整治规划效益分析与评价[J]. 农业工程学报, 2012(06): 240-246.

[23] 谷晓坤,刘娟.都市观光农业型土地整治项目的社会效应评价——以上海市合庆镇项目为例[J].资源科学,2013(08):1549-1554.

[24] 韦俊敏,胡宝清.基于改进 TOPSIS 法的土地整治合理度评价——以广西农垦国有金光等 4 个农场为例[J].资源科学,2013(07):1407-1414.

[25] 杨俊,王占岐,金贵,等.基于 AHP 与模糊综合评价的土地整治项目实施后效益评价[J].长江流域资源与环境 2013(08):1036-1042.

[26] 陈百明,谷晓坤,张正峰,等.土地生态化整治与景观设计[J].中国土地科学,2011,25(6):10-14.

[27] 胡静,金晓斌,陈原,等.土地整治重大工程项目建设监测管理系统的设计与实现[J].中国土地科学,2012,26(7):44-49.

[28] 王金满,白中科,宿梅双.山地丘陵区坡式梯田土地整治工程量快速测算方法[J].中国土地科学,2013,27(1):78-83.

[29] 叶艳妹,吴次芳,俞婧.农地整理中路沟渠生态化设计研究进展[J].应用生态学报,2011,22(7):1931-1938.

[30] 胡业翠,郑新奇,徐劲原,等.中国土地整治新增耕地面积的区域差异[J].农业工程学报,2012(02):1-6.

[31] 张正峰,杨红,谷晓坤.土地整治对平原区丘陵区田块利用的影响 [J].农业工程学报,2013(03):1-8.

[32] 杨绪红,金晓斌,管栩,等.2006—2012 年中国土地整治项目空间特征分析 [J].资源科学,2013(08):1535-1541.

[33] 管栩,金晓斌,周月书,等.农村土地整治项目对国民经济影响的定量分析——以长沙县福临镇土地整治项目为例[J].中国土地科学,2013(02):39-45.

[34] 危小建,刘耀林,王娜.湖北省土地整治项目空间分异格局[J].农业工程学报,2014,(04):195-203.

[35] Deininger,K.,Sarris,A.,Savastano,S. Rural land markets in transition: evidence from six Eastern European Countries. Quarterly Journal of International Agriculture,2004,(43): 361-390.

[36] Lerman, Z., Cimpoies, D. Land consolidation as a factor for rural development in Moldova. Europe-Asia Studies,2006,(58),439-455.

[37] Lerman,Z.,Shagaida,N. Land policies and agricultural land markets in Russia. Land Use Policy,2007,(24): 14-23.

[38] E. YASLIOGLU, S. T. AKKAYA ASLAN, M. KIRMIKIL, K . S. GUNDOGDU & I. ARICI. Changes in Farm Management and Agricultural Activities and Their Effect on Farmers' Satisfaction from Land Consolidation: The Case of Bursa-Karacabey, Turkey [J] . European Planning Studies Vol. 17, No. 2, February 2009.

[39] G. Van Huylenbroeck, J. Castro Coelho, P. A. Pinto. Evaluation of Land Consolidation Projects (LCPs): A Multidisciplinary Approach [J] . Journal of Rural Studies, 1996: 297-310.

[40] Sonnenberg, J. The Ruropean Dimensions and Land Management——Policy Issues (Land Readjustment and Land Consolidation as Tools for Development). Land Management in the Process of Transition. 1996, FIG Commission 7, Budapest.

[41] Van den Brink, A. Sustainable development and land consolidation in Dixon-Gough, R. W. (Ed). Land Reform and Sustainable Development, 1999, Aldershot: 61-68.

[42] Gonzalez XP, Alvarez CJ, Crecente R. Evaluation of land distributions with joint regard to plot size and shape[J] . Agricultural Systems, 2004(82): 31-43.

[43] Leman, Z. Cimpoies, D. Land consolidation as a factor for rural development in Moldova [J] . Europe-Asia Studies, 2004(58): 439-455.

[44] E. Yaslioglu, S. T. Akkaya Aslan, M. Kirmikil etl. Changes in Farm Management and Agricultural Activities and Their Effect on Farmers' Satisfaction from Land Consolidation: the Case of Bursa-Karacabey, Turkey [J] . European Planning Studies, 2009, 17(2).

[45] Carlos Zeballos. Keita Yamaguchi. Impacts of land reclamation on the landscape of Lake Biwa, Japan[J] . Procedia Social and Behavioral Sciences 19(2011): 683-692.

[46] Takeshi Suzuki. Economic and geographic backgrounds of land reclamation in Japanese pors[J] . Marine Pollution Bulletin47(2003): 226-229.

2 专题报告

2.1 典型区域标准耕作制度变化与监测重点

标准耕作制度是“在当前的社会经济水平、生产条件和技术水平下,有利于生产或最大限度发挥当地土地生产潜力,未来仍有较大发展前景,不造成生态破坏,能够满足社会需求,并已为(或将为)当地普遍采纳的农作方式”。它是农用地分等的一个重要参数,也是各地当前和未来农地利用的指向标,对农用地质量建设与可持续利用具有重要作用。为此本文以内蒙古的乌盟和东北地区为例研究标准耕作制度变化及监测重点。

2.1.1 研究区域概述

东北地区是我国最大的商品粮主产区,南北温度差异明显,降水资源分布不均;耕地面积充裕,农业机械化程度较高。东北地区耕作制度主要特点:①从熟制上来看,东北地区以种植喜温的秋粮作物为主,多一年一熟;②从作物构成上来看,东北地区种植的粮食作物以玉米、小麦、水稻为主,经济作物以大豆为主;③从耕作条件上来看,东北地区灌区面积只占耕地面积的20%~25%,大部分耕地为旱作农业。因此降水资源对于当地农业生产至关重要。

内蒙古阴山南北麓农牧交错带光资源丰富但热量不足,并素有“十年九旱”之称。其耕作制度主要特征有:①从熟制上来说,当地种植模式为单作一熟为主;②从作物构成上来说,以玉米、马铃薯、小麦、莜麦、荞麦、大麦、油菜等为主;③旱地为主,辖区2011年末耕地总面积为169万公顷,其中有效灌溉面积为35.7万公顷,占全部耕地面积的21%。

2.1.2 标准耕作制度变化

(1)东北地区　东北地区耕作制度变化主要体现在玉米、水稻、大豆、小麦这4种主要作物之间的播种面积比例的变化:①从时间序列上来说,整体呈现玉米占主导地位,水稻逐渐增加,大豆减少,小麦消失的发展趋势;②从空间变化上来说,玉米水稻北移东扩,小麦大豆呈现北退趋势。变化规律及特征如图2-91、图2-92所示。

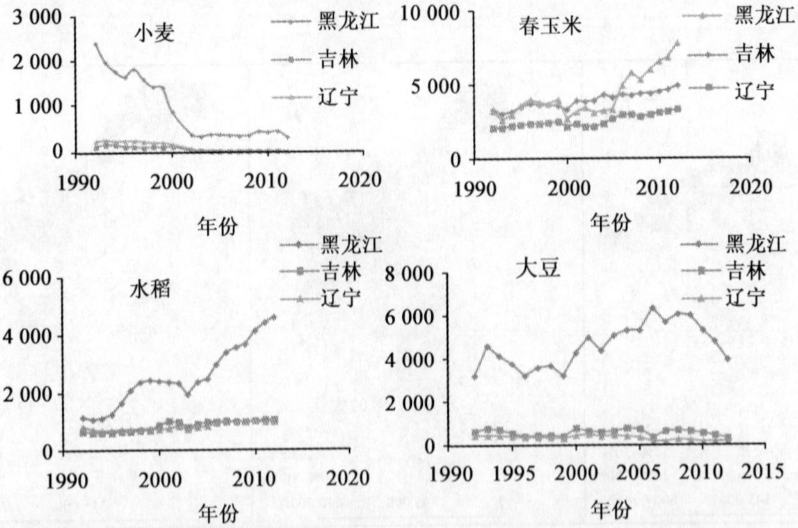

图 2-91　1992—2012 年东北地区主要作物播种面积随时间变化规律

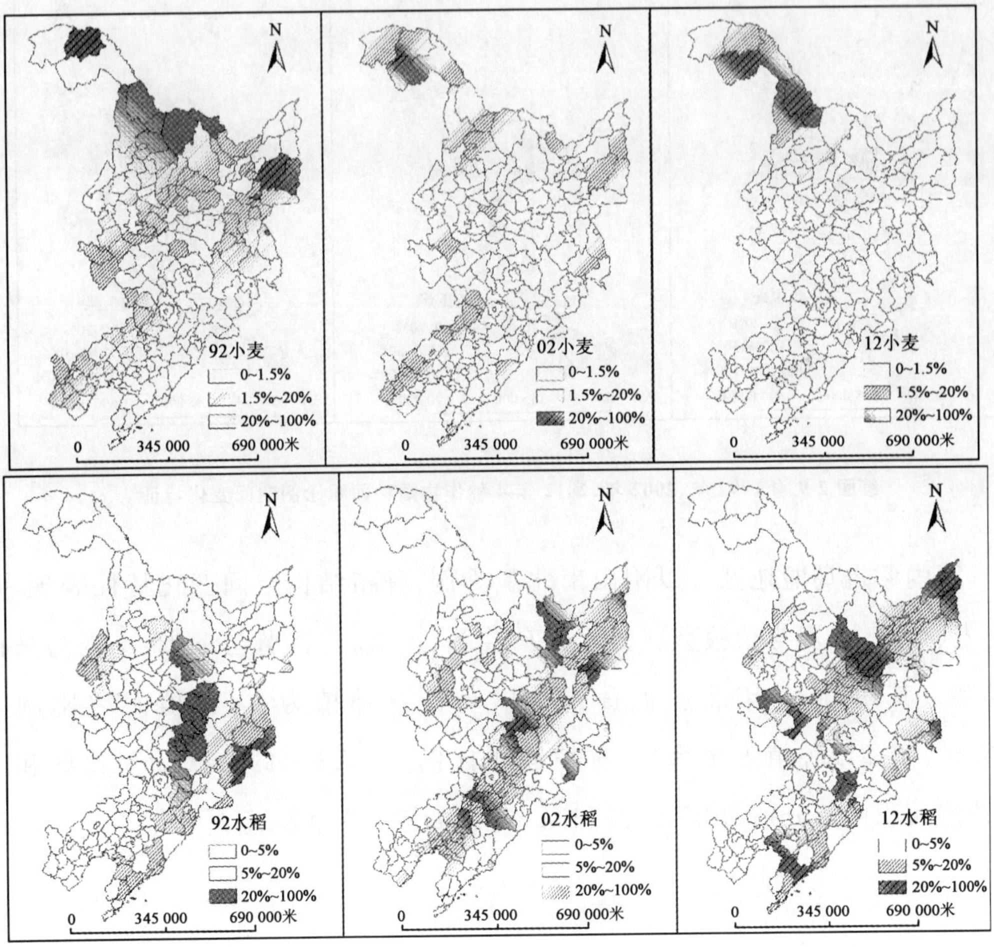

图 2-92　1992 年、2002 年、2012 年 4 种作物播种面积比例空间变化特征

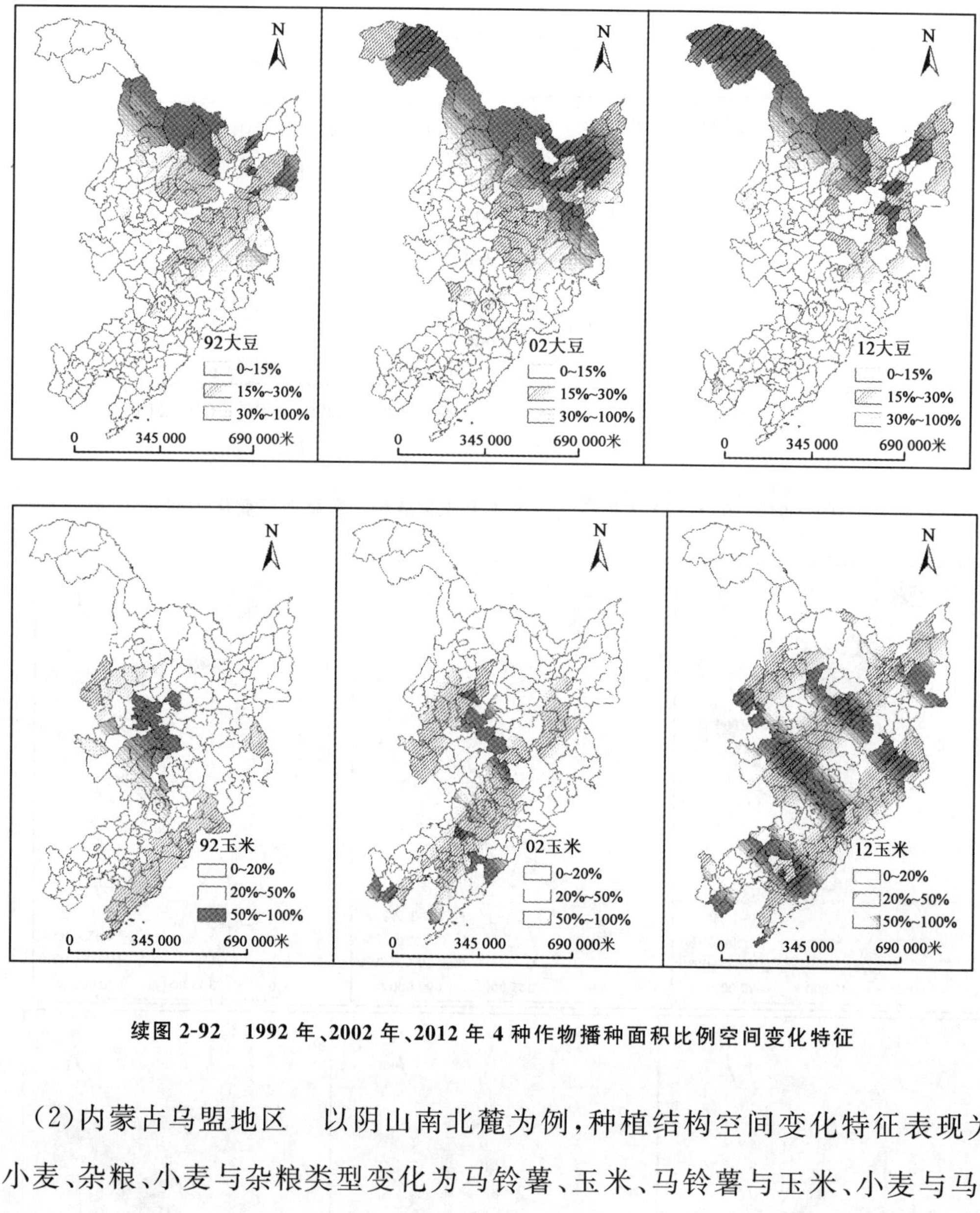

续图 2-92 1992 年、2002 年、2012 年 4 种作物播种面积比例空间变化特征

(2)内蒙古乌盟地区 以阴山南北麓为例,种植结构空间变化特征表现为:由小麦、杂粮、小麦与杂粮类型变化为马铃薯、玉米、马铃薯与玉米、小麦与马铃薯类型。其中 2010 年北麓粮食作物以马铃薯种植为主,种植面积比例为 47.32%;南麓以种植玉米为主,种植面积比例为 47.79%,其次为马铃薯和小麦,种植面积比例分别为 25.93%和 8.55%,如图 2-93 所示。

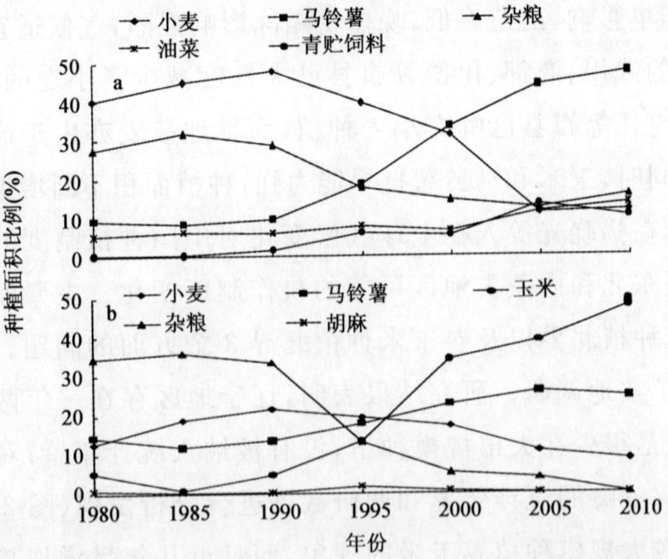

图 2-93　1980—2010 年阴山北麓(a)和南麓(b)主要农作物播种面积比例

2.1.3　标准耕作制度影响因素分析

标准耕作制度的变化是由资源、市场、技术等因素共同驱动的结果。

(1)气候变化对标准耕作制度的影响　内蒙古阴山南北麓地区气候干暖化趋势明显,30 年来区域年降水量在波动中呈减少趋势(图 2-94),1980—2010 年年平均降水量以 3 mm/10 年的趋势下降;平均气温在波动中呈现显著上升趋势,平均增幅约 0.4℃/10 年。

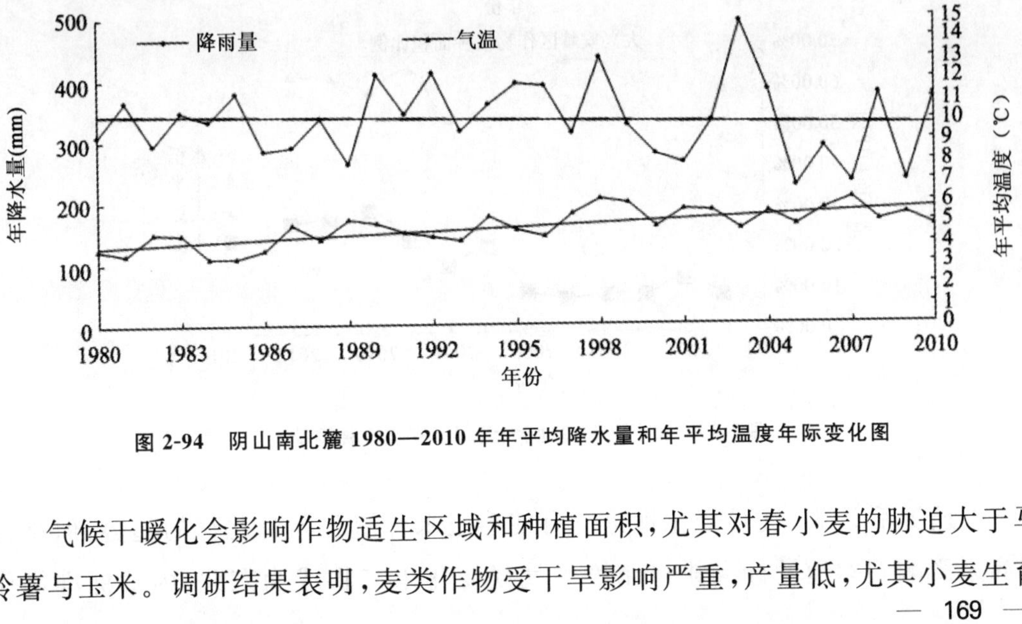

图 2-94　阴山南北麓 1980—2010 年年平均降水量和年平均温度年际变化图

气候干暖化会影响作物适生区域和种植面积,尤其对春小麦的胁迫大于马铃薯与玉米。调研结果表明,麦类作物受干旱影响严重,产量低,尤其小麦生育期长,播期受春旱影响,出苗率低,晚播受霜冻影响强烈,气候适宜性低于其他作物。目前北麓的武川、商都、化德等旗县已大幅度减少了小麦的种植面积,南麓兴和、土左、托克托等旗县已鲜有小麦种植,而旱地莜麦亦由于产量低而兼作饲料作物种植。同时,玉米和马铃薯抗旱能力强,种植面积不断增加。

另一方面,在杨晓光等人在全球气候变化对中国种植制度的可能影响的系列文章中,提到东北和内蒙古地区可能的耕作制度变化。主要涉及全国种植制度北界、冬小麦种植北界以及春玉米种植北界 3 个方面的问题。为此本研究对相关地区进行了实地调研。研究结果表明,辽宁地区存在一年两熟制和种植冬小麦的情况,但是很少在大田规模种植,没有被纳入统计年鉴;对嫩江孙吴以北的爱辉区和大兴安岭的统计年鉴和调研数据进行分析发现(图 2-95),黑河市爱辉区已经存在较大规模种植春玉米的现象,而且近几年呈增加趋势。但农户普遍反映,当地的玉米的质量依然受积温限制,大兴安岭也存在种植玉米的情况,但是很少,没有形成规模。

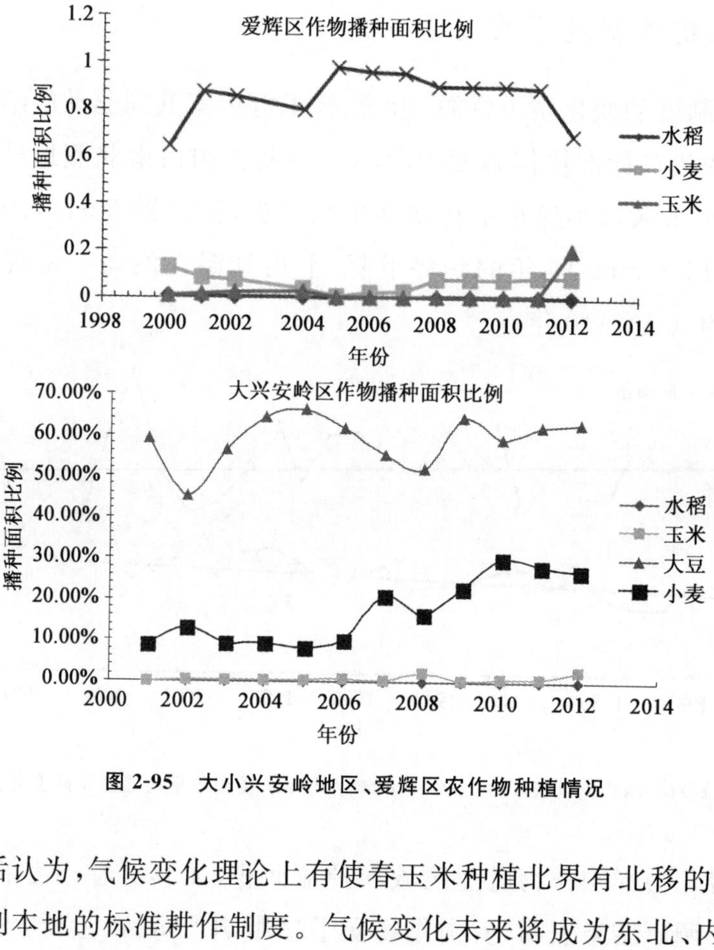

图 2-95 大小兴安岭地区、爱辉区农作物种植情况

经研究后认为,气候变化理论上有使春玉米种植北界有北移的趋势,但是目前尚未影响到本地的标准耕作制度。气候变化未来将成为东北、内蒙标准耕作制度变化未来的监测重点。

(2)水资源约束对标准耕作制度的影响　根据东北三省各气象站点 1992—2012 年降水量,计算春小麦、春玉米全生育期降水满足率空间分布图(图 2-96)。整个东北地区 20 年春小麦全生育期降水满足率平均为 58%,春玉米在辽宁大部分地区、吉林黑龙江中部地区春玉米的降水满足率为 100%,整个东北地区春玉米的降水满足率为 91.28%,远远高于春小麦的 58%。

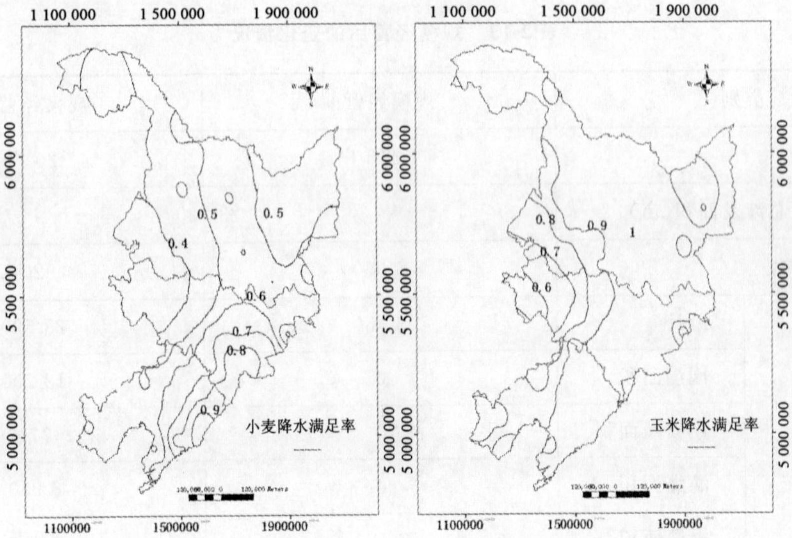

图 2-96　1992—2012 年春小麦(左)、玉米(右)全生育期降水满足率空间分布图

由于东北地区春小麦、春玉米多处于雨养农业阶段,灌溉并不普遍(表 2-12)。因此春玉米相比春小麦具有更高的降水利用效率和更低的旱灾受灾率,这也使春玉米得到了更快的发展,并取代春小麦成为多地的标准耕作制度。

表 2-12　东北地区春小麦、春玉米降水满足率均值

地区	小麦全生育期			玉米全生育期		
	需水量(毫米)	降水量(毫米)	降水满足率	需水量(毫米)	降水量(毫米)	降水满足率
辽宁	436.81	282.59	66.13%	468.74	532.35	94.22%
吉林	482.93	270.61	59.04%	470.71	486.55	85.91%
黑龙江	480.56	234.09	49.86%	409.06	395.72	92.90%
东北	467.28	260.23	57.73%	446.11	465.86	91.28%

(3)土地规模化经营对标准耕作制度的影响　于 2014 年 11 月对内蒙古乌兰察布进行的实地调研表明,规模经营之后,规模经营者与普通农户在种植方式

上发生了较大的改变:在研究区域内,通过规模化经营,使得耕地灌溉条件发生了较大提升,一是灌溉面积增加,增加比例达 85.20%,二是灌溉方式由传统漫灌转变为圈灌、小喷灌、滴灌、漫灌并存的灌溉方式,规模经营前漫灌面积占全部灌溉面积的 100%,规模经营之后圈灌面积占全部灌溉面积的 51.87%,滴灌面积占全部灌溉面积的 38.05%,小喷灌面积占全部灌溉面积的 3.27%,漫灌面积则只占全部灌溉面积的 5.95%(表 2-13)。

表 2-13　规模经营后的变化情况

类别		规模经营前	规模经营后
经营单位		1 443 户	20 户
规模经营总涉及面积(亩)		23 720	
地块数(块)		5 050	20
水浇地面积(亩)	总计	3 480	23 520
	圈灌面积	0	12 200
	小喷灌面积	0	770
	滴灌面积	0	8 950
	漫灌面积	3 480	1 400
覆膜面积(亩)		270	3 810
单位地块面积(亩/块)		4.70	1 186
水浇地比例		14.67%	99.16%
覆膜比例		1.14%	16.06%
种植作物类型		土豆、小麦、莜麦、胡麻、黍子、谷子、橄榄等	土豆、玉米、甜菜等

土地规模化经营前后,作物种植由多样走向单一,向着更利于机械化、更有经济效益的土豆、玉米、甜菜等品种转变,并对当地的标准耕作制度产生潜在影响。

(4)劳动用工量对标准耕作制度的影响　随着土地的规模化经营,土地形成集中连片经营,耕作方式上逐渐由大型机械代替人工,主要体现在整地、耕地、播种、收割几个环节,并使劳动力成本大大降低,但在田间管理环节如施肥、打药、灌溉等过程仍需要人工完成。

表2-14是吉林梨树县当前机械化水平下玉米、水稻用工量的差距。可以看出玉米及水稻一亩地相差十多个工,这成为许多地方水稻减少,进而影响到标准耕作制度的重要原因。

表2-14 梨树县当前机械化水平下玉米、水稻用工量差距

作物类型	玉米	水稻
田间管理用工量(工/亩)	1.33	12.33
育苗用工量(工/亩)	0.00	0.17
播种/插秧用工量(工/亩)	0.03	0.06
收获用工量(工/亩)	0.04	0.06
总用工量(工/亩)	1.36	11.9

(5)水利工程对标准耕作制度的影响 一些地区大型的水利工程也会对标准耕作制度产生较大的影响,特别是旱改水工程,会大幅度增加当地的水稻种植面积。根据《吉林省增产百亿斤商品粮能力建设总体规划》,吉林省共实施十大工程,其中哈达山引水工程、引嫩入白工程以及灌区建设和改造工程中的大安灌区、洮儿河灌区和扶余灌区位于吉林西部平原区,统称为吉林西部旱改水工程。其中,哈达山、引嫩入白和大安灌区工程规划农田灌溉面积416.32万亩,其中水田296.82万亩,水浇地119.5万亩。新增农田灌溉面积355.32万亩,其中新增水田235.82万亩,新增水浇地119.5万亩。新增耕地255万亩(荒改水153万亩,荒改水浇地102万亩)。中低产田改造100.32万亩(旱改水82.82万亩,旱改水浇地17.5万亩)。

对吉林西部旱改水工程主要涉及到白城市的洮北区和镇赉县,以及松原市的前郭县等三县的作物种植面积、产量数据分析发现,三县的水稻的种植面积和比例都在增加,特别是在2008年以后,水稻面积有相对大幅度的增长,影响到本地的标准耕作制度(表2-15)。而另一方面,在半干旱气候条件下,过高的地下水位会为土壤盐碱化提供条件,而使灌区周边发生次生土壤盐碱化的风险增加。因此,吉林西部旱改水工程既可能带来标准耕作制度的变化,同时也需要监测耕地质量及可持续发展的要求。

表 2-15 吉林西部旱改水区水稻种植情况

		2005 年	2006 年	2007 年	2008 年	2009 年	2010 年	2011 年	2012 年
前郭县	种植面积(亩)	655 170	717 285	750 300	774 045	795 060	803 655	816 480	1 042 665
	单产(亩)	666.7	733.3	733.3	900	866.67	766.67	765.91	661.77
	面积比例(%)	0.204 5	0.221 7	0.226 8	0.244 3	0.219 1	0.225 3	0.226 9	0.259 67
洮北区	种植面积(亩)	335 295	408 390	460 485	465 600	518 790	545 775	563 205	634 815
	单产(亩)	530.5	554.3	505.9	555.73	433	582.25	433.33	400
	面积比例(%)	0.225 8	0.233 1	0.263 3	0.281 2	0.282 1	0.279 1	0.281 3	0.302 171
镇赉县	种植面积(亩)	416 100	444 945	549 570	571 665	746 655	786 780	857 025	928 350
	单产(亩)	452.9	495.3	555.9	666.51	473.51	586.85	393.72	453.88
	面积比例(%)	0.249 0	0.314 7	0.339 9	0.354 2	0.299 8	0.309 4	0.329 4	0.337 56

2.1.4 典型区标准耕作制度监测重点

综合各类研究,标准耕作制度的监测重点(表 2-16)主要包括:

(1)气候变化 在大小兴安岭区,由于积温升高,积温带北移,出现了春玉米等生长期相对较长的作物的规模种植情况,应对积温和降水量进行重点监测;在辽宁平原区,受气温升高的影响,冬小麦和一年两熟制的北界北移到了辽宁南部,也应该加强辽宁南部冬小麦种植和一年两熟制的情况的更新。

(2)旱改水等水利工程 旱改水工程,会大幅度增加当地的水田的面积,导致水稻种植面积的大幅度增加。例如,在吉林西部旱改水工程区,当地的主要还是玉米,但是水稻的面积明显随着旱改水工程增加。所以对于吉林西部等增加旱改水工程的地区,应该重点监测当地的灌溉情况和水田面积。同时,旱改水等工程存在耕地盐碱化的风险,所以,也需要监测当地旱改水后水田的质量,看是否满足可持续发展的要求。

表 2-16 典型区标准耕作制度监测重点

标准耕作制度一级区	二级区	作物组成	监测重点	监测区域
东北区	大小兴安岭地区	大豆春小麦	积温变化(春玉米种植北界)	嫩江孙吴以北
			降水变化(春小麦)	整个二级区
	三江平原长白山地区	大豆	大豆种植和市场情况	整个二级区
	松嫩平原	大豆玉米	大豆种植和市场情况	整个二级区
			旱改水等水利工程	吉林西部的白城市等地
	辽宁平原	玉米	气候变化(冬小麦和一年两熟制北界)	辽宁南部地区
内蒙古高原及长城沿线	后山坝上高原区	春小麦马铃薯	退耕还林还草工程	乌兰察布市
			土地规模经营状况	乌兰察布市

(3)与耕地面积相关的土地整治、退耕还林还草工程等　由于耕地面积变化,而影响当地的标准耕作制度。如 2000—2010 年,乌盟退耕在实施退耕后,当地的种植结构,从退耕前小麦、莜麦为主改变为现在的土豆、玉米为主。耕地变化是区域耕作制度变化的重点监测内容。

(4)其他因素　如受国际贸易的影响,松嫩平原的大豆种植面积不断减少,大豆市场是大豆种植的监测重点。

报告人:蔡璐佳　黄鑫鑫　安萍莉

2.2 风险社会中的土地利用规划

2.2.1 引言

2015 年 4 月 6 日 18 时 56 分,福建漳州古雷 PX 工厂爆炸,4 月 9 日 2 时 57 分石化罐体爆炸着火被扑灭。此事故被判断为安全生产责任事故,未被定性为环境事故。从对当地监测情况看,该事故对环境质量,包括水和大气没有造成特别大的影响。

该 PX 项目可谓一波三折。该项目总投资 137.8 亿元人民币,原计划落户厦门,因2007年6月1—2日,厦门市民散步反对海沧PX项目爆发群体性事件而作罢,随后该项目被迁至漳州漳浦县古雷半岛。2009年1月20日,国家环保部正式批复该项目。2013年1月21日,由于原料调整项目变更环境影响报告书未经批准,擅自开工建设,该项目收到环保部的一份行政处罚决定书。2013年7月30日凌晨4点35分,该项目一条尚未投用的加氢裂化管线,在充入氢气测试压力过程中,焊缝开裂闪燃,发生爆炸。2014年5月26日,环保部官网曾公示了一则与古雷石化基地相关的公函,说明古雷石化基地总体发展规划的环评工作尚未完成,但发改委已对该基地规划进行了批复。公函直指该审批行为违反了《环境影响评价法》和《规划环境影响评价条例》。

一个化工项目,为何引发如此多的社会关注和争议?这与中国的社会转型过程有关。

2.2.2 风险社会与风险概述

(1)风险社会及其主要特征　据研究,经过"九五"、"十五"和"十一五"三个五年计划,中国已经基本走完了工业化中期阶段,进入"十二五"之后将步入工业化后期阶段。

我国工业化进程具有高速、全域、非平衡等特征,对推动我国社会经济转型发挥了巨大作用,但从可持续发展的角度看,也带来资源约束加剧、生态环境破坏等问题。2013年我国生态环境质量"一般"以下的县域占53.3%,全国土壤污染调查总的点位超标率为16.1%,耕地土壤点位超标率为19.4%,河流水质Ⅴ类占4.8%,劣Ⅴ类占9.0%;北方17个省级行政区年末浅层地下水储存量比年初减少16.8亿立方米。因此,尽管人民收入增加、生活水平不断提高,但对环境问题的不满日益加剧,环境冲突事件频发。

2014年12月9—11日召开的中央经济工作会议认为,从资源环境约束看,过去能源资源和生态环境空间相对较大,现在环境承载能力已经达到或接近上限,必须顺应人民群众对良好生态环境的期待,推动形成绿色低碳循环发展新方式。

实际上,这种结构性的困境正是我国进入风险社会的表现。

风险社会理论是德国社会学家贝克(Ulrich Beck)在1986年出版《风险社会》一书中提出的。此后,随着各种全球性危机的爆发,这一理论成为研究的焦点。

贝克认为，风险可以被界定为系统地处理现代化自身引致的危险和不安全感的方式。风险社会的概念指现代性的一个阶段，在这个阶段，工业化社会道路上所产生的威胁开始占主导地位，“风险的分配”而不是“财富的分配”作为核心的问题。

风险社会中风险来源可概括为技术型和制度型。技术型风险主要是利用新技术所带来的风险，例如，为了解决粮食危机所倡导的“绿色革命”，农产品增加了，化肥、农药、地膜等污染风险也增加了，效率提高了，农业生产中的能耗也大大增加；制度型风险主要是制度安排的失灵所带来的风险，这里的制度是广义的，包括宏观上的国家和社会制度，以及微观上的工艺流程管理，制度安排的失灵往往在社会转型和工艺流程变革时期容易发生。

(2)研究范式　根据风险后果以及对风险的感知，对风险社会的研究范式主要表现为两个方面四个方向：“现实——建构”与“风险——危机”。针对风险的来源及感知：一类研究认为风险是真实存在的，风险是可以通过科学方法来度量的；与之相反，另一类研究认为风险社会中的风险问题很大程度上是建构出来的，主要是满足环保运动及公众参与等社会运动的需要。针对风险与危机：一类研究认为风险是概率，是未发生的，主要通过制度、规划及管理措施来防患于未然；另一类研究侧重于风险演变为事故后的公共危机管理。

2.2.3　土地利用规划与风险

(1)土地利用规划　FAO 认为，土地利用规划是指以水土资源的系统评价为基础，通过土地利用及其社会经济条件分析，选择和采用最佳的土地利用方案。

从本质上看，规划是对土地利用在时间和空间上的统筹安排。其目标包括效率性、公平和可接受性、持续性 3 个方面。高效最佳土地利用体现了效率性，目的是利用有限的土地进行最大可能的社会财富生产。在风险社会中，财富生产伴随风险生产。从这个意义上说，土地利用规划也是一个在时间和空间上对风险配置的过程。

(2)土地利用与风险研究　从文献计量角度看，土地利用与风险的研究引起学者的持续关注。我们通过 Web of science，检索 1991—2015 年 25 年的英文文献，相关结果为 111 篇。从词频来看，其中，Land use change、Climate change 和 Risk assessment 最多，基本态势为持续增长（图 2-97 左）。在中国知网上，

1991—2015 年间，相关文献为 112 篇，其中土地利用、生态风险、生态风险评价的词频最高，基本态势也是持续增长(图 2-97 右)。由此可见，土地利用与风险引起了中外学者的一致关注，但关注焦点有所不同。从风险的驱动因素方面看，国外文献集中在土地利用的变化过程，而国内文献对土地利用行为本身比较关注；从研究对象看，国外较关注气候变化，国内的焦点为生态风险；从方法上看，国外主要是风险评价，国内则是生态风险评价。因此，基于风险的土地利用规划不仅要考虑土地利用个体行为产生的风险，也要考虑土地利用的外部性所形成的社会风险。目前，对土地利用规划的风险研究还需要深入开展。

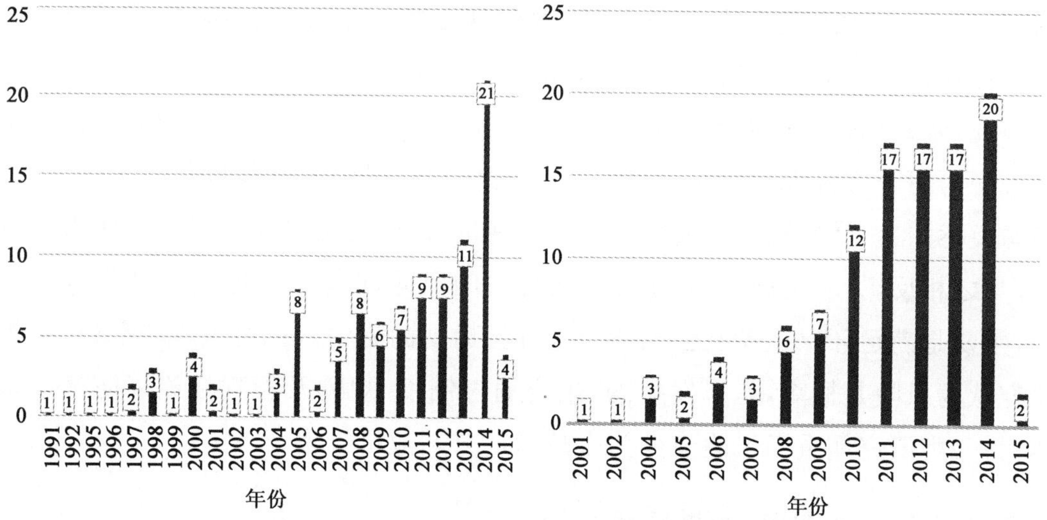

图 2-97　土地利用与风险研究趋势：国外(左)，国内(右)

2.2.4　如何减少土地利用规划中的风险

以上述风险研究的两个方面四个方向来看，减少土地利用规划的风险，分别可以考虑风险的识别与预警、规划与风险知识普及和公众参与、治理模式的变革、危机管理等方面的内容。

以土地整治规划能否成功实施的风险为例。土地整治规划是目标型的，其架构是自上而下的，是依托土地整治项目来实施的。而土地整治项目是流程型的，其架构是自下而上的，是在项目制基础上的资金驱动型实施机制。因此，土地整治规划的风险从制度安排上看，首先是目标引致的，即目标制定不切实际，导致规划不成功；其次是过程引致，即在土地整治规划项目层面上，由于前期设计、当期施工、后期管护等存在问题，导致土地整治规划项目不成功，影响了土地整治规划；再其次，过程对目标的倒逼，由于规划实施过程不顺利，导致修改规划目标。

为此，根据风险传导机制(源—>路径—>受体)，追溯土地利用的风险源，并把风险源进行结构分解分析(Structural Decomposition Analysis，SDA)，评价风险的不同驱动因素，加强土地利用规划管理，杜绝或降低风险，是一种可行的科学方法。

2.2.5　结论与讨论

社会转型，包括从工业社会向后工业社会转型，传统社会的现代化过程中，必然产生风险。风险分析和防范的技术不断进步，研究方法也逐步成熟。与此同时，通过传媒的普及宣传，公众的风险意识也不断提高。由此，形成了“科学理性——大众传媒——公众”之间关于风险认识的差异，往往导致专家意见与公众意愿的不一致。这实质上是经验科学与价值判断的对立。韦伯认为，如果将二者混同，会导致“打着科学和客观的幌子推行自己的主观意见”。那么，公共政策该如何协调这种矛盾呢？作为风险在空间上分配的一种重要工具，土地利用规划该如何考虑“应当做什么”和“如何做什么”呢？从制度安排上看，创造制度空间发挥政府以外主体的作用，从单一的政府风险规制转向多主体共同参与的风险治理，看起来是一条颇有吸引力的途径。

报告人：艾　东　段文凯

基本农田质量保护与管理

1 研究进展

重点实验室农用地质量保护与管理领域2015年的研究在继承上一年度的相关研究成果和基础上，继续从耕地保护责任，义务与补偿的制度框架角度，依据现代农业发展规律，研究不同经营规模，经营模式的农用地投入产出关系，探讨耕地和基本农田集中保护的结构布局理论和规划技术。还开展了研究基本农田质量要素构成与农业经营模式的协调作用机制，探索耕地产能提升的政策和措施。同时，分区域永久基本农田划定技术、相关标准和政策体系的构建也是研究关注的焦点之一。

1.1 2015年重点实验室主要研究进展

2015年的研究在继承2014年度的基础上，根据当前我国农田质量特征、制度现状与发展趋势，重点实验室的研究也进行了相应的扩展。值得关注的主要有：

宏观角度上，基于完善农用地管理，进行管理科学化角度，朱道林对农村土地整治项目的形式进行了研究，提出了应当采取产权主体申报加政府监管的模式。从农用地使用效率角度，郧宛琪、朱道林等对农地“碎片化”进行了分析，通过总结国内外实践经验，并对我国的现状、农地碎片化的原因与问题进行了分析，提出了解决土地碎片化的制度框架，同时呼吁要通过明晰产权关系、构建市场平台、创建新型农业经营体系、推广“良田良种良法”等政策措施来逐步破解中国土地碎片化难题。

耕地质量的问题依然是本实验室关注的核心，在郧文聚等人的研究中再次强调提升耕地质量是当今耕地保护的重要内容，更进一步，在研究中提出了提升耕地质量，关键在于建设健康产能。2015 年新出台的“十三五”规划建议中指出，“以市县级行政区为单元，建立由空间规划、用途管制、领导干部自然资源资产离任审计、差异化绩效考核等构成的空间治理体系。”由此可见，多规合一、红线约束、土地评价、自然资源资产负债表编制、绩效考核等都将成为构建良好空间治理体系的重要手段，结合这一宏观政策背景，郧文聚、张蕾娜、程锋等人从耕地质量角度，研究提出耕地负债核算要有科学质量观。

随着 2014 年《中共中央关于全面推进依法治国若干重大问题的决定》发布，农用地质量保护与管理相关领域的法制建设也逐渐引起众多研究者关注，重点实验室在这一领域也做了相关的研究，刘新卫，郧文聚等人在研究中反复强调，作为当前社会治理的重要内容和表现形式，土地整治影响范围广、触及利益深，开展这项工作既要明确规定涉及任务内容、程序方法的制度规范，又要妥善解决有关资金筹措、权属调整等重大问题，这些都要求更好地发挥法治对土地整治的引领作用。但是受限于当前我国土地法律体系的不完善，相关研究进展相对较为缓慢，且法制建设滞后是我国土地整治的薄弱环节我国现代土地整治的发展历程，是土地整法制建设不断探索和实践的过程。这也将是本实验室未来的一个亟需扩展的研究方向。

值得关注的是，对农用地与城市发展关系的研究上，结合空间的优化理论和国土空间布局对农用地（耕地）进行了扩展研究，主要有汤怀志、郧文聚等从我国城市发展中耕地保护与城市建设、生态建设的矛盾冲突出发，对传统耕地管理“以用定地”进行了重新思考，提出对现有耕地不加区别地划定空间界限、实行统一化的利用标准和管理措施是当前我国耕地管理存在的问题。进一步，提出人们需要耕地不是需要耕地本身，而是需要耕地为人类所提供的服务，需要回归“以宜定地”的本质进行耕地管理，建议树立基于土地功能并与人类利益所关联的国土空间服务观，并针对我国城市耕地的五大核心服务包括特色农产品生产、特殊生态涵养、科技创新和创意农业、开敞式景观农园、农耕文化传承及城市名片，拓展城市耕地的内涵和范围，加强城市耕地的管理与整治。桑玲玲、郧文聚等研究提出土地整治对土地利用空间布局优化具有重要的引导作用。他们选取北京市大兴区 1∶10 000 土地利用现状数据，以乡镇作为分析单元，进行空间重构方法探讨，从高标准基本农田建设要求出发，确定空间重构分析参数及标准值，对土地整治过程中存在的空间重构问题进行分析研究。

1.2 业界研究一瞥

从基本农田质量质量保护与管理领域的研究进展来看，相关的研究紧跟当前我国耕地管理制度改革与社会经济发展的步伐，相关研究集中在耕地保护、耕地的生态功能、空间优化与综合性目标分析等角度，研究内容呈现出了多元化、交叉化现象，值得关注的主要有以下几项研究。

(1)对耕地(农用地)价值组成的扩展性量化测算　如祁欣欣等通过确定耕地非经济价值组成，以人均耕地非经济价值均衡为基础，对各省耕地保护的责任量进行量化，测算各省耕地责任保护量，提出耕地保护地方政府责任价值补偿机制。钱凤魁等以沈阳市沈北新区为例，以美国重要农地保护的LESA(Land Evaluation and Site Assessment)体系思想为指导，构建耕地质量与立地条件综合分析体系，采取多因素综合对比分析法，开展高标准基本农田建设的适宜性评价和非适宜性评价。

(2)耕地生态服务价值的再扩展　如唐秀美等以北京市为例，在确定不同等级耕地生态系统服务价值的基础上，定量化高标准基本农田建设对耕地生态系统服务价值的影响。张皓玮等以耕地生态服务价值为依据，以生态超载指数作为耕地生态服务价值在各区域间转移的测度，结合地区社会经济发展水平，构建市域间生态价值补偿量化模型，并以江苏省为例，测算各区域间耕地生态价值补偿量。

(3)土地要素空间整合优化布局　如刘霈珈等人通过有效整合农用地分等与土地质量地球化学评估两项成果，补充完善区域基本农田布局优化方法。杨希越等从农用地分等、多目标地球化学调查数据的基础上，从质量、产能和土壤环境三个方面构建了耕地健康评价体系框架，以地块为评价单元，通过模糊物元法进行图层属性计算，对研究区耕地健康状况进行综合评价。

(4)耕地保护与经济补偿的探索　如靳亚亚等基于粮食安全和生态安全双重视角，构建耕地保护经济补偿分区的理论框架。

参考文献

[1] 朱道林.农村土地整治项目应采取产权主体申报加政府监管模式.中国发展,2015(5).

[2] 郧宛琪,朱道林,梁梦茵.解决土地碎片化的制度框架设计.地域研究与开发,2015(4).

[3] 刘新卫,郧文聚.规范公权运行　补足市场短板——建言土地整治法治建设.国土资源,2015(1).

[4] 郧文聚,梁梦茵,汤怀志.提升耕地质量重在健康产能建设.中国土地,2015(3).

[5] 汤怀志,郧文聚,关小克,梁梦茵.大城市耕地利用要以国土空间服务为导向.中国国土资源经济,2015(5).

[6] 桑玲玲,郧文聚,等.北京市大兴区耕地空间重构分析.应用基础与工程科学,2015(3).

[7] 郧文聚,张蕾娜,程锋.耕地负债核算要有科学质量观.中国国土资源报,2015.11.27.

[8] 唐秀美,潘瑜春,程晋南,等.高标准基本农田建设对耕地生态系统服务价值的影响.生态学报,2015(5).

[9] 靳亚亚,赵凯,肖桂春.陕西省耕地保护经济补偿分区研究:基于粮食安全与生态安全双重视角.中国土地科学,2015(10).

[10] 张皓玮,方斌,魏巧巧,等.区域耕地生态价值补偿量化模型构建——以江苏省为例.中国土地科学,2015(1).

[11] 刘霈珈,吴克宁,赵华甫,等.基于耕地综合质量的基本农田布局优化——以河南省温县为例.中国土地科学,2015(2).

[12] 钱凤魁,王秋兵,李娜.基于耕地质量与立地条件综合评价的高标准基本农田划定.农业工程学报,2015(18).

[13] 杨希越,张明,刘友兆,等.基于模糊物元分析法的耕地健康评价.经济研究导刊,2015(17).

2　专题报告

2.1　省级政府耕地保护责任目标考核工作基本情况

2.1.1　工作背景

《国务院关于深化改革严格土地管理的决定》(国发〔2004〕28 号)要求建立

耕地保护责任的考核体系,各省、自治区、直辖市人民政府每年要向国务院报告耕地保护责任目标的履行情况。《国务院办公厅关于印发〈省级政府耕地保护责任目标考核办法〉的通知》(国办发〔2005〕52 号)规定:国土资源部、农业部、国家统计局每年对各省、自治区、直辖市耕地保护责任目标履行情况进行抽查,做出预警分析,并向国务院报告;在考核年,由国土资源部会同农业部、监察部、审计署、统计局等部门,对各省、自治区、直辖市耕地保护责任目标履行情况进行考核,并将结果报国务院。从 2006 年起,每五年为一个规划期,在每个规划期的期中和期末,国务院对各省、自治区、直辖市各考核一次。

2.1.2 考核依据

(1)《中华人民共和国土地管理法》、《中华人民共和国农业法》、《中华人民共和国统计法》;《基本农田保护条例》、《土地调查条例》。

(2)《国务院关于深化改革严格土地管理的决定》(国发〔2004〕28 号)、《国务院关于加强土地调控有关问题的通知》(国发〔2006〕31 号)、《国务院关于严格规范城乡建设用地增减挂钩试点切实做好农村土地整治工作的通知》(国发〔2010〕47 号)等国务院相关规定及要求。

(3)国务院办公厅关于印发《省级政府耕地保护责任目标考核办法》的通知(国办发〔2005〕52 号)。

(4)《全国土地整治规划(2011—2015 年)》、《全国高标准农田建设总体规划(2011—2020 年)》、《全国现代农业发展规划(2011—2015 年)》。

(5)全国土地利用变更调查成果、耕地质量等别调查与评价结果、县域耕地地力评价结果。

2.1.3 组织方式

(1)考核对象　各省、自治区、直辖市人民政府,省长、主席、市长为第一责任人。

(2)工作组织　国土资源部会同有关部门联合发文部署开展省级政府耕地保护责任目标履行情况检查或考核工作,联合开展实地核查,联合将检查结果报告国务院,并联合将国务院同意后的检查结果通报各省(区、市)人民政府。在国土资源部设耕地保护责任目标考核办公室,负责考核工作组织实施、综合协调、信息上报等日常工作。

(3)考核步骤　考核按照省级自查、组织核查、综合评价、报告国务院、落实整改的程序进行。

a. 省级自查。各省(区、市)人民政府按照通知要求,开展自查。自查报告要全面反映省级政府耕地保护责任目标履行情况,深入总结经验、反映成效、查找问题、分析原因、提出整改措施。省级人民政府对自查情况及相关数据的真实性、准确性和合法性负责。

b. 组织核查。国土资源部会同相关部门组成考核组对各省(区、市)耕地保护责任目标履行情况进行核查,重点核实省级人民政府自查情况,并向省级人民政府反馈实地核查情况。

c. 综合评价。根据各省(区、市)自查和实地核查、日常监管及专项检查结果等情况,考虑生态退耕、自然灾害损毁等实际情况,对各省(区、市)耕地保护责任目标履行情况进行预警分析、综合评价。

d. 报告国务院。国土资源部会同有关部门对考核或检查情况进行汇总分析,并对各省(区、市)耕地保护责任目标履行情况进行全面评价,总结有效做法和经验,分析存在的突出问题及原因,提出加强工作的措施,形成考核或年度检查报告呈报国务院。

e. 落实整改。将报经国务院同意的各省(区、市)耕地保护责任目标考核或检查结果反馈给省级人民政府,并抄送各派驻地方的国家土地督察机构。各省(区、市)对履行耕地保护责任目标中存在的突出问题限期整改。各派驻地方的国家土地督察机构负责督促省级人民政府落实整改。

2.1.4　考核标准

(1)省级行政区域内的耕地保有量不得低于国务院下达的耕地保有量考核指标。

(2)省级行政区域内的基本农田保护面积不得低于国务院下达的基本农田保护面积考核指标。

(3)省级行政区域内各类非农建设经依法批准占用耕地和基本农田后,补充的耕地和基本农田的面积与质量不得低于已占用的面积与质量。

同时符合上述三项要求的,考核认定为合格;否则,考核认定为不合格。

2.1.5 考核内容

(1)耕地保有量及变化情况　根据土地变更调查成果,考核规划期各省(区、市)耕地保有量情况,规划期耕地增减变化情况、新增建设占用耕地和补充耕地计划执行情况。重点核查建设占用、灾害损毁、生态退耕和农业结构调整等减少耕地和补充耕地的数量和质量情况,用于补充耕地、基本农田保护和建设的资金保障情况。各省(区、市)应对规划期耕地净增减情况、实际建设占用耕地面积大于计划新增建设用地占用耕地面积及未完成补充计划情况做出原因说明。

(2)基本农田保护面积及变化情况　考核各省(区、市)规划期基本农田保护情况;基本农田划定数据库建设情况。各省(区、市)应对建设占用、生态退耕、农业结构调整、自然灾害损毁等造成基本农田面积减少和地类、质量变化情况做出分析说明。

(3)耕地占补平衡与基本农田占用补划落实情况　考核各省(区、市)规划期耕地占补平衡落实情况、基本农田占用补划情况。重点核查耕地占补平衡补充耕地的面积、质量状况,经国务院批准建设项目占用基本农田补划面积、质量情况。了解补充耕地质量验收评定、已补充耕地后期培肥改良及地力变化情况。

(4)耕地质量建设与管理情况　考核规划期耕地质量建设与监管情况,重点核查高标准基本农田任务落实及完成情况。对新建成的高标准基本农田要充分利用农用地分等、土地质量地球化学调查等成果,按照相关标准进行质量等级评定,统一命名、统一标识、统一网格化监管,实行永久保护。核查各地使用新增建设用地土地有偿使用费及其他相关涉农资金开展耕地质量建设、新增耕地质量等级评定、耕地地力调查与质量评价、耕地质量监测及监测网络体系建设情况。调查各地耕地质量日常评价与监测、年度更新制度建设及经费保障、机构建设等基本情况,了解各地加强耕地质量建设与管理取得成效和存在问题。

(5)耕地保护责任落实和制度建设情况　考核规划期各省(区、市)人民政府及相关部门耕地保护制度建设与落实、考核办法制定及考核工作开展情况。重点核查县级以上地方各级人民政府将耕地保护目标纳入政府年度考核评价体系情况,土地违法责任追究制度落实情况,政府领导干部耕地和基本农田保护离任审计情况,耕地保护补偿工作开展情况。核查各地耕地保护责任目标考核落实整改和奖惩情况。了解各地将耕地保护纳入生态补偿机制建立及落实、生态退耕制度建设及落实情况。

2.1.6 结果应用

对认真履行耕地保护责任目标且成效突出的给予表扬,并在安排中央支配的新增建设用地土地有偿使用费时予以倾斜;对考核认定为不合格的责令整改,限期补充数量、质量相当的耕地和补划数量、质量相当的基本农田,整改期间暂停该省(区、市)农用地转用和征地审批。

考核结果送中央组织部和中央纪委监察部,作为领导班子和领导干部年度考核、领导干部监察的参考依据。

2.1.7 切实加强耕地质量考核的支撑

中央领导同志提出耕地保护红线既包括数量红线,也包括质量红线。要像保护文物、保护大熊猫一样保护耕地。《国土资源部财政部关于加快编制和实施土地整治规划大力推进高标准基本农田建设的通知》(国土资发〔2012〕63 号)、《国土资源部关于提升耕地保护水平全面加强耕地质量建设与管理的通知》(国土资发〔2012〕108 号)分别指出将高标准农田建设、耕地质量建设等情况纳入目标考核。从 2104 年起,国土资源部对因建设占用、灾害损毁、农业结构调整、生态退耕、土地开发整理复垦等减少和增加耕地的质量情况,以及由于土地整治、农业综合开发等引起耕地质量发生突变的情况,每年开展耕地质量等别年度更新评价工作,全面反映了各省(区、市)年度内耕地质量等别及产能变化情况,为进一步加强耕地质量考核奠定了科学基础。

报告人:赵玉领

2.2 耕地资源资产核算方法研究

2.2.1 研究背景

为加快生态文明体制改革,党的十八届三中全会《决定》提出"探索编制自然资源资产负债表,对领导干部实行自然资源资产离任审计。建立生态环境损害责任终身追究制。"2015 年 9 月 11 日中共中央政治局召开会议,审议通过了《生态文明体制改革总体方案》(下称《方案》),《方案》提出,"探索编制自然资源资产负债表。制定自然资源资产负债表编制指南,构建水资源、土地资源、森林资源等的资产和负债核算方法,建立实物量核算账户,明确分类标准和统计规范,定期评估自然资源资产变化状况。”由此可见,研究编制自然资源资产负债表并探索其实际应用,已经成为国家加快建立生态文明制度,健全自然资源资产管理体制,实现政府职能转变、高效管理与科学评价,建设美丽中国的根本战略需求所在。自然资源核算是国家资产负债表的重要组成部分,是编制国家资产负债表的首要任务和重要前提,因此,构建科学的自然资源资产核算体系就更具迫切性和重要性。

耕地资源作为自然资源的重要组成部分,是国民经济和社会发展的物质基础。由于我国具有人口多耕地少,耕地质量和生产力水平低下,耕地的生态环境脆弱以及后备资源匮乏等特点,因此,尽快建立耕地资源资产核算体系,对于保持18亿亩耕地红线、实施粮食安全战略有着十分重要的意义。我国现已完成全国第二次土地调查,并形成了基于第二次全国土地调查的全国耕地质量等别成果,为土地资源实物量核算奠定了基础。同时,已经发布《农用地质量分等规程》(GB/T 28407—2012)、《农用地定级规程》(GB/T 28405—2012)和《农用地估价规程》(GB/T 28406—2012)等国家标准,为农用地资产核算奠定重要的技术基础。因此,率先开展耕地资源资产核算体系探索具有较好的现实可行性,可为其他自然资源资产核算提供理论和实践参考。

2.2.2 耕地资源资产核算体系

耕地资源资产负债表核算主要目的,在于以价值量形式反映特定地区特定时点的耕地资源存量及其变动情况,最终目的是反映各级政府负责管理的耕地资源资产的“家底”。具体到耕地资源资产核算的内容,可以从3个方面去理解:①耕地资源资产核算包括耕地资源资产实物量核算和耕地资源资产价值量核算两方面。在耕地资源资产实物量核算方面已具有较成熟的体系,主要是基于第二次全国土地调查的数据;在耕地资源资产价值量核算方面由于涉及到耕地资源的价值化问题而十分复杂。②耕地资源资产核算由个量核算和总量核算两部分构成。个量核算也称分县核算,即核算各县耕地资源资产的实物量;在价值量核算方面,同样是以县为单位,分别核算各县的耕地资源资产的价值量。总量核算也称分省汇总核算,是以省为单位汇总该省范围内各县的耕地资源资产实物量和价值量,最终形成全国耕地资源资产核算。③耕地资源资产核算不仅要反映静态的存量状态，而且，还应揭示动态的流量变化。这三方面的关系见图2-98。

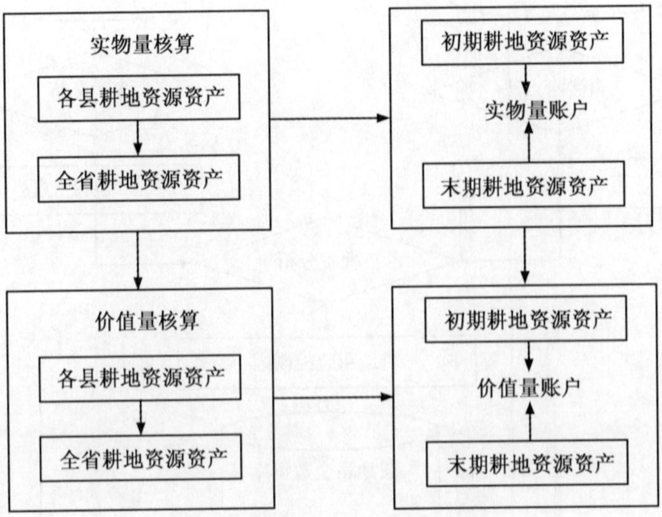

图 2-98　耕地资源资产核算体系

2.2.3　耕地资源资产价值核算的基本思路和技术路线

(1)耕地资源资产价值核算的基本思路　首先，考虑把耕地平均质量等别和区域社会经济条件结合起来，形成省域范围内的控制区，在相同控制区内其耕地质量和社会经济条件大致相同。其次，在省域范围内调查当地主要农作物耕地租金数据，继而利用数理统计方法剔除异样点。此外，采用 GIS 空间插值技术，插值出全省各区县耕地租金平均值。最后，结合耕地面积数据，利用收益还原法核算各区县耕地资源资产总量，再通过汇总得到全省耕地资源资产总量。

(2)耕地资源资产价值核算的技术路线　我国耕地资源资产核算技术路线可分为 5 个关键步骤即数据库建设(耕地质量等别数据库和社会经济指标数据库、耕地租金数据库)、划分控制区、租金数据控制、租金空间插值、耕地资源资产价值量测算(图 2-99)。

①数据库建设：数据库建设是耕地资源资产核算的基础，这一步实际包含 3 个部分：a. 耕地质量等别数据库，即通过 Arcgis 地理数据库(Geodatabase)建立全国各区县耕地平均质量等别数据库，这部分数据依托国土资源部土地整治中心提供。b. 社会经济指标数据库，通过各省《统计年鉴》建立社会经济指标体系，主要包括 GDP、人均 GDP、城镇居民可支配收入、农民人均纯收入、城镇化率、人

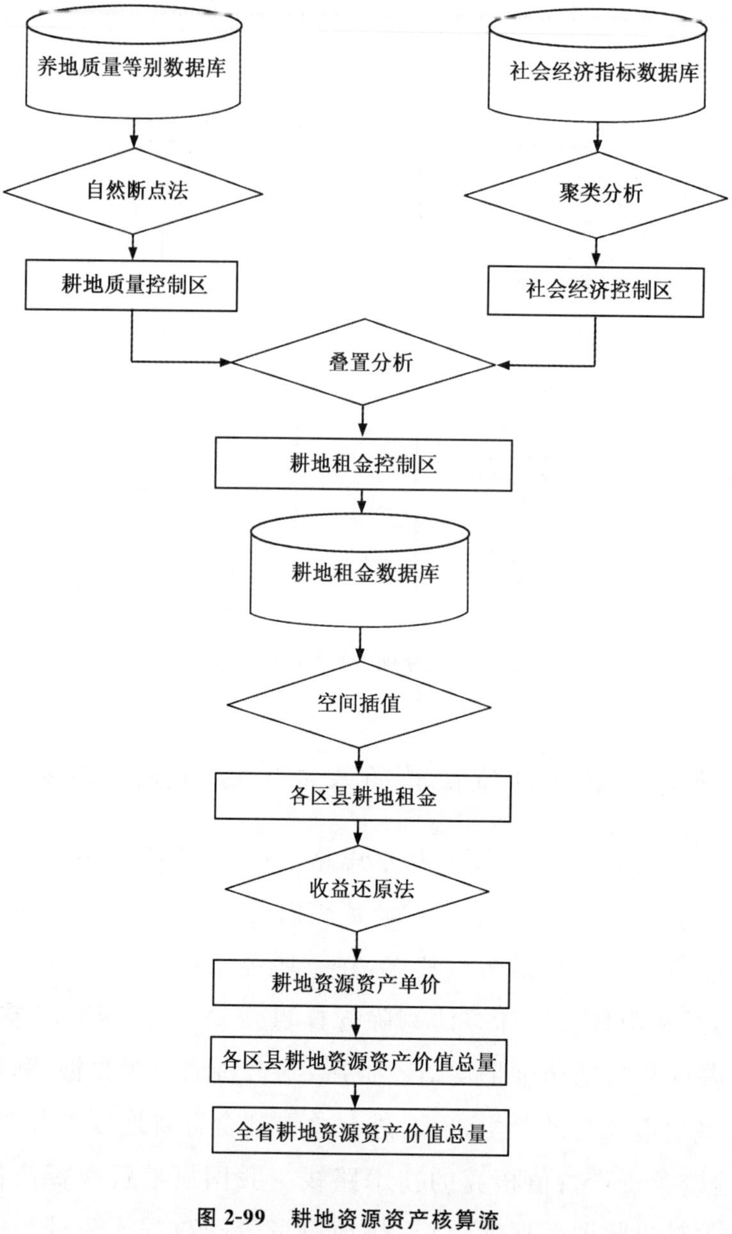

图 2-99 耕地资源资产核算流

均财政收入、每平方千米公里里程等,考虑到区县一级统计数据搜集难度较大,同时这一级数据在宏观层面不如地级市一级数据更能反映省域范围的区域社会经济情况,因此,在实际操作过程中只建立地级市一级社会经济指标数据库。c.耕地租金数据库,这部分数据主要由国土资源部土地利用司发函中国土地估价师与土地登记代理人协会负债全国耕地租金数据调查。同时,将土流网(http://www.tuliu.com/)、土地资源网(http://www.tdzyw.com/)、聚土网

(http://www.jutubao.com/)搜集耕地租金数据作为补充。需要说明的是，本次调查为保证耕地租金数据能反映区域耕地流转价格水平，调查对象需满足以下条件：a.以种植当地主要农作物的耕地流转为主；b.尽可能调查耕地流转后种植类型不变的租金数据；c.调查的同时记录耕地总投入和总收益，用以辅助检验耕地租金数据的可靠性。

②划分控制区：首先，根据各省耕地质量等别数据库，按照平均耕地质量等别，采用自然断点法在省域范围内划分3～4个耕地质量控制区，属于同一耕地质量控制区的区县其耕地质量大致相当。其次，通过社会经济指标数据库，利用聚类分析法在全省范围内划分3～4个社会经济控制区，在同一社会经济控制区范围内的区县其社会经济水平相似。然后，通过GIS空间叠置分析，将耕地质量控制区与社会经济控制区进行叠置，继而建立租金控制区。在同一租金控制区，其耕地质量和社会经济条件大致相同，因而其耕地租金水平亦大致相似。这样即可从整体上保证耕地租金数据能较客观地反映当地耕地流转的实际水平。

③租金数据控制：根据统一租金控制区耕地租金水平的相似性原则，对搜集的租金数据进行描述性统计分析，并采用平均值±2倍标准差的方法剔除异样数据，最终根据各区县搜集耕地租金数据的平均值确定当地的租金水平。

④租金空间插值：由于目前耕地租金数据暂时不能实现省域范围内的全覆盖，因而可在耕地租金数据控制的基础上，采用GIS地统计方法插值出未知区县的耕地租金数据。在插值前，需进行探索性数据分析，当租金数据满足正态分布或在Log变换和Box-Cox幂变换后符合正态分布，即可优先选用kriging插值法进行插值；当租金数据无法满足正态分布时，可考虑选用反距离权重插值法或局部多项式插值法进行插值。

⑤耕地资源资产价值量测算：对耕地资源资产价值量测算，采用收益还原法。收益还原法是将待估农用地未来各期正常年纯收益(地租)，以适当的土地还原率还原，从而估算出待估农用地价格的一种方法。具体公式见式1。首先，采用收益还原法测算各区县单位面积耕地资产价格；其次，根据各区县耕地面积核算全县耕地资源资产价值总量；最后，通过汇总得到全省耕地资源资产总量，继而可核算全国耕地资源资产总量。值得注意的是，土地还原率的取值对耕地价值的精度具有较大影响。由于我国农用地估价起步较晚，确定农用地还原率的资料还不充分，因此可借鉴国内外的土地还原率水平。总的来说，国外的土地还原率大都在5%左右，美国习惯上采用4%，德国为5.5%，苏联为4%～5%。

而国内的土地还原率也多在5%左右,如湖北省大冶市采用4.505%,湖南省临澧县采用6%,河北省邱县为5%,吉林省长春市为4.6%。综上所述,我国耕地还原利率应为5%左右。

$$P=a/r \tag{1}$$

式中,P 为耕地资源资产价格;a 为耕地租金;r 为土地还原率。

2.2.4 典型省份实证分析

采用上述方法,我们根据所掌握的数据,分别选择吉林、甘肃、山东、湖南四个省进行了试算,以检验方法的适用性与可行性(表2-17)。从表2-17中可以看出,耕地资源资产单价排序为:山东(14 804.08元/亩)>吉林(9 434.02元/亩)>湖南(8 539.49元/亩)>甘肃(6 896.93元/亩)。经统计,山东省的耕地平均质量等为8.33,吉林省的耕地平均质量等为10.67,湖南省的耕地平均质量等为8.21,甘肃省的耕地平均质量等为13.04。总体上看,耕地质量越好的省份,耕地资源资产单价越高,但受社会经济条件、自然环境条件、土地流转市场发育状况、农作物种植类型等多种因素影响导致部分省份存在耕地资源资产单价与耕地质量不匹配的现象,如湖南省,虽然全省的耕地质量在四省中最高,但从人均GDP、农民人均可支配收入等社会经济指标看,却位居山东、吉林之后,加之湖南省山地地形和耕地"碎片化"等限制性条件,导致湖南省耕地资源资产单价并不高。

表2-17 耕地资源资产价值量核算试算结果

省	面积(公顷)	单位地价(元/亩)	单位地价(万元/公顷)	资产总量(亿元)
吉林	7 006 473.59	9 434.02	14.15	11 358.14
甘肃	5 375 528.00	6 896.93	10.34	5 031.06
山东	7 633 542.53	14 804.08	22.20	17 057.95
湖南	4 149 711.74	8 539.49	12.81	5 177.86

从图2-100至图2-103(彩图2-100至彩图2-103)中各省内部耕地资源资产价格分布情况看:

(1)吉林省耕地资源资产价格的高值区位于长春市、吉林市、四平市、松原市,这四市地处全省耕地质量最好的松嫩平原地区,同时也是全省的经济发达地区;低值区位于延边朝鲜族自治州、白山市、通化市,该区域地处长白山区,耕地质量较差,同时亦为全省经济较落后的地区。

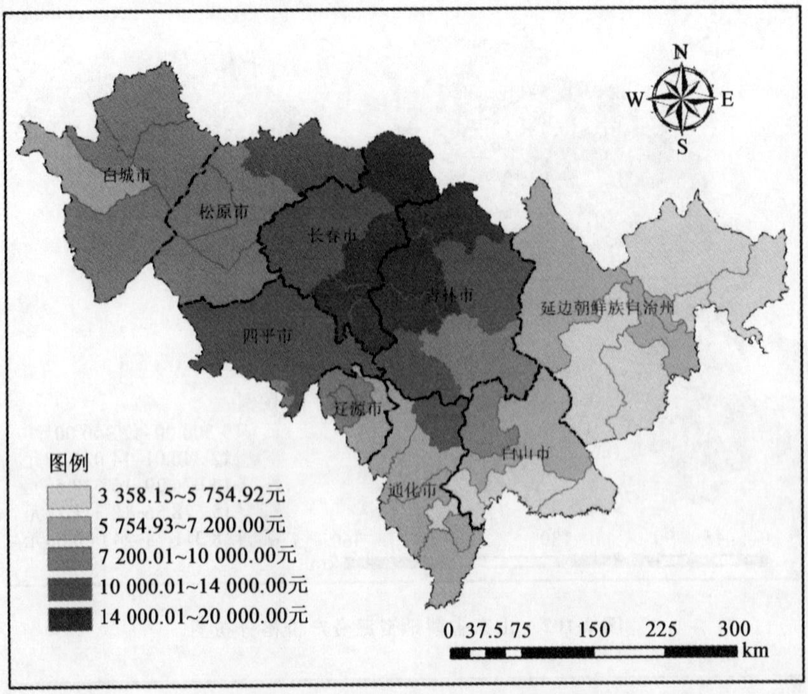

图 2-100　吉林省耕地资源资产价格分布图

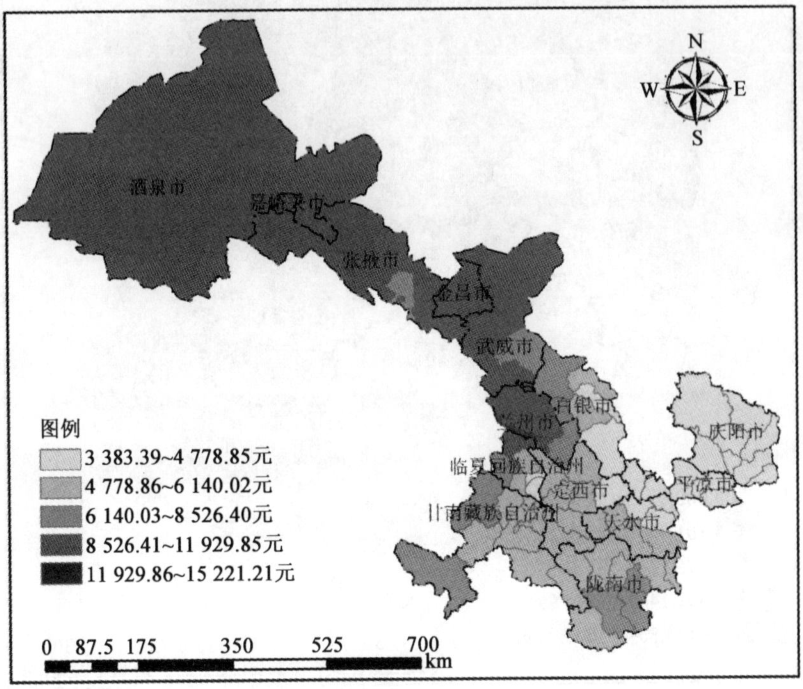

图 2-101　甘肃省耕地资源资产价格分布图

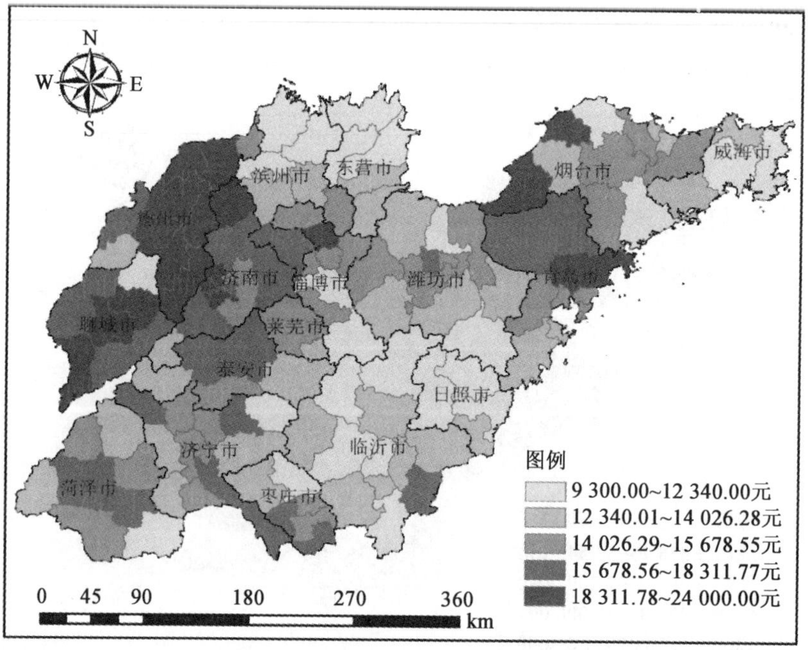

图 2-102　山东省耕地资源资产价格分布图

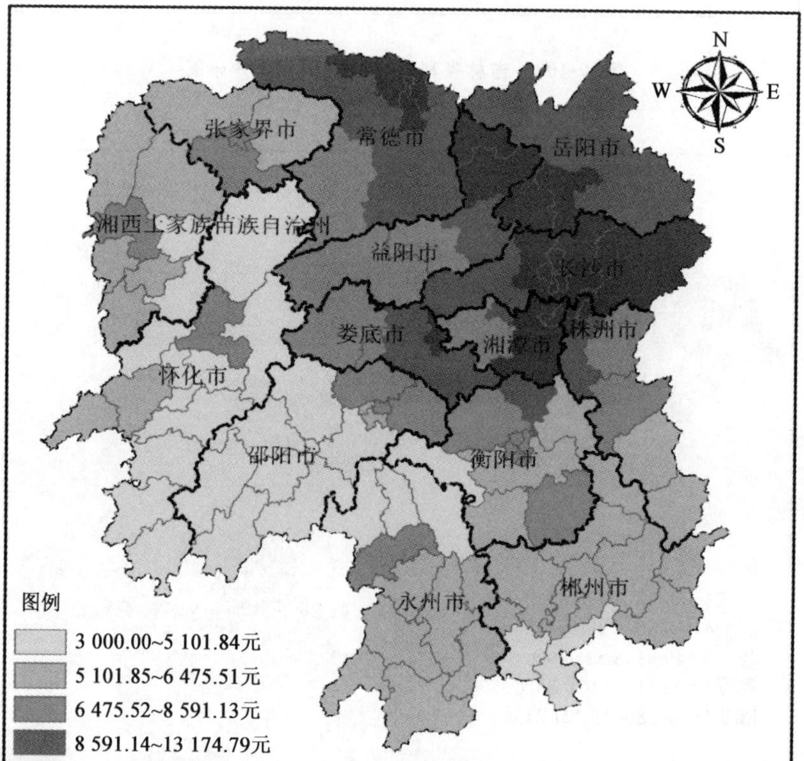

图 2-103　湖南省耕地资源资产价格分布图

(2)甘肃省耕地资源资产价格的高值区位于兰州以西的河西走廊地区,该区既是全省耕地质量最好的地区,又是甘肃省社会经济条件较好的地区;低值区主要位于陇东和陇南,该区属于秦岭山地,自然环境较差,社会经济相对落后。

(3)山东省耕地资源资产价格的高值区集中分布在鲁西北平原和胶莱平原,该区是全省耕地质量最好的地区,属全国重要的产粮基地;低值区主要分布在鲁中南山地丘陵地带,该区耕地质量较差,贫困县较为集中。

(4)湖南省耕地资源资产价格的高值区分布在长沙、湘潭、岳阳、常德、益阳四市,该区集中于洞庭湖平原,亦为全省的经济发达地区;低值区主要位于湘西山地和湘南南岭地区,该区地表崎岖,社会经济条件相对落后。综上所述,耕地质量状况和区域社会经济条件较好的地区,其耕地资源资产价格相对较高,而耕地质量状况和区域社会经济条件较差的地区,其耕地资源资产价格往往较低,即耕地资源资产的价格与耕地质量状况和社会经济条件具有较强的空间耦合性。由此可见,通过构建耕地平均质量等和区域社会经济条件控制区进行耕地资源资产核算能较客观地反映当地耕地资源资产价格分布情况。

报告人:朱道林　杜　挺　赵　钱

2.3 “农业外国”与城市化中的农业区位研究

2.3.1 引言

随着克鲁格曼新贸易理论的提出到新经济地理理论的发展,将空间要素引入经济学分析已经成为区域经济学研究的新趋势。越来越多的研究者也通过构建基本空间经济模型(新经济地理模型)去分析特定的国家、区域或者特定产业,其中最主要的还体现在了藤田昌久(2003,2005)对利用空间经济分析方法对日本的实证分析和克鲁格曼(2000,2003)等学者对欧盟的分析,空间要素的经济分析也渐渐的步入政策分析的殿堂。开放经济的深入发展以及区域间要素的流动成本的减少,区域政策制定框架不可避免需要考虑空间布局的问题。当前,存在着大量关于空间聚集与城市集群的研究成果,特别是新经济地理(New Economic Geography)分析方法的大量使用和不断的完善,加之计算机技术的发展,区域的空间要素关联分析已经逐渐从边缘走向主流。但是,不可否认的是,大多的研究成果主要集中在对城市以及工业部门的分析，对农业的处理是将其看为城市与工业为核心的边缘、外围要素。

对农业的边缘、外围(The Periphery，Remote Regions)假设使得在经济的空间分析中往往忽视了农业自身的聚集以及空间效应。这一点从已有文献极少涉及农业空间聚集或者农业生产空间关联布局而得之。当然，理论研究的缺乏并不代表在经济分析中我们对“边缘、外围”农业的忽略，尤其是对于我国而言，尽管不能将农业称之为“支柱”产业，但在某些地区，农业仍然是最主要的产业，是粮食供应、解决就业最主要的行业。从整个国家经济而言，尽管农业产出在总体GDP产出中所占份额越来越小，但是，随着工业以及城镇化水平的不断推进，农业作为基础行业的重要性愈加显现出其的基础性来，这一点从我国政策制定者的宣传角度和对农业发展的关注度，以及在学术上对农业问题的重视可以看出，对边缘农业的关注度是不断上升的。

当然，尽管在区域以及分析中，农业作为外围受到研究者的关注度较少，对其有所研究的文章把主要目标放在了分析如何去让“外围”脱离“外围”，也就是去分析如何发展外围农业。在国内，这类的分析主要体现为讨论如何工业化农业、如何工业反哺农业、城市支持农业的问题。在以不同的角度对不同的产业的反洗中，研究者都不可否认的是产业的聚集确实能够促进区域经济的发展。也有部分研究成果表明，中心城市发展的外溢效果以及对区域经济中“外围农业”正的溢出效应。但是，我们不得不承认的是，在众多的研究中，不管是理论分析还是实证探索，在对空间经济学建模的过程当中，农业往往是作为一个“铺垫”要素，或者是假设农业是“无限提供资源”的一个“外围”要素，对“外围”的农业本身发展往往被忽略了。

这里，本文的主要目的是通过文献的研究，通过分析空间经济学基本分析模型中对农业要素的分析，总结并分析“农业外围”处理背后的含义。通过分析农业“外围”性，总结农业与积聚于中心的城市的联动性，进而分析在城镇化过程中农业产业的空间分布，试图通过这种分布安排，努力提供一个发展外围农业的理论基础。

2.3.2 农业“外围”性

对于农业外围与边缘的分析最早见于屠能的《孤立国》中，其中，农业的外围主要是从地理区位的分析(屠能圈)中体现出来的。屠能设想了一个在中间且孤立的城市，城市的一切供应品由外围的农业（农村）所供应，那么，农业生产之间的竞争和不同的农产品会“使地租呈梯度状态分布，地租以城市为中心向外围逐次递减，城市的地租最高，离城市最远的地租为零”。由于各种农作物的产量以及运费的差距，对地租和运费的权衡会让土地“形成同心圆形式的生产布局”，同心圆的内圈是核心的城市。在屠能的区位分析中，土地的固定和不同的农业生产类型加之运输成本决定了农业圈的存在。如图 2-104 所示，图中第一象限内显示的是土地租金和农作物的对应曲线，表示的是在距离“原点”的“中心城市”的不同距离上的土地租金，自此基础上，根据不同的农作物对应不同的地租选择从而形成了理论上的农作物种植同心圆，也就是屠能圈。这个圈形成的过程通过市场竞价而自发形成，也就是说你在某一个圈里种植某一作物的时候，就“间接的影响了其他作物的运输费用，因为你迫使他们在更远的地方生长”（克鲁格曼，1990）。屠能圈的分析尽管简单，但是非常巧妙而深刻的对农业布局有一个简单的形象认识。

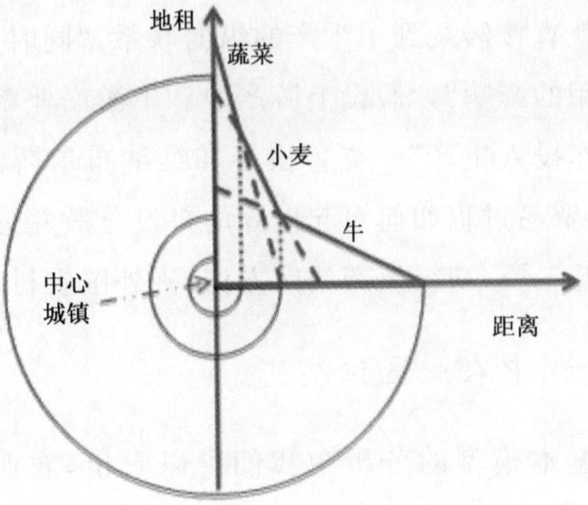

图 2-104　地租和土地利用形成的“屠能圈”（克鲁格曼，1991）

随着区域经济分析方法的创新和新经济地理学的崛起，基本的空间经济学模型的构建对区域经济分析占有了一席之地。克鲁格曼在 1991 年提出了新经济地理分析的“中心-外围”空间经济分析基本模型，也称之为“中心-外围”模型。该模型把现实经济简化为两区域的分析，主要涉及为两个部门（工业部门和农业部门）和两个经济要素（劳动力和土地）。在该模型中，基本假设是商品在两区域之间能够因贸易而流动。需要注意的是，对于农业部门，该模型设置了农业产出的流动是没有交易成本的假设，而工业部门的产出主要因为运输而存在交易成本,对于该交易成本,克鲁格曼主要使用的是萨缪尔森于1952年和1954年期间提出来的“冰山成本”。这样,贸易可以进行的情况下,商品和劳动力的流动将以价格为导向,在这个导向的过程当中就会因为“引力”和“斥力”的作用形成一个经济的“中心—外围”结构。在空间的区域布局上,将形成的结果是:“中心地区将形成主要以生产全部工业产品的工业区(城市),其他区域将形成主要向中心区域提供农业产出的农业外围区域,外围区域的工业品需求将从中心区域得到满足”。在该模型中,农业主要是作为相对固定的部门,不能迁移的生产要素被固定在农业外围区域。当然,这个结果是一个不断累积的过程,核心的工业区通过价格(包括商品价格和劳动力价格)不断吸引外围要素向中心靠拢,随着要素的叠加,更多的工业部门(工厂)就会越来越向中心靠拢,农业的外围就会更加明显。“这个过程直到中心区域包含了所有能够迁移的要素”才会宣告结束。

另外,克鲁格曼和维纳布尔斯对“中心—外围”方法进行了小的修改,关注对象从资源的集聚转到特定产业的地理集中上,该转换改进了“劳动力不可随地区移动”这一假设,这就直接涉及到了生产的纵向联系,“同时上下游生产者都受到收益递增和运输费用的影响”,“假设上游产业和下游产业都是相同的,即同质化的产品被消费和用作投入生产”。克鲁格曼和维纳布尔斯论证了随着运输费用降低,发展中的世界贸易过程如何引起世界的自发分散并形成高工资、产业化的北方(中心城市)和低工资、初级生产的南方格局(外围农村)。

2.3.3 城市化进程中农业区位演变

从空间经济学基本模型的分析中我们可以看出,农业作为外围的因素在分析中起到的作用是向中心区域提供“源源不断”的“供给品”,主要是农产品。而同时,在分析中,我们也可以认为,外围的农业区域本身也要消耗来自于集聚的“核心”地区的产出品——工业品。另外,从集聚的“离心力”与“向心力”分析范式中,我们发现,对农业的不可移动要素——如土地,农业劳动力等的假设对集聚起着向心力的作用,也就是说由于这些不可移动的要素,会使得经济更加分散。也有学者分析中直接指出(Wiggins,2001),正是这些不移动的要素决定了农业区域在整体经济中的角色。“农地、森林、水体、矿产等这些都是不可移动的资源决定了这些区域进行的是农业、林业、渔业和矿业等”脱离于城市体系的布局。在运输成本较高的情况下,各种农业生产彼此之间由于运输成本较高而处于分散的布局。但是，随着运输成本的下降(这可能是由于新道路的建设、新的交通工具的使用等原因导致)，这些区域之间相互的经济交往就会越来越频繁，城乡之间的贸易往来直接导致了农业生产布局的变化(屠能圈的形成)。

我们利用图 2-105 来简单的勾勒了城市的出现以及农业区位的演化。在图 2-105A 中，由于农业不可移动要素(土地、水等固定资源)的约束，经济活动分散的布局于整个区域中，人类群居性和农业生产集中性会使得区域中出现很多个小中心，这些小的中心由于经济活动强度较弱，还不至于会出现城市，农业生产围绕着这些小的中心(我们可以用村落来理解这些小中心)而进行，区域之间由于有着较高的运输成本，所以各个区域中的产品交换活动较少，存在的交换活动也是相邻(紧邻)区域之间的产品交换。在这一情况下，积聚力量中"离心力"远远大于"向心力"，产业积聚难以形成(或者说城市难以形成)。运输成本的降低大大的改变了这一情况，使得区域经济发生了突变。可能是道路的建设、新交通工具的使用等，相似的区域之间的交流成本变得较低，区域中随着交易需求从而产生了最初的为了交易而存在的集聚点(比如集市)。在图 2-105B 中，我们可以看出，随着中心积聚点的出现，交易的需求和经济的增长使得中心集聚点的要素越来越集中，从而产生了最初的城市。根据新经济地理模型分析的结果我们可以推断，随着空间要素的不断积聚和空间经济"引力"的刺激，在"中心-外围"的框架内，中心区域将会以高的工资水平、高的市场潜力吸引外围要素向中心集中，其结果便是外围区域要素的流失，到最后只剩下无法流动的要素，如土地。由于运输成本的差异和土地租金的差异，外围农业区域将在"屠能"的理论下形成图 2-105C 中的基于城市为中心的农业"外围"屠能圈。

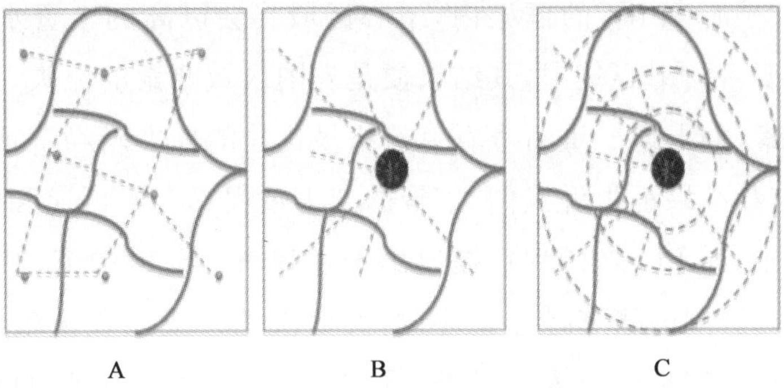

图 2-105　城市的出现促使农业区位的演化

对农业外围理解主要集中在以下几点：一是外围的农村地区，主要是指区别于城市的广大的农村社会区域，这些区域往往是城市圈中主要城市节点之间的广大区域，也可能是远离城市区域的经济发展水平较低的农村片区；二是农业生产占有较大比例的区域，尽管这一区域有着小规模的城市，但是农业生产是这一区域的主要产业，城市中工业的份额小到以至于可以忽略；三是对国民经济贡献较小，产出较低的区域。对前两个外围的处理很容易从定义上去理解，但是，对第三种外围的处理所涉及的不仅仅是农业的问题，其主要是从整个区域中经济社会产出贡献的角度来看的，就比如，将我国划分为东、中、西三个区域，西部的经济发展水平较低，且农业在西部的总体经济产出比例中比东、中两部高，因此，对整体国民经济的空间分析中，西部整个区域往往就会作为农业外围的方法来处理。

2.3.4 “中心”与“外围”的相互影响

不少学者在空间经济、新经济地理的模型构建中，都会感觉到外围农业处理的不足性。Tabuchi 和 Thisse(2006)就曾经指出：“在这个方面，我们想强调的事实是将‘中心-外围’的外围归结为单纯的农业部门是不能令人满意的”。根据克鲁格曼模型的要求，农业作为外围还需要一个必须的条件是“农业不可移动因素(土地、劳动力)必须足够多”。可以看出，在空间经济学分析的模型框架中，最初便定义了农业是作为“服务”而存在的。“通常，那些所谓的农业边缘就是那些服务于核心中心城市的区域”。这一点最直接的体现就是“农业生产提供中心区域所需求的所有农产品，并消费中心所生产出来的部分工业产品”。根据新经济地理模型分析的结果我们可以推断，随着空间要素的不断积聚和空间经济“引力”的刺激，在“中心-外围”的框架内，中心区域将会以高的工资水平、高的市场潜力吸引外围要素向中心集中，其结果便是外围区域要素的流失，到最后只剩下无法流动的要素，如土地。重新查看克努格曼构建的标准新经济地理模型，会发现，模型的演变和结果都告诉我们，集聚的产生过程具有不可逆和内生两性。尽管在一些研究中，如 Puga(1999)，提出集聚过程由于要素的流动可能会有一些逆转，但是，这种影响的概率是非常小的，在集聚的形成过程中聚集行为停止或者逆转都需要外生变量的介入。另外，具体到“中心”与“外围”的要素流动如何对外围产生影响，我们可以通过表 2-18 看出。

表 2-18 区域间(中心城市与农业外围)要素流动对"农业外围"的影响

区域要素	对"外围(农业)"正的影响	对"外围(农业)"负的影响
商品和服务支出	"中心"发展给"外围"提供了巨大的市场	"中心"支出的增加会挤压"外围"的支出
企业	外围区域成熟的企业将会受益于外围低平均工资和低土地支出,降低成本	成长期企业将会离开"外围"而转向中心寻求积聚效用、市场潜力和专业劳动力
投资	"中心"资本会受到"外围"低工资和低土地支出的吸引	"外围"资本将会受到"中心"区域快速的经济发展利益的吸引
劳动力和人口	"外围"人口流动向"中心"寻找更高收入的就业岗位;"中心"人口流向"外围"寻找更好的生活环境或更低的生活成本	"外围"会形成人口外流现象,造成劳动力缺乏
知识和技术	"中心"是创新和技术发展的核心,对"外围"会有知识溢出和技术转移	"外围"会因为人口因更高的受教育机会和更高的技能培训机会而加重外流,使得"外围"知识教育和技术创新潜力更加受压制
政策及政府支持影响	经济的快速增长能够促进"中心"社会以及政治的改革,政策关注使得社会发展更好	"外围"容易收到政策的忽视,由于社会发展之后,政治问题会更加突出,"中心"的政治发展会对"外围"形成渐进式的影响

来源:Barkley(1996)等学者的研究成果汇总。

2.3.5 城市下外围农业的发展布局策略

城市化背景下的农业区位问题我们可以看成是是农业生产的最优化配置问题。当前,我们往往过多的去讨论城市与农业之间的矛盾,而忽略了其作为一个发展整体而存在的现实。我们不能跳出城市去破解农业问题,更不能脱离农业而去解决城市问题。"外围"的农业发展需要与其"核心"的城市相互联动,那么,如何的相互联动?由上文的分析我们可以看出,农业外围区域的形成主要是由于运输费用的下降以及交易成本降低的需求,出现了理论上的农业"屠能圈"。库鲁格曼的新经济地理基本模型中对农业的外围也做出了"农产品运输成本为零"和"资源无限"的假设。但是,现实中,这两个理论的假设性是非常弱的。本文摆脱这一假设,在农业外围的基础上(也就是"城市已经存在")分析农业布局思路,试图能够给破解外围农业发展瓶颈提供思路借鉴。

在摆脱"农产品运输成本为零"和"农业资源为无限"的假设后,我们以这两个条件划分"外围农业"的区位特性:运输成本有高低以及区域农业资源有差别。需要说明的是在本次分析中,运输成本我们简化为该农业区域与城市的距离。那么我们可以见下图的"农业区域布局生产圈"。以城市为中心,我们将布局与城市周围的农业“外围”区域定义为农业“资源丰富区”与“资源相对缺乏区”，根据距离城市的距离还可分为“临近区”，“边缘区”和“外缘区”。因此，对农业外围我们可以分成6种不同类型的农业区域：临近与资源丰富区，临近与资源缺乏区，边缘与资源丰富区，边缘与资源缺乏区，外缘与资源丰富区和外缘与资源缺乏区。由于距离城市的距离和资源保有度的差异，对农业生产布局应有各自的特点。从图2-106中的简单图示和通过距离的概念我们可以对“临近区”，“边缘区”和“外缘区”三区有一个理解，但是，在现实经济中，往往不容易去区分城市以及临近区。对于这一区而言，由于其距离城市的距离较近，且交通环境也比较好，因此与城市产业具有较强的联动性，另外，随着城市的扩张，“临近区”往往也跟着向外扩张。一些“边缘区”也随之而变成“临近区”。因此，对于“临近区”而言，也有的学者的研究中将之称为“城市化前期区域”(Pre-Urban，Adell，1999)。对于“临近区”的农业生产布局不仅仅需要关注高校、高附加值的农业模式，还要充分发挥农业作为调节生态系统，保持健康环境的作用。由于这一区域距离城市较近，因此其往往还承载着部分人口的居住、部分工业用地等的功能。因此，在这一区域里面我们需要明确划分的是关于农业资源“丰富区”和“缺乏区”。在临近与资源丰富区，主要发展高效而健康的现代农业种植，比如提供日常消费类新鲜农产，另外，也要注重农业的生态保护功能。而在临近与资源缺乏区，可以作为城市化扩张的后备区域，发展高效、生态的设施农业，并且承接城市人口居住的部分功能。城市临近区的农业区域还是城市中劳动力的主要来源，由于具有较高的联动性和经济关联性，“临近区”的农业布局规划应当纳入整体城市规划的体系。

边缘区是距离城市一定距离，几乎脱离城市体系，但是具有良好的通勤条件的农业区域。从整个国家区域层面看，脱离于主要大城市的边缘区里的是分散布局各个县域区域。而对于县域来说，脱离于县域中心城市的边缘农业区域是围绕其分散分布的各个乡镇级中小城市。边缘区是农业“阵地战”式发展的主要区域，可以布局主产粮食作物、畜禽养殖等大宗农产品种养殖。对于边缘与资源丰富区域，发展农业应作为主要的产业，在该区域，应该禁止发展任何形式的工业以免造成工业生产对农业资源的侵占和破坏，农业在该区域所扮演的第一角色是生产和发展，扮演的第二角色是生态功能的体现。而对于边缘的资源缺乏区，可以发展设施农业和特色农业，由于资源的缺乏会对发展农业造成一定的瓶颈，城市化的吸引使得劳动力都往城市集中，农业劳动的缺少往往会使这一区域

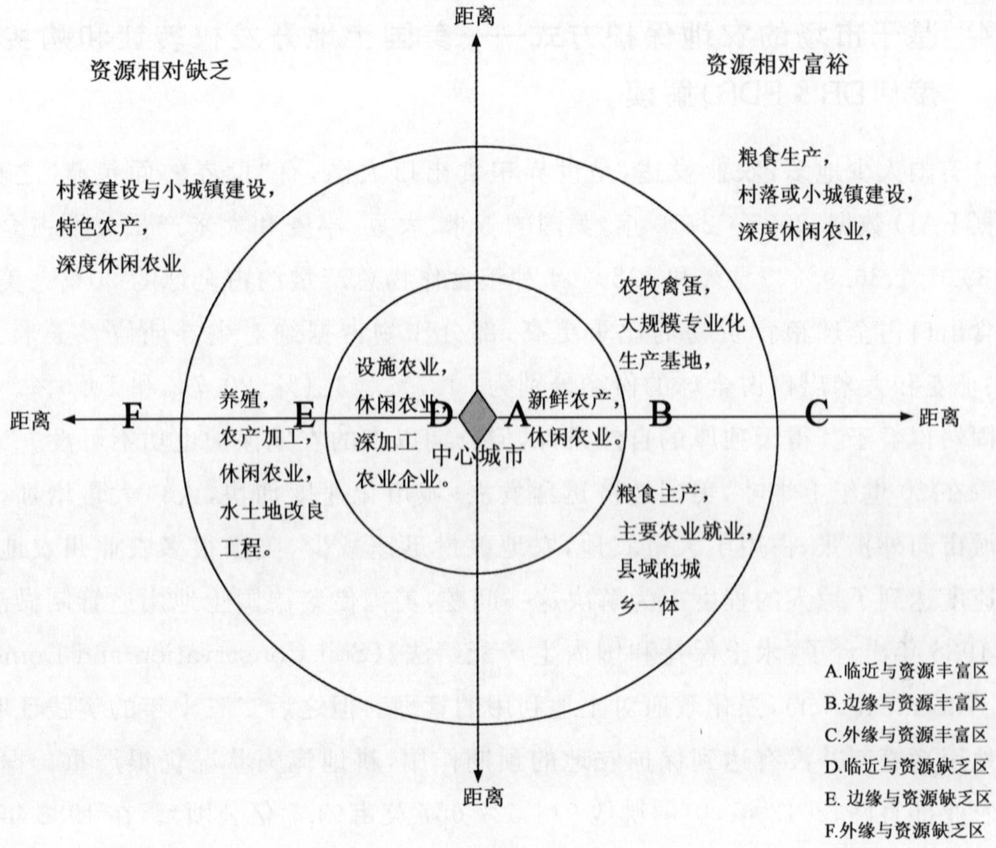

图 2-106 城市与农业产业区位策略

产生农业生产撂荒的现象，因此，在此区域，可以进行土地的集中整理和集中的大规模生产。另外，发挥农业和林业的生态功能，发展旅游农业在这一区域也具有一定的潜力。

“外缘区”由于距离城市较远，交通运输及人员通勤条件较差，不管是社会发展还是农业生产都属于较低水平。但是随着经济社会和交通运输条件的发展，这一区域存在着巨大的发展潜力。在农业“资源丰富区”的“外缘区”，农业的生产与生态功能仍然是农业生产的主线：大宗粮食作物、特色农产品等，另外，农业的生态功能所蕴含的旅游农业的发展潜力巨大。而对于“资源缺乏区”的“外缘区”，由于缺乏农业生产的基础措施，因此对着这一区域主要的农业的生产体现的是农业自然性和生态性。

报告人：王　健

2.4 基于市场的农地保护方式——美国土地开发权转让和购买制度(TDR & PDR)解读

美国人少地多，农业发达，是世界粮食出口大国，有“世界的面包篮”之称。根据FAO数据，2005—2010年，美国的玉米、大豆、小麦和大米产量分别占全球的39.0%、36.9%、9.1%和1.5%，4种粮食作物总产量约占全球的20%。美国粮食出口占全球粮食贸易的比重更高，部分作物占据绝对主导地位。玉米、大豆、小麦和大米出口占全球的份额分别为51.7%、43.1%、20.7%和10.9%。这些固然得益于其得天独厚的自然条件，但长期以来的农地保护也功不可没。

在20世纪上半叶，美国经济迅猛发展，城市化速度加快，人口大量增加，促使城市向外扩张，占用了大量农地，农地数量迅速减少，美国很多农业州农地流失速度达到了惊人的程度。为解决这一问题，美国借鉴德国土地用途管制做法，于1936年出台了《水土保持和国内生产配给法》(Soil Conservation and Domestic Allotment Act)，强化政府对土地利用的管理。但之后二三十年的实践证明，土地用途管制并没有达到保护农地的预期作用，耕地流失状况仍很严重。据美国农业部官网，2012年，美国耕地914 527 657英亩(3.7亿公顷)。在1982年至2010年的28年里，有2 400多万英亩的耕地被开发(年均86万英亩，合500多万亩，我国2013年国土资源公报建设占用农用地558万亩)。每个州都流失了最好的最高等级的农地，流失情况最严重的有Texas (1.5 million)、Ohio (796 000)、North Carolina (766 000)、California (616 000)和Georgia (566 000)。不光是农地在流失，经营农地的人也在退化。57%的农地经营者是55岁以上的，而且很多没有后代可以接管土地。而且，大约有3亿英亩的土地是由女性来经营的。

美国各州有制定自己土地政策的权利，因而美国的农地保护政策以多样性和发明性著称。总体来看，农地保护主要有以下5种方式：

restrictive zoning laws——严格的规划控制

a fee simple purchase of land——土地购买

tax relief(preferential assessment property tax programs)——税收优惠

conservation easement donate/purchase (PDR)——土地开发权购买

transfer development rights(TDR)——土地开发权转让

规划控制对政府而言最大的好处就是成本低，操作简单。但是实践中，规划控制用于保护农地的作用有限,主要原因是其稳定性较差。一方面政府可能受到政治利益或经济利益的驱动而合法地改变规划,这种情况在政府换届时经常发生;另一方面是农地所有者保留农地的机会成本没有得到补偿,有失公平,政治压力大。土地购买确定性高但成本也高。税收优惠措施主要包括对农地保留农业用途的退税、减税等优惠,可以按照耕地现状评估的价值征收不动产税,而不是按照耕地用作城市开发的投机价值征收不动产税。作为低税赋的交换条件,农地的所有者必须承诺在一定年限内保持农地用作农业用途,虽然法律也允许农地所有者可以在期内改变承诺,但必须退回所得的税收优惠。但是这种手段似乎不是非常有效地保护农地,农地所有者还是愿意把土地卖给出价高出土地价值许多的开发商。所以,大部分农地所有者一直在利用这个法律带来的好处,到他们认为是时候卖给开发商了,他们就退出这个计划。

鉴于此,美国于 20 世纪 60 年代末,在实行土地用途管制的基础上,设置了土地开发权,建立了土地开发权制度。实施 50 余年,遍及全美国,有效地保护了耕地。

土地开发权转让和购买的理论依据是土地产权是由不同的权利束组成,如在土地上开发建筑物的权利、从土地上获取自然资源的权利、在土地上种植作物的权利等等。这些权利可以相互分离,而单独地在市场上交易。土地开发权购买和转让就是将开发建设的权利剥离出来进行交易。

据估计,每英亩土地开发权的平均成本为 1 800 美元,这无疑会增加纳税人的负担,因此,现在主要实行的是土地开发权转让这种方式。

土地开发权转让的运行过程如图 2-107 所示。

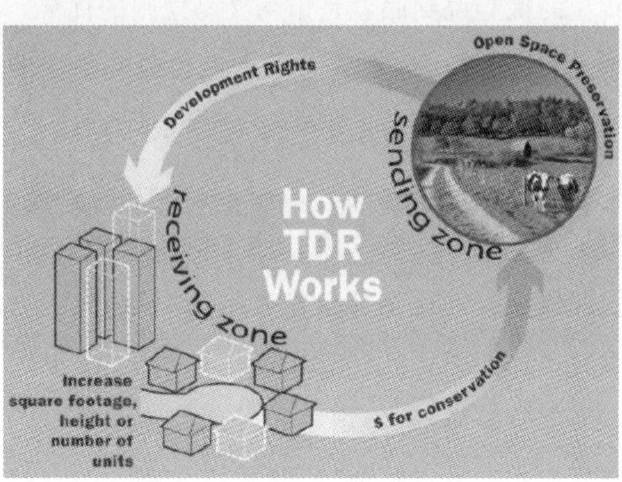

图 2-107　土地开发权转让的运行过程

土地开发权转让是由开发商购买被保护地区的土地开发权,并在非保护区利用买到的土地开发权建设更高或更密的建筑。开发权转让是一种自愿的、基于市场机制的土地利用管理机制,在默认每块土地平等地拥有开发权的前提下,通过将土地开发行为引向更适合土地发展的地区,来推动保护具有高农业价值的土地、环境敏感区和具有战略地位的土地。其核心是将被保护区(一般称之为"发送区")的土地开发权转让给非保护地区(一般称之为"接受区")。一旦"发送区"的土地开发权被买走,该地块将永远不能被开发,但土地所有者却可以从开发权转移中获得经济补偿,从而分享土地开发的收益。简单举例说,在没有土地开发权转移政策之前,"发送区"的土地开发密度为1平方千米内可以建造一幢6层的楼,而"接受区"1平方千米可以建造一幢8层的楼。土地开发权转移之后,"发送区"不许再建造建筑,而"接受区"1平方千米之内将可以建造一幢14层的楼或者两幢7层的楼。土地开发权"发送区"和"接受区"有明确的地理范围,前者是土地保护区,是依据环境、生态、文化、农业发展等由政府指派的独立的第三方机构来确定;而后者是被引导的城市发展方向,土地开发的密度和强度因土地开发权的"接受"而变得更高。因而,本质上,土地开发权需要与土地利用功能分区(规划)结合,通过市场机制更好地保护耕地。

美国的土地开发权转让制度,既补偿了不可开发土地的拥有者,维护了社会公平,实现了土地的有效保护,又引导土地的集约开发,充分利用城市现有的基础设施。开发权转让的优势说到底就是市场交易规则的优势。面对当前我国耕地保护与经济发展之间的矛盾,这不失为一个值得研究借鉴的工具。对我国目前正在进行的永久基本农田划定及保护有很大的现实意义。

我国目前已经开始对耕地保护的主体实行经济补偿(如四川成都、广东东莞等),也有学者提出了基于耕地发展权测算的耕地保护补偿标准,更有最新提出农地再利用发展权的概念。但这些补偿都是由中央政府或地方政府来承担,并没有社会资本的参与,没有发挥市场的作用。20世纪90年代末由浙江发起的土地开发权跨区交易创新是雏形,但由于种种原因被叫停了。现在正在实施的重庆地票制度在交易方式上有点相似,但其本质是减少的农村宅基地换成建设用地指标,还只限于建设用地之间的转换。而土地开发权是针对那些被规划为农业用途的土地,因为规划的限定而丧失了一部分权利,因此要对此有所补偿。党的十八届三中全会审议通过的《中共中央关于全面深化改革若干重大问题的决定》指出,“经济体制改革是全面深化改革的重点,核心问题是处理好政府和市场的关系,使市场在资源配置中起决定性作用和更好发挥政府作用”。市场在农地资源保护中的作用机理及机制值得进一步研究。

报告人:段文技

耕地保护科学与技术科普基地

2015年度本科普基地科普工作加强自身建设，勇于创新发展，紧紧围绕“三个重点”、“两个机制”，“一个目标”开展各项工作。即：紧紧扭住团队培养、活动开展、成果巩固三项重点工作，完善日常管理、奖励激励两个科普工作高效运行机制，实现新常态下科普工作质量效益稳步提升。

——“三个重点”即：以团队培养、活动开展、成果巩固为重点。建设一支以重点实验室专家为核心，青年教师为骨干，大学生（研究生）志愿者为支撑、梯次配置的科普兼专职队伍，建成土地科普体系框架。以固定活动为主线，专项活动为辅助，开展“专辅结合”的科普宣传活动。及时总结科普活动地经验，转化科普活动成果，形成以科普图书、宣传手册、征文画作等成果，为进一步搞好科普活动奠定基础。

——“两个机制”即：日常管理、奖励激励机制。认真总结科普基地成立以来各项工作开展情况，解决问题，总结经验，形成日常管理制度，规范日常活动，建立高效顺畅的耕地保护科普工作运行机制。建立科普工作奖励激励相关制度，调动参与人员的工作的积极性，推动科普工作有序展开。

——“一个目标”即：科普工作质量效益提升。大力普及耕地保护科学技术知识，传播科学思想和科学方法，不断提高民众特别是青少于年保护耕地、节约用地的意识和科学文化素养，促进社会全面、协调、可持续发展。

科普基地工作概览

1 国土资源科普基地年度工作基本信息表

国土资源科普基地年度工作基本信息表见表 3-1。

表 3-1 国土资源科普基地年度工作基本信息表

科普基地名称	耕地保护科学与技术科普基地					
科普基地类型	□科技场馆类 □资源保护类 ☑科研实验类					
依托单位名称	农用地质量与监控重点实验室					
科普基地联络人信息	姓名	高阳	办公电话	62734069	传真	62734069
	手机	13811088883	电子邮箱	gaoyang123@gmail.com		
	通讯地址	北京市海淀区圆明园西路 2 号中国农业大学资环学院				
推荐单位名称	国土资源部土地整治中心					
推荐单位联络人信息	姓名	王巍	办公电话	66150402	传真	
	手机	13522190369	电子邮箱			
	通讯地址	北京市西城区冠英园西区 37 号				
科普人员数量	56 人	年度科普经费支出	3 万元	其中财政拨款	3 万元	
年开放天数	300 天	年参观人次	2 000 人次	科普网站数量	6 个	
重大科普活动	8 次(具体请列表,可以增加行数)					

序号	活动名称	第一组织单位	时间	地点	活动形式(讲座/展览/其他)	参与人次	主要成效
1	春季报告会	农用地质量与监控重点实验室	2015.4	中国农业大学西校区	讲座	100 余人	主题日宣讲
2	郧文聚-白米饭与黄土地的故事	农用地质量与监控重点实验室	2015.5	农大附小	讲座	全校 1 000 余人	科普周系列科普讲座活动
3	杨云-沙漠的探索	农用地质量与监控重点实验室	2015.5	中国农业大学西校区	讲座	70 余人	科普周系列科普讲座活动

续表 3-1

序号	活动名称	第一组织单位	时间	地点	活动形式(讲座/展览/其他)	参与人次	主要成效
4	苏亚艺-土地如何买卖的?	农用地质量与监控重点实验室	2015.5	中国农业大学西校区	讲座	70余人	科普周系列科普讲座活动
5	胡鹏程-电脑上能种庄稼吗?	农用地质量与监控重点实验室	2015.5	中国农业大学西校区	讲座	70余人	科普周系列科普讲座活动
6	参观都江堰水利工程模型、中国土壤讲解、无人值守气象站、温室水培沙培试验等	农用地质量与监控重点实验室	2015.5	中国农业大学东、西校区	展览	70余人	参观耕地保护科学与技术科普基地
7	6.25土地日科普	农用地质量与监控重点实验室	2015.6	中国农业大学西校区	讲座	100余人	科普宣讲
8	全国国土资源科普基地业务培训	农用地质量与监控重点实验室	2015.9	四川自贡	培训	1人	业务培训

科普作品	正式出版8册,非正式出版1册(具体请列表,可以增加行数)

序号	作品名称	作者	出版时间(未出版不填写该项)	出版机构(未出版不填写该项)
1	中国农用地质量发展研究报告	国土资源部农用地质量与监控重点实验室	2015.5	中国农业大学出版社
2	守卫耕地红线 红领巾在行动	国土部农用地质量与监控重点实验室/北京农业大学附属小学	2015.6	
3	见证发展	国土资源部土地整治中心	2015.1	中国大地出版社
4	全国土地整治规划上册	国土资源部土地整治中心	2014.12	地质出版社
5	全国土地整治规划下册	国土资源部土地整治中心	2014.12	地质出版社
6	矿山土地复垦实施	国土资源部土地整治中心	2015.7	中国大地出版社
7	中国土地整治发展研究报告	国土资源部土地整治中心	2015.5	社会科学文献出版社
8	土地整治优秀新闻作品选编2014	国土资源部土地整治中心	2015.4	中国财政经济出版社
9	土地整治理论方法与实践	吴海洋	2014.12	地质出版社

续表 3-1

承担科研项目		牵头 35 项，协作 21 项(具体请列表，可以增加行数)				
序号	项目(课题)名称	所属科研计划	项目来源(如牵头填批复单位，如协作填牵头单位)	负责人	总经费(万元)	执行周期
1	内蒙古宜耕沙地保护性开发关键技术与示范	国土资源部公益性行业科研专项经费项目	国土资源部	石建初	837	2014—2016
2	我国绿肥作物时空潜力分析及决策系统	公益性行业(农业)科研专项	中国农科院农业资源与农业区划研究所	黄元仿	10	2011—2015
3	盐碱土改良技术引进	农业部 948 项目	农业部	沈重阳	60	2015.1—2015.12
4	景观特征评价技术和方法	国家科技计划支撑课题	科技部	宇振荣	127	2012.1—2015.12
5	农业景观异质性对生物多样性影响机制和尺度效应研究	国家自然科学基金	国家自然科学基金委	宇振荣	75	2012.—2016.12
6	土地整治促进生态环境建设评估	土地整治中心	国土资源部土地整治中心	宇振荣	10	2015
7	都市农业支撑	国家科技计划支撑课题	科技部	宇振荣	45	2013.1—2015.12
8	农业生态景观服务功能提升	农业部	农业部	宇振荣	20	2015
9	农业景观生物多样性保护意见	农业部生态环境总站	农业部生态环境总站	宇振荣	5	2015
10	景观调节华北小麦地天敌多样性及其害虫防治功能维持机理研究	国家自然科学基金	国家自然科学基金委	宇振荣	86	2015—2018
11	现代生态农业基地生物多样性监测	农业部生态环境总站	农业部生态环境总站	宇振荣	13	2015—2016
12	高集约化农区土地利用系统过程模拟及其环境风险控制	国家自然科学基金重点项目	国家自然科学基金委	刘黎明	300	2012.1—2016.12
13	城镇化过程中的乡村景观保护机制与模式	国家自然科学基金面上项目	国家自然科学基金委	刘黎明	96	2015.1—2018.12
14	城郊区农产品安全控制技术及示范	广东省生态环境与土壤研究所	广东省生态环境与土壤研究所	刘黎明	12.5	2014—2016

续表 3-1

承担科研项目		牵头 35 项,协作 21 项(具体请列表,可以增加行数)				
序号	项目(课题)名称	所属科研计划	项目来源(如牵头填批复单位,如协作填牵头单位)	负责人	总经费(万元)	执行周期
15	珠江流域典型母质发育土壤重金属关键形态时空演变的微观机制	华南农业大学	华南农业大学	刘黎明	30	2015—2018
16	龙州县现代特色农业(核心)示范区总体规划	广西壮族自治区崇左市龙州县人民政府	广西壮族自治区崇左市龙州县人民政府	刘黎明	100	2014—2015
17	天津市耕地质量等别年度更新评价	天津市开垦征地事务中心	天津市开垦征地事务中心	张凤荣	75	2015.3—2015.10
18	基于低碳北京的土地利用变化碳效应过程模拟及空间优化配置研究	北京市自然科学基金项目	北京市自然科学基金委	孔祥斌	65	2015.1—2017.12
19	我国耕地资源休养生息战略及其保障机制研究——以黄淮海平原为例	国家社会科学基金项目	国家社科基金委	孔祥斌	35	2014.1—2016.7
20	环京津冀北贫困带土地利用变化及其优化利用调控研究	国家自然科学基金项目	国家自然科学基金委	许月卿	65	2012.1—2015.12
21	基于多源数据融合的冀北贫困带土地利用多功能演变研究	国家自然科学基金项目	国家自然科学基金委	许月卿	70	2016.1—2019.12
22	中国土地资源利用演变态势研究	中国土地勘测规划院	中国土地勘测规划院	许月卿	10	2014.8—2015.6
23	宜耕沙地调查和评价关键技术研究	公益性行业专项	国土资源部	张凤荣	285	2014.1—2016.12
24	华北平原集约化农区耕作单元形成机制及其规模经营效率测算研究	国家自然基金-青年基金	国家自然科学基金委	徐艳	25	2014.1—2016.12
25	华北平原集约农区农用地利用模式模拟研究——基于典型农户智能体模型	国家自然科学基金	国家自然科学基金委	段增强	95	2013.1—2016.12
26	半干旱区沙地开发利用对生态系统服务的扰动及变化机制	国家自然科学基金青年项目	国家自然科学基金委	高阳	23	2016.1—2018.12
27	快速城市化地区空间功能识别及政策效用研究:以北京市及周边地区为例	开放课题		高阳	5	2015.4—2016.4

续表 3-1

序号	项目(课题)名称	所属科研计划	项目来源(如牵头填批复单位,如协作填牵头单位)	负责人	总经费(万元)	执行周期
28	我国农用地质量与监控综合研究	开放课题		高阳	7	2015.1—2015.12
29	生态系统服务与农村居民感知	开放课题		高阳	10	2015.1—2017.12
30	耕地质量等别数据库管理系统研发(二期、三期)	部门预算项目	国土资源部土地整治中心	朱德海	110	2015.7—2016.7
31	北京土地调查技术	部门预算项目	北京市国土资源局	朱德海	84.985	2007.12—2015.5
32	《全国土地利用变更调查监测与核查遥感数据采集》专著编纂	部门预算项目	中国土地勘测规划院	张超	28	2015.3—2015.12
33	京津冀土地优化利用一体化管控决策支持技术	公益性行业科研专项	国土资源部	杨建宇	152	2015.1—2017.12
34	2014 年度土地变更调查新增耕地管理信息核查标注和上图情况统计分析	部门预算项目	国土资源部土地整治中心	杨建宇	30	2015.1—2015.12
35	不动产权籍调查技术规范研究	部门预算项目	中国土地勘测规划院	杨建宇	40	2015.4—2015.12
36	北京市耕地复合价值提升关键技术研究	部门预算项目	北京市科学技术委员会	杨建宇	57.1095	2014.1—2016.12
37	全国耕地后备资源数据集编写	部门预算项目	中国土地勘测规划院	杨永侠	40	2015.4—2015.12
38	耕地质量数据整合技术研究(二期)	部门预算项目	国土资源部土地整治中心	杨永侠	40	2015.6—2015.12
39	杂交玉米、水稻制种面积的遥感勘测实验研究	部门预算项目	农业部全国农业技术推广服务中心	李绍明	20	2015.3—2016.4
40	2015 年度遥感监测专题(监测)分析	部门预算项目	中国土地勘测规划院	苏伟	40	2015.5—2016.3
41	星地遥感的农作物信息感知	863 子课题	科技部	陈英义	110	2013.1—2017.12
42	再生水灌溉对系统性能与环境介质的影响及其调控机制	国家自然科学基金重大项目	国家自然科学基金委	郝晋珉	100	2014.1—2018.12
43	再生水灌溉对农田土壤碳氮循环过程的影响机理及模型构建	国家自然科学基金面上项目	国家自然科学基金委	郝晋珉	82	2013.1—2016.12

续表 3-1

序号	项目(课题)名称	所属科研计划	项目来源(如牵头填批复单位,如协作填牵头单位)	负责人	总经费(万元)	执行周期
44	黄土坡地土壤养分随地表径流流失动力机制与模拟模型	国家自然科学基金重点项目	国家自然科学基金委	郝晋珉	100	2013.1—2017.12
45	灌区水资源总量控制技术及多维临界调控模式	水利部公益性行业科研专项经费项目	水利部	郝晋珉	120	2013.1—2015.12
46	土壤-作物系统水分循环的化学制剂协同调控与高效利用机理及模式	国家自然科学基金面上项目	国家自然科学基金委	郝晋珉	85	2014.1—2017.12
47	双向压力下土地利用格局优化技术研究	国土资源部公益性行业科研专项	国土资源部	郝晋珉	216	2013.7—2015.10
48	市级土地综合整治规划技术方法研究与应用示范	国土资源部公益性行业科研专项	国土资源部	郝晋珉	103	2011.01—2015.09
49	环渤海经济区基本农田建设技术研究与示范	国家科技支撑计划	科技部	郝晋珉	534	2015.07—2019.12
50	朝阳区"十三五"时期提高土地资源集约利用的战略与措施研究	技术咨询	北京市国土资源局	郝晋珉	28.6	2015.5—2015.12
51	全国土地调查大数据分析专题	技术服务	中国土地勘测规划院	郝晋珉	25	2014.5—2015.6
52	基于主体功能区规划的欠发达地区土地利用模式与区域经济发展耦合研究	教育部社会科学基金	教育部	朱道林	9	2012.1—2015.12
53	自然资源产权法律制度研究	软科学	国土资源部	朱道林	30	2015.5—2016.12
54	新增建设用地土地增值收益分配实证研究	技术服务	中国土地勘测规划院	朱道林	30	2015.3—2015.12
55	土地增值收益的构成因素及创新分配机制研究	软科学	国家发展改革委	朱道林	10	2015.3—2015.12
56	"十二五"时期土地整治市场机制建设评估	软科学	国土资源部土地整治中心	朱道林	15	2015.1—2015.12

2 年度科普工作及成效

2.1 科普规划计划编制落实情况

按照2015年科普规划计划安排，开展了软硬件建设、科普人员培训，开展了全国科技活动周科普讲座、组织安排主题日的科普活动、开放性名家讲坛等科普工作，全面完成了本年度计划。

2.2 科普人员及培训情况

2015年10月16—18日，由国土资源部科技与国际合作司、中国地质博物馆作为指导单位、国土资源科普基地管理办公室主办、自贡恐龙博物馆承办的2015年国土资源科普基地工作研讨会在自贡举办（图3-1）。会议分4部分内容：一是国土资源科普基地管理办公室主任、中国地质博物馆馆长贾跃明作大会报告，对“十二五”期间国土资源科普工作给予了充分肯定，同时也提出了“十二五”期间存在的问题，并对“十三五”进行了展望；二是自贡恐龙博物馆、内蒙古阿

研讨会会场

科普讲解大赛

考察观摩科普基地

图3-1 2015年国土资源科普基地工作讲座会

拉善沙漠世界地质公园等单位做了经验交流,展示了他们科普基地建设的亮点、取得的成效和经验,大会还对国土资源科普基地建设发展及“十三五”科普工作提出了意见和建议。三是观摩了首届国土资源科普讲解大赛决赛。决赛由自主命题讲解和随机命题讲解两部分组成,共有 29 名选手参赛,经过评委打分,决出了一二等奖,并对获奖选手颁发了荣誉证书并授予了奖杯;四是现场考察观摩科普基地建设。本基地由重点实验室和科普基地人员王巍赴自贡参加会议。

2.3 科普活动开展情况

地球日科普活动:4 月 23—24 日,结合“2015 国际土壤年”、“世界地球日”宣传活动周和“世界读书日”三个世界性宣传活动主题,国土资源部农用地质量与监控重点实验室和本科普基地在中国农业大学西校区组织春季学术报告会。

全国科技活动周科普活动:科普基地郧文聚研究员在农大附小广播站,以生动活泼的语言向在校的 1 200 余名师生做了“白米饭与黄土地的故事”耕地保护专题辅导,并与孩子们现场互动,寓教于乐,孩子们的积极响应,取得了良好的效果。

组织 70 余名少先队员走进农用地质量与监控重点实验室和耕地保护科普基地,在重点实验室主任郧文聚研究员和重点实验室研究人员的带领下,实地参观了重点实验室气象观测站、土壤与水科学实验室、植物生长观测温室的水培和沙培等试验;直观了解了各种监测设备的运转原理、沙漠保护、数字种子技术和都江堰水利工程模型;现场聆听了实验室老师们的形象介绍,亲身感受到了重点实验室与耕地保护相关的科学研究氛围。中国国土资源报在头版对本次活动进行了报道。

科普基地与小学生的科普周系列讲座。重点实验室博士和硕士研究生和附小的学生开展系列讲座。

科技部全国科技活动周组委会办公室为农用地质量与监控重点实验室科普基地颁发荣誉证书。

全国土地日科普活动:组织农大附小学生开展“守卫耕地红线 红领巾在行动”绘画征文大赛。红领巾们积极行动起来,用自己手中的笔写下了感悟、画出了思考。活动征集到征文作品 48 篇,绘画作品 81 幅,并集结成册。于 6 月 25 号在附小进行了颁奖仪式。

为庆祝第 25 个全国“土地日”,普及宣传“节约集约利用土地——推动土地利用方式根本转变”的科学理念和基础知识，应中央人民广播电台中国之声频道邀请，受部办公厅委派，晚上 9 点，中心副主任郧文聚和部耕地保护司副司长闫刚走进该频道名牌栏目《政务直通》的演播室，围绕今年土地日的主题和当前土地资源保护与利用现状，与全国的听众进行了 45 分钟的直播交流。此前，郧文聚副主任参加了该频道另外一档节目《今天我值班》的录制，在当天分 4 个时段与四名记者互动，现场解答听众和网友的疑问。

2.4 科普作品出版情况

出版科普书籍 9 部(图 3-2)，非正式出版物 1 册，其中出版了我国首部农用地质量发展研究报告，引发舆论广泛讨论和好评。

图 3-2　出版作品

2.5 科普研究情况

组织了多次专家讲座，分享学术成果，碰撞学术思想，提供了一个学术交流的开放平台。

3 工作反思

总结影响科普工作的主要问题，并简要分析问题的原因，提出解决措施或建议。

(1)在科普人员及志愿者培训方面，仍需系统深入的开展进一步培训，以多种形式和手段提高基地人员参与度。

(2)继续全面探索耕地保护宣传工作及相关配套设施建设。

(3)科普经费欠缺，影响了科普工作的有力开展。

4 下一年度工作计划

(1)积极申请科普经费，扩大活动范围　将科普工作纳入财务预算中，为开展各项活动奠定基础。

(2)科普人员及培训　招募研究生、大学生和中学生志愿者和讲解员，并进行培训。

(3)科普活动　继续开展主题日及科普周科普活动。

(4)科普作品　继续进行科普文章和科普专著的创作。

(5)科普研究　邀请长期从事耕地资源研究的院士或知名学者，在中国农业大学校内组织以耕地保护为主题的开放性名家讲坛活动一次，预计参加活动的师生及校外总人员超过 1 000 人。

【年度热点与大事记】

研究热点

1 关注水与土壤的环境保护 彻底根治“心腹之患”

来源:前进论坛,2015年第7期,胡文生

2015年7月2日至3日,由农工党中央主办,中央生态环境委、环境规划院、天津市委会协办的第十届中国生态健康论坛在天津市召开。论坛的主题是“水与土壤的环境保护”。农工党中央常务副主席刘晓峰代表农工党中央做了题为《紧扣“四个全面”战略布局 健全水生态文明制度体系》的主题报告。农工党中央专职副主席何维主持论坛开幕式并致辞。

1.1 “环境就是民生”

水与土壤的环境保护问题不仅引起中共中央和国务院的高度重视,也引起农工党中央领导的高度关注,牵动了全体党员的心。

刘晓峰在主题报告中指出,中国农工民主党多年来一直围绕我国医疗卫生事业和生态文明建设发展履行参政党职能,希望通过生态健康论坛这个平台,积极参政议政,为政府科学决策、民主决策提供有益参考,为“健康中国”和“美丽中国”建设做出积极贡献。

刘晓峰强调,自古以来,中华民族就有着爱水、治水、管水、保水的优良传统,但历史上似乎也没有一个时刻比当前水安全给我们带来的战略性威胁更为紧迫,水安全问题现在已成为中华民族的“心腹之患”。要把水安全问题放在“四个全面”战略布局中去把握,主动适应经济发展和水资源、水环境保护的新常态。今年上半年,受中共中央委托,农工党中央以“水污染防治和水资源利用”为主题

开展了大调研,深入到江苏省、河北省、青海省、重庆市和四川省进行了实地调研,同时还布置全国所有省级组织开展配套调研,针对当前人民群众普遍关注和国家亟须解决的重大问题积极建言献策。下半年我们还要开展关于土壤的前期调研,希望通过水和土壤的联合调研,向中共中央提出全面改善生态环境的真知灼见。

针对水污染防治与水资源利用问题,刘晓峰提出四点建设性意见:一要紧扣“四个全面”战略布局,深入贯彻落实中共中央、国务院《关于加快推进生态文明建设的意见》和《水污染防治行动计划》;二要积极创新和完善生态文明理论和制度体系,把水生态文明建设推向新的高度;三要认真总结各地用水、管水、治水经验,为贯彻落实“水十条”和修订《水污染防治法》积极建言献策;四要抓住重大国家战略的发展契机,带动相关区域经济发展。

何维在致辞中指出,生态文明建设事关实现“两个一百年”奋斗目标。3 月 24 日,中共中央政治局审议通过了《关于加快推进生态文明建设的意见》,习近平总书记强调指出,环境就是民生,青山就是美丽,蓝天也是幸福;优良的生态环境是优势,绿水青山就是“金山银山”;要像保护眼睛一样保护生态环境,像对待生命一样对待生态环境。习近平总书记的重要讲话深刻阐述了生态文明建设和环境保护的重要性、紧迫性。

1.2 既要“止痛片”,也要“治癌药”

针对水安全与土壤污染防治,专家学者从各自研究的角度相互交流,各抒己见。

水是生命之源

农工党天津市委会副主委包景岭做了题为《海水淡化作为重要水源的现状、意义与展望》的报告。他认为,海水淡化技术在解决全球范围内淡水短缺问题上发挥着越来越重要的作用,解决了 1 亿多人的供水问题。我国作为缺水国家,为保障用水安全,可采用海水淡化作为应急水源解决沿海缺水地区的饮用水供应。中国环境科学研究院副院长郑丙辉做了题为《我国水环境问题与政策建议》的报告,他建议要建立中央部门之间、流域上下游政府之间水污染防治联系会议制度,统筹流域水污染防治工作;开展生态资产核算,明确中央和地方事权,明确水污染防治责任,建立上、下游水质补偿制度;运用国家水体污染控制与治理科技重大专项的研究成果，构建以水环境质量改善为目标的水环境管理体系，加快实施水污染物排放许可证制度。环保部环境规划院研究员王东做了题为《水污染防治行动计划技术解读》的报告，他介绍了水污染防治行动计划（以下简称“水十条”）于 2015 年 4 月由国务院批复实施，是向水污染宣战的行动纲领，也是对我国水污染防治工作的全面部署和系统谋划。他从编制背景、技术特点、目标指标、主要内容等几个方面对“水十条”进行介绍，并对“水十条”的实施前景进行展望。

民以食为天，食以土为本

中科院南京分院院长、农工党江苏省委会主委周健民长期从事土壤肥力和土壤化学的研究工作，他在本届论坛上做了题为《我国土壤安全面临的问题及应对措施》的报告。他认为，土壤安全是食物安全和生态环境安全的基础，要保障我国的土壤安全，必须加大土壤监测力度，摸清家底，因地制宜地采取措施，消除土壤障碍，改造中低产田，提高农用化学品的利用效率，防止土壤污染和对环境带来冲击，对污染土壤进行修复，实现农业持续发展与生态环境保护的最优平衡。环保部环境规划院生态规划部主任、研究员王夏晖在他的《我国土壤污染防治总体战略与重大任务》报告里分析了全国土壤环境面临的形势和挑战。他认为我国土壤污染防治仍处于起步阶段，立法滞后，底数不清，技术薄弱，能力不足，资金缺乏，土壤污染防治体系尚未形成。针对土壤环境面临的诸多问题，设计了未来 15 年全国土壤环境保护工作的阶段目标、基本原则、重点领域和主要任务，提出要突出“防、控、治”三大领域，运用好经济政策、市场机制、行政考核三类调控手段，建立责任落实、资金投入、科技支撑、公众参与四大推进机制，实施土壤环境红线管控、加快土壤环境立法、建立分区分类标准、建立适用技术体系、推进要素协同治理、创新土地管理制度等重大任务。

他山之石可以攻玉

南方科技大学工程技术创新中心（北京）主任、教授胡清在她的题为《发达国家和地区土壤环境保护的经验借鉴与展望》的报告里介绍了我国污染场地修复的市场现状、存在的问题和行业发展情况，通过介绍美国、荷兰、加拿大、日本等国和台湾地区如何从土壤污染事故到建立污染场地的管理体系，以及在污染场地修复方面的资金、责任认定划分、管理和技术体系方面的经验，并以境外几个事例简要介绍了污染场地修复项目的流程和结果,从中初步总结了适用于我国污染场地修复的创新探索模式和方法。

专家学者都有各自独到的见解,仁者见仁,智者见智。但他们都有共同点:对于水与土壤的环境保护,既要"止痛片",也要"治癌药",做到标本兼治。

1.3 "坚决向污染宣战"

7月3日下午,为了农工党中央明年的大考察顺利进行,农工党中央还专门召开"土壤污染防治座谈会",邀请国土资源部科技与国际合作司副司长高平、环境保护部自然生态保护司副司长侯代军、农业部农业生态与资源保护总站副站长高尚宾介绍相关情况。座谈会由何维主持。

刘晓峰认真听取了3位部委同志的介绍以及专家学者的意见后,他谦虚地说道:"在土壤污染防治领域,我是外行,要向专家们学习。"针对掠夺式开发土地,刘晓峰谈了自己的看法,他强调土地也需要适当"休息",要科学合理地利用。中共中央总书记习近平在中央城镇化工作会议上强调:"耕地红线一定要守住,红线包括数量,也包括质量。"针对土壤污染防治,刘晓峰提了三点建设性的建议:一是守住发展和生态两条底线,用环境保护促进绿色经济;二是尽快出台《土壤污染防治法》,以科学立法推进深化改革;三是水、土、气三要素紧密相关,要污染共治。刘晓峰强调,被污染的土地依然是资源,通过修复后仍是我们生存和发展的宝贵资源,不仅要用好,而且要科学利用,对一切环境违法行为"零容忍"。

李克强总理在第十二届全国人大二次会议上做政府工作报告时强调,我们要像对贫困宣战一样,坚决向污染宣战。

随着"大气十条"和"水十条"的相继出台,"土十条"也表现出呼之欲出的趋势。三大战役的打响标志着国家开始强有力地治理污染,控制污染。期待不久的将来我们就会看到"蓝天、青山、碧水"的出现,看到一个"健康中国,美丽中国"的出现。

2 纵观2015"国际土壤年"

本文根据"国际土壤年"的缘起和意义(地球,2015年第08期,李明明)、2015"国际土壤年"各国在行动(地球,2015年第08期,蓝颖春)、2015——好一个热闹的土壤年(中国科学报,2016-1-20,陈能扬,董文茂)整理。

FAO第三十八届会议于2013年6月22日通过决议，决定将每年的12月5日定为“世界土壤日”，并宣布2015年为“国际土壤年”。2014年12月5日，联合国粮农组织总干事若泽？格拉济阿诺？达席而瓦先生宣布主题为“健康土壤带来健康生活”的“2015国际土壤年”正式启动。“2015国际土壤年”的目的在于提高全球对土壤保护的认识，推进土壤管理工作，促进土壤的可持续利用。

土壤是人类生存和发展的基础，是承载和延续文明的地球的皮肤。土壤在粮食安全、水安全、能源安全、减缓生物多样性丧失以及气候变化等方面起着重要的作用。联合国秘书长潘基文在世界土壤日暨国际土壤年启动仪式上致辞：“没有健康的土壤，地球上的生命则不可持续。土壤是农业之本，提供了不可或缺的生态系统服务，也是粮食、饲料、燃料、纤维以及与人类福祉密切相关的医疗产品来源。土壤还是最大的有机碳库，对于减缓和适应气候变化至关重要。而在缺水的当今时代，土壤对水的适当存储和分配也具有根本意义。然而，世界各地土壤退化都是一个迅速恶化的问题。全球约33%的土壤已经因城镇化而退化。水土流失、养分耗竭、盐碱化、干旱化和污染又带来更多的威胁。很久以来，全世界都误以为土壤取之不尽用之不竭。但实际上，土壤是一种难以再生的自然资源。对于可持续土壤管理，人人都应予以重视。”

据FAO估计，目前世界上仍有8.05多亿人遭受饥饿和营养不良，同时世界人口仍在增长，粮食产量必须提高大约60%才能满足上述需求。由于受侵蚀、板结、盐渍化、土壤有机质及养分枯竭、酸化，以及污染和不可持续的土地管理方式等影响，土壤所面临的压力已接近临界，基本功能正在下降甚至部分地区的土壤功能完全丧失。如不采取保护措施，2050年全球人均生产用地将只剩下1960年水平的1/4，而形成一公分厚的土壤可能需要1 000年时间。

2015国际土壤年旨在提高人们对土壤在粮食安全和基本生态系统功能方面重要作用的认识和了解。具体目标包括：促进民间社会和决策者充分认识土壤对人类生计的巨大作用。

为了响应2015国际土壤年的号召，全球范围内许多国家开展了与土壤相关的活动。4月19—23日为期一周的“全球土壤周”活动在柏林举行，与会者都发表了各自对土壤问题的看法。世界粮农组织与TVE（国际环境影视集团）合作，举行TVE生物电影竞赛。国际土壤年是今年微电影竞赛的一个类别。除此以外，粮农组织在instagram网上发起的“土壤与生活”摄影比赛，通过分享与土壤相关的图片，宣传可持续土壤管理的重要性，从而提醒公众关注土壤及与其相关的各种问题。

2015 年 6 月,联合国粮农组织成员国一致批准新的《世界土壤宪章》,将其作为推进和规范各国可持续土壤管理的工具。政府间土壤技术小组负责编制新版《世界土壤宪章》,为推动这一进程在国际土壤界内部进行广泛磋商。

《世界土壤宪章》表示,土壤是一种关键赋能资源,是创造众多商品和服务的根本,而这些商品和服务则是生态系统和人类福利不可分割的一部分。根据每个国家对本国自然资源的主权,为了满足人类普遍的粮食、水和能源安全需要,必须维护或加强全球土壤资源。尤其是,为了实现粮食和能源安全,预测粮食、纤维和燃料生产需要增长,而满足这一增长将加大对土壤的压力。土壤形成于各种时空过程的复杂作用和相互作用,因而其本身形态和特性及其所提供的生态系统服务水平各不相同。土壤的妥善治理需要认识不同的土壤能力,需要鼓励采用顾及这一系列能力的土地用途,以消除贫穷,实现粮食安全。土壤为地球生命之本,然而,人类对土壤资源的压力正在接近临界极限。认真实施土壤管理是实现可持续农业的一个基本要素,并提供宝贵的气候调节手段和保障生态系统服务和生物多样性的途径。

据了解,第一份《世界土壤宪章》是由粮农组织成员国于 1981 年粮农组织大会期间构想、编制、磋商和通过的。它是成员国商定的一份重要规范性文书,由全球土壤伙伴关系负责推动实施《宪章》原则。随着时间推移,世界在之后三十年间面临着日益凸显和严峻的挑战。全球土壤伙伴关系的成员认为,《宪章》所列的 13 项原则依然有效,但需要根据这三十年来积累的新的科学知识予以更新和修订,尤其涉及出现的新问题,诸如土壤污染及其对环境的影响,气候变化适应与减缓,以及城市扩展对土壤可供量和功能的影响等。

《世界土壤宪章》最初对土地利用规划和土地评价加以调整。最近的一些主要参照标准和理念,诸如普遍认同的生态系统服务框架。这一时期内的重大发展,诸如联合国环境与发展会议(环发会议)的成果;随之签订的一系列新协定;以及世界粮食安全委员会的工作均应得到考虑。而且还应当重新制定行动准则并扩大范围,以考虑更加广泛的利益相关者。在此过程中,成员国还对全球土壤伙伴关系开展的工作表示欢迎和赞赏,并要求全面实施包括《世界土壤宪章》在内的各项工作。

2015 年 6 月 22—24 日,全球土壤伙伴关系成员国、非政府组织、学者、民间社会团体和国际组织在粮农组织总部举行会议,审议了伙伴关系建立三年来在促进可持续土壤管理和在 2015 年国际年期间所取得的进展情况。玻利维亚代表在会议上发言，强调伙伴关系的重要性，同时继续推进正在与粮农组织合作开发土壤信息和监控系统（SISBOL）的相关工作，以及玻利维亚政府目前为保护土壤和提高对国际土壤年认识活动的重大意义。

2015 年 6 月 23 日，粮农组织发布出版物《了解山地土壤》从技术角度论述了山地土壤的可持续管理，强调山区是人类开展广泛活动的场所，从安第斯山区的藜麦栽培，到欧洲的滑雪胜地，再到塔吉克斯坦“世界屋脊”帕米尔高原药用植物的采集。由粮农组织和山区伙伴关系秘书处，全球土壤伙伴关系和都灵大学协作出版，包含世界各地涉及人类、生产和地质问题的多项案例研究。《了解山地土壤》作为联合国 2015 国际土壤年的一项成果，旨在提醒人们对保护一项重要自然资源的必要性的认识。

作为 2015 年国际土壤年活动的一部分，7 月 24 日，联合国粮农组织与总部设在华盛顿特区的国家保护区协会联合编制了一套面向 5～14 岁孩子的教学材料，其中包含了文字游戏、拼图、绘画活动和其他互动元素。这套教学材料包括英文、法文、西班牙文、意大利文、中文、阿拉伯文和俄文几个版本的四本教育小册子，分为初级、中级、高级版和青年学生设计，并附有一份教师指南。所有这些小册子可在粮农组织国际土壤年网站下载。

联合国粮农组织于 2015 年 12 月 4 日“世界土壤日”当天发布《世界土壤资源状况报告》该报告汇集了来自 60 多个国家 200 名顶尖土壤科学家的研究成果，主要目的是对当前和预测的土壤条件进行全球性科学评估，探讨这些土壤条件对粮食安全、气候变化、水的质量和数量、生物多样性、人类健康和福祉的影响，其中含有一系列供决策者和其他利益相关方采取行动的建议。另外成员国对于《可持续土壤资源管理自愿准则》（VGSMS）所制定的概念说明表示赞同。虽然《准则》不具备法律约束力，但将是全球在为提高效率而制定协调统一的土壤保护战略方面迈出的重要一步。

2015 国际土壤年，这一年土壤在中国同样具有非凡的意义。这一年中，政府、高校以及科研院所举办了一系列的学术论坛，探讨了我国土壤面临的种种问题以及提出并磋商了相应的对策。例如，2015 年 7 月 11—12 日，由中国科学院联合中国科学技术协会、农业部和环境保护部主办的战略与决策高层论坛“土壤与生态环境安全——国际土壤年在中国”召开。部委领导和专家共同聚焦中国土壤与生态环境安全存在问题与对策。

纵观各国土壤保护的发展进程,无不与立法的推动有关。2015 国际土壤年,我国出台了多项关于维护土壤可持续发展的法律法规。2015 年 1 月 14 日,环境保护部公布了《农用地土壤环境质量标准》与《建设用地土壤污染风险筛选指导值》征求意见稿,由此,30 年前制定的《土壤环境质量标准》(GB15618—1995)终于有望出台与时俱进的新版本。不同时期《土壤环境质量标准》的目的也各不相同。1995 年出版是“防止土壤污染,保护生态环境,保障农林生产,维护人体健康”,2008 年进行修订时,征求意见稿将目的改为“防治土壤污染,保护生态环境,保障社会和经济发展,维护人体健康”。而本次发布的征求意见稿将目的表述为“保护土壤环境,保障人体健康”。显然,本次标准制定的目的并不只是为“防止”(1995)或“防治”(2008)土壤污染,而是更注重于土壤环境保护,目的更为具体明确。2015 年 10 月 28 日,为了加强耕地质量保护,促进农业可持续发展,农业部印发《耕地质量保护与提升行动方案》。2015 年 11 月 10 日,中国环境与发展国际合作委员会发布报告,对中国土壤污染管理提出六点建议,建议中国政府建立“土壤银行”,并建议将已列入十二届全国人大常委会立法规划的《土壤污染防治法》,更名为《土壤环境保护法》。

土壤污染问题在每个国家发展的过程中都会存在。20 世纪 60 年代,荷兰、美国、日本向环境中大量倾倒化学废弃物而导致了严重的土壤污染,之后各个国家为了维护土壤健康都出台了相应的政策。我国土壤污染问题可以追溯到 50 多年前“大跃进”时期。2014 年 4 月,环境保护部和国土资源部联合发布《全国土壤污染状况调查公报》。调查结果显示,全国土壤环境状况总体不容乐观,部分地区土壤污染较重。耕地土壤环境质量堪忧,工矿业废弃地土壤环境问题突出。南方土壤污染重于北方,长三角、珠三角、东北老工业基地等部分区域土壤污染问题较为严重,西南、中南地区土壤重金属超标范围较大。土壤污染作为一种“看不见的污染”,隐蔽性较强,但是危害非常大。面对如此严峻的形势,作为土壤污染治理的首个纲领性文件“土十条”,是继“大气十条”、“水十条”之后的又一大战役,在 2015 年已经被多次提及,有望在 2016 年能够出台。这一举措将为土壤污染治理提供坚实的后盾。

2015 年 12 月 4 日,《寂静的土壤》出版发行。同年 11 月,《健康土壤 200 问》也出版发行。两本土壤科普读物,通过图文并茂的形式,通俗易懂的语言告诉不仅仅是从事土壤的科研工作者,包括所有在地球上生存的每一个人土壤的重要性,唤醒大众对土壤保护的意识。

2015年已经过去，“国际土壤年”也已经闭幕。但经过了“土壤年”，我深信，你对土壤不会再视而不见，相反，为了人类文明的可持续、为了这个星球的种种生命，从今开始，你会呵护土壤。只要我们从今开始呵护土壤这一“人类无声盟友”，土壤依然会是人类的盟友，健康的土壤会给人类带来健康的生活。

3 我国耕地资源开发利用的问题与整治对策

来源：中国科学院院刊，2015年第4期，郧文聚

我国人多地少、耕地资源利用粗放，资源环境对经济社会发展的约束凸显，保护耕地和节约集约用地制度的任务非常艰巨。有效解决耕地资源开发利用中的各种问题，进一步改善农村生产生活条件和生态环境，提升土地利用效率和效益，促进工业化、城镇化、信息化和农业现代化同步发展，是一项重大历史任务。

3.1 我国耕地资源开发利用中存在的突出问题

(1)稳定性不强，基础条件差　改革开放以来，随着城市化和工业化进程的推进，耕地资源不断被占用，耕地总量下降迅速。近几年来，随着耕地保护的重视，每年通过土地整治、农业结构调整等增加了耕地面积，耕地持续快速减少的势头减弱，但耕地稳定性不强，全国每年因建设占用、灾毁、生态退耕等原因减少耕地面积约600万亩，减少的多是优质耕地。现有耕地灌溉条件总体不高，有灌溉设施的耕地6 107.6万公顷(91 614万亩)，比重为45.1%，无灌溉设施的耕地7 430.9万公顷(111 463万亩)，比重为54.9%，分地区看，东部和中部地区有灌溉设施耕地比重大，西部和东北地区的无灌溉设施耕地比重大。全国有564.9万公顷(8 474万亩)耕地位于东北、西北地区的林区、草原以及河流湖泊最高洪水位控制线范围内，还有431.4万公顷(6 471万亩)耕地位于25度以上陡坡。漫川漫岗顺坡单一种植造成了黑土区的水土流失，这种极易造成水土流失的坡耕地在黑土区中占到60%。这样算下来，适宜稳定利用的耕地是非常有限的，耕地保护形势非常严峻。

(2)总体质量低，分布不均衡　根据全国耕地质量等别调查与评定成果，将全国耕地按照1～4等、5～8等、9～12等、13～15等划分为优等地、高等地、中等地和低等地。如图4-1中，优等地面积为385.2万公顷(5 779万亩)，占全国

耕地评定总面积的2.9%；高等地面积为3 586.2万公顷(53 793万亩)，占全国耕地评定总面积的26.5%；中等地面积为7 149.3万公顷(107 240万亩)，占全国耕地评定总面积的52.9%；低等地面积2 386.5万公顷(35 797万亩)，占全国耕地评定总面积的17.7%，耕地等别总体偏低。从区域分布看，东部地区和中部地区耕地平均质量等别较高，分别为8.29等和8等；东北部和西部地区耕地平均质量等别较低，分别为11.23等和11.35等。根据农业部《关于全国耕地质量等级情况的公报》，东北区耕地质量等级分布在一等到八等，主要为一等到六等，耕地土壤条件好，地力较高。但耕地平均质量等别较低，为11.44等，受光温条件的影响，粮食生产能力不高。(注：农业部《公报》中的东北区包括黑龙江、吉林、辽宁(除朝阳外)三省及内蒙古东北部大兴安岭区。11.44等是按照这个区域测算的耕地质量平均等别。国土部《公告》中的东北部是指辽宁、吉林、黑龙江等3省份。因范围不同，耕地平均质量等别测算结果不同。)

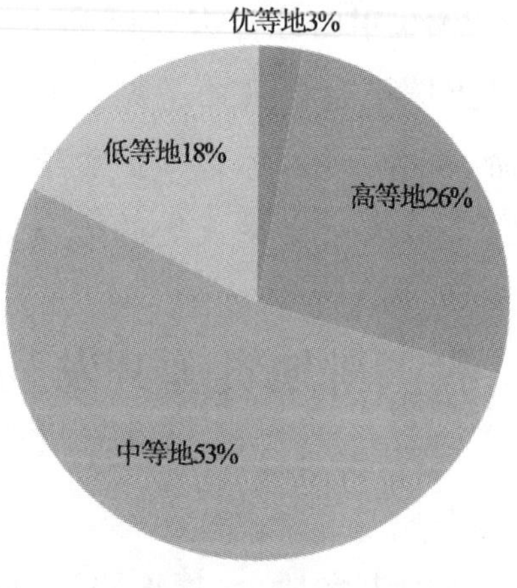

图4-1 全国优高中低等地面积比例构成

(3)损毁土地量多面广，生态环境退化严重　我国现有11万多座矿山，仅矿山开采活动每年损毁土地约300万亩，再加上其他生产建设活动，每年因生产建设损毁的土地面积更大，新增损毁土地的60%以上是耕地或其他农用地。同时，我国还是世界上自然灾害最严重的国家之一，受极端异常气候影响，局部地区地质灾害呈易发高发态势，每年因自然灾害损毁的土地在160万亩左右。此外，土地生态环境退化趋势持续，根据《2013年中国环境状况公报》，中国现有土壤侵蚀总面积294.91万千米^2，占国土面积的30.72%。自新中国成立至新世纪初的监测数据表明，全国因水土流失而损失的耕地达400多万公顷，每年流失的表土相当于120多万公顷耕地损失30厘米厚的耕作层，全国每年流失的氮、磷、钾总量近1亿吨。农药化肥的滥用也会造成农田肥力的下降，我国耕地总量占世界的9%，化肥和农药的消费量却分别占世界的35%和20%，重用轻养，农田肥力下降明显，具体表现为土壤退化、耕作层变浅、保水保肥能力降低。

(4)耕地土壤污染严重,重金属超标　2014 年 4 月 17 日,环保部和国土资源部发布《全国土壤污染状况调查公报》。调查结果显示,全国土壤环境状况总体不容乐观,部分地区土壤污染较重,土壤安全堪忧。全国土壤总的超标率为 16.1%,从土地利用类型看,耕地土壤点位超标率为 19.4%,其中中度和重度污染点位比例为 2.9%,主要污染物为镉、镍、铜、砷、汞、铅、滴滴涕和多环芳烃;林地、草地土壤点位超标率分别为 10.0%、10.4%。从污染分布情况看,南方土壤污染重于北方;长江三角洲、珠江三角洲、东北老工业基地等部分区域土壤污染问题较为突出,西南、中南地区土壤重金属超标范围较大;镉、汞、砷、铅 4 种无机污染物含量分布呈现从西北到东南、从东北到西南方向逐渐升高的态势。土壤污染不仅对现有生态环境造成破坏,同时还进一步将污染带入粮食中,危害人体身体健康。仅以土壤重金属污染为例,全国每年因重金属污染而减产粮食 1 000 多万吨,被重金属污染的粮食每年也多达 1 200 万吨,合计经济损失至少 200 亿元。

我国正处在经济社会发展的重要阶段,城镇化水平正处于 30%～70%快速增长区间,城镇用地需求持续上升;工业化快速推进,产业用地需求强劲;基础设施用地需求也处在高峰期,在今后的一段时期将会出现建设用地需求增长,土地开发利用程度居高不下的局面,而目前耕地保护整治的程度仍不高,保护压力大,需要进一步加强耕地的保护整治力度,对耕地生产能力、生产环境、土壤安全、自我恢复能力及其生产的农产品品质进行全要素管理,保障国家粮食安全。

3.2　土地整治在耕地资源保护性开发利用中取得的显著成效

1998 年国家实施土地整治以来,不断加大耕地保护力度,耕地数量面积基本稳定,耕地质量也得到提升,2003 年以后粮食生产实现"十一连增"。随着土地整治内涵的不断丰富,从以农用地整理为主不断扩展为成对低效利用、不合理利用和未利用土地进行综合治理,对生产建设破坏和自然灾害损毁的土地进行恢复利用,提高土地利用效率和效益的活动,在保障国家粮食安全、促进生态文明健身方面发挥了重要作用。

(1)补充耕地数量,保证了耕地数量的基本稳定　长期以来,大规模的土地征收与开发建设占用了大量耕地,而近年来,我国耕地面积一改过去多年持续快速减少势头，个别年份甚至出现耕地数量净增加，土地整治工作在其中发挥了重要作用。2001 年以来，全国通过土地整治补充耕地 5 000 多万亩，超过同期建设占用和自然灾害损毁耕地面积之和，保证了全国耕地面积基本稳定，对坚守 18 亿亩耕地红线发挥了重要作用。2008 年以来，国土资源部和财政部在全国范围内组织实施了 9 个土地整治重大工程项目，截止到 2013 年 12 月，重大工程项目新增耕地 338.48 万亩，如图 4-2(彩图 4-2)所示。

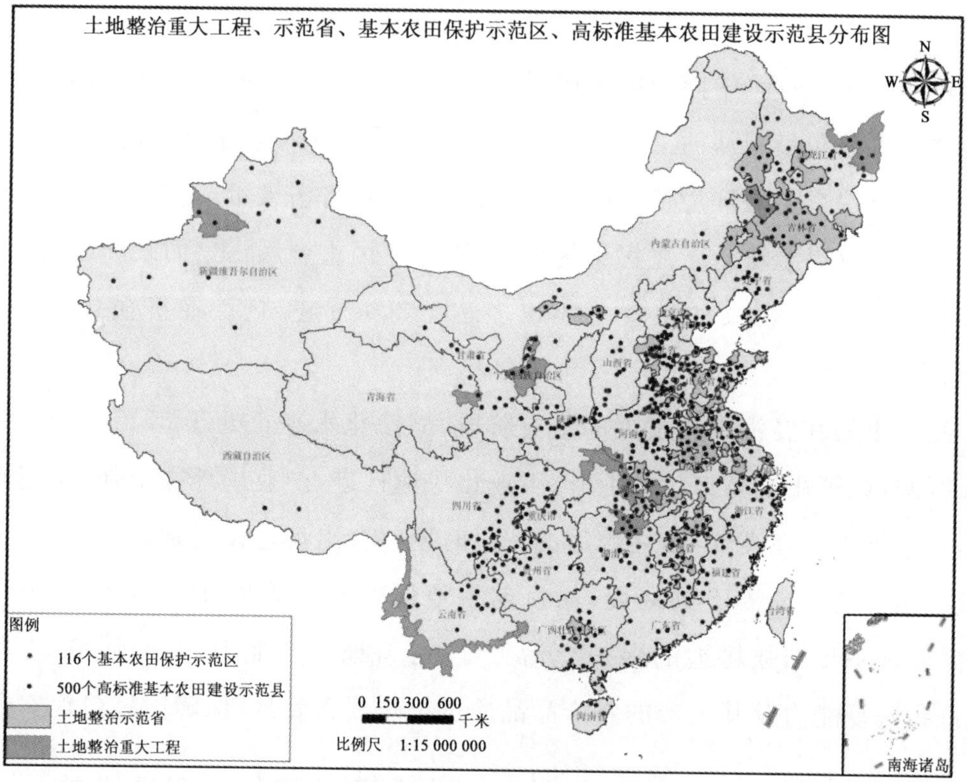

图 4-2　全国土地整治重大工程、示范省、基本农田保护示范区、高标准基本农田建设示范县分布图

(2)建设高标准基本农田，提升了耕地质量　土地整治围绕保障国家粮食安全，坚持数量质量并重原则，在补充耕地数量的同时，按照“划得准、调得开、建得好、守得住”的要求，有规划有计划地开展高标准基本农田建设，提升了粮食综合产能，夯实了国家粮食安全的资源基础。2011—2014 年，全国已建成适应现代农业发展要求的高标准、成规模基本农田 3 亿多亩，整治后的耕地质量平均提升 1～2 个等，粮食产能普遍提高 10%～20%。可以说，通过土地整治实现的耕地数量基本稳定和质量稳步提高，巩固了农业现代化基础。

(3)修复受损生态系统，改善了土地生态环境　通过土地整治对生态系统的修复和保护，基本实现了生态安全和粮食安全的有机结合、促进了区域生态环境质量的整体提升。土地整治在改善部分地区生态环境方面更是发挥了不可忽视的重要作用：在西北干旱地区，通过开展农用地整治，治理了大面积盐碱地，提高了植被覆盖率，增强了防风固沙能力；在西南地区，结合生态退耕加大保水、保土、保肥的"三保田"建设力度，既治理了水土流失，又保障了粮食生产，实现了生态安全和粮食安全的有机结合；在长三角、珠三角等人口产业密集地区，通过建设高标准基本农田，更加突显了耕地在维护和改善区域生态环境中的作用。

3.3　土地整治是促进耕地资源合理开发利用的重要工作

(1)土地整治始终把生态良田建设放在突出位置　通过分析粮食产量、耕地健康产能和粮食需求之间的关系发现，一是过度追求粮食产量将进一步引发优质耕地过度利用、生态环境破坏、土壤污染加重等多重潜在风险。二是粮食增产没能使成效差距得到改观。三是实现粮食丰产，关键途径是实施生态良田工程建设。生态良田工程建设是要求耕地有高的产能、好的质量、稳定的产出，同时要有好的环境状况、没有污染。而土地整治开展高标准基本农田建设，消除农田现代化利用中的限制性因素，提高耕地质量，使耕地生产能力持续稳定，生产环境状况良好。推进土地整治，关键是要抓好生态良田工程建设。

(2)土地整治始终遵循科学的耕地质量观

①耕地质量的认识：全国性与"耕地质量"有关的技术工作，主要有三个，即农业部门侧重土壤肥力管理、用地养地措施的耕地地力调查，可称为"小质量"(土壤自然肥力)；环保部门和国家地质调查局的土壤地球化学元素含量指标检测和调查评估，侧重土壤环境状况、面源污染防控，是土壤环境质量，可称为"绿质量"；国土资源管理部门着眼于耕地资源生产能力的利用、保护、建设和提升，是"大质量"。因此，耕地质量，不仅仅是土壤肥力、基础地力，更重要的是耕地的综合生产能力，保护耕地质量应该是对生产能力的保护，不仅包括地力建设，还

应包括工程质量、配套设施建设、以及土壤的无毒无害性能等等。

②全面的耕地质量观:树立科学的耕地质量观包括六方面的内容,以数量为前提的耕地质量观,数量是质量的前提,质量是数量的保障,保护耕地首先要确保一定数量的耕地;以产能为核心的耕地质量观,耕地产能由耕地的数量和质量共同决定,耕地质量是耕地所处的光温、降水、土壤、农田基础设施条件等状况的综合反映,体现了耕地的产能状况,坚持耕地数量质量并举仅是手段,提高耕地产能才是最终目标;以健康为保证的耕地质量观,只有健康的耕地才能确保农产品生产基础的健康,只有农产品生产基础健康和生产、加工环节健康,才能确保从地头到餐桌的粮食安全;以用养为基础的耕地质量观,耕地使用者应当合理利用耕地,采用有利于保护和提高耕地质量的耕作技术,科学合理施肥,安全使用农药,确保耕地质量有提升,环境有改善;以效率为导向的耕地质量观,发展现代农业、提高农产品的国际竞争力,必须把稳定和提升农业综合生产能力建立在耕地布局稳定、适宜机械化生产经营、能抵御自然灾害的牢固基础上;以监管为手段的耕地质量观,加强耕地质量监管是确保耕地质量的重要手段。

(3)土地整治促进耕地资源合理利用的主要途径　以往土地资源开发利用多实施的是竞争、掠夺式的“红海战略”,新形势下耕地资源开发利用应实施以消除危害因素、减少不利因素、提升有利因素、创造新的机会为导向的“蓝海战略”(图 4-3),借助土地整治,实现耕地资源的合理开发利用。

①稳定数量:土地整治一项主要的任务即是补充耕地数量,十多年来,保证了耕地数量的基本稳定。保护耕地要确保一定数量的耕地,没有足够多的耕地,即便质量再好,在总量上也不能完全满足国家粮食安全的需要,通过土地整治补充耕地,对坚守 18 亿亩耕地红线作出了重要作用。开展以高标准基本农田建设为主的农用地整治,通过土地平整、田块归并等有效增加耕地面积;通过对塌陷区和采空区填充、尾矿库造田等损毁土地的复垦,增加有效耕地面积,恢复受损生态功能,根据环境和资源环境承载力,坚持保护和改善生态环境的原则,对宜农未利用地开发,有效的补充耕地,提高耕地利用率。

②消除障碍:严格按照高标准农田建设通则的标准,开展高标准基本农田建设,消除农田利用中的障碍性因素,提高耕地等级。东中部地区以建设高标准农

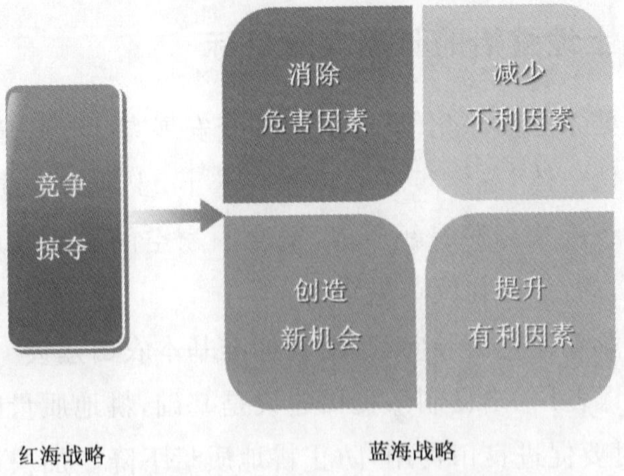

图 4-3　土地资源开发利用蓝海战略

田为主要任务，要合理确定田块规模，充分满足农业机械作业要求；完善田间道路，提高道路的载荷和通达程度；加强农田灌溉与排水工程建设，提高耕地灌溉面积比例和渠系水利用系数。西部生态脆弱地区加大对平坝和缓坡耕地的整治力度，要加强小流域综合治理，积极开展坡改梯、堤岸防护、坡面改造等工程型措施，增强农田抵抗自然灾害的能力。对土壤贫瘠的农田，要有针对性培肥地力的措施，稳步提高耕地产能。

③阻止退化：在加强退化土地生态环境建设和生态功能区保护的基础上，针对水土流失、土地沙化、土地盐碱化、土壤污染、土地生态服务功能衰退和生物多样性损失严重的区域，结合退耕还林、退牧还草等生态环境建设工程，治理水土流失，推进土地生态环境综合整治。

④防损修毁：按照《土地复垦条例》规定，对生产建设活动损毁土地和自然灾害损毁土地要全面复垦，综合考虑耕地损毁前特征、类型、程度等复垦要素，尊重自然规律、立足农业发展、生态改善等，因地制宜选择土地用途，将人类土地利用与自然土地覆盖有机结合起来，构建符合生态系统结构和功能的土地景观格局。

⑤治理污染：土壤污染修复本身是一个全方位的过程，涉及农学、植物学、环境科学、土壤学等多个学科，我国土壤污染呈现多样性和地域性的特点。在县域层面可依据自然地貌等环境特征和土地整治规划需求划定重金属超标农用地类型区，针对重金属超标等农用地安全利用问题，进行土地整治工程实践。

3.4 未来我国土地整治的长期战略目标

当前,我国正处于全面深化改革、加快转变发展方式的攻坚时期,在坚持“四化”同步建设、“五位一体”总体布局的总体要求下,土地整治应紧紧围绕全面深化改革,主动适应经济社会发展新要求,契合国家空间战略发展新要求,塑造与调整土地利用大格局,为深化改革做动力。

(1)以促进农业现代化为导向,布局高标准基本农田建设　确保粮食安全要“建良田、推良法、谋良用、出良制”,良田建设是基础,耕地质量既要保护,也要维护,还要修复,同时要促进良田良用,防止耕地质量下降。加快良田建设、促进农业转型是当前确保国家粮食安全、加快经济转型发展的全局性和战略性重大问题。近年来,按照耕地保护要实现数量管控、质量管理和生态管护“三位一体”的战略部署,土地整治和高标准基本农田建设已经成为耕地保护的重要抓手和基础手段。通过土地整治建设形成集中连片、设施配套、高产稳产、生态良好、抗灾能力强的高标准基本农田,改善了农业生产的基础设施条件,更加适应现代农业生产和经营方式,巩固了粮食安全的耕地资源基础。

土地整治将以土地整治重大工程为抓手,继续抓好116个基本农田示范区和500个高标准基本农田示范县建设,重点向粮食主产区、产量大县、粮食后备产区倾向,通过“十二五”、“十三五”的高标准基本农田建设,建成8亿亩生产能力稳定、质量优良、与现代农业生产和经营方式相适应的基本农田,为粮食稳产增产奠定基础。

(2)以促进生态文明战略为目标,布局国家和区域级土地生态景观　土地是经济社会发展的底盘,为人们提供生产、生活、生态多重功能,承载各类经济社会活动。要实现土地资源的可持续利用,必须以生态文明建设为前提,科学配置土地资源,实施城市发展、农业生产、生态空间的合理管控、调整与治理。当前大都市区的“城市病”缠身、区域生态环境脆弱、乡土文化快速流失等问题实质上都是土地利用不合理、土地功能失调引起的。需要不断提高土地底盘的服务能力,匹配不同区域、不同经济社会发展阶段对土地利用的要求。

“十三五”时期,重点是要加快大城市群和经济发达地区土地整治,推进绿道网建设,连接城乡绿色空间,提升城乡环境质量和土地承载能力;以改善农村生产生活条件和人居环境为目的,促进城乡均等化发展,提升农村基础设施水平,引导乡村居民集中居住,构建农村土地利用格局,促进富丽乡村建设;强化土地退化地区、生态脆弱地区绿色基础设施建设，强化山体、水体、湿地等生态修复，改善土地生态环境，提高土地生态系统服务能力，推动生态文明建设；加快工矿区土地复垦，污染土地修复，修复损毁土地的生态环境。

（3）以顺应新型城镇化、工业化的新要求，布局城镇工矿和农村建设用地整治 国内外经验表明，城镇化、工业化是国家、区域发展的根本动力和必然要求。但在快速城镇化、工业化过程中，产生了不少土地利用不集聚、不节约、不高效、不合规、不合法的现象。这就要求从区域经济发展、工业生产、城镇体系、生态安全等多重角度重新塑造结构更优、效率更高、生态自我恢复更强的空间格局，为优化提升已有空间格局，需要通过土地整治对不同空间进行保护、调整、疏解、消融等手段，促进大格局的形成。这也是土地利用总体规划与土地整治规划的根本差异所在，相对于土地利用总体规划从中长期对空间格局的战略引导和刚性管制，土地整治规划更注重从中短期对空间格局实施可操作的调整优化。

“十三五”时期，土地整治要落实国家战略布局，重点开展城市化地区、农村地区、生态型地区、矿产资源开发地区和海岸带“四区一带”和“一极一带一江”区域性土地综合整治，统筹区域土地整治，合理安排土地整治布局，制定土地整治单元，提升区域空间品质，提高土地集约利用水平和资源配置效率。

3.5 结语

土地整治主要是通过工程措施，改变土地不合理利用的状态，提高土地利用效率，通过土地整治为优质土壤的合理利用创造了条件。只有在高标准基本农田上，我们的农业新技术、新装备、新服务才能更好地落地，实现稳产、高产。良种、良法，只有在良田上才能发挥作用。确保粮食安全首先要建良田，优质的土壤是基本前提，离开土壤安全土地整治也无从谈起。在新时期，我们应以保障土壤安全为基础，以土地整治为手段，以我国土地资源的合理开发利用来支撑更好更快的发展，创造出中华民族伟大复兴的美好明天。

4 土壤物理学发展现状与展望

来源：土壤与学科发展，2015 年第 Z1 期，李保国

从 2008 年发表“土壤物理学研究的现状、挑战与任务”一文到今天，又过去

了7年。这期间,全球所面临的人类生存与粮食安全、资源与环境问题越趋紧迫和严重(FAO),土壤学的研究越来越受到重视。在此大背景下,加上互联网给各国土壤学科的研究人员提供了及时沟通、交流信息的平台,使土壤学和相关学科呈现日新月异的发展态势。2011年美国土壤学会开展了纪念成立75周年活动,并在美国土壤学会会刊(SSSAJ)发表了数篇土壤学科回顾和展望的论文。2014年国际土壤学会在韩国济州岛召开第20届世界土壤学大会,隆重开展了纪念其成立90周年的活动,大会安排了“土壤与和平”和“土壤安全”两场主题报告会。2015年是联合国倡议的国际土壤年,也是中国土壤学会成立70周年,全球土壤安全学术会议也将于2015年5月在美国召开。我们要以此为契机,面向我国粮食安全、生态文明和建设美丽中国的重大需求,与土壤学科的同仁一道把土壤物理学的研究推向一个新的高度,为我国乃至全球的土壤安全做出新的贡献。本文在论述了近年来国际土壤学界在土壤物理学方向的一些新的定位和发展,并就与土壤安全密切相关的几个关键土壤物理研究热点和进展做简要回顾,最后结合学科发展需求和我国的迫切需求(土壤质量退化、水资源短缺、生态环境保护)展望了土壤物理学的发展前景。

4.1 土壤物理学的定位与发展

(1)国际土壤学联合会的土壤物理学　近年来,国际土壤学联合会(IUSS)对下设机构进行了较大的调整,并对每一个分委员会的工作领域进行了说明。分委员会2.1为土壤物理学,在其官方网站中,对土壤物理学定义如下:“土壤物理学就是研究土壤的物理性质,重点针对土壤中物质和能量的运输过程。主要内容包括无机、有机和微生物污染物的运输,用分形数学、空间变异性、地统计学、计算机断层成像、遥感的方法来表征土壤物理性质”。该定义强调了土壤物理的基础地位,对其研究内容高度概化,但特别强调学科的交叉性和现代数理方法和测试手段的应用。在新的IUSS下还有几个新设分委会和工作组与土壤物理学研究密切相关。这些分委员会与工作组近年来国际学术交流活跃,研究成果颇丰。分委员会1.5——计量土壤学,是应用统计学、分形数学、遥感技术等方法来研究从土体到景观、流域、国家尺度上土壤性质的时空分布,是土壤物理、土壤地理和空间信息技术交叉的一个新兴领域。分委员会2.5——土壤化学、物理和生物界面反应,是研究从分子到景观水平上,土壤发生的各种生物与非生物的过程中,物理—化学—生物界面系统作用机制。这个领域的研究特别强调现代物理、化学和生物分子水平上技术方法的应用和交叉。分委员会 3.6——盐渍土，基于近年来全球变化导致的明显的干旱化趋势，全球土壤干旱区高产灌溉农田受到盐渍化的威胁，水土资源盐渍化问题趋重且不可逆转等问题和需求，盐渍土由 IUSS 中的一个工作组转变为一个分委员会，除对原来灌溉排水改良盐渍土等研究外，强调对盐渍生态系统、盐生植物多样性及其利用、咸水或排水的再利用研究。在新设的工作组中，与土壤物理十分密切的有：水文土壤学、土壤与景观演化建模、土壤近感、土壤监测等，这些研究领域都强调原位监测并获取数据，进一步发展建立相关的模型。这里特别指出的是水文土壤学的发展。这是 Lin 等提出的一个水文学与土壤学科交叉的新兴领域，主要研究在异质性的景观中，从孔隙到景观不同尺度土壤结构对水文过程的调控及其生物地球化学与生态效应，以及在不同时空尺度上景观水文学影响土壤发生、变异和功能的机制。最近 SSSAJ 发表专辑论文，论述了此领域的研究现状和展望。

(2)美国土壤学会中的土壤物理　现代土壤物理学的发展，离不开美国土壤物理学家的开创性工作。美国土壤物理学家不但是美国土壤学会会员的主要组成部分，而且活跃在美国地球物理学会、美国地质学会等主要地球科学的学术团体组织中。从美国土壤学会成立至今，土壤物理学分会一直是该机构核心部门之一。2014 年有学者提议把此分会的名称由土壤物理改为土壤物理与水文学，按照学会章程，最后通过了此提议，因此从 2015 年开始，美国土壤学会中，土壤物理学分会就改为土壤物理与水文学分会。之所以改名，并不是要改变土壤物理的内涵，而是要使土壤物理学的发展更加面向社会，需进一步被社会所认可，突出自己能解决问题的优势领域，即土壤物理应用研究除针对土壤安全外，最主要的就是要在水安全问题上做出应有的贡献。美国土壤学会土壤物理和水文学分会给出的土壤物理的定义和介绍如下："土壤物理学研究土壤的物理、水力和热力学特性和过程，这些过程与自然和人工生态系统密切相关，并可应用于农业和环境科学的众多方面。土壤物理学研究对象针对土壤物理的组分和它们的三相系统(固、液、气)。当其应用到地表和大气界面时，通过基于和整合物理、物理化学、工程、流体力学和气象学的原理，土壤物理学就成为一个使人着迷和有趣的研究领域。面对当今复杂的问题、需要多学科方法来协同解决时，对土壤物理过程的认识就越发重要。在广义的地球科学中，水文学家、生物地球化学家、大气科学家和工程师应该具备土壤物理学的知识。土壤物理学下设的专业研究方向，包括土壤的物理性质和过程、水分运动和保持、土壤结构和团聚体、溶质运移、物理性质和过程的空间变异性、蒸散以及水和溶质运移的数学建模”。美国土壤物理学界十分强调通过土壤物理与水文过程研究的结合来解决日益突出的环境保护与农业生产中出现的问题。美国土壤学会于2002年创刊的《非饱和带杂志(VZJ)》,就是由土壤物理学家发起的。经过15年的发展,其学术影响力显著提升,已成为土壤物理和地球关键带过程研究的权威性学术期刊。

(3)当代土壤物理研究面临的挑战　2008年,在谈及土壤物理学挑战时,我们主要是依据我国的需求提出问题,包括我国社会经济发展对土壤物理学的要求、我国生态环境建设对土壤物理学的要求、全球气候变化对中国土壤物理学的要求,这些内容涵盖了我国土壤安全对土壤物理研究的全部要求。该文也论述了我国土壤物理学发展与国际先进水平的优势与差距。如今我国的土壤物理研究队伍和发表状况有所改善,总体学术水平与国际先进水平的差距也有所减小,但远达不到我国土壤、环境和生态对土壤物理学的迫切需求。2011年,在纪念美国土壤学会成立75周年SSSAJ的专辑论文中,由美国科学院院士Jury领衔的、国际土壤物理学界最高奖项土壤物理学发展现状与展望“Don和BettyKirkham”获得者集体撰写了“Kirkham的遗产和当代土壤物理研究的挑战”一文。该文指出,在讨论土壤物理研究当代和未来所面临的挑战时,必须与当今世界所面临的重大社会问题——全球变化、粮食安全、土壤和水资源约束紧密联系起来。现代土壤物理学家所掌握或可用的测量和分析工具还十分有限,远远不够充分描述土壤环境和生物地球化学作用的复杂性。我们必须提高在不同关联时空尺度上的预测能力,解决在社会发展中农业和环境中出现的问题。作为土壤和地球科学团体的成员,我们要积极参与多学科间的合作,寻求解决全球资源紧缺和环境退化问题的方案。土壤物理学(和土壤学)在解决全球问题一些研究领域中大有作为,如在水文循环和粮食生产中对土壤-植物互作关系的表征、土壤作为生态基础设施及其相应的生态系统服务价值估计与保护。

4.2　近年来土壤物理学几个关键领域的研究进展

结合土壤安全的主题,对几个土壤物理研究热点领域进行论述。

(1)土壤结构的研究　土壤结构的定量表征和土壤结构与功能的关系是土壤物理最为核心的研究内容之一。以X射线CT为代表的探测技术的快速发展促进了有机无机复合体、团聚体、土块乃至土体等各个尺度三维土壤结构的研究。基于三维孔隙结构,定量分析和模拟土壤水、气运动是传统土壤物理学研究的重要课题。由于土壤结构对水、气运动的决定性作用，土壤结构对温室气体排放的影响不容忽视；利用孔隙尺度模型，将会有助于理解温室气体排放的机理和传输、释放过程。土壤结构的形成机制及其对土地利用方式的响应仍是土壤结构研究的主要内容。土壤结构动态同土壤有机质周转密切相关，这方面的研究主要集中在团聚体尺度。利用CT技术可以原位、动态研究土壤结构与根系的互作过程。土壤结构决定了根系穿插的阻力，同时也影响根系对水分和养分的获取。因而可以通过调控土壤结构来获取需要的三维根系构型，并且选择适当的根系类型来改良土壤结构。微生物在土壤中的分布受到土壤孔隙的控制，而微生物对土壤结构的影响也逐渐受到重视。然而，土壤物理学目前仍然缺乏田间原位监测土壤结构时空变异特征的手段和技术，现有描述土壤水分运动、热量传输、溶质运移和气体扩散的方程仍将土壤表层作为刚性介质，往往利用扰动土或田间一次性测定的参数来预测土壤中能量交换和物质传输过程，导致结果误差很大。过去10多年来，利用热脉冲-时域反射仪(Thermo-TDR)技术实现了土壤含水量、温度、电导率、热容量、热导率和热扩散系数的连续定位测定并完成了土壤容重和孔隙度的连续定位测定，为研究田间土壤结构和水热参数的时空变异提供了可靠技术。

(2)土壤水分监测与运动模拟　土壤水分含量及变化是区域干旱和农田及生态系统监测的主要参数，也是研究地表水分平衡和能量平衡的关键指标。关于土壤水分测量方法研究进展，已有综述性文章中给出了全面具体的介绍。近年来，随着热脉冲方法的发展，特别是能用于测定土壤表层毫米量级深度的热特性和含水量的理论和探针设计的出现，以及能自我矫正双针间距的理论和探针设计的发展，加上其空间分辨率高、测量准确及原位实时监测的优点，双针热脉冲方法有望成为研究地表水热平衡和能量平衡最有前途的研究方法。大尺度水分含量监测是指利用单个传感器探测>1米^{2}的面积，或者多个传感器扩展到>10 000千米^{2}范围内的土壤水分。近年来，大尺度土壤水分监测技术得到了迅速发展。主要出现了如下所述3种新的技术：宇宙射线中子水分测量、L波段卫星遥感和分布式光纤传感器。2008年以来出现的宇宙射线土壤水分监测系统(COSMOS)为一种基于近地面环境宇宙射线中快中子浓度与土壤含水量关系的土壤水分测量系统。大量野外实验证明，该方法是一种精度较高的大尺度土壤水分含量监测系统，具有无危害、无破坏、不受土壤质地和盐分影响、测量范围大(半径300～600米)的特点。遥感水分测量近年来的发展主要集中在L波段的卫星信号和P波段的雷达信号。人们把GPS卫星的L波段信号用于监测土壤表层5厘米左右的水分含量。在地表,可以通过对GPS信号和反射信号之间的干涉得到水分含量,其相应水分测量装置即为GPS-IRS。欧洲的SMOS计划通过对卫星信号的L波段进行无线电波段干涉,并结合数据分析处理的新方法来得到全球范围地表水分含量图。美国NASA在2014年开始的SMAP计划选用了卫星L波段的主动和被动信号来得到表层土壤水分含量。关于大尺度土壤水分含量的准确测量,近年来提出了一种有希望的新方法,即通过加热分布式光纤(DTS)外层的金属铠甲,让千米尺度的DTS转变为一个空间分辨率为1米、温度分辨率为0.05℃左右的热脉冲探针,通过建立经验公式来预测水分含量。关于土壤水分非饱和流的模拟,最近有学者对现今的土壤非饱和水力学特性的基本假定提出了质疑,认为我们广泛应用的水分特征曲线模型是基于假定土壤孔隙是由一束不同直径毛细管所组成,据此推导出的土壤非饱和导水特性与观测值存在较大差异,建议基于土壤孔隙复杂的网络体系,应用逾渗理论来建立土壤非饱和流理论和模型。对于土壤水分的非稳定流,最近有研究建立了一个四阶偏微分方程的相流模型。在特定的条件下,这个模型转化为我们熟知的Richards方程。新的模型对非稳定流中的优先流产力具有重要的科学价值和实践意义。在——指流能够很好地模拟与表征。

(3)农田水文过程与水分生产力　土壤水是最关键的农田调控因子,全球粮食安全和生态安全问题主要是由于缺水干旱引起的。在全球变化下,未来农业水资源越发紧缺,必须大幅度提高水分生产力才能满足全球的粮食安全,而这只能通过农田土壤水分的调控来实现。近年来,国际上对绿水(土壤水或蒸散耗水)和蓝水(传统意义上的灌溉水)在农业生产、绿水在陆地生态系统中流动特征的研究日益活跃。有研究综合了全球农田水平衡数据,对92个发展中国家实现联合国千年发展目标(MDG)的农田绿水潜力和作物水分生产力进行了评估。随后,很多同类研究都试图从全球、大洲、国家和区域的宏观水平评价蓝水和绿水资源量,回答农业生产中蓝水和绿水流的特征,以及提高蓝水和绿水的水分生产力的发生机理和调控机制等科学问题。最近有研究应用WATERSIM水文模型估算了全球蓝水和绿水资源,应用动态全球植被和水平衡模型LPJmL估算了全球陆地生态系统和农业生态系统中蓝水和绿水的来源、使用和消耗。研究中基于水文、植被、作物模型以及部分和一般均衡经济模型耦合水文模块来模拟全球和区域尺度作物生产中蕴含的蓝水和绿水量。结果均证实了全球尺度上绿水在农田作物生产中发挥的主导作用:全球作物平均虚拟水含量中绿水含量为1 100 米^3/吨,蓝水含量为291 米^3/吨,绿水∶蓝水=8∶2。因此,深入研究各个空间尺度(全球、大洲、国家、区域和田块)的农田绿水和蓝水流特征,集成各个尺度的研究结果,对从整体上优化农田绿水和蓝水流动,提高绿水和蓝水的消耗率和提高水分生产力具有重要的科学价值和实践意义。在蓝水和绿水的研究对象上,已经从粮食作物扩展到能源作物。

(4)土壤中污染物和胶体运移　土壤污染和修复是近10年来国际上的研究热点。由于微观科技的迅猛发展和测试仪器的不断改进,土壤微观结构、尺度效应、生物因素、地质化学因素、微小颗粒等对反应性污染物运移过程的影响受到普遍关注。在重金属、类重金属、放射性核素运移方面,更加关注复杂的生物地质化学因素对运移的影响,例如有机质、根系分泌物和营养物质、氧化还原反应、微生物、土壤非均质性、微观结构等。新涌现的有机污染物、激素、抗生素和持久性有机污染物在土壤环境中的运移行为和影响运移的因素,例如有机污染物的分子结构、大小、水溶性、种类、疏水性、土壤类型、有机质、pH 等,也是当今关注的热点。在研究尺度上,污染物运移向着多尺度方向发展,从分子、微观、孔隙、中尺度、田间尺度等不同尺度上研究污染物在土壤中运移机理,为研究尺度转换问题提供了途径,可以揭示不同迁移参数的尺度依赖性,如地球化学反应速率、吸附系数和滞后系数等,为应用实验室尺度的运移参数来预测田间尺度的污染风险提供了理论基础。微观尺度上的研究更是从机理上反映了反应性污染物在土壤复杂微观结构和气水界面上动态释放和运移过程。由于胶体在土壤环境中的行为尚不清楚,胶体运移过程一直是近些年的研究热点之一。这些过程包括病原性微生物在水土环境中的行为、纳米材料和微生物修复受污染的土壤、风化物的运移与再沉积、胶体携带重金属和放射性核素等污染物的运移、河岸带过滤等。从胶体和污染物运移的影响因素上,许多物理、化学和生物因素影响胶体和污染物的运移,例如胶体的类型、土壤介质、水流条件、溶液的离子强度和阳离子成分、疏水性、共存胶体、表面活性剂、营养物质、胞外多聚物等。由于界面力、接触角、土壤含水量等的影响,胶体和胶体协同的污染物在非饱和介质中的运移过程更加复杂。在研究手段上,将传统的土柱和批处理方法与一些先进的实验手段进行了结合来研究胶体的运移,包括原子力显微镜被用于研究胶体和土壤表面之间的相互作用力,扫描电子显微镜检测胶体在土壤表面的吸附形态,共聚焦显微镜、激光扫描细胞仪和全内反射显微镜等实时检测胶体在多孔介质中的迁移,X 射线 CT 和同步辐射技术研究胶体在实际土壤中的吸附等。

(5)土壤生物物理　土壤物理过程与生物过程之间的内在关联及其交互作用已成为现代土壤学的热点研究领域之一,现代微观探测技术与计算机技术的进步则进一步促进了土壤生物物理的发展。例如,X 射线 CT 技术的应用使得在不破坏土壤结构的情况下获得土壤微孔三维结构信息成为可能;利用纳米二次离子质谱技术能够准确识别土壤样品中生物细胞的生理生态特征信息及其系统分类信息,对于认识微生物介导的元素生物地球化学循环机制具有重要意义;而结合荧光原位杂交技术、基因探针技术等则能够同时观测和定位土壤生物分子水平的生理生态特征信息以及元素空间分布等物理化学信息。现代精细工程技术的进步也促进了土壤生物物理学的发展。研究人员利用透明的微细颗粒模拟构建三维可视化的土壤结构,结合上述分析检测技术能够实现土壤空间生物、物理和化学过程的实时原位监测和定位计量。已有研究创建了可供实时原位观测和可控水文物理条件的模拟土壤实验系统,并成功观测和解析了微生物在不饱和土壤表面的运动和种群扩张过程;通过荧光显微成像等技术从机理层面揭示了植物根系、真菌和细菌等在土壤介质、水、气等界面交互反应和影响机制。在土壤生物物理的理论研究方面,强调从机理层面开展土壤生物物理学研究的必要途径是构建能够模拟土壤物理和生命过程及其交互反应过程的定量化模型。有学者开发建立的基于个体的土壤生物物理模型,从细胞和分子尺度模拟解析土壤介质的孔隙特征和水分含量及其分布变化对微生物能动性和营养物质扩散传输的影响和作用机制。另外,随着分子生物学和相关领域大数据的蓬勃发展,得以把土壤生产力水平、全球气候变化、元素地球化学循环等宏观地球物理化学过程和性状、分子、基因等微观生物物理化学过程直接关联。

(6)生物质炭对土壤物理性质的作用机制与效应　生物质炭呈黑色,质地轻,疏松多孔,富含官能团,这些特性在根本上决定了其对土壤性质和过程可能有深刻的影响,是近年来国际上热点的研究领域。目前,大部分生物质炭对土壤物理性质与过程影响的研究集中在表观观测方面。这些观测研究结果存在较大分歧。一是认为生物质炭可以显著改变土壤物理性质,如降低土壤容重,增强黏质土壤的团聚度,提高田间持水量和有效水含量,提高土壤饱和导水率,降低黏质土壤张力、线胀系数和可塑指数;另一种观点认为生物质炭的影响并不显著。这种情形充分说明目前人们对生物质炭的认识尚不全面,尤其缺乏机理性研究。在机理性研究方面,目前涉及到的研究:生物质炭对土壤孔隙连接性和分形维数的影响，生物质炭改变土壤总介电常数和介电损失率，生物质炭颗粒与水分子的作用等。当然，这些研究还很不够，不足以构建生物质炭影响土壤物理性质与过程完整而清晰的机理。

4.3 展望

从全球范围来讲，过去50年内农业产能递增了2.5～3倍。然而，全球范围的增产却在一些地区导致了水土资源退化以及相关生态产品和服务的恶化。与2009年的水平相比，2050年全球范围内的粮食产量预计需要再增加70%，某些粮食需求增长迅速的国家同时也是水土资源极度匮乏的国家。这可能造成土壤安全、水安全乃至粮食安全受到严重威胁，生态环境质量进一步恶化。粮食生产和经济发展达不到预计水平，从而引发某些国际或地区出现严重的社会问题或冲突，这也是2014年第20届世界土壤学大会把土壤安全与和平问题作为主题研讨的出发点。中国过去30余年的高速发展，农业生产和经济发展取得了人类发展史上的奇迹，但所带来的生态环境问题也引世人瞩目。耕地质量下降、水资源短缺、大气、水土环境污染等问题日趋严重，使我国土壤安全处于一个十分严峻的时期。土壤物理学科的研究对象为土壤，针对的研究过程几乎全部与水过程有关。所以土壤物理学未来在解决土壤安全所面临的问题时，要针对土水资源和环境问题，在不同尺度开展研究，提高人类对土水资源和环境演变趋势的预测能力，从而实现对其质量的保护与调控。以下从学科发展需求和我国土壤质量迫切需求来展望土壤物理学的发展前景。

(1)土壤物理学科发展的要求　2009年，由美国科学院等召集土壤学研究前沿会议，对土壤学未来研究内容进行了研讨，正式出版了相应报告其中，许多挑战性的研究内容都与土壤物理学密切相关。2011年，国际知名土壤物理学家从土壤物理能解决全球发展所遇到的问题出发，梳理出了困扰土壤物理学界8个长期或涌现的研究问题。前3个领域为田间尺度上土壤水分特性研究的课题，包括尺度转化、有效水力特性、土壤的结构和功能之间关系的研究；另2个领域为表面张力-黏滞流偏离问题，包括土壤中的不稳定流和土壤斥水性的表征研究；再有2个土壤物理与土壤生物整合研究领域，包括植物-土壤连续体中水流与物质运输，土壤微生物多样性的物理与生态起源；最后1个领域为对土壤作为生态系统一个组分的研究，主要是提高对土壤作为生态基础设施及其生态系统服务方面功能重要性的认识。这些问题是今后土壤物理学界相当一段时期内需要重点突破的领域方向，建议从事土壤物理研究的科研人员关注该文。最近有学者把生态服务的研究提升扩展到地表关键带服务研究，也值得土壤科学工作者关注。但无论怎样，土壤物理特性和过程都是其中的核心内容。

(2)我国耕地质量与土壤安全的需求　我国发展面临着粮食安全与生态环境保护的迫切需求。粮食安全的根基在于耕地质量，即农作物用地的土壤安全问题。当前东北黑土区的土壤退化(土壤有机质下降和土壤侵蚀)、华北地区水资源短缺造成土壤干旱化、南方地区土壤酸化、西北旱作区土壤贫瘠化(土壤侵蚀和养分耗竭)与绿洲地区土壤盐渍化所造成的土壤安全问题，严重影响到了我国的粮食安全。过去 30 多年的快速发展，造成我国的湖泊河流水体和部分农区土壤的重金属或有机物污染，也严重影响到我国生态环境安全与食品质量安全。我国土壤物理研究应针对上述资源和环境问题开展工作，发展完善土壤水、盐分、污染物运移与转化的理论和模型，建立不同尺度土壤结构与水碳氮循环过程的模型，为我国的土壤安全、水安全、粮食安全和生态安全做出应有的贡献。

5　永久基本农田划定工作进一步推进

党的十七届三中全会首次提出了划定永久基本农田，从 2010 年开始，国家就开始启动这项工作。各地依据新一轮土地利用总体规划有序开展划定工作，全国总体上落实了 15.6 亿亩划定任务，为保障国家粮食安全起到了重要的基础性作用。2014 年下半年，国土资源部、农业部联合下发了两份文件:《关于进一步支持设施农业健康发展的通知》和《关于进一步做好永久基本农田划定工作的通知》。今年的中央 1 号文件和《政府工作报告》提出，要全面开展永久基本农田划定工作。今年国土资源部将此项工作作为年度重点工作，1 月 5 日联合农业部召开视频会议，全面部署新常态下耕地保护工作重大行动——落实永久基本农田划定和规范设施农用地管理工作。

5.1　永久基本农田的内涵和功能进一步丰富

永久基本农田是按照一定时期人口和经济社会发展对农产品的需求，依据土地利用总体规划确定不得占用的耕地，就是对法律规定的基本农田实行永久保护、特殊保护。一经划定，在规划期内必须得到严格保护，除法律规定的情形外，不得擅自占用和改变。划定永久基本农田是现行基本农田保护制度的健全和完善,是落实最严格耕地保护制度的重要手段。

随着“四化”同步推进,现在加上“绿色化”,是“五化”同步了,尤其是推进新型城镇化和生态文明建设战略的深入,永久基本农田的内涵和功能进一步丰富,它不仅仅是为满足保障国家粮食安全的需要,而且要适应多元目标和功能的需求:保数量、保质量、保生态“三位一体”,保资源、保节约、保权益“三保并重”。从生产功能来看,永久基本农田是耕地中的精华,划定一定数量的基本农田实行永久保护,是保证粮食生产、保障粮食安全、促进农业现代化发展的根本;从空间功能来看,永久基本农田一经划定,不得随意调整、占用,这条“红线”将引导各地走串联式、组团式、卫星城式的新型城镇化发展道路,逐步形成合理的空间开发格局,防止城市无序扩张;从生态功能来看,永久基本农田是自然生态特别是农业生态系统重要组成部分,发挥着湿地、绿地、景观等多种生态功能,是生态文明建设的需要。此外,划定、管好、建好、保住永久基本农田也是维护农民权益、传承农耕文化的迫切需求。

5.2 此次划定工作的新特点

就此次永久基本农田划定工作,姜大明部长指出:这次部署划定永久基本农田,是在已有工作基础上的调整完善,不是另起炉灶、再搞一套。这次划定要立足现有工作基础,坚持“三个不能变”,即法律依据不能变、基本原则不能变、数据基础不能变。与之前工作相比,此次永久基本农田划定工作有几方面新的特点:

(1)划定要求更高　党的十八大以来,习近平总书记、李克强总理等中央领导同志高度重视耕地保护工作,并在一系列重要批示指示中提出中国人的饭碗任何时候都要牢牢端在自己手上,保障国家粮食安全的根本在耕地,要像保护大熊猫一样保护好耕地,耕地红线既包括数量也包括质量,保护耕地最重要的是把基本农田保护好。这一系列重要批示指示,既对新时期划定基本农田实行永久保护提出了更高要求,同时,也赋予了这项工作更多更丰富的内涵。

(2)目标定位多元　新时期划定好永久基本农田,是保护优质耕地,夯实粮食安全基础的根本举措;是优化城市空间格局形态,推动城市开发边界落地的基础工具;是发挥城市周边耕地的生态功能,改善城市生态环境的基础要素;同时,也是保护农民土地权益、传承农耕文明、记住乡愁的物质支撑。因此,此次划定要按照新时期的目标任务,通过严格划定、特殊保护永久基本农田,进一步稳定和提升粮食综合生产能力,夯实现代农业发展的物质基础;进一步强化城市发展的边界约束,促进新型城镇化健康发展;进一步倒逼节约集约用地,缓解资源环境承载压力,促进生态文明建设;进一步推进基本农田落地到户,切实维护广大农民的土地权益。

(3)划定任务艰巨　两部在对已有基本农田划定成果进行核查时发现,一些地方永久基本农田划定工作与中央的要求、法律法规的规定存在差距,各地工作进展不一;一些城市规划建设用地与优质耕地的重叠度较高,城镇周边还有不少优质耕地未划为永久基本农田;一些地方存在"划远不划近、划劣不划优"的现象等。这次划定,重点是把全国优质的、易被占用的耕地优先保护起来,将该划进的划进来,将不符合要求的划出去,这项任务还非常艰巨。

(4)基础支撑坚实　这项工作时间紧、任务重、要求高,好在现在的基础工作比以前更坚实,我们有信心按时保质保量完成任务。2013 年以来,第二次全国土地调查成果发布并广泛应用,实现了全覆盖;新一轮耕地质量等别更新和完善工作、地球物理化学调查、土地整治与高标准农田建设项目验收等一系列成果形成;国土资源遥感监测"一张图"和综合监管平台的多领域应用,基于这些成果,我们可以更加全面系统地掌握耕地的数量、质量、构成、分布等,为全面摸清底数、查清潜力,划准划实永久基本农田打下坚实基础。

5.3　此次划定工作的推进策略

按照中央部署,永久基本农田划定工作将先从城市人口 500 万以上特大城市、省会城市、计划单列市开始,按照城市规模由大到小、空间布局由近及远、耕地质量由高到低的步骤顺序,将核定的基本农田保护目标任务及时落地到户、上图入库,重点是"两个优先",在已有划定永久基本农田工作的基础上,将城镇周边、交通沿线现有易被占用的优质耕地优先划定为永久基本农田,将已建成的高标准农田优先划定为永久基本农田,最大限度地保障粮食综合生产能力,确保实有耕地面积基本稳定和国家粮食安全。

(1)城市规模由大到小　在规模上从大城市到小城镇,由大到小、自上而下,逐级推动。首先做好 106 个重点城市周边永久基本农田划定工作,随后其他城市由各省(区、市)参照两部制定的关于 106 个重点城市的分析评估方法及核实举证要求等,同步开展相关工作。106 个城市是国务院审批土地利用总体规划和建设用地的重点城市,包括直辖市、省会城市、计划单列市、人口在 100 万以上的城市以及国务院指定的人口 50 万～100 万的城市，其城市规模大，建设用地需求大，城市周边耕地被占用压力大。从这些城市着手作用明显、示范意义大，有利于总结推广经验，带动全国永久基本农田划定工作全面铺开。

根据安排，北京、沈阳、上海、南京、苏州、杭州、厦门、郑州、武汉、广州、深圳、成都、贵阳、西安 14 个城市周边永久基本农田划定工作将先行展开，全国永久基本农田划定和成果完善工作将于 2016 年底前全面完成。

(2)空间布局由近及远　在空间上从城镇周边到广阔农村，重点做好城市周边及交通沿线永久基本农田划定工作。由于城市发展的惯性思维，城镇周边和交通沿线的优质耕地最容易被建设占用。因此，这次划定工作特别强调尽快将城镇周边、交通沿线现有易被占用的优质耕地优先划定为永久基本农田，防止城市周边的优质耕地被建设占用。同时，通过城市周边永久基本农田的划定，强化永久基本农田对优化城市(镇)用地空间的刚性约束，还可以发挥好永久基本农田对优化城市(镇)空间形态的促进作用，更好地引导城市串联式、组团式、卫星城式发展。

“从 500 万人口以上大城市周边开始，划定永久基本农田保护红线；东部三大城市群发展要以盘活土地存量为主，今后将逐步调减东部地区新增建设用地供应，除生活用地外，原则上不再安排人口 500 万以上特大城市新增建设用地。”国土资源部部长、国家土地总督察姜大明在 2014 年全国国土资源工作会议上，两度给 500 万人口以上大城市“划红线”。

(3)耕地质量由高到低　在耕地质量上，按照耕地质量等别和地力等级由高到低的顺序，确保优质耕地优先划为基本农田，实现永久基本农田布局基本稳定、数量不减少、质量有提高。在这一过程中，要统筹好“划入”与“划出”的关系，在坚持“两个优先”的同时，要将不符合基本农田划定要求的划出永久基本农田，如建设用地、未利用地，以及质量不符合要求的其他农用地，包括国家新一轮退耕还林还草方案中计划退耕还林、还牧、还湖的耕地，经权威机构认定遭受严重污染无法治理的耕地，因自然灾害和生产建设活动严重损毁无法复垦的耕地等，以确保永久基本农田的质量。

5.4　结语

第二次全国土地调查结果显示，目前我国人均耕地为 1.52 亩，较 1996 年一次调查时的人均耕地 1.59 亩有所下降，不到世界人均水平的一半。综合考虑现有耕地数量、质量和人口增长、发展用地需求等因素,耕地保护形势仍十分严峻。

“取之有度,用之有节,则常足”。“近山不可枉烧柴,近河不可枉用水”。“但存方寸地,留与子孙耕”。在我们这样一个人口众多、资源相对不足的发展中大国,只有严守红线、珍惜土地,才能守护好世世代代生存发展的国土空间。做好永久基本农田划定工作是贯彻落实“十分珍惜、合理利用土地和切实保护耕地”基本国策和国家粮食安全战略的基本要求,是贯彻落实国家新型城镇化战略、生态文明战略的重要举措,是尽职尽责保护耕地资源的重要任务,是实现中国梦的基石,划定永久基本农田工作意义重大。

6　对“土地整治”与“绿色发展”的深入理解

2015 年 3 月 24 日,中共中央政治局会议审议通过《关于加快推进生态文明建设的意见》(以下简称“意见”),首次提出“绿色化”这一概念,将“新型工业化、信息化、城镇化、农业现代化”的“四化同步”扩容到“五化协同”。作为盘活存量土地、强化节约集约用地、适时补充耕地和提升土地产能的重要手段,土地整治在绿色发展中更应发挥出重要的先行者和基础平台作用。

6.1　“绿色化”提出的重要意义

“意见”强调,要将生态文明建设融入经济、政治、文化、社会建设各方面和全过程,协同推进新型工业化、城镇化、信息化、农业现代化和绿色化。此前,党的十八大已提出具有中国特色的“四化同步”目标,即坚持走中国特色新型工业化、信息化、城镇化、农业现代化道路,推动信息化和工业化深度融合、工业化和城镇化良性互动、城镇化和农业现代化相互协调,促进工业化、信息化、城镇化、农业现代化同步发展。现在加入“绿色化”,组合成“五化”。从“四化同步”到“五化协同”,是中国国家治理现代化战略的历史性转型,具有十分重要的意义。

“绿色化”是“生态文明里理念”质的提升。事实上,“绿色化”这个词并非一个凭空造出的概念。早在 1949 年,《人民日报》就有一篇介绍苏联“绿色化”的文章,至今“绿色化”已经历了三次概念的更新和升级,“植树造林、绿化”、“有机、无公害等”、“环保、生态友好”。目前,“绿色化”被广泛融入建筑、化工、制造业、工程管理等领域。

“绿色化”是“生态文明”发展的需要。将绿色化提到如此高的高度,在政治局会议上是第一次;将其与“新型四化”并列,则更是属于理论的又一创新。生态文明建设,开始有了理论上的“抓手”,也有了实践的路径。

一组数字可以表现现实情况的紧迫程度:在全国 74 个按新的空气质量标准监测的城市中,达标比例仅为 4.1%;全国 1.5 亿亩耕地受污染、四成多耕地退化,水土流失面积占国土面积近 1/3;森林生态系统退化严重,土地沙化、石漠化仍然威胁人民生命财产安全;受严重污染的劣Ⅴ类水体比例达 10%左右。

绿色化与工业化、信息化、城镇化、农业现代化融合创新发展是人类可持续发展的必然趋势。没有绿色化,工业化、信息化、城镇化、农业现代化就会缺乏坚实的生态环境支撑,工业化、信息化、城镇化、农业现代化也就难以持久,更为糟糕的是,人类自身的可持续发展就会产生严重问题。因此,促进“五化”协同发展,才能实现社会生产力、经济生产力、文化生产力和生态生产力的整体持续发展。

6.2 绿色发展下的土地整治

绿色发展中,土地整治理应发挥出重要的先行者和基础平台作用。

首先,胜绿色发展需要全面节约和合理利用国土资源,从源头上减小开发利用对生态环境的破坏与影响。一方面,要树立空间均衡的理念,把握人口、经济、资源环境的平衡点推动发展,使人口规模、产业结构、增长速度不超出当地水土资源承载能力和环境容量。另一方面,提高水土资源环境承载能力,逐步修复受损的国土功能、提升国土空间利用效率、优化国土空间结构,进一步改善人居环境。

其次,绿色发展需要积极推动区域国土综合整治,实施山水林田湖生态保护和修复工程,构建生态廊道和生物多样性保护网络,提升自然生态系统稳定性和生态服务功能,重构农用地、建设用地、生态用地整体格局。这是决胜全面小康、建设富裕美丽中国的重要内容。

最后,绿色发展需要大力推进土地整治行动。以高标准基本农田建设为重点,改造旧村庄和低效利用的建设用地,优化城乡土地利用空间布局和结构,提升郊野地区生态空间功能。这是实现生产高效、生活宜居、生态美好的国家目标。

6.3 “绿色职业”——土地类职业首次入典

2015 年 7 月 29 日，最新修订的《中华人民共和国职业分类大典(2015 年版)》颁布，首次将“土地整治工程技术人员”列入国家职业，并且标注为“绿色职业”，终结了我国职业分类大典没有土地相关职业的“零”时代。

在建设生态文明的今天，土地整治的理念不断完善，数量、质量和生态“三位一体”的资源保护理念已成共识，土地整治活动越来越重视对土地生态的维护和修复，低碳型、生态型土地整治模式如雨后春笋。高标准农田建设、废弃地复垦、矿山环境恢复、存量土地盘活、用地结构调整、节约集约用地、国土空间优化、退化或污染土地治理等活动渐成土地整治主流且社会需求越来越大。看得出，土地整治工程技术人员能在职业分类大典中获“绿色职业”之冠，从本质上折射出了土地整治发展的跨越式进步。

这次大典首次尝试标示“绿色职业”，旨在注重人类生产生活与生态环境可持续发展，推动绿色职业发展与绿色就业。绿色职业主要是那些“环保、低碳、循环”特征显著且社会认知度较高的职业活动。“土地整治工程技术人员”这一职业因符合“监测、保护与治理、美化生态环境”和“回收与利用废弃物等领域的生产活动”等特征而成为 127 个绿色职业之一。可以说，“绿色职业”之名生动反映了当代土地整治的内在特质，更赋予了土地整治全新的时代使命。

6.4 结语

近年来，水污染、雾霾等环境问题日益突显，对人们的生产生活产生重要不良影响。传统发展理念、发展机制、发展模式必须转型升级，推进绿色化迫在眉睫。绿色发展，就是要从过度依赖自然资源，转向更多依赖人力资源去寻找经济社会发展的良方。当代土地整治工作也要切实转变观念，以绿色发展引领各个环节，持续改革创新，为生态文明建设作出更多贡献。

7 生态文明体制改革推动健全耕地生态补偿机制

2015 年 9 月 11 日，中共中央政治局召开会议，审议通过了《生态文明体制改革总体方案》(下文简称“方案”)，方案强调“健全资源有偿使用和生态补偿制度”。作为人类赖以生存的基本资源，耕地的保护必须要实现数量管控、质量管理和生态管护“三位一体”。耕地生态补偿机制则是实现耕地保护的重要保障之一。

耕地的多功能性已经得到普遍认可和关注，相对其他地类，耕地的粮食生产功能是其他各用地类型所不可替代的。同时，其生态功能、景观文化功能具有较大提升空间。与此对应，耕地资源价值包括经济价值、生态价值和社会价值，即通俗意义上的市场价值和非市场价值。经济价值是指耕地用于农业生产所获得的农产品的价值，人们对它的认可由来已久。而生态价值和社会价值却是耕地资源一直存在却未被正名和重视的价值构成。耕地生态价值指耕地及其上的生物构成的生态系统具有的生态价值，包括调节气候、净化与美化环境、维持生物多样性等方面的价值；耕地资源社会价值是指经济价值和生态价值等转化为社会功能的间接价值，主要包括提供就业保障、粮食安全保障等方面的价值。

首先，健全耕地生态补偿机制可更大地调动耕地保护的积极性。耕地具有生产、生活、生态等多重属性，还是重要的战略资源，一旦开发建设，以上多数功能将会丧失，但对将耕地开发为建设用地的开发者而言，获得的将是巨大的眼前经济收益。因此，保护耕地的积极性不高，开发建设的热情高涨。建立耕地生态补偿机制可以在耕地保护者在保护耕地的同时得到耕地应有的价值体现，从而让耕地保护者更有保护耕地的积极性，从原来的被动保护，变为积极主动保护。其次，健全耕地生态保护机制促进土地资源的可持续利用。通过对土地资源收益的再分配，加大开发建设的资源成本，从而防止不计成本的经济发展造成对土地资源的过度消耗和造成生态环境代价过大，削弱土地资源对社会经济可持续发展的支撑能力，从而可以促进土地资源的可持续利用。最后，健全耕地生态补偿机制可以促进区域协调发展。通过土地收益在地区间的利益调整和再分配，减少地区间发展对土地指标的不良博弈，防止区域之间对用地指标的恶性竞争，造成资源浪费和区域发展不平衡。

目前，耕地生态补偿存在一定问题，主要体现在以下几方面。一是生态补偿力度有待进一步加强：补偿范围偏窄，耕地及土壤生态补偿尚未纳入工作范畴；补偿标准普遍偏低，补助不足以弥补生产成本增加和减少经济损失；补偿资金来源渠道和补偿方式单一，补偿资金主要依靠中央财政转移支付，地方政府和企事业单位投入、优惠贷款、社会捐赠等其他渠道明显缺失；补偿资金支付和管理办法不完善。二是配套基础性制度需要加快完善：相关产权制度不健全；部分省级生态功能区划和功能定位需加快明确；基础工作和技术支撑不到位，生态补偿标准体系、生态服务价值评估核算体系、生态环境监测评估体系建设滞后。三是保护者和受益者的权责落实不到位:对生态保护者合理补偿不到位;生态保护者的责任不到位;生态受益者履行补偿义务的意识不强。四是多元化补偿方式尚未形成:在国家和地方层面,尚缺乏横向生态补偿的法律依据和政策规范;开发地区、受益地区与生态保护地区、流域上游地区与下游地区之间缺乏有效的协商平台和机制。五是政策法规建设滞后:生态补偿的专门立法缺失,涉及生态补偿的法律规定分散在多部法律之中,缺乏系统性和可操作性。尽管近年来有关部门出台了一些生态补偿的政策文件和部门规章,但其权威性和约束性不够。总体来看,我国的生态补偿机制还没有根本确立,谁开发谁保护、谁受益谁补偿的利益调节格局还没有真正形成,在促进生态环境保护方面的作用还未充分发挥。

方案强调,完善生态补偿机制要探索建立多元化补偿机制,逐步增加对重点生态功能区转移支付,完善生态保护成效与资金分配挂钩的激励约束机制。制定横向生态补偿机制办法,以地方补偿为主,中央财政给予支持。鼓励各地区开展生态补偿试点。结合我国耕地利用现状,健全生态补偿机制现状可从以下几方面出发。一是加快生态补偿立法。在相关法律法规中增加对耕地生态补偿的基本内容及相关配套制度措施等具体规定。明确耕地生态补偿的主体、范围、资金来源、补偿标准等事项,并加强监督,尤其是对资金使用进行有效的监督。建立长效预警机制和有效的监测体系,对耕地污染情况及发展趋势、耕地质量变化情况进行及时监控,以便有针对性地制定修复污染损害方案。二是建立耕地生态补偿基金。将耕地补偿基金用于预防出现新"毒地"、修复现有"毒耕地"以及救济"毒地"损害,包括补偿受害人、鼓励对耕地生态保护较好的农民等。耕地生态补偿基金的来源有以下三方面:按照"污染者负担原则",由工矿企业等污染者付费,承担污染治理和修复耕地的法定义务;政府的公共财政投入,以提供公共技术服务为后盾的生产支持服务体系;金融机构、民间组织、环保社团、公民个人的社会捐助。此外,还应多方吸纳社会资金,不断拓展资金来源渠道,形成多元化的融资机制。三是鼓励受害粮农自救互助,转变农业发展方式,发展生态农业和循环农业。鼓励粮农主动地运用现代农业生产方式,科学合理使用农药、化肥、农用薄膜等化学投入品,增施有机肥减少化肥施用量,积极使用低毒、低残留农药和生物农药,实现耕地资源利用集约化、生产过程清洁化、畜禽养殖粪便农业废弃物处理无害化等,保护耕地质量,防止污染。同时,积极开展生态产品认证(认证费用从耕地生态补偿基金里支付),推动农业发展以追求产量为主转向追求产量与质量安全并重。鼓励粮农通过与掌握环境友好技术的机构(企业)合作，利用其新型技术，对循环耕作方法进行指导等，不断提高农业科技和物质装备水平以改善耕地的生态状况，转变农业生产方式，促进农业可持续发展。国家则对有效提升耕地地力的粮农给予直接的补贴。

生态文明体制改革方案是生态文明领域改革的顶层设计和部署，改革要遵循“六个坚持”，搭建好基础性制度框架，全面提高我国生态文明建设水平。在生态文明体制改革的推动下，健全耕地生态补偿机制，重视耕地多功能及多重价值，更好地保护有限的耕地资源，为中国可持续健康发展提供坚实后盾。

参考来源

1. 永久基本农田划定

国土资源部

热点专题＞土地管理＞全国永久基本农田划定和保护

http://www.mlr.gov.cn/tdzt/tdgl/jbnt/

严格划定永久基本农田 扎紧耕地保护的“篱笆”

-国土资源部耕地保护司

http://www.mlr.gov.cn/tdzt/tdgl/jbnt/zcjd/201505/t20150507_1349996.htm

2. 绿色发展和农用地整治

中共中央 国务院关于加快推进生态文明建设的意见

http://www.gov.cn/xinwen/2015-05/05/content_2857363.htm

绿色发展需要怎样的土地整治？

-中国国土资源报 郧文聚

http://www.mlr.gov.cn/xwdt/xwpl/201602/t20160225_1397265.htm

毛志红：土地整治理应担负“绿色”使命——从土地类职业首次入典说起

-中国国土资源报

http://www.mlr.gov.cn/xwdt/xwpl/201601/t20160128_1396175.htm

3. 生态文明体制改革和耕地生态补偿机制

《生态文明体制改革总体方案》

http://www.gov.cn/guowuyuan/2015-09/21/content_2936327.htm

建立耕地生态补偿机制推动农业发展方式转变

http://www.mlr.gov.cn/xwdt/mtsy/jjrb/201403/t20140327_1309421.htm

8 国家全面推进农村土地制度改革试点

2014年12月31日，中共中央办公厅和国务院办公厅联合印发了《关于农村土地征收、集体经营性建设用地入市、宅基地制度改革试点工作的意见》。这标志着，我国农村土地制度改革即将进入试点阶段。

开展农村土地征收、集体经营性建设用地入市、宅基地制度改革，是党的十八届三中全会《决定》提出的明确任务。土地制度是国家的基础性制度，在实践基础上形成的中国特色土地制度为我国经济社会发展作出了历史性贡献。随着实践发展和改革深入，现行农村土地制度与社会主义市场经济体制不相适应的问题日益显现，必须通过深化改革来破解。改革完善农村土地制度，有利于健全城乡发展一体化体制机制，有利于建立城乡统一的建设用地市场，有利于推进中国特色农业现代化和新型城镇化。

近年来，按照党中央、国务院的要求，我部开展了以土地征收、农村集体经营性建设用地流转和宅基地制度为主要内容的改革试点，各地也结合实际进行了积极探索，为改革完善农村土地制度积累了经验。农村土地制度改革牵一发而动全身，涉及重要法律修改，涉及重大利益调整，涉及农村集体经济组织制度、村民自治制度等重要制度的完善，必须根据中央统一部署，按照守住底线、试点先行的原则平稳推进。

改革以建立城乡统一的建设用地市场为方向，以夯实农村集体土地权能为基础，以建立兼顾国家、集体、个人的土地增值收益分配机制为关键，以维护农民土地权益、保障农民公平分享土地增值收益为目的，发挥法律引领和推动作用，着力政策和制度创新，为改革完善农村土地制度，推进中国特色农业现代化和新型城镇化提供实践经验。通过改革试点，探索健全程序规范、补偿合理、保障多元的土地征收制度，同权同价、流转顺畅、收益共享的农村集体经营性建设用地入市制度，依法公平取得、节约集约使用、自愿有偿退出的宅基地制度。探索形成可复制、可推广的改革成果，为科学立法、修改完善相关法律法规提供支撑。

改革试点的基本原则，一是把握正确方向，紧扣十八届三中全会提出的农村土地制度改革任务；二是坚守改革底线，坚持试点先行，确保土地公有制性质不改变、耕地红线不突破、农民利益不受损；三是维护农民权益，始终把维护好、实现好、发展好农民土地权益作为改革的出发点和落脚点；四是坚持循序渐进，既要有条件、按程序、分步骤审慎稳妥推进，又要鼓励试点地区结合实际，大胆探索；五是注重改革协调，形成改革合力。

通过改革，逐步建立兼顾国家、集体、个人的土地增值收益分配机制。一是完善土地征收制度。针对征地范围过大、程序不够规范、被征地农民保障机制不完善等问题，要缩小土地征收范围，探索制定土地征收目录，严格界定公共利益用地范围；规范土地征收程序，建立社会稳定风险评估制度，健全矛盾纠纷调处机制，全面公开土地征收信息；完善对被征地农民合理、规范、多元保障机制。二是建立农村集体经营性建设用地入市制度。针对农村集体经营性建设用地权能不完整，不能同等入市、同权同价和交易规则亟待健全等问题，要完善农村集体经营性建设用地产权制度，赋予农村集体经营性建设用地出让、租赁、入股权能；明确农村集体经营性建设用地入市范围和途径；建立健全市场交易规则和服务监管制度。三是改革完善农村宅基地制度。针对农户宅基地取得困难、利用粗放、退出不畅等问题，要完善宅基地权益保障和取得方式，探索农民住房保障在不同区域户有所居的多种实现形式；对因历史原因形成超标准占用宅基地和一户多宅等情况，探索实行有偿使用；探索进城落户农民在本集体经济组织内部自愿有偿退出或转让宅基地；改革宅基地审批制度，发挥村民自治组织的民主管理作用。四是建立兼顾国家、集体、个人的土地增值收益分配机制，合理提高个人收益。针对土地增值收益分配机制不健全，兼顾国家、集体、个人之间利益不够等问题，要建立健全土地增值收益在国家与集体之间、集体经济组织内部的分配办法和相关制度安排。

改革试点的具体部署，一是坚持小范围试点。统筹东、中、西部和东北地区，兼顾不同发展阶段和模式，主要在新型城镇化综合试点和农村改革试验区中安排，选择若干有基础、有条件的县或县级市开展。二是坚持依法改革。试点涉及突破相关法律条款，需要由国务院提请全国人大常委会授权，允许试点地区在试点期间暂停执行相关法律条款。三是坚持封闭运行。试点严格限制在经法律授权的县（市）开展，非试点地区不要盲目攀比，擅自行动，确保试点封闭运行，风险可控。试点工作将在 2017 年底完成。

紧接着，2015 年 2 月 25 日，全国人大常委会审议相关决定草案，拟授权国务院在北京市大兴区等 33 个试点县（市、区）行政区域，暂时调整实施土地管理法、城市房地产管理法关于农村土地征收、集体经营性建设用地入市、宅基地管理制度的有关规定。上述调整在2017年12月31日前试行，对实践证明可行的，修改完善有关法律；对实践证明不宜调整的，恢复施行有关法律规定。

根据草案，暂时调整实施的具体内容包括：

——暂时停止实施土地管理法第四十三条和第六十三条、城市房地产管理法第九条关于集体建设用地使用权不得出让等的规定，明确在符合规划、用途管制和依法取得的前提下，允许存量农村集体经营性建设用地使用权出让、租赁、入股，实行与国有建设用地使用权同等入市、同权同价。

——暂时调整实施土地管理法第四十四条、第六十二条关于宅基地审批权限的规定，明确使用存量建设用地的，下放至乡(镇)人民政府审批，使用新增建设用地的，下放至县级人民政府审批。

——暂时调整实施土地管理法第四十七条关于征收集体土地补偿的规定，明确综合考虑土地用途和区位、经济发展水平、人均收入等情况，合理确定土地征收补偿标准，安排被征地农民住房、社会保障。加大就业培训力度，符合条件的被征地农民全部纳入养老、医疗等城镇社会保障体系。有条件的地方可采取留地、留物业等多种方式，由农村集体经济组织经营。

改革试点将坚持“封闭运行、风险可控”的原则，坚守确保土地公有制性质不改变，耕地红线不突破、农民利益不受损的底线，坚持从实际出发、因地制宜。国土资源部等有关部门将加强对试点工作的整体指导和统筹协调、监督管理，按程序、分步骤审慎稳妥推进，确保试点工作顺利开展。

33个试点县市区分别是：北京市大兴区、天津市蓟县、河北省定州市、山西省泽州县、内蒙古自治区和林格尔县、辽宁省海城市、吉林省长春市九台区、黑龙江省安达市、上海市松江区、江苏省常州市武进区、浙江省义乌市、浙江省德清县、安徽省金寨县、福建省晋江市、江西省余江县、山东省禹城市、河南省长垣县、湖北省宜城市、湖南省浏阳市、广东省佛山市南海区、广西壮族自治区北流市、海南省文昌市、重庆市大足区、四川省郫县、四川省泸县、贵州省湄潭县、云南省大理市、西藏自治区曲水县、陕西省西安市高陵区、甘肃省陇西县、青海省湟源县、宁夏回族自治区平罗县、新疆维吾尔自治区伊宁市。

9 国家实施永久基本农田划定工作

2015年的中央1号文件和《政府工作报告》提出，要全面开展永久基本农田划定工作。国土资源部1月5日联合农业部召开视频会进行了全面部署。

永久基本农田是按照一定时期人口和经济社会发展对农产品的需求，依据土地利用总体规划确定不得占用的耕地，就是对法律规定的基本农田实行永久保护、特殊保护。一经划定，在规划期内必须得到严格保护，除法律规定的情形外，不得擅自占用和改变。

随着“四化”同步推进，现在加上“绿色化”，是“五化”同步了，尤其是推进新型城镇化和生态文明建设战略的深入，永久基本农田的内涵和功能进一步丰富，它不仅仅是为满足保障国家粮食安全的需要，而且要适应多元目标和功能的需求：保数量、保质量、保生态“三位一体”，保资源、保节约、保权益“三保并重”。从生产功能来看，永久基本农田是耕地中的精华，划定一定数量的基本农田实行永久保护，是保证粮食生产、保障粮食安全、促进农业现代化发展的根本；从空间功能来看，永久基本农田一经划定，不得随意调整、占用，这条“红线”将引导各地走串联式、组团式、卫星城式的新型城镇化发展道路，逐步形成合理的空间开发格局，防止城市无序扩张；从生态功能来看，永久基本农田是自然生态特别是农业生态系统重要组成部分，发挥着湿地、绿地、景观等多种生态功能，是生态文明建设的需要。此外，划定、管好、建好、保住永久基本农田也是维护农民权益、传承农耕文化的迫切需求。

党的十七届三中全会首次提出了划定永久基本农田，从2010年开始，国家就开始启动这项工作。各地依据新一轮土地利用总体规划有序开展划定工作，全国总体上落实了15.6亿亩划定任务，为保障国家粮食安全起到了重要的基础性作用。这次划定要立足现有工作基础，坚持“三个不能变”，即法律依据不能变、基本原则不能变、数据基础不能变。

这一次划定工作与此前相比有以下新的特点：

一是划定要求更高。党的十八大以来，习近平总书记、李克强总理等中央领导同志高度重视耕地保护工作，并在一系列重要批示指示中提出中国人的饭碗任何时候都要牢牢端在自己手上，保障国家粮食安全的根本在耕地，要像保护大熊猫一样保护好耕地，耕地红线既包括数量也包括质量，保护耕地最重要的是把基本农田保护好。这一系列重要批示指示，既对新时期划定基本农田实行永久保护提出了更高要求，同时，也赋予了这项工作更多更丰富的内涵。

二是目标定位多元。新时期划定好永久基本农田，是保护优质耕地，夯实粮食安全基础的根本举措；是优化城市空间格局形态，推动城市开发边界落地的基础工具;是发挥城市周边耕地的生态功能,改善城市生态环境的基础要素;同时,也是保护农民土地权益、传承农耕文明、记住乡愁的物质支撑。因此,此次划定要按照新时期的目标任务,通过严格划定、特殊保护永久基本农田,进一步稳定和提升粮食综合生产能力,夯实现代农业发展的物质基础;进一步强化城市发展的边界约束,促进新型城镇化健康发展;进一步倒逼节约集约用地,缓解资源环境承载压力,促进生态文明建设;进一步推进基本农田落地到户,切实维护广大农民的土地权益。

三是划定任务艰巨。两部在对已有基本农田划定成果进行核查时发现,一些地方永久基本农田划定工作与中央的要求、法律法规的规定存在差距,各地工作进展不一;一些城市规划建设用地与优质耕地的重叠度较高,城镇周边还有不少优质耕地未划为永久基本农田;一些地方存在“划远不划近、划劣不划优”的现象等。这次划定,重点是把全国优质的、易被占用的耕地优先保护起来,将该划进的划进来,将不符合要求的划出去,这项任务还非常艰巨。

四是基础支撑坚实。这项工作时间紧、任务重、要求高,好在现在的基础工作比以前更坚实,我们有信心按时保质保量完成任务。2013 年以来,第二次全国土地调查成果发布并广泛应用,实现了全覆盖;新一轮耕地质量等别更新和完善工作、地球物理化学调查、土地整治与高标准农田建设项目验收等一系列成果形成;国土资源遥感监测“一张图”和综合监管平台的多领域应用,基于这些成果,我们可以更加全面系统地掌握耕地的数量、质量、构成、分布等,为全面摸清底数、查清潜力,划准划实永久基本农田打下坚实基础。

10 国家发布《深化农村改革综合性实施方案》

2015 年 11 月 2 日,中共中央办公厅、国务院办公厅印发了《深化农村改革综合性实施方案》,并发出通知,要求各地区各部门结合实际认真贯彻执行。

农村改革是全面深化改革的重要内容。根据党中央、国务院的决策部署,农村各项改革正在扎实开展,一些重要改革事项试点工作正在有序推进。当前,我国经济发展进入新常态,新型工业化、信息化、城镇化、农业现代化持续推进,农村经济社会深刻变革,农村改革涉及的利益关系更加复杂、目标更加多元、影响因素更加多样、任务也更加艰巨。农村改革综合性强,靠单兵突进难以奏效,必须树立系统性思维,做好整体谋划和顶层设计,找准牵一发而动全身的牛鼻子和主要矛盾，进一步提高农村改革决策的科学性。要从总体上把握好农村改革的方向，提出深化农村改革总的目标、大的原则、基本任务、重要路径，从全局上更好地指导和协调农村各项改革，加强各项改革之间的衔接配套，最大限度释放改革的综合效应。

该方案突出强调要"深化农村土地制度改革"。坚守土地公有性质不改变、耕地红线不突破、农民利益不受损"三条底线"，防止犯颠覆性错误。深化农村土地制度改革的基本方向是：落实集体所有权，稳定农户承包权，放活土地经营权。落实集体所有权，就是落实"农民集体所有的不动产和动产，属于本集体成员集体所有"的法律规定，明确界定农民的集体成员权，明晰集体土地产权归属，实现集体产权主体清晰。稳定农户承包权，就是要依法公正地将集体土地的承包经营权落实到本集体组织的每个农户。放活土地经营权，就是允许承包农户将土地经营权依法自愿配置给有经营意愿和经营能力的主体，发展多种形式的适度规模经营。

一是开展农村土地征收、集体经营性建设用地入市、宅基地制度改革试点。及时总结经验、不断完善，形成可复制、可推广的改革成果。农村土地征收制度改革的基本思路是：缩小土地征收范围，规范土地征收程序，完善对被征地农民合理、规范、多元保障机制，建立兼顾国家、集体、个人的土地增值收益分配机制，合理提高个人收益。集体经营性建设用地制度改革的基本思路是：允许土地利用总体规划和城乡规划确定为工矿仓储、商服等经营性用途的存量农村集体建设用地，与国有建设用地享有同等权利，在符合规划、用途管制和依法取得的前提下，可以出让、租赁、入股，完善入市交易规则、服务监管制度和土地增值收益的合理分配机制。宅基地制度改革的基本思路是：在保障农户依法取得的宅基地用益物权基础上，改革完善农村宅基地制度，探索农民住房保障新机制，对农民住房财产权作出明确界定，探索宅基地有偿使用制度和自愿有偿退出机制，探索农民住房财产权抵押、担保、转让的有效途径。

二是深化农村土地承包经营制度改革。抓紧修改有关法律，落实中央关于稳定农村土地承包关系并保持长久不变的重大决策，适时就二轮承包期满后耕地延包办法、新的承包期限等内容提出具体方案。在基本完成农村集体土地所有权确权登记颁证的基础上，按照不动产统一登记原则，加快推进宅基地和集体建设用地使用权确权登记颁证工作。明确和提升农村土地承包经营权确权登记颁证的法律效力，扩大整省推进试点范围，总体上要确地到户，从严掌握确权确股不确地的范围。出台农村承包土地经营权抵押、担保试点指导意见。在有条件的地方开展农民土地承包经营权有偿退出试点。制定出台完善草原承包经营制度的文件,规范草原承包行为和管理方式,充分调动广大牧民保护和建设草原的积极性。引导农村集体所有的荒山、荒沟、荒丘、荒滩使用权有序流转。

三是健全耕地保护和补偿制度。严格实施土地利用总体规划,加强耕地保护,全面开展永久基本农田划定工作,实行特殊保护。完善土地复垦制度,盘活土地存量,建立土地复垦激励约束机制,落实生产建设毁损耕地的复垦责任。加大中低产田改造力度,以增加高产稳产基本农田、改善农业生产条件和生态环境为目标,完善农村土地整治办法。依法加强耕地占补平衡规范管理,强化耕地占补平衡的法定责任,完善占补平衡补充耕地质量评价体系,确保补充耕地数量到位、质量到位。完善耕地和基本农田保护补偿机制。采取更有力的措施,加强对耕地占补平衡的监管,坚决防止占多补少、占优补劣、占水田补旱田现象,杜绝违规占用林地、湿地补充耕地。进一步落实耕地保护政府领导干部离任审计制度。按照有关法律法规,完善和拓展城乡建设用地增减挂钩、"地票"等试点,推动利用城乡建设用地增减挂钩政策支持易地扶贫搬迁。

年度大事

1 重点实验室建设通过验收并挂牌运行

2015 年 2 月 6 日，在前期部重点实验室办公室核实农用地质量与监控重点实验室建设成果数据的基础上，按照部科技合作司《关于开展国土资源部重点实验室验收工作的通知》，在部科技合作司和部重点实验室办公室指导下，国土资源部土地整治中心联合中国农业大学在京组织召开农用地质量与监控重点实验室建设验收会。验收专家组认真审阅了重点实验室建设成果资料，实地考察了重点实验室仪器设备和办公设施，一致认为，农用地质量与监控重点实验室在 2 年多的建设期内，以耕地质量保护、利用与建设为重点，紧扣农用地质量评价与监控、基本农田保护的理论和实践问题，注重研究方向凝练、重点任务聚集和实践问题探索，发展定位准确，研究方向明确；全面开展研究工作，在农用地质量变化、质量监测方法、多功能诊断与评价等方面的研究达到了国际先进水平，在农用地质量与产能提升、基本农田保护与管理等方面的研究达到国内领先水平；组建的研究队伍具备了参与国际竞争和承担国家重大科研课题及培养高级科研人才的能力；学术交流活跃，开放度高；建立了完备的运行机制，管理规范有序；依托单位提供的实验用房和仪器设备能够满足实验室科研工作的需要；总体建设成效显著，同意通过验收。

国土资源部科技与国际合作司姜建军司长出席验收会并讲话，对农用地质量与监控重点实验室建设取得的成绩和通过验收表示祝贺，对通过验收进入正式运行阶段后的建设和运行提出了希望和要求。

国土资源部科技与国际合作司文波处长、马梅副处长，国土资源部土地整治中心张晓燕书记、郧文聚副主任，中国农业大学李召虎副校长、吴文良院长、高万林院长出席验收会议。

验收会结束后，举行了简短的授牌和揭牌仪式。由姜建军司长为部土地整治中心张晓燕书记和中国农业大学李召虎副校长授牌，姜建军司长、张晓燕书记、李召虎副校长、验收专家组黄宗理组长共同为重点实验室揭牌。

2 全国两会代表委员走进重点实验室

2015年3月8日,6位全国两会代表委员应邀走进国土资源部农用地质量与监控重点实验室,参加加强农村土地管理促进黑土资源保护与利用座谈会,以关注黑土地退化为切入点,深入探讨耕地质量保护与提升的具体实现途径,围绕“良田、良法、良用、良制”建言献策。全国政协委员、国土资源部副部长胡存智出席并参加研讨。

胡存智认为,政府工作报告明确提出耕地质量的保护和提升,体现了国家对耕地保护工作的重视。要落实和实施好耕地质量保护与提升,需要有科学研究作支撑。对于不同区域的耕地质量到底下降到什么程度,哪些地方的耕地需要整治提升等问题,都要通过科学研究得出准确的数据和判断,以此支撑科学决策和工作安排。

胡存智强调,没有科学研究就没有科学决策。耕地质量建设一定要有科学的态度,相关研究要树立“大土地”概念,从保护、维护和修复3个层面来稳定和提升耕地综合生产能力。对此,不仅要研究新技术、新方法,更要综合土地国情、生产实践、社会管理和人文条件等多种因素,研究农村土地管理方式、制度、机制甚至法治的创新与完善,重视调动农民的积极性、主动性,从“良田、良法、良用、良制”等多个侧面提供决策参考。胡存智希望农用地质量与监控重点实验室加强基础研究和应用研究,及时转化成果,服务国家决策,争取早日成为国家级重点实验室。

3 组织召开学术委员会会议

4月23—24日,结合“2015国际土壤年”、“世界地球日”宣传活动周和“世界读书日”三个世界性宣传活动主题,国土资源部农用地质量与监控重点实验室一年一度的春季学术报告会在中国农业大学西校区如期举办。国土资源部科技合作司高平副司长出席并讲话,国土资源部土地整治中心党委书记张晓燕代表重点实验室依托单位致辞。中国工程院郭仁忠院士、中科院南京土壤所沈仁芳所长和国土资源报社毛志红评论员分别作特邀报告。来自重点实验室五个研究方向的16位青年研究人员纷纷登台亮相，围绕农用地质量内涵多元化发展、农用地多功能利用、质量监控与提升等领域的新技术、新方法和国内外研究新进展，就各自关注的科学问题和取得的重要进展进行了报告交流。作为世界地球日宣传活动之一，农用地质量与监控重点实验室向参加报告会的人员发放重点实验室年报和2014土地整治优秀新闻选编等图书，并联合土地整治重点实验室发出了题为“保护资源、善待地球”的倡议书，呼吁大家认识地球、善待地球，共同建设美丽地球。

24日，重点实验室组织召开了2015年度学术委员会会议。会议听取了重点实验室主任郧文聚研究员关于重点实验室建设成效与下一步工作设想的汇报。学术委员会充分肯定了重点实验室近两年来建设取得的成绩，对重点实验室通过验收进入正式运行阶段后的发展规划提出了意见，建议重点实验室对照五到十年的发展目标，尽快研究制定详细的发展规划，明确阶段性建设目标和保障措施，同时，要适应国家科研体制改革的需要，加强科技协同创新，为下一步承担国家重点和重大科研专项锻炼队伍、创造条件。

4　组织举办全国科技活动周公众开放日活动

5月22日，按照科技部、中宣部、中国科协和国土资源部科技合作司关于举办全国科技活动周的通知要求，农用地质量与监控重点实验室积极响应，踊跃参与，在中国农业大学西校区举办了农用地质量与监控重点实验室建设成效和研究成果展览，并向前来参观展览的老师和学生赠送了有关图书资料。活动的受众人数达200人，取得了良好社会反响，受到科技部全国科技活动周组委会办公室的表彰。

5　编著出版《中国农用地质量发展研究报告2014》

5月，继2014年编著出版国内第一部关于中国农用地质量发展的研究专著《中国农用地质量发展研究报告2013》后，农用地质量与监控重点实验室组织编写并出版《中国农用地质量发展研究报告2014》，汇集了农用地质量与监控重点实验室2014年度的部分研究成果，也收集整理了国内外公开发布的相关信息。介绍了中国农用地质量研究、监测与管理概况，系统介绍了中国农用地质量概况、质量变化监测研究框架、农用地质量因素、产能、多功能性和管理等方面的研究进展，并对农用地质量信息化、耕地等别监测示范基地建设、年度热点问题等进行了讨论和总结。

6 荣获“全国科普教育基地”称号

2015 年 5 月，经中国科学技术协会认定，授予国土资源部农用地质量与监控重点实验室“全国科普教育基地(2015—2019 年)”称号，并向国土资源部农用地质量与监控重点实验室依托单位国土资源部土地整治中心和中国农业大学颁发“全国科普教育基地”的牌匾和证书。

7 组织举办“守卫耕地红线，红领巾在行动”主题活动

6 月 5 日，为纪念“世界环境日”，迎接即将到来的“全国土地日”，国土资源部农用地质量与监控重点实验室和国土资源部耕地保护科普基地联合中国农业大学附属小学“李四光中队”开展了“守卫耕地红线，红领巾在行动”主题宣传活动，组织 70 余名少先队员走进农用地质量与监控重点实验室和耕地保护科普基地，在重点实验室主任郧文聚研究员和重点实验室研究人员的带领下，实地参观了重点实验室气象观测站、土壤与水科学实验室、植物生长观测温室的水培和沙培等试验；直观了解了各种监测设备的运转原理、沙漠保护、数字种子技术和都江堰水利工程模型；现场聆听了实验室老师们的形象介绍，亲身感受到了重点实验室与耕地保护相关的科学研究氛围。

8 组织举办全国“土地日”主题宣传活动

第 25 个全国“土地日”到来之际，6 月 24 日，国土资源部农用地质量与监控重点实验室联合中国农业大学附小举办了“守卫耕地红线，红领巾在行动”优秀征文评选和颁奖活动。在前期精心组织的基础上，重点实验室和农大附小的老师们，从农大附小学生投稿的近 500 余篇作品中精心评选出 140 余篇优秀征文和绘画作品，结集编成图文并茂的彩色画册。24 日下午，国土资源部土地整治中心副主任、重点实验室主任郧文聚研究员、重点实验室副主任朱道林教授、国

土资源部宣教中心桂梅副主任及农大附小的领导向获奖的小学生们颁发了奖励证书和优秀作品画册。

9 重点实验室主任应邀参加央广土地日特别节目录制

6月25日是第25个全国“土地日”，今年的主题是“节约集约利用土地——推动土地利用方式根本转变”。应中央人民广播电台中国之声频道邀请，受部办公厅委派，晚上9点，国土资源部农用地质量与监控重点实验室主任、土地整治中心副主任郧文聚走进该频道名牌栏目《政务直通》的演播室，围绕今年土地日的主题和当前土地资源保护与利用现状，与全国的听众进行了45分钟的直播交流。此前，郧文聚主任参加了该频道另外一档节目《今天我值班》的录制，在当天9:06、11:06、13:06、15:06，分4个时段与四名记者互动，现场解答听众和网友的疑问。这两档节目，均列入第25个全国土地日宣传周部重点宣传活动计划。

10 入选第二批国土资源科技创新团队培育计划

9月21日，国土资源部印发《关于公布第二批国土资源高层次创新型科技人才培养工程入选人员名单的通知》(国土资发[2015]119号)，农用地质量与监控重点实验室成功入选第二批国土资源科技创新团队培育计划，农用地质量与监控重点实验室主任郧文聚研究成功入选第二批国土资源科技领军人才开发和培养计划，为重点实验室进一步凝心聚力开展科技创新提供了更高更广的平台和有利条件。

11 联合举办科技协同创新研讨会

12月3日，农用地质量与监控重点实验室联合土地整治重点实验室在京举办2015年度土地整治科技协同创新研讨会。会上，国土资源部土地整治中心范树印主任从探索新模式、强化技术支撑、加强实证研究、注重平台作用发挥和创新技术平台等五个方面对科技协同创新工作提出希望和要求，部科技合作司马梅副处长应邀出席并讲话，介绍了对野外科学观测基地的管理办法和改进思路，肯定了科技协同创新网络对土地整治科技事业发挥的重要推动作用。国土资源部野外科学观测研究基地办公室张辉旭副主任作了题为“国土资源部野外基地验收标准与指标体系”的报告。两个部重点实验室的12个科研工作站、4个野外科学观测研究基地等参会代表从建设概况、科学研究、技术成果、典型经验与做法、工作计划等方面作了汇报，与会人员就土地整治科技发展、协同创新等问题进行了交流互动。

12 双向压力下土地利用格局优化技术研究项目完成中期评估

12.1 项目性质及来源

国土资源部公益性行业科研专项。

12.2 研究目标

总体目标：通过“压力-状态-响应”分析技术，依托示范区的商品粮基地土地保障与管护基础数据库，构建系统仿真平台，实现双向压力下土地利用格局优化决策，集成土地利用格局优化关键技术，为保障东北振兴和建设国家粮仓提供技术支撑。

年度目标：完善双向压力下土地利用格局优化决策支持系统研究；开展土地利用格局优化关键技术研究，开展基于“点-核-轴-带-网-区”不同空间尺度的土地利用格局综合分区情景模拟，对不同压力下的土地利用状态进行情景模拟与分析，提出土地利用格局梯次配置响应措施；开展示范区的压力-状态的情景模拟，并结合示范区建设成果，有针对性地集成双向压力下土地利用格局优化关键技术。

12.3 研究方法及技术路线

采用不同时段资料收集、遥感影像时空对比研究、实地调查、系统构建、情景模拟与分析相结合的方法，通过科学的调查、评价与研究，全面了解、掌握确保东北商品粮基地粮食产能的土地利用中实际问题和技术需求，根据关键技术需求进行研究、开发与集成。技术路线如图4-4。

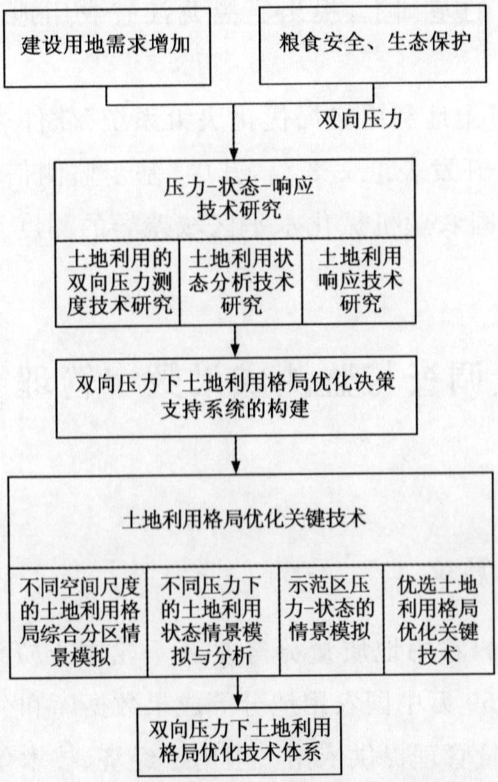

图 4-4 耕地等级变化野外监测技术路线

12.4 核心成果

项目结合研究区保障粮食安全和经济增长的双向压力特点，构建了“压力-状态-响应”模型，并拓展为以规划为基础的“P＋PSR”模型；提出以规划驱动型和规划限制型压力分析为基础的土地利用双向压力测度技术。

开展了土地利用状态评价技术研究，分别从耕地、建设用地、生态用地三个大类来考虑。提出从现状、增减流向分析和用地转换速率来分析耕地的“静”与“动”两个方面的状态；基于现状和弹性脱钩分析，来研究建设用地的“静”与“动”两个方面的状态；基于现状、增减流向分析和用地转换速率来分析生态用地的状态。

开展土地利用格局优化关键技术研究，基于“经济—耕地—生态”现实压力进行分区；针对不同压力分区，提出土地利用格局优化响应。

对不同压力下的土地利用状态进行情景模拟与分析，构建了“双向压力下土地利用格局优化决策系统”。

在耕地状态研究的基础上，提出了黑龙江省农用地快速产能核算技术规范稿。

取得“双向压力下土地利用格局优化决策系统”软件著作权1项(登记号为2015SRBJ0512)，已公开发表论文3篇，其中《基于监测信息可视化方法的土地覆被变化分析》和《中国农业机械化水平区域差异的测度及其空间格局》2篇为EI收录期刊文章。

13 农用地质量调查与监测成果数字管理平台建成并投入运用

13.1 工作背景及意义

在基于二调成果的农用地质量分等是新一轮国土资源调查的重要内容之一，其成果建立了1∶50万中国农用地分等成果数据库和分省的矢量数据集，为我国耕地的数量和质量管理提供依据。但由于经济、技术条件的限制，以及耕地质量分等成果生产、汇总过程的复杂特性使得全国农用地分等成果在数据内容、数据组织结构等方面差异较大，从而严重阻碍了耕地质量数据的统一管理与应用。

首先，该成果数据量是巨大的，且通常具备空间数据的复杂性特征，往往会引起数据入库与组织管理的工作过程复杂，消耗大而效率低，可视化效果差甚至内存溢出等问题；其次，成果汇总的工作具有复杂性，其过程覆盖了全国各级行政单位，数据源多样，数据结构各异且可能存在人为错误引起的数据提交不完全，数据内容错误等问题，这便引起了数据统一入库管理的困难。因此，如何实现海量、多源异构耕地质量数据的快速组织管理成为亟待解决的问题，而快速发展的计算机技术与GIS技术为解决上述这些困难提供了可能。

13.2 基础设施环境建设

耕地质量成果数字管理平台的基础设施环境覆盖影响数据存储应用的硬、软件环境，在硬件层面包括存储设施、计算服务器设施、网络设施等，在软件层面包括数据存储组织机制，数据索引方式，数据计算模式等。在遥感图谱数据存储环境、数据存储组织机制、数据高效计算模式研究的基础上，设计并部署了适应全国耕地质量等级数据库管理、分析与应用的基础设施环境，为研究提供数据存储环境与计算环境。

13.2.1 硬件环境部署

一切信息化建设工作都离不开硬件环境的支持，过低会造成数据传输、处理效率缓慢，而过高则会导致资源浪费和巨额成本；此外，其健全性、稳定性对数据管理、数据应用、数据维护、数据安全等问题影响重大。因此，海量耕地数据存储、管理与应用离不开合适的、稳定完备的硬件环境。

如图 4-5：在存储设施方面，选择基于分布式元数据服务模型构建存储设施环境实例，其中分布式文件系统选择 LoongStore，包括 2 台元数据服务器（控制节点）与 4 台存储服务器（存储节点）。

在计算服务器设施方面，基于任务级并发计算模式建立可扩展集群计算体系，包括 1 台 Web 服务器用于分发计算任务、管理配置文件，3 台 GIS 服务器作为计算任务的处理单元以及 1 台数据管理服务器用于存储元数据记录，集群计算体系选择 ArcGIS Server 承担负载均衡任务，为集群内的 GIS 服务器提供完善的协同保障并为计算任务提供空间分析函数，数据管理服务器基于 Oracle 建立面向结构化元数据记录的存储、管理与检索体系。

存储设施与计算服务器设施均具有良好的可扩展与容错能力，并通过千兆网络环境连接。

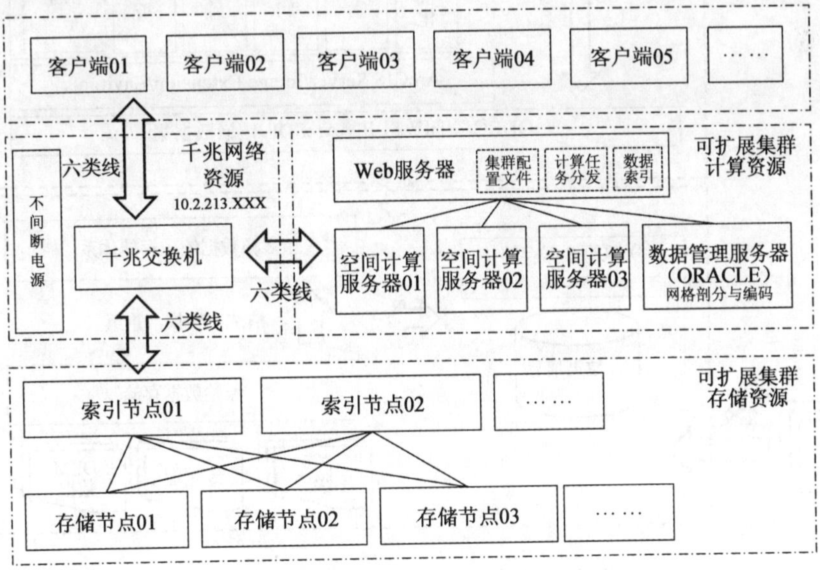

图 4-5 基础设施硬件环境逻辑视图

13.2.2 软件环境部署

软件环境直接影响着海量数据自动化管理的性能与可靠性，其内容主要包括：计算机操作系统、数据库管理系统和空间数据应用系统三部分，贯穿数据入库、检索、管理、维护、输出的整个过程。目前，存在着众多的计算机操作系统、数据库管理系统、空间数据应用系统，各有优劣，需具体问题具体分析。

如图 4-6：考虑到客户端与服务器端开发技术的支持以及平台低耦合、高灵活性与可维护性的要求，基础设施框架基于分层体系结构组织，包括数据层、服务层、应用层，各层在下一层提供的功能与服务基础上构建，解决问题的一部分并为上一层提供功能与服务接口。

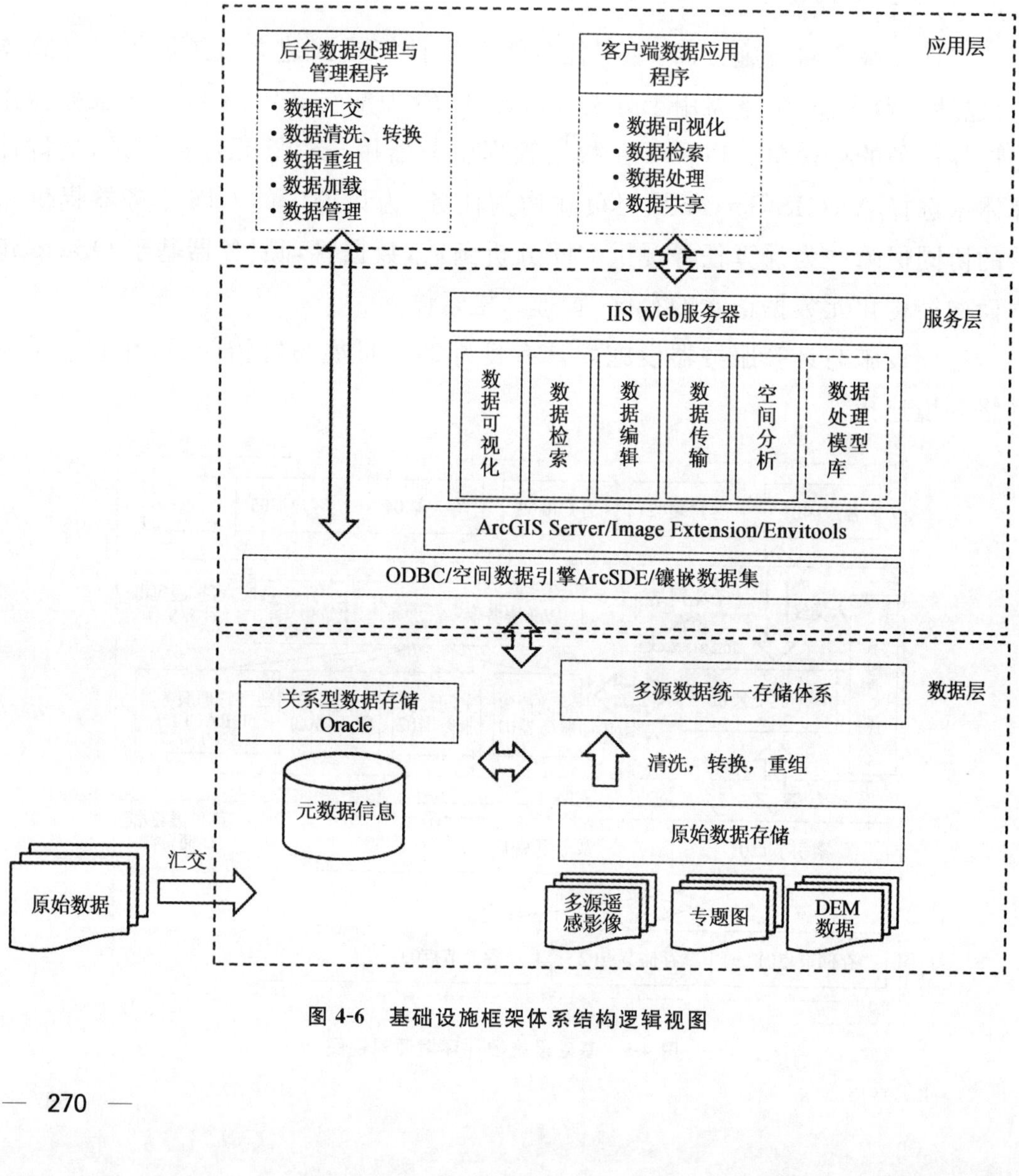

图 4-6 基础设施框架体系结构逻辑视图

数据层承担数据的存储与组织功能，将遥感图谱数据以文件形式存储并建立统一元数据体系，以关系型数据表形式存储影像文件对应的元数据记录；针对多源遥感数据格式、坐标参考、时空分辨率、光谱分辨率等众多差异，通过一定规则对多源数据进行清洗、转换和重组，使机制趋于统一，并将处理后影像加载到数据层存储，记录对应的元数据信息。

服务层基于 ArcGIS Server 构建 GIS 服务器集群，作为计算任务的实际处理单位，以 Web 服务的形式实现任务级并发计算，并以不同形式提供 GIS 功能实现接口，例如 MapServer，SOE，Geoprocessing Service 等，以较简单的方式实现数据可视化、数据检索、数据编辑、数据传输、空间分析等不同类型的地理信息服务。

应用层承担具体的客户端应用，主要包括：后台数据处理与管理程序与客户端数据应用程序。其中，后台数据处理与管理程序运行于后台 GIS 服务器，通过直接访问 ODBC 接口或 LoongStore 接口读取遥感数据执行计算，承担数据汇交，数据清洗转换，数据重组，数据加载等一系列遥感数据后台处理任务；客户端数据应用程序作为用户操作接口，承担将计算请求提交到服务层并接收返回的结果，包括数据可视化，数据检索，数据处理以及数据共享等。

13.3 成果管理系统研发及数据库建设

13.3.1 工作目标及任务

针对耕地质量年度更新调查与监测工作产生海量数据成果，充分调研了解地方省市和国土资源部土地整治中心对相关数据的管理需求，实现全国耕地质量成果的高效管理、不同尺度(县域、省域、全国等)耕地质量数据查询与统计分析、土地整治中心重点管理业务流程等功能；满足整治中心的日常业务需求，为监测全国耕地质量变化、宏观决策分析提供服务；主要任务如下：

(1)海量数据云存储与多源数据一体化管理技术研究。

(2)海量空间数据索引与查询技术研究。

(3)基于集群计算耕地等别数据统计分析技术研究。

(4)系统关键技术和功能模块研发与集成。

(5)《农用地质量分等数据库标准》(报批稿)撰写。

13.3.2 技术要求

主要包括:多种软硬件通用及数据共享的开放性要求;符合国家标准、信息产业部标准和土地整治行业规范的标准化要求;完全模块化设计及动态加载的参数化要求;实现有效故障诊断及维护、错误记录及预警和较高容错能力的容错性要求;支持数据存储、狡猾及传输通道加密的安全性要求;长时间不间断工作并具备一定的故障自检及恢复措施的可靠性要求;易于升级、维护、更新和追加的兼容性要求;具备良好简体中文操作界面,帮助信息详尽的易用性要求;安装程序易于操作安装,且提供相关接口、开发规范、维护手册、技术手册等详细文件的可维护性要求。

13.3.3 设计原则

(1)先进实用原则　在设计思想、系统架构、应用技术上尽可能采用最先进的技术、方法等,在科学分析数据规模、应用规模以及未来发展趋势的基础上,选用主流的具有较长生命周期的基础软硬件平台。

(2)独立长效原则　系统设计按照标准化、规范化、分层化的方法,软件实现时尽量采用构件化:引入面向服务(SOA)的理念和技术,达到系统建设的高内聚、低耦合,消除“信息孤岛”,并使软件系统具有灵活性、可重用性、可升级性和可维护性。

(3)安全保密原则　选用高可靠的产品与技术,对某些信息资源的使用要进行一定的权限划分,通过采用加密、设置口令、设置权限等手段,保证系统在网络信息共享的同时,实现对网上各用户的分级管理,做到信息保密,充分保证了系统中数据的安全性。

(4)兼容保护原则　充分利用现有设备、仪器、网络和资源,避免重复建设。对已经建立的各种应用系统和数据库,从保护投资角度考虑,建立数据交换接口,实现资源的共享与利用。

13.3.4 技术说明

耕地质量等别数据库管理系统的技术路线、体系结构和部署结构见图 4-7 和图 4-8。

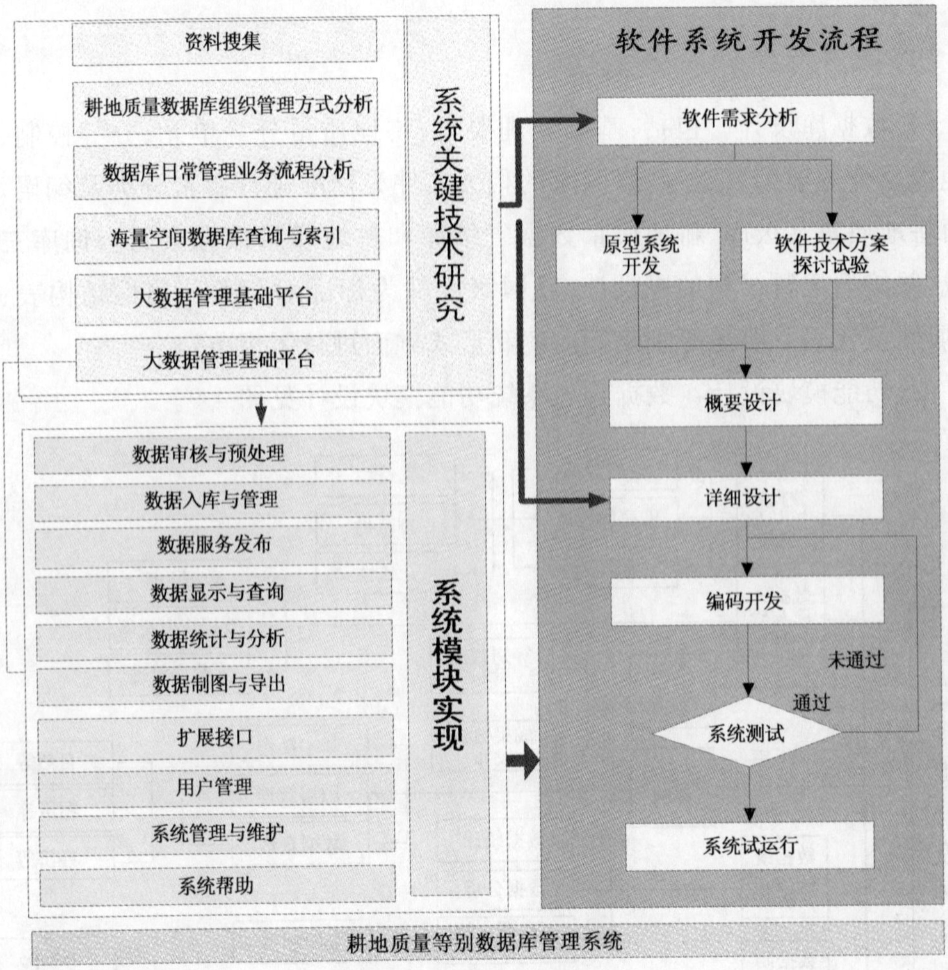

图 4-7　系统技术路线

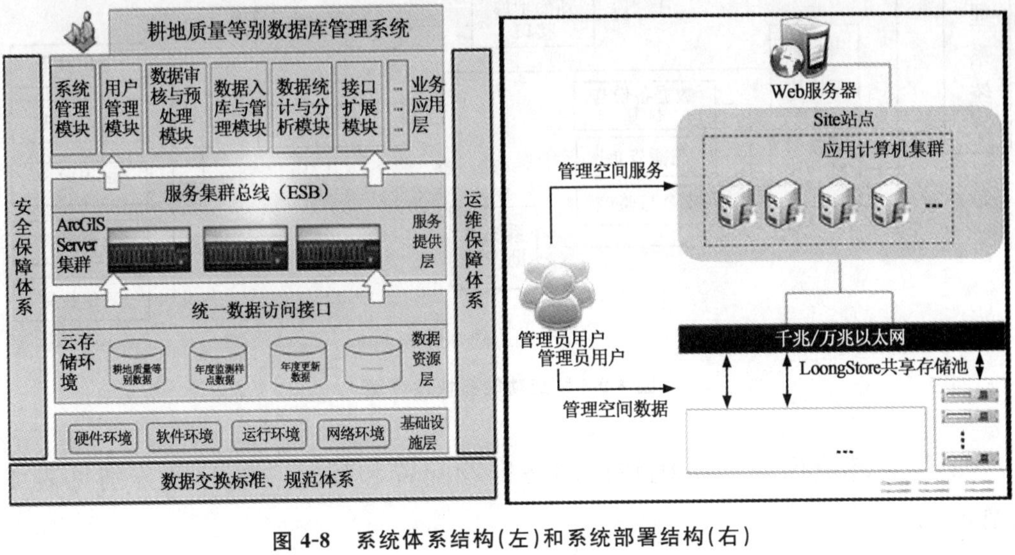

图 4-8　系统体系结构(左)和系统部署结构(右)

13.3.5 系统设计

(1)数据库设计　包括:基础地理要素、耕地质量分等单元、分等控制、标准样地以及分等辅助要素等,以国家的相关文件为标准进行要素分类及编码;其结构由耕地质量县级库、耕地质量数据省级库和耕地质量数据全国查询库三部分组成,并按照逻辑结构加以设计,以国家文件为标准对相关的属性结构表、参数表、属性值代码及耕地等别表等内容和形式方面进行了规范。

(2)功能模块设计　数据管理系统功能模块设计见图 4-9。

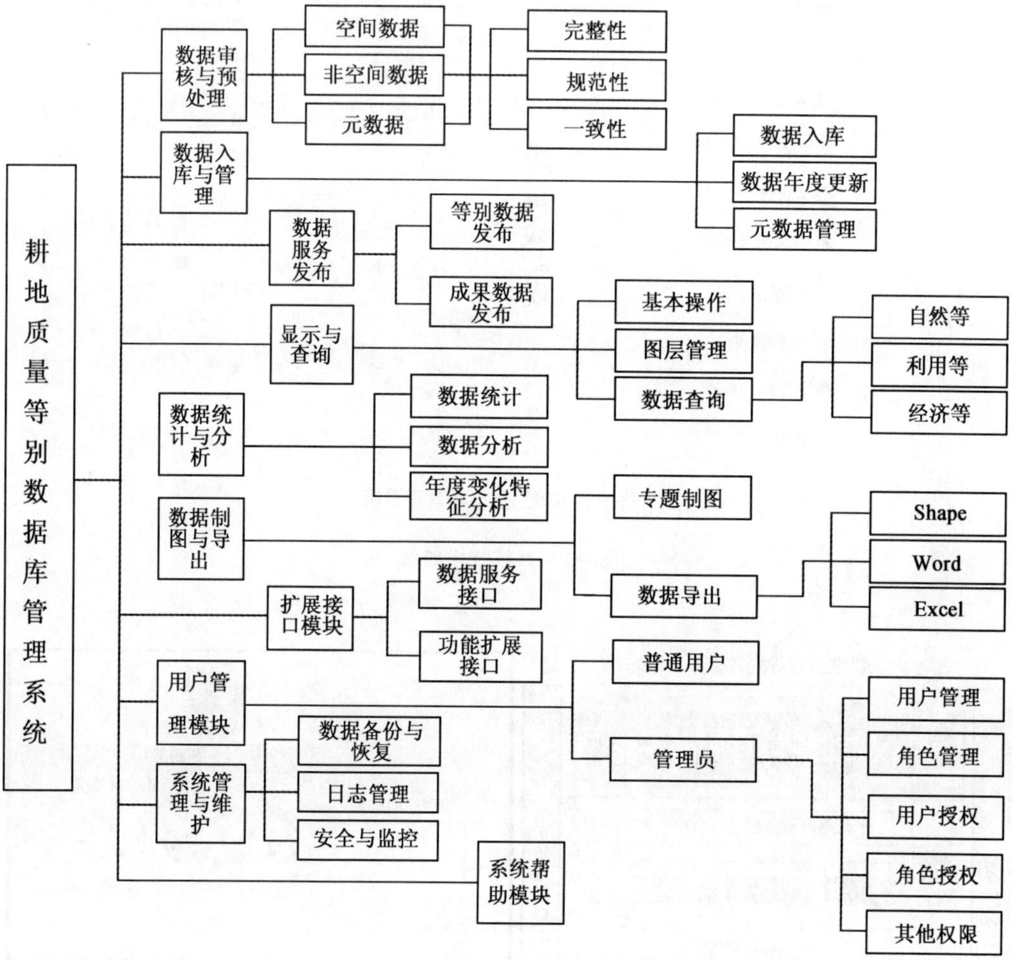

图 4-9　系统功能模块设计图

(3)运行环境设计　系统硬件网络推荐配置和环境功能分区分别见表 4-1 和图 4-10。

表 4-1 系统硬件网络推荐配置

	推荐服务器配置
处理器类型/主频	Intel Core / 3000(MHz)
处理器数量	8
内存类型/容量	ECC 16G
硬盘类型/容量	SCSI 1T
网卡类型/数量	1000M 网卡 * 4
网络交换机	100/1000Mbps D-LINK
一般微机	P4：CPU＞3GHz, 硬盘＞1T, 内存＞16G, 显存大于 512M, 100/1000Mbps 网卡

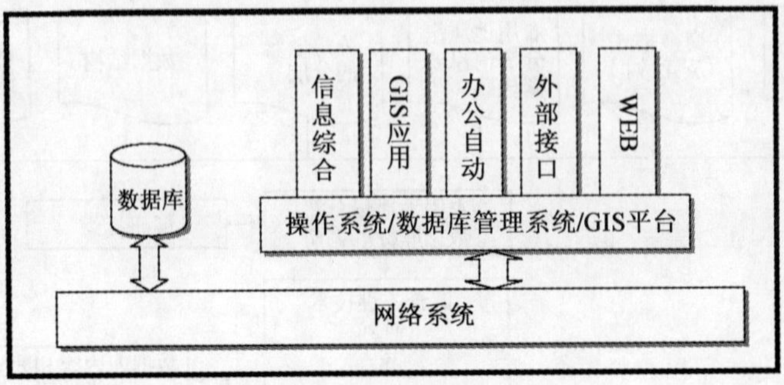

图 4-10 硬件网络环境功能分区

系统平台软件的选择：在操作系统方面，初期采用 Windows Server 2008 作为应用服务器平台，协议使用 TCP/IP，GIS 服务器采用 Arcgis for Server10.2 服务器平台，数据库服务器采用 Oracle11g，客户端采用流行的 Windows XP/Vista/7/8，浏览器采用 Microsoft 的 Internet Explorer。中期可以把 IIS 换成 A-pache，当全面转向 Java/JSP 技术后，再进一步把网络服务器换成 Linux/UNIX；在数据库平台方面，Oracle 11g 企业版使得管理复杂的数据成为可能，且提供了完善的系统管理工具，具有从所有可用的计算资源处获得最佳性能所需的可伸缩性，便于实现分布式应用；在 GIS 平台方面，拟采用美国 ESRI 公司的 ArcGIS 10.1/10.2，该平台提供了大量可供人员调用的资源，可以快速的帮助开发人员进行项目开发，开发语言选择 C＃。

(4)安全性设计　在系统构架方面，在防火墙设备的基础上架构目录树管理服务器，全面负责身份确认及数据库安全访问，并由它访问中心数据库将用户请求结果提交给用户，避免系统核心系统不受破坏。其内容包括：对网络安全防护，数据并发控制、存取、恢复、信息加密、口令保护和物理保护，系统存取控制、隔离控制、计算机病毒防杀、物理安全和保密制度等方面。

13.3.6 编制成果

根据《中华人民共和国土地管理法》等法律、法规，参照《农用地质量分等规程》等相关标准，编制《农用地质量分等数据库标准》(报批稿)。数据库标准的技术路线如图4-11。

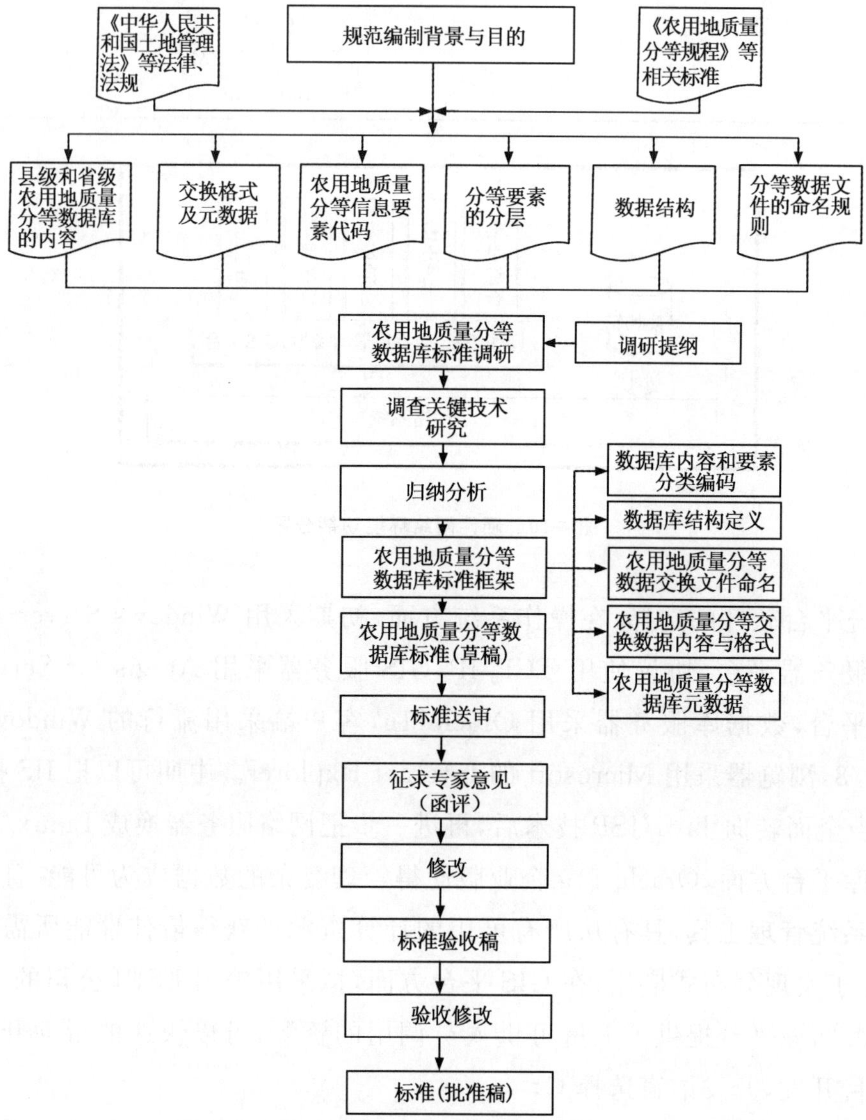

图 4-11 农用地质量分等数据库标准技术路线

13.3.7 数据库建设

(1)工作目标及任务　耕地质量等级数据库的建设，是为了指导耕地质量等级数据库管理信息系统数据存储、运用以及安全保密等各方面的内容，为相关系统的分析设计人员和程序员提供设计基准。主要任务：①数据入库；②数据进一步的规范研究；③数据库索引的建立；④数据库设计的优化更新。

(2)数据库框架体系　采用基于 Oracle11G 的 GeoDatabase 数据模型，数据库管理系统为 Oracle SQL Server 11G，采用全国一体化建设，其全局数据库名的命名规则为：country2013，SID 为 country2013：在一个数据库下分县建立，一个县建立一个 dataset，其命名方式为县名＋6 位县代码。

14　耕地等级变化野外监测技术集成与应用示范项目完成并验收

14.1　项目性质及来源

国土资源部公益性行业科研专项。

14.2　研究目标

从建立健全耕地等级变化监测技术方法提升耕地资源保障能力出发，针对国土资源管理中耕地资源等级变化、等级结构变化和等级布局变化监测缺失和东部发达地区建设占用耕地、西部地区补充耕地和中部地区耕地等级结构变化对耕地资源安全影响急需科学监测与评价的问题，在继承农用地分等技术方法和科技成果的基础上，同“一张图”工程紧密结合，构建区域-应用示范-监测样区多个尺度上的耕地等级变化野外监测网络；研究满足野外监测需要的固定监测样区和随机监测样区相结合的布控监测方法；瞄准不同区域影响耕地等级变化的共性和特性的关键“因素-因子-属性”，创新耕地等级监测指标及诊断技术，创新监测信息快速识别和整合技术，研制耕地等级监测基地建设标准和装备，集成“定位、定量、快速”的监测技术和监测方法，开发研制耕地等级监测信息管理系统；以野外监测基地耕地等级结构和布局的消长规律分析为基础，探讨耕地等级变化的驱动机制，评价耕地等级变化对耕地资源安全的影响；在农用地分等十个国家一级区中选建15个野外监测应用示范，形成国家级耕地等级变化监测先导站与管护服务平台，为强化国家和地方的耕地资源安全管理水平，提升耕地资源的保障能力提供科技支撑。

14.3 研究方法及技术路线

耕地等级变化野外监测技术集成和应用示范，通过研发和遴选监测网络布设、监测指标、信息快速识别和整合、基地建设标准和监测系统研发等五项共性技术，通过在全国10个标准耕作制度区15个应用示范县应用验证，集成全国耕地等级变化监测技术、方法，在总体上划分为技术研发、应用示范和技术集成3个技术阶段进行，如图4-12所示。

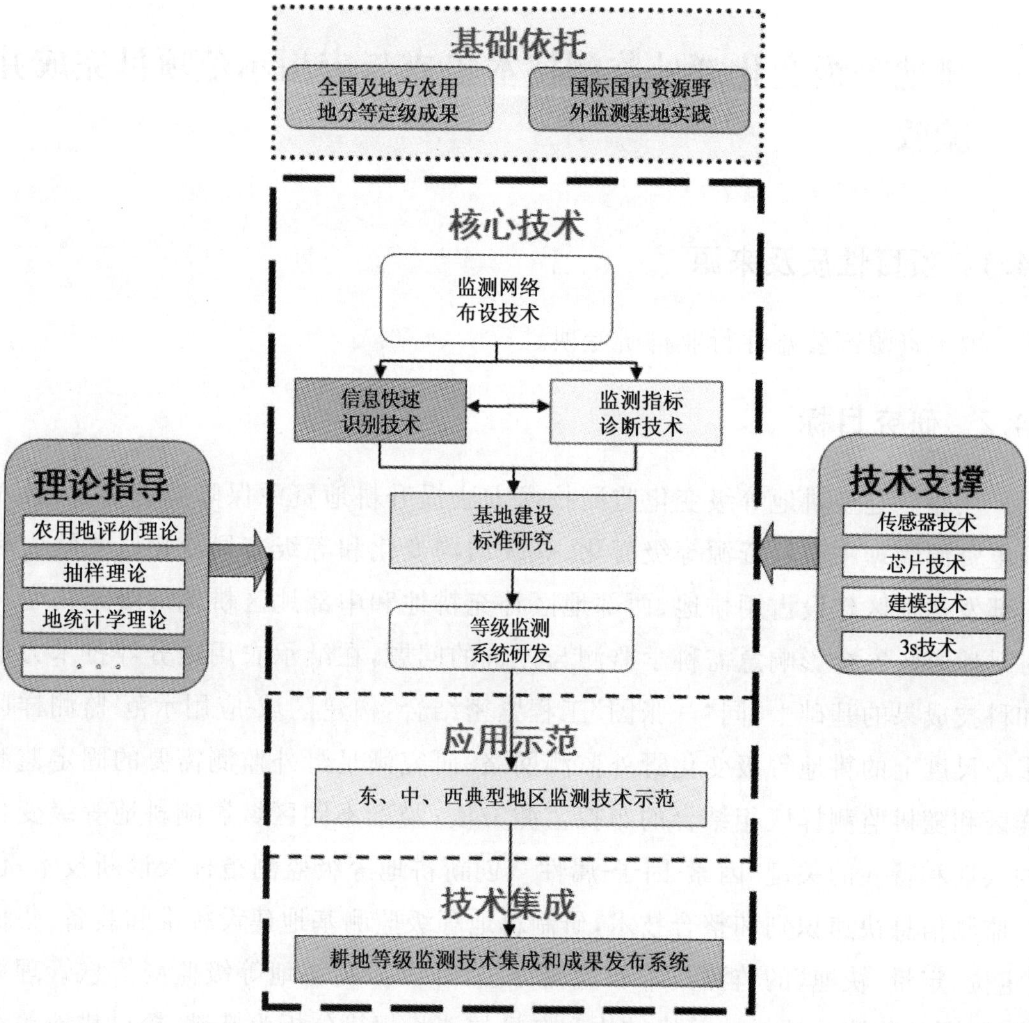

图4-12　耕地等级变化野外监测技术路线

整体布局，突出重点。面向建立覆盖全国的耕地等级变化监测所需要的五项共性技术研发为核心，形成耕地等级变化监测的共性技术、方法、系统、设备和相关标准，优先选择能对区域耕地等级保护、提升产生重大影响的技术产品和政策建议为重点，选好突破口和切入点，在典型区域、专用监测技术、方法上进行重点突破；选择东部经济发达区、中部粮食主产区、西部生态脆弱区三个耕地等级变化典型类型区（涵盖十个全国分等定级一级区、十五个应用示范县）的土地管理部门作为共性技术研发成果的试验和验证，使共性技术研发具有更强的针对性；试验应用反馈进一步改进共性技术，使方法、系统和设备更为熟化；典型类型区的实践应用还会进一步发现不同耕地等级变化类型的特殊性。

理论方法综合应用和技术创新为支撑。综合应用农用地分等定级、抽样方法、地统计学理论等理论方法，集成应用基于模型的指标诊断技术、遥感技术、地理信息系统技术、无线网络技术以及传感器技术等新技术，达到用有限的样点、简化的指标、“定位、定量、快速”地反映耕地等级整体变化的目标。

延续基础，整合资源。本项目是面向耕地数量、质量并重管理的重大需求，在农用地分等定级工作基础上的深入和延续，要充分利用农用地分等定级工作的技术方法、基础数据、分等定级成果以及人才队伍。同时积极分析、整合国土资源部、农业部、中国科学院、气象部门、环保局等部门与耕地等级变化有关的、满足要求的监测数据，避免重复工作，突出重点，加快进度。

紧密结合实际，边研究边应用。项目紧密结合国土资源部“一张图”、农村土地整治等重大工程，同时，应用示范设在基层土地管理部门，使本项目技术成果能够边研究边应用，促进成果的快速转化，也为今后整个监测网络运行机制的形成提供可借鉴的经验。

14.4 质量过程控制与管理

（1）积极争取行政和地方支持　为了做好耕地等级野外监测技术集成与示范应用研究专项，取得行政支撑，切实发挥部公益专项的示范作用，国土资源部土地整治中心向部耕地保护司做了专门汇报，耕地保护司结合实际管理需求，于2011年1月5日下发了《国土资源部办公厅关于开展耕地质量等级变监测试点工作的通知》（国土资厅函[2011]5号），确定了在北京市大兴区等15个国家基本农田保护示范区开展试点，15省耕保处为监测试点的负责处室，15省整理中心（北京市为国土资源勘测规划中心）为监测试点的技术承担单位，依托公益专项开展耕地质量等级监测试点工作。监测试点的任务为:一是对基本农田整理(建)引起的耕地等级变化进行监测评价;二是对土地复垦开发新增的耕地进行等级评定;三是因各种因素造成耕地减少对区域耕地生产能力影响进行监测评价。

(2)2011年重点开展技术研讨并进行工作部署　2010年底组织召开"耕地质量等级变化监测暨永久基本农田建设标准"第一次专家研讨会,2011年1月7—8日,在广东省清远市组织召开了"耕地质量等级监测试点工作协调会",2011年2月13—14日,在黑龙江省哈尔滨市组织召开了"耕地质量等级监测试点工作第一次技术研讨会",2011年6月29日至30日,在江西省南昌市组织召开全国耕地质量等级监测试点工作部署会,后又在北京召开多次技术研讨会,分别就相关工作的重难点问题进行研讨和明确,并确定了耕地等级变化监测样区布控技术等多项关键性技术指标,并随时就各示范省提出的问题进行解答和交流。

(3)2012年重点加大项目推进力度检查阶段性成果　2012年5月24—25日,在乌鲁木齐组织召开"西部五省耕地质量等级监测试点年度成果汇报交流会",2012年6月13—15日,在郑州组织召开"中部五省耕地质量等级监测试点年度成果汇报交流会",2012年6月18—20日,在南京组织召开"东部五省耕地质量等级监测试点年度成果汇报交流会",2012年9月12—14日,按照部科技司"关于开展国土资源公益性行业科研专项项目中期检查和评估工作的通知"科合【2012】130号的相关要求,国土资源部土地整治中心在湖北大厦召开了"耕地等级变化野外监测技术集成与应用示范项目课题进展研讨会",2012年11月22日至23日在北京召开项目进展交流会等,均就项目各课题研究及试点工作进展情况进行汇报交流,对项目实施中存在的问题进行研讨答疑,为做好下一步研究工作提出要求。参会人员是15省等省级土地整治机构技术负责人、技术骨干,试点县具体工作人员。

(4)2013年重点形成并完善工作成果　2013年3月7日,国土资源部土地整治中心邀请有关专家在京召开"耕地等级变化野外监测技术集成与应用示范"项目汇报会。项目组从项目组织实施、目标任务及完成情况、经费预算执行情况及下一步工作安排等方面汇报了项目的总体进展情况。6个课题分别从项目研究的进展和成果等方面作了汇报。与会专家根据公益性行业科研项目的验收要求,结合项目及各课题实施方案设定的目标任务,从成果的集成、成果的认定、成果的示范与应用等方面提出了进一步修改完善的建议。

2013 年 10 月至 2014 年 1 月，按照国土资源部公益行业科研专项《耕地等级变化野外监测技术集成与应用示范》项目安排，完成 15 个省耕地质量等级监测示范基地建设成果验收工作。

14.5 核心成果

技术标准与技术文档成果方面，主要形成了《耕地质量等级变化检测技术规程(草案)》、《耕地等级变化监测样区布控技术指南》、《耕地等级变化“主导因素-因子-可测量指标”技术规定》、《耕地等级空间布局变化的评价技术指南》和《耕地等级变化监测实施细则》等。

专利和软件著作权成果方面，主要形成了便携式土壤剖面诊断扫描仪(ZL 200910079732.3)、美国农部制土壤质地类型比对样板(ZL 201320049537.8)、美国农部制土壤粒级比对样板(ZL 201320049338.7)、基于 RTC 的无线耕地保墒保温能力监测一体机装置(ZL201420211312.2)、基于 SEBAL-HJ 模型的农作物生物量反演方法(ZL201210147296.0)等多项专利和基于 Android 的耕地质量野外调查系统 V1.0(登记号:2013SRBJ0439)、基于 RTU 的农田环境信息快速获取系统 V1.0(登记号:2013SRBJ0548)、基于 Android 移动终端地图服务系统 V1.0(登记号:2012SRBJ1481)、基于 android 的空间信息采集编辑系统 V1.0(登记号:2014SRBJ0476)、耕地等级监测基础数据管理系统 V1.0(登记号:2013SRBJ0319)、耕地等级评定系统 V1.0(登记号:2013SRBJ0320)、耕地等级变化监测数据汇总分析系统 V1.0(登记号:2013SRBJ0485)、耕地质量监测指标诊断系统 V1.0(登记号:2014SR005993)等多项计算机软件著作权。

监测体系建设成果方面，主要建成了全国耕地等及监测体系(初步)、广东省化州市监测基地监测体系和河南省禹州市耕地等及监测体系。

人才培养及论文成果方面，主要培养了桑玲玲等 6 位博士研究生和陈彦清等 32 为硕士研究生，并发表了“A Balance Adjustment Method on Grading Results of Cultivated Land Quality”等 8 篇 SCI 收录期刊文章、“基于潜力指数组合的耕地质量等级监测布点方法”等 12 篇 EI 收录期刊文章、“基于基尼系数的农用地等别差异程度分析”等 52 篇中文核心期刊文章和“建好生态田吃上放心粮——生态管护重在合理布局”等 11 篇科普文章。

其中部分成果已得到妥善应用。

#【相关链接】

“适度规模”之路怎么走?

来源:中国国土资源报,2015-1-13,陆芬

“大力发展农业产业化,积极发展多种形式适度规模经营。”2014 年 11 月 22 日召开的中央农村工作会议作出部署。

以土地为载体的适度规模经营之路该怎么走?将对土地管理工作提出哪些挑战?

走出片面追求规模误区

不仅追求产量提升,更要追求劳动生产率、土地利用率、粮食品质的提升。

土地规模经营,是针对家庭联产承包责任制分散经营存在着不利于大型机械农田作业、生产成本高、产出率低等诸多弊端,派生的又一新的土地经营模式。

经过各地多年探索,以农业合作社、农机合作社、种粮大户、家庭农场等经营主体为平台,已经形成了一条崭新的、具有方向性的土地规模经营之路。

江西省安义县的种粮大户凌继河告诉记者,由于机械化耕作和科学种植,如今 1 000 亩地只需五六个人管理,中稻亩均产量达 350 多千克,远超当地一般农户零散种植。

四川毕节市曾对土地流转后的规模效益做过一项调查。调查显示,流转的土地使用率高达 98%以上,使一些原本荒废的土地都得到了有效利用,流转的土地比流转前的使用效率普遍得到提高。

没有规模就没有效率、没有效益。但规模化多大才算适度?人多地少的国情决定了我国不可能单一地搞大农场、大公司经营,家庭经营在相当长的时期仍是农业经营的主体。

国土资源部土地整治中心副主任郧文聚认为,简单的土地经营面积扩大并

不意味着朝现代农业方向发展,"不仅是产量提升,更要追求劳动生产率、土地利用率、粮食品质的提升。"

他指出,当前一些种粮大户、农业企业只是把一家一户的地集中起来,尽管规模很大,但生产方式、土地利用方式没有发生根本性转变,没有走节约集约土地和绿色发展的道路,有的甚至要靠国家农业补贴支撑。这种"规模"显然不值得鼓励。

南方某市国土部门负责人告诉记者,近年来,该市在以土地整治为平台引导土地流转过程中,不再局限于大规模,而是追求以创造实际农业生产规模经营为目的,加大对特色农业、家庭农场的扶持。"我们在思考全部打造千亩、万亩的项目,是否符合市场需求? 企业能否持续高效经营?"

此前,中央农村工作办公室副主任陈锡文曾指出,适度扩大农业经营规模,可以提高经营效益,但经营规模也并不是越大越好。作为农业的基本经营主体,在一定的投入水平、技术水平、生产条件下,农户的经营规模会受到多方面的限制。经营规模超自身经营能力后,资源利用率、土地产出率和经济效益都可能下降。

有专家指出,农业的规模经营绝不仅仅意味着只是集中土地。现代农业的经营规模受农业生产资料供给、农业技术服务等多种因素综合影响,单个要素投入规模的大小,并不能决定综合效益的高低和生产方式的先进程度。因此,要在引导土地资源适度集聚的同时,通过引导农民走向联合与合作、开展社会化服务。

在 2014 年 9 月中央深改组第五次会议上,中共中央总书记、国家主席习近平指出,发展农业规模经营要与城镇化进程和农村劳动力转移规模相适应,与农业科技进步和生产手段改进程度相适应,与农业社会化服务水平提高相适应。

郧文聚认为,这"三个相适应"准确表达了"适度规模"的内涵。

"大块地"面临监管挑战

加强用途管制,对农民的土地产权保护应有更长远的考虑。

面对规模经营的加速发展趋势,土地管理也将面临诸多挑战。

中国土地经济研究院市场研究室的谭文兵在调研中了解到,土地经营权流转由于缺乏规范的运作程序,纠纷不断甚至引发一系列社会问题,成为目前困扰基层的一大难题。

他建议,从制度建设角度出发,政府应当积极推进土地有形市场建设,制定土地承包经营权流转价格评估办法,健全土地价格形成机制。为确保农民在土地承包经营权流转中的主体地位,要全面开展土地确权工作,做好农村土地确权、登记、颁证工作,进一步明晰土地产权,清晰界定集体与农户土地权利之间的界限。"随着不动产统一登记的推进,农村土地产权制度和市场建设的意义更为凸显。"

"在农民的土地产权保护问题上,应该考虑更长远。"中国土地勘测规划院副总工程师邹晓云指出,随着工商资本下乡,可能会带来土地经营权的"垄断",从而造成农民土地权利事实上的虚化。因此,一方面要对工商资本有所限制,另一方面,要保证农民在土地流转过程中拥有"否决权",以及流转后对土地处理有"优先权"。

此外,多位受访专家表示,在发展多种形式适度规模经营过程中,土地的非农化冲动需要警惕。

2014 年 11 月 20 日,中共中央办公厅、国务院办公厅下发了《关于引导农村土地经营权有序流转发展农业适度规模经营的意见》,明确要求加强土地流转用途管制,执行最严格的耕地保护制度,切实保护基本农田。严禁借土地流转之名违规搞非农建设。严禁在流转农地上建设或变相建设旅游度假村、高尔夫球场、别墅、私人会所等。严禁占用基本农田挖塘栽树及其他毁坏种植条件的行为。严禁破坏、污染、圈占闲置耕地和损毁农田基础设施。坚决查处通过"以租代征"违法违规进行非农建设的行为,坚决禁止擅自将耕地"非农化"。

在郧文聚看来,上述提法都是扎"笼子"的做法。"土地不管怎么流转,土地用途的法律准则不能丢。用途管制作为一种公共权力一定要坚持,只有这样才能保证我国的粮食安全,才能维持我国土地市场秩序。"

邹晓云指出,不仅是在土地流转过程中,而重要管理节点是土地流转之后的用途管制。他指出,应该警惕规模经营的农业企业,以建设农产品加工、仓储、销售等配套设施的名义,突破现有农业设施用地的限制,改变土地的性质。

业内人士表示,事实上,农村土地用途管制的规定一直存在,但违法违规现象未曾停止。随着土地流转加速,需要配合刚性监督和惩罚办法,对土地流转的非农化利用进行有力打击。

建设生态良田就是"藏粮于地"

来源：国土资源部，2015-02-12，杨磊　郧文聚

"随着国内粮食生产实现'十一连增'，一些地方存在放松粮食生产、忽视粮食流通、过度依靠中央的现象，自觉承担维护国家粮食安全责任有待进一步加强。各地区、各部门要把保障粮食安全放在经济社会发展的突出位置，作为保障民生工作的基本任务，常抓不懈，毫不动摇"。这是前不久国务院出台的《关于建立健全粮食安全省长责任制的若干意见》(以下简称《意见》)开篇的话。"常抓不懈"、"毫不动摇"都再次告诉我们：粮食安全这根弦任何时候都不能松。

有人说，经济全球化背景下，尽管土地和水不能流动，但它们的产品——粮食是可以流动的，我们能从国际市场上"买"回粮食安全。但笔者以为，此观点与中国不符。作为世界第一人口大国，国际市场只能作为中国确保粮食安全的一种有益补充，否则，一来会遭受国际社会"中国威胁论"的指责，二来无法避免在关键时刻被"卡脖子"。

那种认为粮食安全可以靠"买"的想法，低估了国际政治的复杂性。粮食、水和能源都直指人的基本生存权，倘若不稳定，有可能会诱发动荡和战争，国际政治版图中的"脆弱带"多半与"贫困带"重合即是证明。西方不少发达国家即使步入后工业化时代依然不放松耕地资源安全和粮食生产安全，足见其在粮食安全问题上的清醒认识。我们也应清醒地认识到，粮食安全是"产"出来的，不能靠"买"。

那么，如何保证粮食安全生产？除了强化粮食安全意识和责任外，《意见》将"坚决守住耕地红线。加强耕地质量建设，采取综合措施提高耕地基础地理，提升产出能力。对占用耕地特别是基本农田的，要实行剥离耕作层土壤再利用制度，开展补充耕地土壤改良和培肥"放在了首位。耕地质量和土壤的重要性，不言而喻。

无独有偶，此前两个多月，联合国首次将每年 12 月 5 日确立为"世界土壤日"，并将 2015 年确定为"国际土壤年"。联合国秘书长潘基文在致辞时讲："土

壤是农业之本,也是粮食、饲料、燃料、纤维以及与人类福祉密切相关的医疗产品来源。没有健康的土壤,地球上的生命则不可持续。”

“好粮出自好土,好土居于良田。”的确,没有健康的土壤,何来健康的农田,又何谈粮食安全和生命延续?国际国内两个层面都鲜明地指向了同一主题——粮食安全与农田健康,这绝非巧合,而是一种战略共识:粮食安全的源头是健康的土壤,健康土壤有赖生态良田的存在。

然而,眼下我国的土壤污染和耕地退化却正严重侵蚀着国家粮食安全的物质基础:东北黑土地出现了“破皮黄”;一些新开垦的耕地因交通不便而农民不愿意种而撂荒;大城市周边的耕地被污染,依然被用来生产粮和菜;由于追求粮食总产,林地、草地、湿地被垦种……

或许有人会问:无污染、养分足、易耕作、光温降水等条件适宜的生态良田还有多少、在哪里?其实,在东北平原,那些建设占用被剥离的黑土层被“安置”到其他地方,就能极大地改善新增耕地质量状况;在宁夏贺兰山麓,那些光照条件佳的土地,解决好灌溉用水调控,就能形成“黄金大米带”;在广西龙州,把细碎化的“帽子田”,进行权属调整、田块并拢,就能成为农业机械驰骋的生态良田……

在现代化农业大生产条件下,这些潜在的和现有的生态良田可以组织更多生产要素来保护、提升耕地质量,成为良种、良法、良制互动的基础平台。从这个角度看,建设生态良田,就是“藏粮于地”,才能为支撑粮食作物健康生长提供战略空间。

“18 亿亩”质量建设升温——近期各地耕地保护工作观察

来源：中国国土资源报，2015-02-26，焦思颖

2014 年 12 月 4 日，国家统计局发布公告称，2014 年我国粮食总产量达 60709.9 万吨，同比增长 0.9%，实现“十一连增”。

粮食产量年年增，但面对近年来频频被媒体曝光的“毒米”等问题，“舌尖上的安全”令人担忧。

“目前，全国耕地平均质量等别为 9.96 等，等别总体偏低，中、低等耕地面积占耕地评定面积的 70.6%。”2014 年 12 月 24 日，国土资源部公布的《关于发布全国耕地质量等别调查与评定主要数据成果的公告》如此显示。

虽是丰年，但隐忧犹存。在耕地数量难有大幅增长的现实下，耕地质量已成为制约粮食安全的重要因素。如何在这个问题上破局？

今年的全国国土资源工作会议提出，要把提高耕地质量作为坚守耕地红线的内在要求，落实到耕地占补平衡、农村土地综合整治和高标准农田建设的全过程。1 月 22 日，国务院印发《关于建立健全粮食安全省长责任制的若干意见》，又一次将粮食安全及耕地质量问题提升到战略高度，强调落实最严格的耕地保护制度，确保现有耕地面积基本稳定、土壤质量不下降。

2 月 1 日发布的 2015 年中央一号文件再次锁定三农问题，文件针对粮食安全从源污染层面提出了明确要求，包括永久基本农田划定、高标准农田建设、耕地质量保护与提升等。而在此前后，一些地方已有所行动，在资金、法治、科技等各个方面推动耕地质量建设迈出积极步伐。

填补资金缺口

长期以来，一些地区陷于“有想法、少办法”的耕地质量建设窘境。究其原因，资金匮乏和技术短缺及尚不完备的法律约束是耕地质量提升的制约因素。

对耕地质量建设重要性认识的缺乏，使得农民不愿意将有限的资金投入到耕地里，国家和地方对耕地质量建设的资金投入也严重不足。

据国务院2012年3月批复的《全国土地整治规划(2011—2015年)》,“十二五”期间,我国将新建4亿亩高标准基本农田、新增2 400万亩耕地。按照现有的整治资金投入模式,仅新建4亿亩高标准基本农田一项,资金缺口就达750亿元。此外,目前的整治资金体系并未考虑必需的维护费用,随着时间推移,费用缺口将日益增大。

对此,山东砸重金投入土壤修复改良。2014年12月24日,山东省政府办公厅印发2014—2020年《山东省耕地质量提升规划》,总投资933.67亿元投入耕地质量提升,其中各级政府投资90亿元,自筹843.69亿元。将通过实施土壤改良修复、农药残留治理、地膜污染防治、秸秆综合利用、畜禽粪便治理、重金属污染修复等工程,提升耕地质量。规划到2020年,山东农产品基本达到无公害标准,严重影响耕地质量提升的突出问题得到基本解决。

加快法治建设

从立法层面来讲,目前,国家和各省出台的《基本农田保护条例》对耕地质量保护都有明确要求,但不够具体,缺乏操作性强的具体措施。另外,各地在耕地保护上,对耕地数量保护都有明确的指标,对耕地质量的标准都不明确。为此,一些省市正在开始行动,为耕地质量设置“红线”。

为拯救日益变薄的黑土地,产粮大户黑龙江目前已将“耕地质量”建设列入2015年立法计划,《黑龙江省耕地质量条例》初稿已完成。拟出台的该条例中规定:经批准的建设项目占用耕地时,建设单位应当剥离耕作层土壤,按照国土资源行政部门指定地点存放,用于新开垦耕地、劣质耕地或者其他耕地的土壤改良。建设项目施工时,应当避免损坏周边耕地的耕作层;无法避免的,建设单位应当进行修复或者依法赔偿。

湖北也启动立法程序。目前,《湖北省耕地质量管理条例(草案)》已正式启动省人大立法程序。草案规定,县级以上人民政府应当从用于农业土地开发的土地出让金或耕地开垦费以及其他相关资金中,安排耕地质量建设专项资金,并纳入同级财政预算管理。

北京也在按照立法调研程序,对《北京市耕地质量保护条例》进行调研,就耕地质量的执法主体、耕地质量建设责任者、耕地质量保护范围及内容等方面展开讨论。

落实全程管控

落实耕地质量建设与管理需要建立全程监管体系,将耕地质量建设与管理情况作为耕地保护的重要内容，纳入对地方各级政府的耕地保护责任目标考核。就此，一些地方已经在推进实践。

近日，山东启用高科技，对耕地质量建立全程监管。1月6日，山东省耕地保护动态监管网络平台正式上线运行。该平台集成运用全省基础地理信息和土地利用“一张图”等综合信息资源，开发设计了耕地占补平衡、耕地后备资源、耕地质量等级、基本农田等专项数据库，实现对全省耕地资源的全面掌控和宏观管理。

2014年，面对63年来最严重的旱情，在“中原粮仓”频频告急的情况下，河南省加强日常管理，通过明确进度—定期督查—综合排名—领导反馈，提升管理效率。编报《河南省土地整治项目工程进展情况专报》，明确项目进度；按照时间节点对整治项目开展专项质量检查，对进度较慢的项目进行督促，并提出针对性的意见；根据检查情况，对全省项目县进行综合“排队”，印发土地整治项目综合排名特刊一期，抄送各项目所在市、县政府主要领导，确保了大旱之年无大灾。

近期，部分省市纷纷针对新一年的耕地质量建设，制订行动计划与方案。

甘肃为80万亩耕地“强身健体”，于1月13日由甘肃省政府办公厅印发了《2015年全省稳定粮食生产行动方案》，提出把开展高标准农田建设行动作为一项重点工作进行，2015年采取秸秆还田、增施有机肥、施用土壤改良剂等措施完成耕地质量建设80万亩。

1月19日，浙江省政府召开全省国土资源工作会议暨“812”土地整治现场会，明确今年要在全省2 500万亩基本农田中选择一批平原优质耕地划为永久基本农田示范区，实行永久保护，并确保完成今年1 043万亩高标准基本农田建设任务。

2015年，黑龙江把推进亿亩生态高产标准农田建设与落实“十二五”高标准基本农田建设规划有机结合，今年将计划落实并完成高标准基本农田建设任务900万亩左右。贵州将耕地保护质量提升行动列为六大行动之一，坚持基本农田先行布局、坝区耕地先行踏勘、占用耕地先行补充、耕作层先行剥离的原则，强化耕地管控。

两会建言丨52名委员联名建言：强化耕地质量保护

来源：国土资源部，2015-03-10，杨永侠

2015年全国两会上，全国政协委员、天津市政协副主席刘长喜等52名委员联名提交了《关于强化耕地质量保护和建设，保障优质农产品有效供给的提案》。

这份提案指出，耕地质量的保护和提高是建设好生态农业、保障优质农产品有效供给的关键因素和必要条件。当前我国耕地保护还存在耕地保护意识不强、耕地质量不高、耕地生产潜力挖掘受限制以及缺乏有效耕地保护机制等问题。尤其是在耕地保护机制方面，存在三方面突出问题：一是部门职责不清，管理资源难以做到整合与共享；二是耕地保护重数量轻质量，数量变化中优质耕地流失与劣质耕地补偿造成的质量亏损较为突出，建设占用的耕地，大多数是城镇周边及交通沿线的高产优质耕地；三是相关的法律法规及规章制度不健全，管理手段落后。

针对以上问题，52名全国政协委员在提案中提出七方面建议：一要加强保护耕地资源、保障粮食安全的全民教育；二要积极促进耕地质量建设技术推广与应用；三要开展耕地质量普查，制定耕地质量保护中长期规划，构建质量保护技术体系；四要进一步完善耕地质量综合监管体系，该体系应包括耕地质量监测体系、耕地—粮食预警系统、耕地地力补偿制度和耕地质量建设专项基金制度，建立耕地保护长效机制；五要加强科学研究，增强耕地保护技术储备与推广；六要创新管理机制，明确耕地质量部门分工，有效整合部门间公共资源，避免重复工作；七要强化部门职能，提高管理水平。

土地整治加强“绿色化、生态化和景观化”建言

傅伯杰院士:“高标准”建设要有“优生态”举措

(中国科学院院士、生态环境研究中心研究员)

基本农田是耕地之精华、农业之根基,高标准基本农田建设已成为保障国家粮食安全,提高农业综合生产能力和加快农业现代化的重要途径。“十二五”期间国家已经建成4亿亩高标准基本农田,强化了高标准基本农田建设的“建、管、用”一体化。为切实做好“十三五”期间的高标准基本农田建设,笔者认为需要依据“十三五”规划建议进一步强化土地生态建设。

土地生态建设是高标准基本农田建设的重要内容。土地生态是人类赖以生存与发展的重要物质基础,土地生态是土地各组成要素之间,及其与环境之间相互联系、相互依存而形成的系统,具有供给、调节、文化、支持等服务功能。基本农田除具有主要供给服务即生产粮食外,还承载着重要的生态功能,比如碳固定、保护生物多样性、调节气候、维持土壤功能和文化传承等多重功能。因此,在大规模基本农田建设过程中,生态服务的改善不可或缺,既要保障生产功能,也要强调生态功能。特别是从农田景观和农业区的尺度上,形成生态廊道网络,是农田生态环境保护和高产稳产的基础。

生态保护、修复与提升是建设高标准基本农田的重要举措。高标准基本农田建设要树立“高标准”与“优生态”相融合的理念,把基本农田视为完整的生态系统,使“高标准”不仅能获得高产稳产,而且能支持高品质,更要有良好的生态支撑耕地可持续利用。我国耕地分布的区域差异显著,质量高低不一,部分还受到不同程度的污染。对此,高标准基本农田建设必须突出因地制宜、分类推进的原则。

对质量和生态状况良好的集中连片农田,应从战略高度划定国家永久基本农田保护集中区,同时规划出自然区域或设置缓冲区,防止各类非农建设占用和分割基本农田保护区。对退化和污染的农田,除采取相应的工程和化学措施外,还应通过生物和农艺措施进行修复治理,改善农田的生态功能。对地处山地丘

陵区的耕地以及分布细碎、质量不高的农田，宜采取坡改梯、小流域综合治理和风沙防治等综合措施，并结合现代生物技术开展耕地质量提升和生态功能的定向培育，逐步恢复和提升耕地的健康功能。

提升生态服务功能是建设高标准基本农田的基本要求。党中央、国务院高度重视高标准基本农田建设，2009—2015 年连续 7 个中央 1 号文件予以强调，"十三五"期间的高标准基本农田建设力度将会更大。科学推进高标准基本农田建设，在战略上需要重视加强生态服务，充分发挥生产、生态、景观的综合功能。在区域上，积极实施粮食主产区、东北黑土地生态良田、黄河故道淤泛区等区域基本农田整治重大工程，以及西部生态建设区等土地生态环境整治示范建设。在目标上，围绕筑牢生态安全屏障的要求，以高标准基本农田建设为重点，大力实施山水林田湖综合整治，完善农田基础设施，加强生态保护修复，提高耕地质量，切实改善农业生产条件。此外，要积极探索建立生态补偿机制，加强农田生态设施建设，全面提升农田生态系统稳定性及其生态服务功能。

沈国舫：生态修复，土地整治不可缺位

（中国工程院院士、北京林业大学教授）

"生态修复"这个词出现在党的十八大及党的十八届三中全会的正式文件上，引起专家学者和公众的广泛关注。以前用得比较多的是生态保护、生态恢复重建和生态建设，那么生态修复和这些概念有什么关系和差别？生态修复是生态恢复重建中的一个过程，它比生态保护更具积极含义，又比生态重建更具广泛的适用性。生态修复既具有恢复的目的性，又具有修理的行动意愿。那么，是否可以用生态修复来取代生态保护和生态建设呢？笔者认为并不行，它只是生态保护和建设的其中一项重点内容。而通过科学合理地进行土地综合整治，可有效促进土地生态保育或恢复重建，推进生态文明建设的战略目标实现。

依据不同类型实施修复

地球上现存的自然生态系统，包括森林、草原、荒漠、湿地、河湖水域、海洋，大多处在不同的退化阶段，因而需要不同的对待和处置。

一小部分自然生态系统仍处在比较原始的状态，它们大多地处开发较晚的国家和地区。由于人类生产和生活的需要，一部分原始生态系统（如原始森林、

原始草原)仍将成为人类开发利用的对象。与此同时,随着人类社会生态意识的觉醒,大部分原始生态系统被实施或将被实施封禁式的保护,设立各种自然保护区或其他类型的保护地。

而另外一些生态修复类型,则需要土地整治的干预。比如:相当一部分自然生态系统处于轻度退化的状态,像有些森林已残缺稀疏,或转变为天然次生林。对这些生态系统要在优先保护的前提下,加以适当的培育措施(抚育管理、促进更新等)进行生态保育。这在西方就是生态保护。

还有一部分自然生态系统已经受到较严重的损伤或破坏,其修复迫切需要土地整治的强烈干预、科学设计、科学实施。比如:过伐、过牧、过垦导致生态系统结构和功能严重退化,对这样的生态系统要采取较为强烈的修复措施,包括改造(如低效次生林改造)、改良(如草场改良)等措施,以改善生态系统的组成和结构。通过各种保护(禁伐、禁垦、禁牧,以及生物多样性保护)、保育和修复措施,达到生态系统的再植复原和恢复重建等目的。

除此之外,在原来的自然生态系统已经彻底被破坏消失的土地上,需要采取决然的重建或新建等措施,如退耕还林、退牧还草、退耕还湿、造林种草,以仿造重建原有的生态系统(如果可溯源的话)或新建适合于当地自然条件的新人工生态系统。这里的仿建、重建,也是土地整治,即以生态修复为导向的土地整治。

在实际生活中,还有许多在人类社会发展中形成的新人工生态系统(城市、农田、工矿交通建设用地),由于种种原因其生态环境欠佳,同样需要土地整治进行人为改善。这包括城市生态系统中的园林绿化、城市(郊)林业、建筑物立体绿化及内部绿化。农田生态系统的土壤改良和修复,生态农业、农林复合经营、农田防护林建设等。工矿及交通用地的矿山废弃地修复、采空塌陷地修复、工厂废弃地修复、厂区绿化、交通建设损害地修复、绿道建设、油气管线、高压线路建设用地的修复等。这里的修复含义中,实际上包括大量的新建内容。

在大尺度的生态系统,即景观、区域乃至全球层次则需要大范围的综合治理,包括土地利用调整和合理的生态格局维持,如水土保持、荒漠化(石漠化)防治、生物碳汇增储等。这项工作,土地整治要认真研究,尽早安排。

所有这些生态活动统归于一个大项目之下,可称之为“生态保护和建设”。它与环境保护、资源节约一起成为生态文明建设的三块基石。其中,生态修复是生态保护和建设的一项重点内容。

明确生态修复行事准则

生态修复必须根据生态文明建设的理念和要求来确定其行事准则。落实中共中央、国务院《生态文明体制改革总体方案》要求,以建设美丽中国为目标,以正确处理人与自然关系为核心,以解决生态环境领域突出问题为导向,保障国家生态安全,改善环境质量,提高资源利用效率,推动形成人与自然和谐发展的现代化建设新格局。

针对突出的生态问题采取行动,坚持节约优先、保护优先、自然恢复为主的基本方针。特别是党中央在《加快推进生态文明建设的意见》中,专门加上了"在生态建设和修复中以自然修复为主,与人工修复相结合",这样的诠释较为全面,意义深远。

同时,为促进自然资本增值,全面增进生态系统的服务功能(供给、调节、支持、文化)。生态修复要维护好"山、水、林、田、湖"这个生命共同体,按照系统论的观念进行综合治理。突出生态红线的划定,合理设定区域发展格局(功能区划);调整区域土地利用方向和布局,形成农、林、草、漠、泽、水与城市、交通、工矿之间的合理布局;以保护优先,充分尊重自然规律,发挥自然恢复的潜力;封山育林、育沙育草、补水保湿。坚持自然恢复与人工修复相结合。

此外,要把湿地保护提上议事日程。比如,北京的湿地保护和建设就亟须加强,原因主要有 4 个:其一,水资源不足,地下水超采;其二,湿地消失退化,导致遭遇像圆明园保水事件的尴尬;其三,建立湿地名录,强化湿地保护;其四,建设湿地公园,如汉石桥(顺义)、野鸭湖(延庆)、翠湖(海淀)等。

郧文聚:生态文明建设与国土资源管理漫谈

(国土资源部农用地质量与监控重点实验室主任,
国土资源部土地整治中心副主任)

生态文明的逻辑起点,不是以人为本,不是天人合一,也不是人地关系,而是人与自然和谐。生态文明已经贯穿于土地资源管理的全过程。

实现生态文明的关键路径离不开国土资源管理

按照《中共中央关于制定国民经济和社会发展第十三个五年规划的建议》的要求,实现生态文明的关键路径有 4 个关键环节:空间规划、用途管制、离任审计、差异考核。

空间规划，主要有两个层次：一是基础层次，即主体功能区规划。以县为单元，分四种类型：优化开发，重点开发，限制开发，禁止开发。一个县级单元戴一顶帽子。二是县级单元内部的“多规合一”，一张蓝图干到底。通过空间规划，对各类自然资源统一调配管理。

用途管制，主要是落实红线、改造其内在质量、理顺配置秩序。耕地红线、水资源红线、林业红线、草原红线、城市增长边界等等，一要解决红线交叉问题，二要解决红线褪色问题。

离任审计，差异考核，实现技术与管理的无缝对接。在方法上，建立可操作、可视化的绿色发展指标体系；在手段上，构建资源环境承载能力监测预警机制；在核心数据上，编制资源资产负债表；在数据和管理行为对接上，对领导干部实行自然资源资产离任审计；在追责上，基于离任审计和生态环境损害情况对领导干部实行终身追究制。

自然资源管理必须贯彻“管用分开”基本原则

在土地资源区分为国家所有、集体所有的大框架下，进一步厘清土地资源监管部门、使用部门的责任、义务和权力十分必要。

从集中统一的监管要求来看，就是要构建自然资源基础数据库，制定最低标准和鼓励政策，对自然资源实施统一监管，不能继续切块管理，把耕地资源、草地资源、林木资源、水资源分在多个部门进行管理，也不能把数量、质量、价格、权属等管理切片给不同部门进行管理。

国土资源监管已有良好开端

首先是已经建立了一个覆盖全国的土地调查评价监测体系。要点是对2 700多个有耕地资源的县进行连续监测和固定间隔监测，选200左右的县实行连续监测，其余2 500个县，每隔5年获取一次监测数据。同时对全国20多亿亩耕地，布设了5万～6万个固定监测点，实行连续监测。

其次是对于高标准基本农田建设，提出了“网格化、数字化、同步化”的监测目标。所谓“网格化”就是：

(1)优化空间布局，加快土地整治进程，科学引导耕地空间布局，构建高效、协调、可持续的基本农田保护空间格局。

(2)定位定量变化监测，划定永久基本农田进行切实保护，实行“农田落地到户、监控到位”。

(3)等级持续提升,通过开展土地平整工程、灌溉与排水、田间道路、农田防护与水土保持工程,以及基本农田建设项目,稳步提升耕地质量等级。所谓“数字化”,就是利用遥感、传感器、便携式终端等采集耕地等级变化数据,通过互联网、GPRS、3G 等上传至基本农田管理中心,利用耕地等级评价系统进行评价与分析,最后将成果发布于互联网、移动终端。所谓“同步化”,就是通过云端技术、分布式技术、多源数据管理技术及无线网络等技术共同支撑,实现数据采集终端与中心服务器的数据同步更新与耕地等级实时评价。

郧文聚:绿色发展需要怎样的土地整治?

(国土资源部农用地质量与监控重点实验室主任,
国土资源部土地整治中心副主任)

套用到国土资源领域,我们何尝不是拥有两座富矿?国土空间是资源综合体,是生态环境之源与汇,是绿色发展的基础变量,规定着自然资源开发利用的“天花板”和“地脚线”。而一个民族、一个国家认识、保护、开发、利用国土资源的理念与方法,更是一座精神富矿。绿色发展,就是要从过度依赖自然资源,转向更多依赖人力资源去寻找经济社会发展的良方。

改革是当代中国的鲜明特征,发展是当今世界的时代主题。中国迅速崛起为世界第二大经济体的传奇,既让我们充分领悟到“发展才是硬道理”,也更清醒地认识到解决好“发展以后的问题”,将是另一个宏大篇章的开端。

在北京百望山的一个碑亭里,有一幅毛主席的题词——实现大地园林化。这一号召,让北京的西山重新披上了绿装。党的十八届五中全会提出,“绿色是永续发展的必要条件和人民对美好生活追求的重要体现”。在新时代的科学决策与伟大号召下,将来的宇航员在回望我们这个蔚蓝色星球时,能否看到一个绿色的美丽中国?这正是一个需要我们回答的“发展以后的问题”。

前段时间,最新修订的《中华人民共和国职业分类大典(2015 年版)》首次将“土地整治工程技术人员”列入国家职业,并且标注为“绿色职业”。可以说,“绿色职业”之名反映了当代土地整治的内在特质,更赋予了土地整治的全新时代使命。“十三五”时期,土地整治该如何担负起这一时代使命?

笔者以为,在决胜绿色发展的征途中,土地整治理应发挥出重要的先行者和基础平台作用。土地整治工程师,应当作为农田、麦浪、山林、湿地、沟渠的“调理师”，引导新常态下改革和发展奏出交响乐章的第一小提琴手。

决胜绿色发展，需要全面节约和合理利用国土资源，从源头上减少开发利用对生态环境的破坏与影响。一方面，要树立空间均衡的理念，把握人口、经济、资源环境的平衡点推动发展，使人口规模、产业结构、增长速度不超出当地水土资源承载能力和环境容量。另一方面，提高水土资源环境承载能力，逐步修复受损的国土功能、提升国土空间利用效率、优化国土空间结构，进一步改善人居环境。

决胜绿色发展，需要积极推动区域国土综合整治，实施山水林田湖生态保护和修复工程，构建生态廊道和生物多样性保护网络，提升自然生态系统稳定性和生态服务功能，重构农用地、建设用地、生态用地整体格局。这是决胜全面小康、建设富裕美丽中国的重要内容。

决胜绿色发展，需要大力推进土地整治行动。以高标准基本农田建设为重点，改造旧村庄和低效利用的建设用地，优化城乡土地利用空间布局和结构，提升郊野地区生态空间功能。这是实现生产高效、生活宜居、生态美好的国家目标。

春节前，李克强总理在山西太原考察晋商博物馆时说，山西有两座富“矿”：有形的是得天独厚的地下煤层，无形的是行走天下的晋商精神。套用到国土资源领域，我们何尝不是拥有两座富矿？国土空间是资源综合体，是生态环境之源与汇，是绿色发展的基础变量，规定着自然资源开发利用的“天花板”和“地脚线”。而一个民族、一个国家认识、保护、开发、利用国土资源的理念与方法，更是一座精神富矿。绿色发展，就是要从过度依赖自然资源，转向更多依赖人力资源去寻找经济社会发展的良方。

又一个丙申猴年已经来到，万象更新、朝气蓬勃。期待土地整治能为伟大祖国的披绿装添异彩！

宇振荣：“山水林田湖”统一管护生和谐

来源：中国国土资源报，2015-12-25

“山水林田湖是一个生命共同体”提出了指导思想：系统观和生命观：目标——提高以“命脉“为核心的生态景观服务功能；方法——景观综合体综合整治；工程技术——和生态景观化工程技术；制度——土地使用者为主体的生态环境管护。

中共中央、国务院颁布的《生态文明体制改革总体方案》提出六大生态文明理念之一就是“山水林田湖是一个生命共同体”(图 5-1)理念，指出“按照生态系统的整体性、系统性及其内在规律，统筹考虑自然生态各要素、山上山下、地上地下、陆地海洋以及流域上下游，进行整体保护、系统修复、综合治理，增强生态系统循环能力，维护生态平衡(图 5-1)。”

图 5-1 “山水林田湖是一个生命共同体”

“山水林田湖是一个生命共同体”理念为我们提出了系统观和生命观两大核心指导思想

从系统观来看，“山水林田湖是一个生命共同体”是我国亟须研究和整治的系统，但更重要的是这一理念体现了系统等级层次理论和景观综合体概念。从几十亩地的沟路林渠田，到几平方千米的山水林田村，再到几百平方千米山水林田湖，甚至上千万平方千米的京津冀，都是一个生命共同体，更是一个景观综合体。这个综合体记载着人类长期适应和改造自然的足迹和生态文化，形成了具有唯一感知的景观特征、特定的生物以及与环境相互作用的生态过程。如果失去了这些识别特征而千篇一律，乡土文化也就随之消失。因此，对于不同尺度“生命共同体”和“景观综合体”规划、保护和整治来说，要充分认识景观综合体的整体性、有机关联性、结构功能性、等级层次性等系统基本特性，运用系统工程方法开展生命共同体利用和改造，维护和重建生态过程，保持系统的整体性、完整性(图 5-2)。

图 5-2 美国易华达州水质提升土地管护项目

按照"源头控制—过程阻控—受体保护"生态过程原理，采用等高梯田、缓冲带、牧草带和玉米间作、多样化林地等，优化景观格局，可以有效防治水土流失和氮磷进入水体，保护水体(拍摄 by Tim McCabe，USDA NRCS)

从生命观来看，"山水林田湖是一个生命共同体"理念体现了从更大格局上认识人—地关系的思想，深刻而透彻地阐明了人与自然和谐的根本。像微生物、植物、动物和人类等生命体一样，"山水林田湖"是个更大尺度的生命有机体，具有较高生物多样性是生命共同体的基本特性。"尊重自然、顺应自然、保护自然"首先要尊重生命。"山水林田湖"生命共同体统一管护的目标之一就是：大力开展生物生境修复，保护和提高生物多样性，要把土壤、水体、农田和乡村景观等领域的生物多样性作为山水林田湖综合整治和管护的评价指标。尤其要避免机械地对待"山水林田湖生命共同体"，导致"有生态之名，无生态之实"。

"山水林田湖"统一管护要树立自然价值和自然资本的理念，大力提高以生物多样性为核心的生态景观服务功能

"山水林田湖生命共同体"的核心体现了生命(生物)和环境构成的生态系统观。"山水林田湖"建设和管护的目标是要树立自然价值和自然资本的理念，大力提高以生物多样性为核心的生态景观服务功能。近年来，国际上关于土地利用远景战略研究指出："21 世纪，为了满足人口增加对生产和生活的需求，必须用较少投入获得更多的农林产品，确保生态环境健康；同时，还必须提高生物多样性、授粉、害虫控制、水质净化、水土涵养、土壤保持和养分循环等生态服务功能，确保生态系统健康和可持续性"。

由于我国必须确保18亿亩耕地红线，再加上建设用地不断增加，生态用地提升空间不大，必须从生态用地数量管理转到生态景观服务功能提升管理，提高绿色GDP总量。因此，在空间规划和开发过程中，要牢固树立空间均衡理念，一是要开展“山水林田湖”所构成的景观综合体特征的评价。强化水土涵养、生物多样性保护、碳固定、美景等生态景观服务功能空间定量化分析，权衡和协调生态景观服务功能供给和需求，确定生态功能数量、质量和空间格局红线，优化空间格局。二是在土地开发和利用过程中，要树立发展和保护相统一的理念。不仅要严格执行耕地产能“占补平衡”，还应积极推进生态景观服务功能的“占补平衡”。三是在城镇发展中要合理确定生态数量、质量和空间格局红线。提高生态景观服务功能，增强城市生态系统弹性，不仅要“让居民望得见山、看得见水、记得住乡愁”，还应听得见鸟鸣。四是在农业/农村可持续发展中，要从农业生态系统和农业景观两个尺度(图5-3)，开展乡村环境生态修复，提高乡村景观生态服务功能，推进由“疾病防治”到“健康管理”的绿色生产方式转变。

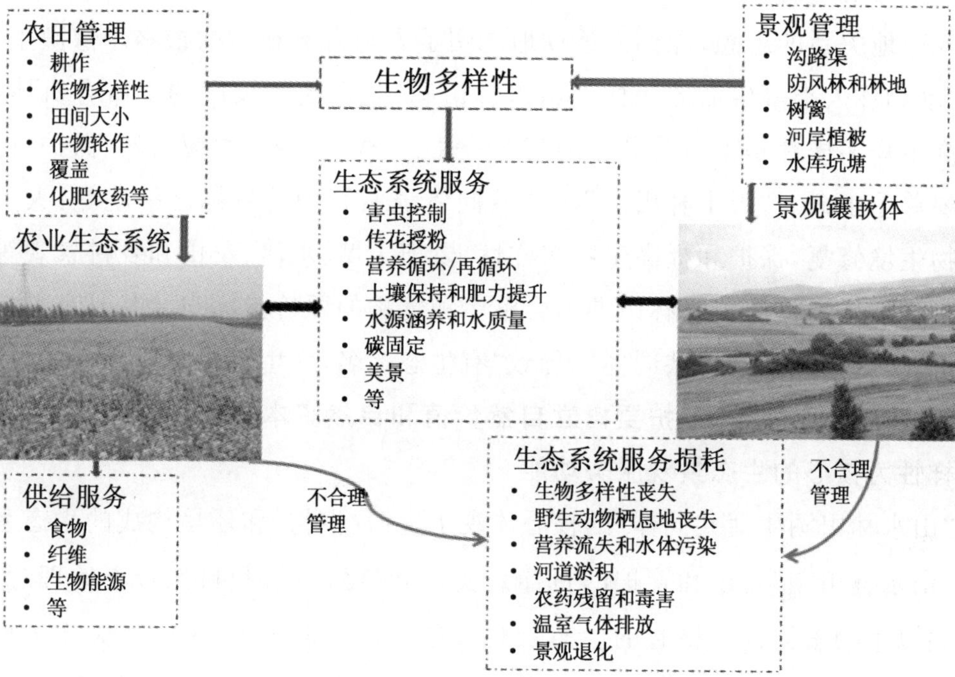

图5-3 从两个尺度上恢复和提升农业生态系统服务功能

“山水林田湖”体现的景观方法是以绿色基础设施建设为抓手，开展不同尺度“山水林田湖共同体”景观综合体综合整治和管护

“山水林田湖”体现了景观方法，其核心内容与世界银行、联合国粮农组织近几年倡导的景观方法相一致。在实践上，要树立“绿水青山就是金山银山”理念，以绿色基础设施建设为抓手开展不同尺度“山水林田湖生命共同体”景观综合体综合整治和管护(图 5-4)。

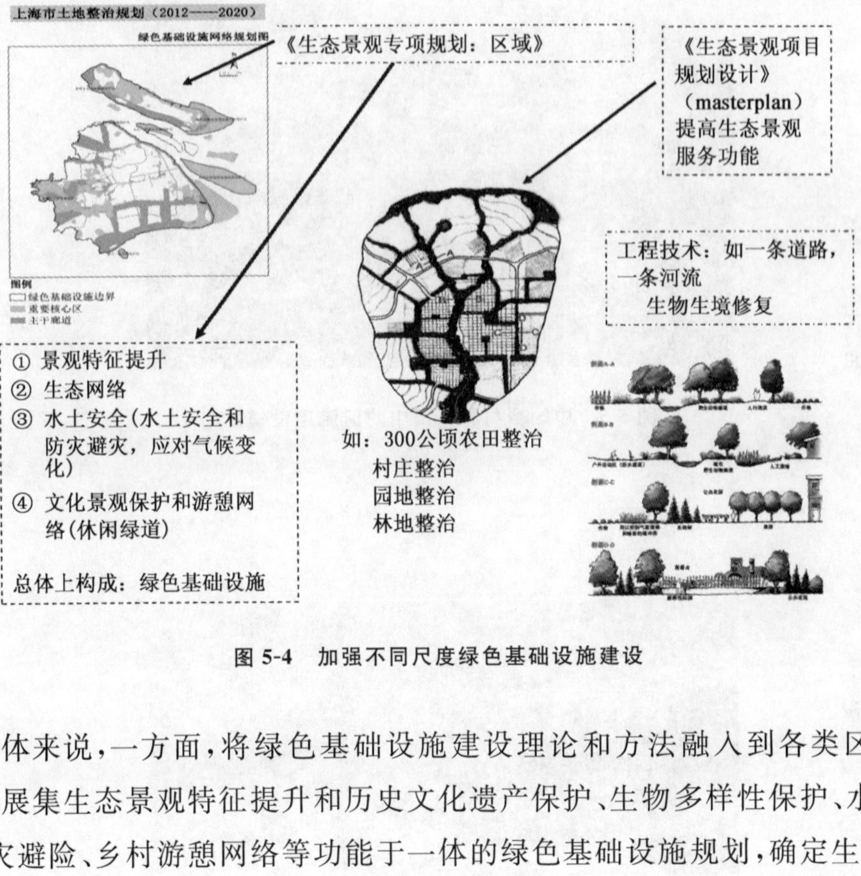

图 5-4　加强不同尺度绿色基础设施建设

具体来说，一方面，将绿色基础设施建设理论和方法融入到各类区域规划中。开展集生态景观特征提升和历史文化遗产保护、生物多样性保护、水土气安全、防灾避险、乡村游憩网络等功能于一体的绿色基础设施规划，确定生态红线，优化国土空间格局。另一方面，在各类土地、农林水和环保项目实施过程中，要高度重视沟路林渠田、山水林田村、山水林田湖等不同景观综合体格局与水土气流动、生物迁移、污染物迁移、天敌—害虫调控、授粉等生态过程的相互关系。通过景观格局优化，“山水林田湖”不同类型景观要素重建、修复和提升，加速、延缓、阻断、过滤水土气生物生态过程，确保水土气、生物、生态安全性。

生态景观化工程设计要充分考虑工程对“生命共同体”的影响，尽量采用乡土材料和乡土技法修复生物生境

“山水林田湖”生命共同体管护与建设，在实施各类项目中要开展沟路林渠、湿地、林地、河流等景观要素的工程设计。生态景观化工程设计要充分考虑工程对“生命共同体”的影响，尽量采用乡土材料和乡土技法，加强生物生境的修复，维持“二次自然、驯化的自然”，增强透水性、生态循环性、生物共存性(群落)，建立富含生物的工程系统(图5-5和图5-6对比分析)。此外，还应考虑工程技术对生态服务功能的间接影响，降低对生态环境的负面影响。

图5-5　中国乡村和农田中的河流建设模式

图5-6　在爱荷华州一个河岸缓冲区建立的林草系统

爱荷华州立大学农业生态学团队帮助农场主沿着这条小溪建立缓冲区、生物多样性保护景观设计，已成为一个重要示范区

(摄影 Lynn Betts，USDA NRCS)

对此，要在原有水利、土地整治、生态环境整治工程技术的基础上增加工程技术新内容：生物生境修复、水源涵养、缓冲带建设、景观提升、乡村绿色基础设施建设、退化生态系统修复、植物景观营造、乡土景观建设等，并构建体现不同区

域特征的土地生态环境建设工程技术体系。同时，要加大生态景观化工程技术研发，重视绿色基础设施修复和提升工程技术研发，大力提升工程技术的生态景观服务功能（图 5-7）。

图 5-7　欧洲常见生物友好性和具有较高生态服务功能的景观要素

a）休耕的农田边界带；b）农田树篱带；c）路边野花带；d）果园野花带；e）与自然和谐一体的生态道路；f）农田、村庄、道路、半自然生境（廊道）构成的景观镶嵌体（中农大刘云慧摄）

加强以土地使用者为主体的"山水林田湖"统一整治和管护，构建整体推进机制和全过程管控制度体系

"山水林田湖是一个生命共同体"理念强调土地景观综合体相互作用和影响。综合性和整体性要求不同的土地经营者、管理者和利益相关者，为在一定尺度景观综合体上获得多目标和预期，必须开展长期的统一计划、行动和管理。

为此，一是要进一步明确主体，保持权属稳定性和长期性，加强以土地使用者为主体的“山水林田湖生命共同体”统一整治和管护。二是要积极探索以村集体、农民合作组织、规模化生产大户等为主体的土地整治和耕地质量提升资金补贴制度。三是加强部门合作和联动,创立一种跨部门、跨行业、跨区域,多利益相关者、多学科参与的整体推进机制。或是将土地生态管护交给一个部门负责,逐步形成源头预防、过程控制、损害赔偿、责任追究的全过程控制度体系。

胡存智:耕地质保与提升要有科研作支撑

(来源:中国国土资源报,2015-03-13,毛志红)

3月8日下午,6位全国两会代表委员应邀走进国土资源部农用地质量与监控重点实验室,参加加强农村土地管理促进黑土资源保护与利用座谈会,以关注黑土地退化为切入点,深入探讨耕地质量保护与提升的具体实现途径,围绕“良田、良法、良用、良制”建言献策。全国政协委员、国土资源部副部长胡存智出席并参加研讨。

李克强总理所作的政府工作报告提出,坚守耕地红线,划定永久基本农田,实施耕地质量保护与提升行动,推进土地整治,增加深松土地2亿亩。胡存智认为,政府工作报告明确提出耕地质量的保护和提升,体现了国家对耕地保护工作的重视。要落实和实施好耕地质量保护与提升,需要有科学研究作支撑。对于不同区域的耕地质量到底下降到什么程度,哪些地方的耕地需要整治提升等问题,都要通过科学研究得出准确的数据和判断,以此支撑科学决策和工作安排。

胡存智强调,没有科学研究就没有科学决策。耕地质量建设一定要有科学的态度,相关研究要树立“大土地”概念,从保护、维护和修复3个层面来稳定和提升耕地综合生产能力。对此,不仅要研究新技术、新方法,更要综合土地国情、生产实践、社会管理和人文条件等多种因素,研究农村土地管理方式、制度、机制甚至法治的创新与完善,重视调动农民的积极性、主动性,从“良田、良法、良用、良制”等多个侧面提供决策参考。胡存智希望农用地质量与监控重点实验室加强基础研究和应用研究,及时转化成果,服务国家决策,争取早日成为国家级重点实验室。

找准粮食安全关键筹码——全国两会代表委员建言耕地保护制度创新

来源：中国国土资源报，2015-03-13，毛志红

阅读提示

李克强总理在政府工作报告中明确了今年粮食产量要稳定在 1.1 万亿斤以上的目标，同时提出实施耕地质量保护与提升行动，全面提高农产品质量和食品安全水平等要求。两会期间，东北黑土层变薄、南方土壤酸化、华北平原耕作层变浅、土地退化污染等耕地质量问题倍受关注。

3 月 8 日，6 位全国两会代表委员应邀走进国土资源部农用地质量与监控重点实验室，与相关领域专家共同探讨如何加强农村土地管理，促进黑土资源保护与利用。这场探讨始于东北黑土地资源，由此延伸到全国范围内的耕地质量保护与提升，并拓展到对粮食安全的重新审视：粮食安全的关键筹码在于“良田、良法、良用、良制”，而这些也正是创新耕地保护制度的突破点。

【直击现实】

何以应对耕地质量危机？

耕地质量保护和提升要综合土地国情、生产实践、社会管理和人文条件等多种因素，从保护、维护和修复 3 个层面在耕地综合生产能力上下功夫。对此，不仅要研究新技术、新方法，更要研究农村土地管理方式、制度、机制的创新与法制的完善，重视调动“人”尤其是农民的积极性、主动性。

3 月 8 日 14 时 30 分，国土资源部农用地质量与监控重点实验室迎来了 6 位全国两会代表委员：全国政协委员、国土资源部副部长胡存智，全国人大代表、西南大学资源环境学院院长谢德体教授，全国政协委员、河南农业大学副校长张全国教授，全国政协委员、国土资源部土地利用管理司司长廖永林，全国政协委员、河北农业大学资源环境学院院长许皞教授，全国政协委员、中国土地勘测规划院

地价所所长赵松。

他们为了一个共同的目标而来:更为详尽地了解我国耕地质量状况,为耕地质量保护和提升寻找治本之策,为保障国家粮食安全、食品安全和生态安全等民本要是献智献策。

耕地,承载着国计民生的发展大计,当前正遭遇着难以承重的负荷。我国的耕地质量退化或下降程度到底如何?在重点实验室里,全国两会代表委员们把目光聚焦到了黑土资源上。黑土是非常珍贵的土地资源,经过漫长的地质年代形成,具有性状好、肥力高、适合植物生长的特性。我国东北地区松辽流域是全世界三大黑土区之一,是我国重要的商品粮基地。黑土资源作为不可再生的环境资源,在我国的粮食生产和生态环境中具有不可替代的重要地位。

"中国粮食实现'十一连增'是一个了不起的成就,但与之并存的是耕地的不当利用、不足利用和过度利用。东北粮仓在作出巨大贡献的同时,面临着黑土地量减质退的严峻局面。这不是一个小事情。我们的饭碗中,以种种不健康的耕地资源利用方式生产出来的粮、菜、油在增加。对此,必须切实贯彻中央要求,优先组织实施黑土地质量保护与提升行动。"重点实验室主任郧文聚说。

通过国土资源部农用地质量与监控重点实验室吉林梨树试验站的研究成果介绍,与会的代表委员们了解了黑土资源的真实现状:在粮食增产压力不断增加的重负之下,黑土地有机质含量整体降低 88%以上,肥力下降,对化肥的依赖增加,甚至粮食产量一半靠化肥,"如果不用化肥,最高能减产 6 成"。黑土层厚度从 20 世纪 50 年代的 50～70 厘米下降到了 21 世纪 10 年代的 20～40 厘米,耕作层变浅、结构更紧实了。

黑土地何以变得如此"沉重"?"现代集约化农作制度下,用养脱节是黑土地退化的根源。"任图生教授根据实验室研究成果详细分析了相关原因。在单一的种植制度下,黑土地长期承受着高强度翻耕,地表缺乏覆盖,水蚀风蚀严重,很少用甚至不用有机肥,土地输出远远大于投入。再加上近年来一些不合理围垦,水土流失、农业面源污染、建设占用等原因,一些黑土资源已被永久破坏,造成黑土功能衰退、肥力下降、生态恶化等问题,亟待引起各方面的高度重视,尽快采取有力措施予以保护。

退化是自然土壤开垦为农田后的普遍现象,人类的过度开发、不当利用会加重退化程度。尽管如此,只要措施得当,退化现象是能够逆转的,黑土地的生产力也是可以恢复的。在重点实验室专家们眼里,从单纯的土壤研究看来,退化逆转的关键之举在于提高土壤有机质含量，保证有机质达到一个合理的平衡点。

对此，重点实验室专家提出“保护”和“培育”并重的应对方案。“保护”就是保持地表覆盖，减少对土壤的扰动；“培育”则是指在减少土壤扰动的前提之下，增加有机投入，通过合理轮作增加作物的多样性，推行少免耕农作制，主张秸秆覆盖还田。此外，还要推行土地机械化种植与规模化经营。

今年的政府工作报告中出现“增加深松土地2亿亩”的要求，对于代表委员和实验室的专家们来说，这并不陌生。2014年的政府工作报告中就有“发挥深松整地对增产的促进作用，今年启动1亿亩试点”的要求；2010年中央一号文件曾强调“大力推进机械化深松整地”；2009年国务院常务会议也曾明确提出“实施土壤有机质提升和深松作业补贴”。

“东北黑土地资源的退化的确值得重视，其他地方也存在类似问题，全国的耕地质量总体状况堪忧。”与会的代表委员们关注点远远超越了深松整地以及轮作方法等技术问题，也超越了土壤学科和地域范畴，而是看重从土地管理制度改革的层面看耕地质量保护与提升。

“没有科学研究就没有科学决策。”全国政协委员胡存智认为，落实和实施好耕地质量保护与提升，需要有科学研究作支撑。对于不同区域的耕地质量到底下降到什么程度，哪些地方的耕地需要整治提升等问题，都要通过科学研究拿出准确的数据和判断来支撑科学决策和工作安排。耕地质量建设一定要有科学的态度，相关研究要树立“大土地”概念，从保护、维护和修复3个层面来稳定和提升耕地的综合生产能力。对此，不仅要研究新技术、新方法，更要综合土地国情、生产实践、社会管理和人文条件等多种因素，研究农村土地管理方式、制度、机制的创新与法制的完善，重视调动“人”尤其是农民的积极性、主动性。

这一观点得到其他代表委员们的认同，座谈重点由点及面拓展到了耕地数量、质量和生态并重管理的改革与创新：既要动态监控耕地红线综合状况，又要为生态良田建设以及良田良用提供科技支撑、制度保障乃至法制基础。

【重新审视】

连年增产就是粮食安全？

连年增产并不等于粮食安全，质量安全基础上的数量，才是粮食安全的基本要义。耕地质量保护与提升要兼顾耕地的生产和生态双重功能，除了技术方法问题，关键是要通过转变管理方式，创新管理制度和完善相关立法的形式确保良田良用。

今年政府工作报告提出今年粮食产量要稳定在1.1万亿斤以上,保障粮食安全和主要农产品供给。但日益严重的农药残留、重金属超标等农产品质量和食品安全问题,让与会代表委员们开始重新审视粮食安全的内涵。

难道数量安全就等于粮食安全吗?“我国粮食产量已经实现了‘十一连增’,但这并不意味着保障了国家粮食安全。”在全国政协委员张全国看来,国家粮食安全绝对不能仅仅停留在数量的连年增产上,而更应该体现在耕地健康和农产品质量的安全上。质量安全基础上的数量,才是粮食安全的基本要义。

对此,今年的政府工作报告也有明确要求,“实施耕地质量保护与提升行动”,“全面提高农产品质量和食品安全水平”。对此,与会代表委员们认为,贯彻落实这一要求尤其要重视源头治理,那就是首先要保护高质量、无污染的耕地;其次是通过土地管理方式创新确保良田良用,保障整个种植过程科学、无损害、无污染;再次是粮食生产、加工、储存和运输等后期控制;最后才是农产品和食品的加工与流通。

“耕地质量保护与提升并非单一技术能解决的问题。”对于最基础、最根本的耕地质量,与会专家们就“既要保护,也要维护,还要修复,必要时还要调整、休耕、退耕”达成共识。对于耕地尤其优质耕地要确保不占用、不污损,同时要促进良田良用,防止耕地质量下降,更要对退化、污损的耕地进行有效修复。

在这个问题上,大多数与会代表委员认为,先进技术、科学方法固然重要,但这在更大意义上来说是土地管理方式和制度完善问题。他们以秸秆还田提升耕作层有机质为例展开探讨:为什么秸秆焚烧现象屡禁不止?关键还在于以“受处罚、受处分”为主的传统管理方式没有改变,再加上秸秆焚烧执法主体不明晰,只能威慑极少数人。但有些地方转变管理方式,尝试用市场的方法解决这个问题收效明显,就是给予不焚烧秸秆的农民补贴,并鼓励秸秆还田或综合利用行为。对此,代表委员们建议在管理方式转变的基础上创新制度,以立法的形式进行约束,并为秸秆综合利用明确思路或者出路。

代表委员们认为,这种管理制度创新同样可以拓展应用于耕地保护。其中,关键是要通过转变管理方式,创新管理制度和完善相关立法的形式确保良田良用。“现行的小农经济限制了农业科技的应用,‘一家一户’的家庭承包经营模式能够解决温饱问题,但解决不了良田良用发展现代农业的问题。”全国人大代表谢德体认为,农产品安全和食品安全从源头上来说要从国家政策层面首先保证种植基地的土地安全，实时监测或监控其耕地质量状况。第二道门槛是要保证耕地投入的安全，将肥料、农药或灌溉水的质量控制在合理范围之中。第三道门槛是管理安全，对播种、施肥、打药等耕作过程进行规模化统一规划、管控。最后一道门槛才是进市场之后的监管。如果能够确保前3个安全，基本都能够做到“吃得放心”。但前3个安全需要通过培育种植大户、合作社等来推进农业技术推广与规模化经营管理来实现。

“耕地保护的核心就是保护耕地的生产能力，而产能保护就是要保护耕地的数量、质量和生态功能。”全国政协委员许皞认为，耕地保护是对粮食安全的源头保障，可以通过人为干预使耕地有机质保持合理水平，并通过更新措施保持其活性，但耕地的质量不仅仅限于此。在确保耕地数量的前提下保护质量，提高耕地生产和生态的双重功能尤为重要。就此，他这次在两会上提交了关于京津冀协同发展耕地生态功能的提案。他建议土地整治要更多关注耕地水土流失问题，以试点的方式控制或治理缓坡耕地的水土流失。

【源头保障】

有了良田还需要做什么？

确保粮食安全要建良田、推良法，更要谋良用、出良制，在对农用地质量的动态监测与监控过程中不断调整管理措施，因地制宜推进耕地质量保护与提升。一些先进的技术、方法得不到应用与现行管理体制与方式有很大关系，有待于耕地保护制度的创新与完善。

“良田、良种、良法”曾被视为影响国家粮食安全的三大要素，但是研究者们发现，有了这些似乎还远远不够。与会代表委员们认为，这一切都离不开“良用”，而“良用”的关键是“人”。那么，如何充分发挥“人”的作用确保良田良用，成为攸关命题，而这，恰恰也要靠土地管理的制度创新与法制保障。

“确保粮食安全的立脚点其实就是保护耕地的生产能力。有良田还需良用更要有良制，但良用、良制应该有差别化理念，而不能一个模式‘一刀切’下来。”全国政协委员廖永林认为，不仅要明确坚守耕地红线要“守什么”，耕地质量保护要“保什么”，还要针对不同地域环境、不同耕地等别、不同自然条件、不同生产模式甚至不同作物品种实行因地制宜的耕地生产能力保护与建设，同样，良田、良法、良用与良制也应该如此。此外，还要加强对农用地质量的动态监测与监控，并在此过程中不断调整管理措施，使耕地的生产能力实现最大化、最优化。

“在耕地质量保护与提升中，科技手段当然会发挥不可替代的作用，但最终良田良用还是要靠制度建设与法治完善。”重点实验室的李保国教授认为,一些先进的技术、方法得不到应用与现行管理体制与方式有很大关系,比如在东北小农顺坡耕作很难解决水土流失问题,而实现种植大户规模经营之后就更容易有效解决。“在耕地质量问题上,制度改革远比科技创新更重要。我们并不缺少提升耕地质量的技术、方法和手段,但更应该思考,为什么农民不愿意照做?”他建议借鉴国外先进理念,所有的农业补贴都只有在农户掌握或者应用了相应的新技术、新方法之后再发放,以此来调动农民自发保护和建设耕地质量。

“保护和建设良田固然重要,但是耕地污染、撂荒等问题更不容忽视。相比之下,对后者的治理也更复杂,更困难。良田良用最终还要依靠土地管理制度创新。”全国政协委员赵松认为,对于耕地红线的来源、内涵与外延要更全面地向全社会宣解,使耕地数量、质量和生态保护赢得社会共识,这也是良田良用的基础要素之一。

由此看来,保护与提升耕地质量,确保粮食安全,制度创新不可缺。“尽管我国粮食连年增产,但粮食产量呈现南降、北升,西北地区增加最快,其次是东北地区。这种格局的变化,实际上是付出了重大的生态代价。”重点实验室郝晋珉教授认为,耕地质量既包括土地本身,也包括环境、人文、政策和管理的质量。耕地生产格局的变化同样会对生态环境产生影响,雾霾的出现恰恰反映了整体环境容量已经接近或达到临界点的信号。耕地质量的提升不仅仅是土壤有机质的保护与提升,而应综合自然、经济和社会等多种因素,根据生产实际需求进行有针对性地综合整治,生态要素也在其中。

“从解决生产实践问题的层面看耕地保护,良田、良法、良用、良制最终还要发挥市场机制的决定作用,充分发挥耕地承包经营权所有者和使用者的能动性。”在重点实验室朱道林教授眼中,无论是制度创新还是法律完善,都要在尊重自然科学的基础上遵循客观市场规律,更多考虑运用经济手段调动行为主体的积极性。“种地的事情就该交给农民。包括深松土地、土地整治等工作一定要尊重农民意愿,征求农民意见。”

经过近4个小时的讨论,6位全国两会代表委员与重点实验室专家们就相关问题达成共识:粮食安全以耕地的生产能力为根基,而耕地的生产能力不仅是集数量、质量和生态于一体的综合概念,更与生产实践、管理制度和人文条件密不可分。确保粮食安全,不仅要建良田、推良法,更要谋良用、出良制。与之相对应,耕地质量保护与提升不仅仅要在新技术、新方法、新理念上有所突破,更有待于耕地保护制度的创新与完善。

建设高标准农田要尊标、用标、严标

来源：国土资源部，2015-04-21，郧文聚

3月5日，李克强总理在政府工作报告中明确的七大工程中，“十二五”期间建设4亿亩高标准农田位列其中。3月18日，李克强总理主持召开国务院常务会议，通过《全国农业可持续发展规划》，再次重申：优化农业生产布局，严格保护耕地，提升耕地质量，到2020年建成集中连片旱涝保收的8亿亩高标准农田。去年6月25日，国家标准《高标准农田建设通则》正式实施。这个《通则》初步解决了我国现行农田建设相关标准结构不合理、体系不完善、系统性不强、标准指标难以量化考核或评价等突出问题。

要全面实现“十二五”、“十三五”建设8亿亩高标准农田的战略目标，关键是各部门、各地方切实做到尊标、贯标、用标、严标。笔者认为，要贯彻好《高标准农田建设通则》，需要把握以下要点：

一是提高认识，树立科学的耕地质量观。

在现代农业生产体系中，耕地及其合理利用的内涵更加细化，不仅包括优质土壤、优等农田基础上设施建设，还包括对作物生长过程中水、肥、农药、技术装备的有效使用和管理。

从土壤角度看，包括两个方面，一方面是土壤物理结构的改造、利用和管理，另一方面是土壤化学、生物状况的合理管控。因此，既要重视解决目前广泛存在的耕地资源利用吃偏食，过度施用化肥、农药问题，又要重视解决过度偏食和忽视土壤环境管控所引致的土壤理化和生物学性状大面积深度退化问题。后一个问题不是仅仅依靠深耕深松就能够解决的。

从农田角度看，同样包括保护和建设两个重要方面，同时必须强调要把保护放在优先的位置。从土壤是人类尚未认识和利用的生物种质资源库的角度出发，更需要保护和稳定耕地资源格局。

前不久国务院常务会议上，就高标准农田建设问题，强调了“集中连片”、“旱涝保收”，其中有深刻含义。笔者理解，一是要下决心保护好国家粮食核心区，核

心区良田的基本特征，一是“集中连片”，有利于发展现代农业；二是“旱涝保收”，能够抵御严重自然灾害的威胁。二要下决心建设好国家粮食安全核心区，核心区的农田建设必须高标准，这是国家增加公共产品有效投资的重点。

二是贯标、用标，执行国家标准不打折扣。

建设高标准农田，要把握好三个角度。建设高标准农田，一为保护耕地、稳定提高农业综合生产能力。通过高标准农田建设，加快改变农田基础薄弱的情况，提高耕地产出能力，实现农产品稳定供给。二为提升农业科技应用的土地条件。通过高标准农田建设，实现农田“地平、土肥、能灌、能排、路通、林连”，显著增强农田防灾减灾能力，便于农机作业，大幅提高田间作业效率。三为促进农业可持续发展，推进生态文明建设。

建设高标准农田，要坚持五项基本原则。建设高标准农田，要耕地区位稳定、农田质量提升、生态环境改善、维护发展权益和可持续利用等 5 条基本原则共同坚守。要把土地利用总体规划确定的基本农田保护区和基本农田整备区，全国新增 1 000 亿斤粮食生产能力规划确定的粮食主产区、产粮大县，土地整治规划确定的土地整治重点区域、重大工程建设区域和高标准基本农田建设示范县，水利、农业、林业、农业综合开发等部门规划确定的重点区域，依据 GB/T 28407 评定成果确定的县域内等别较高耕地的集中分布区域作为重点，进行集中建设改造。

建设高标准农田，必须重视基础工程，不能轻视配套工程。骨干水利、道路、生态环境等基础工程是开展高标准农田建设的基础和前提，必须高度重视，基础条件不具备的宁可等不可硬上车。高标准农田建设后的土壤培肥改良、农田生态环境、农田输配电、农机服务设施、现代农业生产技术推广体系等配套工程的建设，是高标准农田得以有效运营的不可或缺的工程要件，不能因为是配套就轻视，没有配套，高标准农田就不成套。

建设高标准农田，要注意三个面向。一要面向土地权利人，充分尊重农民意愿，维护土地权利人的合法权益。二要面向长效机制的构建。要把建成的高标准农田划定为基本农田，实行永久保护；要建立政府主导，农村集体经济组织管理，农户、专业管护人员以及专业协会等共同参与的管护体系，确保高标准农田建设成效持续发挥。三要面向现代信息化管理。实现高标准农田建设信息的“上图入库”，实现集中统一、全程全面、实时动态的管理目标，做到高标准农田建设底数清、情况明、数据准，为考核评价提供依据。

给“亚健康”耕地做“保健”——耕地质量保护与健康土壤论坛侧记

来源:《农民日报》,2015-12-7,李竞涵

耕地也会生病,土壤也有是否健康之分吗?答案是肯定的。耕地土壤的健康状况决定了农产品的质量,和我国的粮食安全、食品安全密切相关,这是在12月2日举办的耕地质量保护与健康土壤论坛上提出的。那么,究竟什么样的耕地才算健康?怎样确保耕地健康?

70%和39%的差别

中国用不到世界9%的耕地,养活了全球21%的人口,创造了一个奇迹。但为了追求高产量,长期大水大肥投入造成耕地养分失衡、基础地力薄弱、生态功能变差、退化和污染加剧,北京市土肥站站长赵永志说:“我国耕地土壤长期处于‘亚健康’状态。”

耕地质量出了问题,正是由于忽视了土壤的生命力。“健康的土壤也有生命,不是死土一块。”华南农业大学资源环境学院教授李永涛说。土壤看似简单平凡,实际上却是大自然中最复杂的生态系统,蕴含着世界四分之一的生物多样性。各种生物之间时刻发生着密切的联系,在我们看不见的地下进行着各种生命活动。

李永涛这样总结土壤的健康标准:“要具有可持续的农业生产力、生态自净能力、有生命力。”其中的农业生产力就是指具有作物所需养分的可持续供给能力,生态自净能力是土壤中的动物和微生物能对输入土壤的污染物自然净化。

土壤不仅有生命力、有健康与否之分,其健康状况对人类也有着重大的意义。我们日常消耗的约80%以上的热量、75%以上的蛋白质和大部分纤维都与土壤有直接关系,健康的土壤意味着能为人类生存提供足够的粮食,即“数量安全”,同时决定着人们“舌尖上的安全”。

然而我国的土壤健康情况不容乐观。有数据显示,目前美国粮食产量的70%~80%靠基础地力,20%~30%靠水肥投入。而我国主要作物产量中,农田

地力贡献率为39%～58%,水肥的贡献率高达50%。高强度种植导致土壤长期疲劳,耕地不堪重负,反过来又刺激了水肥的高投入。黑龙江省农业科学院土壤肥料与环境资源研究所所长魏丹介绍:"我国单位耕地面积化肥用量是世界平均水平的3倍,利用率仅为33%,发达国家为50%～60%;单位播种面积农药用量是美国的2.3倍,是欧盟的2倍,有效利用率仅为35%,发达国家为60%。"

"对症下药"的尝试

中国东北黑土是世界三大片黑土之一,耕地面积4.5亿亩,占全国耕地总面积的22.2%,是我国重要的粮食主产区、最大的商品粮供给基地和绿色食品生产基地。每年提供商品粮2 000万～2 500万吨,占全国商品粮总量的1/3,满足50%城市人口的粮食供给。

然而由于多年来的高强度利用,受自然和人为因素的双重作用,东北黑土严重退化。调查数据显示,东北地区土壤有机质正在缓慢下降,平均每10年下降0.6～1.4克。第一次全国水利普查成果显示,东北黑土区有侵蚀沟29.57万条,吞噬耕地约48.3万公顷,水土流失面积占黑土耕地面积的40%,水土流失导致东北黑土区生态系统功能减弱,加强黑土地保护和治理刻不容缓。

如何保护东北黑土地？情况十分复杂,据魏丹介绍,他们选取了34 652个土壤点位进行调查,发现2013—2015年东北测土施肥黑土耕层厚度平均22.1厘米,其中厚的超过50厘米,薄的还不到10厘米。

土壤情况不同,保护措施自然也不相同,需要"对症下药"。在高肥力黑土区,通过大尺度有机培肥、土壤微域改善、增加养分库容等措施进行黑土保育,构建肥沃耕层;在侵蚀土壤区,通过固土技术、蓄水技术、有机质提升技术、玉米高产高效技术等进行坡耕地综合治理,同时促进玉米增产;在贫瘠型薄层黑土区,通过施用有机肥、秸秆还田和心土培肥、深松起垄、养分管理,对退化黑土进行修复。

不仅在东北,许多地方都在因地制宜地进行耕地质量保护与提升。北京创新使用了低碳土壤技术、循环土壤技术、绿色土壤技术等新的技术体系。江苏实行机械化还田与生物技术相结合,推进秸秆就地还田利用,2014年综合利用率达88%,其中秸秆还田利用占46%。

旷日持久的攻坚战

和欧美发达国家不同,我国人多地少、农业生产经营相对分散等具体国情决定了耕地质量的保护与提升将是一场持久战。

中国科学院南京土壤研究所所长沈仁芳说:“我国区域性中低产田严重制约着国家粮食产能提升,农田土壤改良与地力提升的任务十分艰巨。同时,我国具有农业利用潜力的盐碱地面积近 2 亿亩,进行耕地质量保护与提升很有必要。”

提升耕地质量,首先要有一个明确的标准。而目前我国耕地质量红线的具体内容还不明确,尚无耕地土壤保护的专项法律法规,相关规定散见于其他有关的法律文件或政策文件中。全国农技推广中心副主任谢建华说:“要在全面掌握我国耕地质量现状的基础上科学划定耕地质量红线,进一步推进耕地质量立法,编制耕地质量行业和国家标准。”

此外,耕地是为作物服务的,作物种植结构的调整也会影响耕地的使用和保护。例如“镰刀弯”地区种植结构调整、“十三五”规划中提出的探索实行耕地轮作休耕制度试点等,都对耕地质量建设管理提出了新的要求。

作为企业代表,北京嘉博文生物科技有限公司执行总裁于家伊对耕地质量保护有自己的看法:“目前保护主体以农民和政府为主,而农民对耕地质量提升的动力不足,单靠财政可能背负不了全部投入,因此应考虑引导社会化力量参与到这一过程中,引入市场化机制。”他们与昌平合作,在苹果上做了 5 年试验,土壤有机质年均增加 0.3%,优果率由 50%提高到 87%。于家伊说:“耕地质量提升不仅是一个企业、一项技术能做到的,需要技术的协同整合,需要综合服务系统的集成。”

土壤生了病，我们会怎样？

来源：《农民日报》，2015-12-7，李国龙

说到土壤，大家也许只是往脚下看看，“我天天踩着它，有什么稀奇的？”而一旦土壤生病了，我们就会面临“呼吸的痛”和“吃喝的伤”。

先来说说“呼吸的痛”，沙尘暴和雾霾都与土壤有关系。

说到“沙尘暴”，“沙”和“尘”，通俗的讲都是土壤的细小组分，三北防护林的最重要的作用就是防风固沙，减少沙尘暴的发生，而三北防护林外的大片荒漠区域，历史上可都是富饶之地，水土资源充足，物产丰富，如今由于保护不当成了无边荒漠。

再说“雾霾”，虽然有两个“雨”字头。可“霾”有“里”，“里”有“土”，这里的“土”可以说是细小颗粒物。2014 年有专家对中国雾霾形成机理进行深度分析，他们对雾霾颗粒成分进行 DNA 测序，发现了 1 300 多种微生物，表明中国雾霾频发和严重性与我国东部地区水土环境面源污染、大量滋生微生物种群有直接关联。请注意，“东北地区水土环境面源污染”，也就是说“东北黑土地里的黑土健康出了问题”。

说过了“呼吸的痛”再说“吃喝的伤”。

注重营养健康的人应该没少听过，诸如“某某保健品或食品富含钙、铁、锌、硒……”这样的广告语，实际上以上众多养分大都来自土壤，咱们所有的食品到最小组分就是 17 种化学矿质营养元素，氮、氧、碳多是来自空气，氢多来自于水，其他大部分矿质营养元素多来自于土壤，当然，肥料里的各种营养也要先让土壤“消化”了才能被植物“吃掉”。如果土壤“消化不良”，甚至没有“消化能力”了，土壤不健康了，植物还能健康吗？我们吃的还会健康吗？

说到水，当然现在无论是城市还是乡村，大家喝的多是自来水，更有品质要求的人们会喝经过更多过滤的水，我们喝的水都经过了人工的多层多方式净化。而在很久以前，或者现在一些环境优良的地区，地下水还是可以直接喝的。水的循环中最重要的一环就是地表水下渗成地下水，这中间要通过土壤的层层过滤，

如果土壤“消化不良”，没有“消化能力”了，甚至土壤还要让水帮忙“消化”自身的污染物，土壤不健康了，我们喝的水能干净吗？即使可以人工过滤，成本的代价也必然会更高。

土壤不健康，我们呼吸不到健康的空气，吃不到安全的食物，喝不到干净的水，还如何保证自身的健康？因此，今年“国际土壤年”的主题定为“健康土壤带来健康生活”，保护好土壤健康也就是保护我们赖以生存的根本。

【附录】

中共中央 国务院 关于加快推进生态文明建设的意见(摘录)

(2015年4月25日)

生态文明建设是中国特色社会主义事业的重要内容,关系人民福祉,关乎民族未来,事关"两个一百年"奋斗目标和中华民族伟大复兴中国梦的实现。党中央、国务院高度重视生态文明建设,先后出台了一系列重大决策部署,推动生态文明建设取得了重大进展和积极成效。但总体上看我国生态文明建设水平仍滞后于经济社会发展,资源约束趋紧,环境污染严重,生态系统退化,发展与人口资源环境之间的矛盾日益突出,已成为经济社会可持续发展的重大瓶颈制约。

加快推进生态文明建设是加快转变经济发展方式、提高发展质量和效益的内在要求,是坚持以人为本、促进社会和谐的必然选择,是全面建成小康社会、实现中华民族伟大复兴中国梦的时代抉择,是积极应对气候变化、维护全球生态安全的重大举措。要充分认识加快推进生态文明建设的极端重要性和紧迫性,切实增强责任感和使命感,牢固树立尊重自然、顺应自然、保护自然的理念,坚持绿水青山就是金山银山,动员全党、全社会积极行动、深入持久地推进生态文明建设,加快形成人与自然和谐发展的现代化建设新格局,开创社会主义生态文明新时代。

一、总体要求

(一)指导思想

以邓小平理论、"三个代表"重要思想、科学发展观为指导,全面贯彻党的十八大和十八届二中、三中、四中全会精神,深入贯彻习近平总书记系列重要讲话精神,认真落实党中央、国务院的决策部署,坚持以人为本、依法推进,坚持节约资源和保护环境的基本国策,把生态文明建设放在突出的战略位置,融入经济建设、政治建设、文化建设、社会建设各方面和全过程，协同推进新型工业化、信息化、城镇化、农业现代化和绿色化，以健全生态文明制度体系为重点，优化国土空间开发格局，全面促进资源节约利用，加大自然生态系统和环境保护力度，大力推进绿色发展、循环发展、低碳发展，弘扬生态文化，倡导绿色生活，加快建设美丽中国，使蓝天常在、青山常在、绿水常在，实现中华民族永续发展。

（二）基本原则

坚持把节约优先、保护优先、自然恢复为主作为基本方针。在资源开发与节约中，把节约放在优先位置，以最少的资源消耗支撑经济社会持续发展；在环境保护与发展中，把保护放在优先位置，在发展中保护、在保护中发展；在生态建设与修复中，以自然恢复为主，与人工修复相结合。

坚持把绿色发展、循环发展、低碳发展作为基本途径。经济社会发展必须建立在资源得到高效循环利用、生态环境受到严格保护的基础上，与生态文明建设相协调，形成节约资源和保护环境的空间格局、产业结构、生产方式。

坚持把深化改革和创新驱动作为基本动力。充分发挥市场配置资源的决定性作用和更好发挥政府作用，不断深化制度改革和科技创新，建立系统完整的生态文明制度体系，强化科技创新引领作用，为生态文明建设注入强大动力。

坚持把培育生态文化作为重要支撑。将生态文明纳入社会主义核心价值体系，加强生态文化的宣传教育，倡导勤俭节约、绿色低碳、文明健康的生活方式和消费模式，提高全社会生态文明意识。

坚持把重点突破和整体推进作为工作方式。既立足当前，着力解决对经济社会可持续发展制约性强、群众反映强烈的突出问题，打好生态文明建设攻坚战；又着眼长远，加强顶层设计与鼓励基层探索相结合，持之以恒全面推进生态文明建设。

（三）主要目标

到 2020 年，资源节约型和环境友好型社会建设取得重大进展，主体功能区布局基本形成，经济发展质量和效益显著提高，生态文明主流价值观在全社会得到推行，生态文明建设水平与全面建成小康社会目标相适应。

——国土空间开发格局进一步优化。经济、人口布局向均衡方向发展，陆海空间开发强度、城市空间规模得到有效控制，城乡结构和空间布局明显优化。

——资源利用更加高效。单位国内生产总值二氧化碳排放强度比 2005 年下降 40％—45％，能源消耗强度持续下降，资源产出率大幅提高，用水总量力争控制在6 700亿米^{3}以内,万元工业增加值用水量降低到65米^{3}以下,农田灌溉水有效利用系数提高到0.55以上,非化石能源占一次能源消费比重达到15%左右。

——生态环境质量总体改善。主要污染物排放总量继续减少,大气环境质量、重点流域和近岸海域水环境质量得到改善,重要江河湖泊水功能区水质达标率提高到80%以上,饮用水安全保障水平持续提升,土壤环境质量总体保持稳定,环境风险得到有效控制。森林覆盖率达到23%以上,草原综合植被覆盖度达到56%,湿地面积不低于8亿亩,50%以上可治理沙化土地得到治理,自然岸线保有率不低于35%,生物多样性丧失速度得到基本控制,全国生态系统稳定性明显增强。

——生态文明重大制度基本确立。基本形成源头预防、过程控制、损害赔偿、责任追究的生态文明制度体系,自然资源资产产权和用途管制、生态保护红线、生态保护补偿、生态环境保护管理体制等关键制度建设取得决定性成果。

二、强化主体功能定位,优化国土空间开发格局

国土是生态文明建设的空间载体。要坚定不移地实施主体功能区战略,健全空间规划体系,科学合理布局和整治生产空间、生活空间、生态空间。

(四)积极实施主体功能区战略。全面落实主体功能区规划,健全财政、投资、产业、土地、人口、环境等配套政策和各有侧重的绩效考核评价体系。推进市县落实主体功能定位,推动经济社会发展、城乡、土地利用、生态环境保护等规划"多规合一",形成一个市县一本规划、一张蓝图。区域规划编制、重大项目布局必须符合主体功能定位。对不同主体功能区的产业项目实行差别化市场准入政策,明确禁止开发区域、限制开发区域准入事项,明确优化开发区域、重点开发区域禁止和限制发展的产业。编制实施全国国土规划纲要,加快推进国土综合整治。构建平衡适宜的城乡建设空间体系,适当增加生活空间、生态用地,保护和扩大绿地、水域、湿地等生态空间。

(六)加快美丽乡村建设。完善县域村庄规划,强化规划的科学性和约束力。加强农村基础设施建设,强化山水林田路综合治理,加快农村危旧房改造,支持农村环境集中连片整治,开展农村垃圾专项治理,加大农村污水处理和改厕力度。加快转变农业发展方式,推进农业结构调整,大力发展农业循环经济,治理农业污染,提升农产品质量安全水平。依托乡村生态资源,在保护生态环境的前

提下，加快发展乡村旅游休闲业。引导农民在房前屋后、道路两旁植树护绿。加强农村精神文明建设，以环境整治和民风建设为重点，扎实推进文明村镇创建。

三、推动技术创新和结构调整，提高发展质量和效益

从根本上缓解经济发展与资源环境之间的矛盾，必须构建科技含量高、资源消耗低、环境污染少的产业结构，加快推动生产方式绿色化，大幅提高经济绿色化程度，有效降低发展的资源环境代价。

（八）推动科技创新。结合深化科技体制改革，建立符合生态文明建设领域科研活动特点的管理制度和运行机制。加强重大科学技术问题研究，开展能源节约、资源循环利用、新能源开发、污染治理、生态修复等领域关键技术攻关，在基础研究和前沿技术研发方面取得突破。强化企业技术创新主体地位，充分发挥市场对绿色产业发展方向和技术路线选择的决定性作用。完善技术创新体系，提高综合集成创新能力，加强工艺创新与试验。支持生态文明领域工程技术类研究中心、实验室和实验基地建设，完善科技创新成果转化机制，形成一批成果转化平台、中介服务机构，加快成熟适用技术的示范和推广。加强生态文明基础研究、试验研发、工程应用和市场服务等科技人才队伍建设。

四、全面促进资源节约循环高效使用，推动利用方式根本转变

节约资源是破解资源瓶颈约束、保护生态环境的首要之策。要深入推进全社会节能减排，在生产、流通、消费各环节大力发展循环经济，实现各类资源节约高效利用。

（十三）加强资源节约。节约集约利用水、土地、矿产等资源，加强全过程管理，大幅降低资源消耗强度。加强用水需求管理，以水定需、量水而行，抑制不合理用水需求，促进人口、经济等与水资源相均衡，建设节水型社会。推广高效节水技术和产品，发展节水农业，加强城市节水，推进企业节水改造。积极开发利用再生水、矿井水、空中云水、海水等非常规水源，严控无序调水和人造水景工程，提高水资源安全保障水平。按照严控增量、盘活存量、优化结构、提高效率的原则，加强土地利用的规划管控、市场调节、标准控制和考核监管，严格土地用途管制，推广应用节地技术和模式。发展绿色矿业，加快推进绿色矿山建设，促进矿产资源高效利用，提高矿产资源开采回采率、选矿回收率和综合利用率。

五、加大自然生态系统和环境保护力度，切实改善生态环境质量

良好生态环境是最公平的公共产品，是最普惠的民生福祉。要严格源头预防、不欠新账，加快治理突出生态环境问题、多还旧账，让人民群众呼吸新鲜的空气，喝上干净的水，在良好的环境中生产生活。

(十四)保护和修复自然生态系统。加快生态安全屏障建设，形成以青藏高原、黄土高原—川滇、东北森林带、北方防沙带、南方丘陵山地带、近岸近海生态区以及大江大河重要水系为骨架，以其他重点生态功能区为重要支撑，以禁止开发区域为重要组成的生态安全战略格局。实施重大生态修复工程，扩大森林、湖泊、湿地面积，提高沙区、草原植被覆盖率，有序实现休养生息。加强森林保护，将天然林资源保护范围扩大到全国；大力开展植树造林和森林经营，稳定和扩大退耕还林范围，加快重点防护林体系建设；完善国有林场和国有林区经营管理体制，深化集体林权制度改革。严格落实禁牧休牧和草畜平衡制度，加快推进基本草原划定和保护工作；加大退牧还草力度，继续实行草原生态保护补助奖励政策；稳定和完善草原承包经营制度。启动湿地生态效益补偿和退耕还湿。加强水生生物保护，开展重要水域增殖放流活动。继续推进京津风沙源治理、黄土高原地区综合治理、石漠化综合治理，开展沙化土地封禁保护试点。加强水土保持，因地制宜推进小流域综合治理。实施地下水保护和超采漏斗区综合治理，逐步实现地下水采补平衡。强化农田生态保护，实施耕地质量保护与提升行动，加大退化、污染、损毁农田改良和修复力度，加强耕地质量调查监测与评价。实施生物多样性保护重大工程，建立监测评估与预警体系，健全国门生物安全查验机制，有效防范物种资源丧失和外来物种入侵，积极参加生物多样性国际公约谈判和履约工作。加强自然保护区建设与管理，对重要生态系统和物种资源实施强制性保护，切实保护珍稀濒危野生动植物、古树名木及自然生境。建立国家公园体制，实行分级、统一管理，保护自然生态和自然文化遗产原真性、完整性。研究建立江河湖泊生态水量保障机制。加快灾害调查评价、监测预警、防治和应急等防灾减灾体系建设。

(十五)全面推进污染防治。按照以人为本、防治结合、标本兼治、综合施策的原则，建立以保障人体健康为核心、以改善环境质量为目标、以防控环境风险为基线的环境管理体系，健全跨区域污染防治协调机制，加快解决人民群众反映强烈的大气、水、土壤污染等突出环境问题。继续落实大气污染防治行动计划，

逐渐消除重污染天气，切实改善大气环境质量。实施水污染防治行动计划，严格饮用水源保护，全面推进涵养区、源头区等水源地环境整治，加强供水全过程管理，确保饮用水安全；加强重点流域、区域、近岸海域水污染防治和良好湖泊生态环境保护，控制和规范淡水养殖，严格入河（湖、海）排污管理；推进地下水污染防治。制定实施土壤污染防治行动计划，优先保护耕地土壤环境，强化工业污染场地治理，开展土壤污染治理与修复试点。加强农业面源污染防治，加大种养业特别是规模化畜禽养殖污染防治力度，科学施用化肥、农药，推广节能环保型炉灶，净化农产品产地和农村居民生活环境。加大城乡环境综合整治力度。推进重金属污染治理。开展矿山地质环境恢复和综合治理，推进尾矿安全、环保存放，妥善处理处置矿渣等大宗固体废物。建立健全化学品、持久性有机污染物、危险废物等环境风险防范与应急管理工作机制。切实加强核设施运行监管，确保核安全万无一失。

六、健全生态文明制度体系

加快建立系统完整的生态文明制度体系，引导、规范和约束各类开发、利用、保护自然资源的行为，用制度保护生态环境。

（十七）健全法律法规。全面清理现行法律法规中与加快推进生态文明建设不相适应的内容，加强法律法规间的衔接。研究制定节能评估审查、节水、应对气候变化、生态补偿、湿地保护、生物多样性保护、土壤环境保护等方面的法律法规，修订土地管理法、大气污染防治法、水污染防治法、节约能源法、循环经济促进法、矿产资源法、森林法、草原法、野生动物保护法等。

（十八）完善标准体系。加快制定修订一批能耗、水耗、地耗、污染物排放、环境质量等方面的标准，实施能效和排污强度“领跑者”制度，加快标准升级步伐。提高建筑物、道路、桥梁等建设标准。环境容量较小、生态环境脆弱、环境风险高的地区要执行污染物特别排放限值。鼓励各地区依法制定更加严格的地方标准。建立与国际接轨、适应我国国情的能效和环保标识认证制度。

（十九）健全自然资源资产产权制度和用途管制制度。对水流、森林、山岭、草原、荒地、滩涂等自然生态空间进行统一确权登记，明确国土空间的自然资源资产所有者、监管者及其责任。完善自然资源资产用途管制制度，明确各类国土空间开发、利用、保护边界，实现能源、水资源、矿产资源按质量分级、梯级利用。严格节能评估审查、水资源论证和取水许可制度。坚持并完善最严格的耕地保护和节约用地制度,强化土地利用总体规划和年度计划管控,加强土地用途转用许可管理。完善矿产资源规划制度,强化矿产开发准入管理。有序推进国家自然资源资产管理体制改革。

(二十一)严守资源环境生态红线。树立底线思维,设定并严守资源消耗上限、环境质量底线、生态保护红线,将各类开发活动限制在资源环境承载能力之内。合理设定资源消耗"天花板",加强能源、水、土地等战略性资源管控,强化能源消耗强度控制,做好能源消费总量管理。继续实施水资源开发利用控制、用水效率控制、水功能区限制纳污三条红线管理。划定永久基本农田,严格实施永久保护,对新增建设用地占用耕地规模实行总量控制,落实耕地占补平衡,确保耕地数量不下降、质量不降低。严守环境质量底线,将大气、水、土壤等环境质量"只能更好、不能变坏"作为地方各级政府环保责任红线,相应确定污染物排放总量限值和环境风险防控措施。在重点生态功能区、生态环境敏感区和脆弱区等区域划定生态红线,确保生态功能不降低、面积不减少、性质不改变;科学划定森林、草原、湿地、海洋等领域生态红线,严格自然生态空间征(占)用管理,有效遏制生态系统退化的趋势。探索建立资源环境承载能力监测预警机制,对资源消耗和环境容量接近或超过承载能力的地区,及时采取区域限批等限制性措施。

(二十四)健全生态保护补偿机制。科学界定生态保护者与受益者权利义务,加快形成生态损害者赔偿、受益者付费、保护者得到合理补偿的运行机制。结合深化财税体制改革,完善转移支付制度,归并和规范现有生态保护补偿渠道,加大对重点生态功能区的转移支付力度,逐步提高其基本公共服务水平。建立地区间横向生态保护补偿机制,引导生态受益地区与保护地区之间、流域上游与下游之间,通过资金补助、产业转移、人才培训、共建园区等方式实施补偿。建立独立公正的生态环境损害评估制度。

(二十五)健全政绩考核制度。建立体现生态文明要求的目标体系、考核办法、奖惩机制。把资源消耗、环境损害、生态效益等指标纳入经济社会发展综合评价体系,大幅增加考核权重,强化指标约束,不唯经济增长论英雄。完善政绩考核办法,根据区域主体功能定位,实行差别化的考核制度。对限制开发区域、禁止开发区域和生态脆弱的国家扶贫开发工作重点县,取消地区生产总值考核;对农产品主产区和重点生态功能区,分别实行农业优先和生态保护优先的绩效评价;对禁止开发的重点生态功能区,重点评价其自然文化资源的原真性、完整性。根据考核评价结果,对生态文明建设成绩突出的地区、单位和个人给予表彰奖励。探索编制自然资源资产负债表，对领导干部实行自然资源资产和环境责任离任审计。

（二十六）完善责任追究制度。建立领导干部任期生态文明建设责任制，完善节能减排目标责任考核及问责制度。严格责任追究，对违背科学发展要求、造成资源环境生态严重破坏的要记录在案，实行终身追责，不得转任重要职务或提拔使用，已经调离的也要问责。对推动生态文明建设工作不力的，要及时诫勉谈话；对不顾资源和生态环境盲目决策、造成严重后果的，要严肃追究有关人员的领导责任；对履职不力、监管不严、失职渎职的，要依纪依法追究有关人员的监管责任。

七、加强生态文明建设统计监测和执法监督

坚持问题导向，针对薄弱环节，加强统计监测、执法监督，为推进生态文明建设提供有力保障。

（二十七）加强统计监测。建立生态文明综合评价指标体系。加快推进对能源、矿产资源、水、大气、森林、草原、湿地、海洋和水土流失、沙化土地、土壤环境、地质环境、温室气体等的统计监测核算能力建设，提升信息化水平，提高准确性、及时性，实现信息共享。加快重点用能单位能源消耗在线监测体系建设。建立循环经济统计指标体系、矿产资源合理开发利用评价指标体系。利用卫星遥感等技术手段，对自然资源和生态环境保护状况开展全天候监测，健全覆盖所有资源环境要素的监测网络体系。提高环境风险防控和突发环境事件应急能力，健全环境与健康调查、监测和风险评估制度。定期开展全国生态状况调查和评估。加大各级政府预算内投资等财政性资金对统计监测等基础能力建设的支持力度。

八、加快形成推进生态文明建设的良好社会风尚

生态文明建设关系各行各业、千家万户。要充分发挥人民群众的积极性、主动性、创造性，凝聚民心、集中民智、汇集民力，实现生活方式绿色化。

（二十九）提高全民生态文明意识。积极培育生态文化、生态道德，使生态文明成为社会主流价值观，成为社会主义核心价值观的重要内容。从娃娃和青少年抓起，从家庭、学校教育抓起，引导全社会树立生态文明意识。把生态文明教育作为素质教育的重要内容，纳入国民教育体系和干部教育培训体系。将生态

文化作为现代公共文化服务体系建设的重要内容,挖掘优秀传统生态文化思想和资源,创作一批文化作品,创建一批教育基地,满足广大人民群众对生态文化的需求。通过典型示范、展览展示、岗位创建等形式,广泛动员全民参与生态文明建设。组织好世界地球日、世界环境日、世界森林日、世界水日、世界海洋日和全国节能宣传周等主题宣传活动。充分发挥新闻媒体作用,树立理性、积极的舆论导向,加强资源环境国情宣传,普及生态文明法律法规、科学知识等,报道先进典型,曝光反面事例,提高公众节约意识、环保意识、生态意识,形成人人、事事、时时崇尚生态文明的社会氛围。

(三十)培育绿色生活方式。倡导勤俭节约的消费观。广泛开展绿色生活行动,推动全民在衣、食、住、行、游等方面加快向勤俭节约、绿色低碳、文明健康的方式转变,坚决抵制和反对各种形式的奢侈浪费、不合理消费。积极引导消费者购买节能与新能源汽车、高能效家电、节水型器具等节能环保低碳产品,减少一次性用品的使用,限制过度包装。大力推广绿色低碳出行,倡导绿色生活和休闲模式,严格限制发展高耗能、高耗水服务业。在餐饮企业、单位食堂、家庭全方位开展反食品浪费行动。党政机关、国有企业要带头厉行勤俭节约。

(三十一)鼓励公众积极参与。完善公众参与制度,及时准确披露各类环境信息,扩大公开范围,保障公众知情权,维护公众环境权益。健全举报、听证、舆论和公众监督等制度,构建全民参与的社会行动体系。建立环境公益诉讼制度,对污染环境、破坏生态的行为,有关组织可提起公益诉讼。在建设项目立项、实施、后评价等环节,有序增强公众参与程度。引导生态文明建设领域各类社会组织健康有序发展,发挥民间组织和志愿者的积极作用。

九、切实加强组织领导

健全生态文明建设领导体制和工作机制,勇于探索和创新,推动生态文明建设蓝图逐步成为现实。

(三十二)强化统筹协调。各级党委和政府对本地区生态文明建设负总责,要建立协调机制,形成有利于推进生态文明建设的工作格局。各有关部门要按照职责分工,密切协调配合,形成生态文明建设的强大合力。

(三十三)探索有效模式。抓紧制定生态文明体制改革总体方案,深入开展生态文明先行示范区建设,研究不同发展阶段、资源环境禀赋、主体功能定位地区生态文明建设的有效模式。各地区要抓住制约本地区生态文明建设的瓶颈,在生态文明制度创新方面积极实践，力争取得重大突破。及时总结有效做法和成功经验，完善政策措施，形成有效模式，加大推广力度。

（三十四）广泛开展国际合作。统筹国内国际两个大局，以全球视野加快推进生态文明建设，树立负责任大国形象，把绿色发展转化为新的综合国力、综合影响力和国际竞争新优势。发扬包容互鉴、合作共赢的精神，加强与世界各国在生态文明领域的对话交流和务实合作，引进先进技术装备和管理经验，促进全球生态安全。加强南南合作，开展绿色援助，对其他发展中国家提供支持和帮助。

中共中央 国务院 印发《生态文明体制改革总体方案》（摘录）

（中发[2015]25号）

为加快建立系统完整的生态文明制度体系，加快推进生态文明建设，增强生态文明体制改革的系统性、整体性、协同性，制定本方案。

一、生态文明体制改革的总体要求

（一）生态文明体制改革的指导思想

全面贯彻党的十八大和十八届二中、三中、四中全会精神，以邓小平理论、“三个代表”重要思想、科学发展观为指导，深入贯彻落实习近平总书记系列重要讲话精神，按照党中央、国务院决策部署，坚持节约资源和保护环境基本国策，坚持节约优先、保护优先、自然恢复为主方针，立足我国社会主义初级阶段的基本国情和新的阶段性特征，以建设美丽中国为目标，以正确处理人与自然关系为核心，以解决生态环境领域突出问题为导向，保障国家生态安全，改善环境质量，提高资源利用效率，推动形成人与自然和谐发展的现代化建设新格局。

（二）生态文明体制改革的理念

树立尊重自然、顺应自然、保护自然的理念，生态文明建设不仅影响经济持续健康发展，也关系政治和社会建设，必须放在突出地位，融入经济建设、政治建设、文化建设、社会建设各方面和全过程。

树立发展和保护相统一的理念，坚持发展是硬道理的战略思想，发展必须是绿色发展、循环发展、低碳发展，平衡好发展和保护的关系，按照主体功能定位控制开发强度，调整空间结构，给子孙后代留下天蓝、地绿、水净的美好家园，实现发展与保护的内在统一、相互促进。

树立绿水青山就是金山银山的理念，清新空气、清洁水源、美丽山川、肥沃土地、生物多样性是人类生存必需的生态环境，坚持发展是第一要务，必须保护森林、草原、河流、湖泊、湿地、海洋等自然生态。

树立自然价值和自然资本的理念，自然生态是有价值的，保护自然就是增值自然价值和自然资本的过程，就是保护和发展生产力，就应得到合理回报和经济补偿。

树立空间均衡的理念,把握人口、经济、资源环境的平衡点推动发展,人口规模、产业结构、增长速度不能超出当地水土资源承载能力和环境容量。

树立山水林田湖是一个生命共同体的理念,按照生态系统的整体性、系统性及其内在规律,统筹考虑自然生态各要素、山上山下、地上地下、陆地海洋以及流域上下游,进行整体保护、系统修复、综合治理,增强生态系统循环能力,维护生态平衡。

(三)生态文明体制改革的原则

坚持正确改革方向,健全市场机制,更好发挥政府的主导和监管作用,发挥企业的积极性和自我约束作用,发挥社会组织和公众的参与和监督作用。

坚持自然资源资产的公有性质,创新产权制度,落实所有权,区分自然资源资产所有者权利和管理者权力,合理划分中央地方事权和监管职责,保障全体人民分享全民所有自然资源资产收益。

坚持城乡环境治理体系统一,继续加强城市环境保护和工业污染防治,加大生态环境保护工作对农村地区的覆盖,建立健全农村环境治理体制机制,加大对农村污染防治设施建设和资金投入力度。

坚持激励和约束并举,既要形成支持绿色发展、循环发展、低碳发展的利益导向机制,又要坚持源头严防、过程严管、损害严惩、责任追究,形成对各类市场主体的有效约束,逐步实现市场化、法治化、制度化。

坚持主动作为和国际合作相结合,加强生态环境保护是我们的自觉行为,同时要深化国际交流和务实合作,充分借鉴国际上的先进技术和体制机制建设有益经验,积极参与全球环境治理,承担并履行好同发展中大国相适应的国际责任。

坚持鼓励试点先行和整体协调推进相结合,在党中央、国务院统一部署下,先易后难、分步推进,成熟一项推出一项。支持各地区根据本方案确定的基本方向,因地制宜,大胆探索、大胆试验。

(四)生态文明体制改革的目标

到 2020 年,构建起由自然资源资产产权制度、国土空间开发保护制度、空间规划体系、资源总量管理和全面节约制度、资源有偿使用和生态补偿制度、环境治理体系、环境治理和生态保护市场体系、生态文明绩效评价考核和责任追究制度等八项制度构成的产权清晰、多元参与、激励约束并重、系统完整的生态文明制度体系,推进生态文明领域国家治理体系和治理能力现代化,努力走向社会主义生态文明新时代。

构建归属清晰、权责明确、监管有效的自然资源资产产权制度,着力解决自然资源所有者不到位、所有权边界模糊等问题。

构建以空间规划为基础、以用途管制为主要手段的国土空间开发保护制度,着力解决因无序开发、过度开发、分散开发导致的优质耕地和生态空间占用过多、生态破坏、环境污染等问题。

构建以空间治理和空间结构优化为主要内容,全国统一、相互衔接、分级管理的空间规划体系,着力解决空间性规划重叠冲突、部门职责交叉重复、地方规划朝令夕改等问题。

构建覆盖全面、科学规范、管理严格的资源总量管理和全面节约制度,着力解决资源使用浪费严重、利用效率不高等问题。

构建反映市场供求和资源稀缺程度、体现自然价值和代际补偿的资源有偿使用和生态补偿制度,着力解决自然资源及其产品价格偏低、生产开发成本低于社会成本、保护生态得不到合理回报等问题。

构建以改善环境质量为导向,监管统一、执法严明、多方参与的环境治理体系,着力解决污染防治能力弱、监管职能交叉、权责不一致、违法成本过低等问题。

构建更多运用经济杠杆进行环境治理和生态保护的市场体系,着力解决市场主体和市场体系发育滞后、社会参与度不高等问题。

构建充分反映资源消耗、环境损害和生态效益的生态文明绩效评价考核和责任追究制度,着力解决发展绩效评价不全面、责任落实不到位、损害责任追究缺失等问题。

二、健全自然资源资产产权制度

(五)建立统一的确权登记系统

坚持资源公有、物权法定,清晰界定全部国土空间各类自然资源资产的产权主体。对水流、森林、山岭、草原、荒地、滩涂等所有自然生态空间统一进行确权登记,逐步划清全民所有和集体所有之间的边界,划清全民所有、不同层级政府行使所有权的边界,划清不同集体所有者的边界。推进确权登记法治化。

（六）建立权责明确的自然资源产权体系

制定权利清单，明确各类自然资源产权主体权利。处理好所有权与使用权的关系，创新自然资源全民所有权和集体所有权的实现形式，除生态功能重要的外，可推动所有权和使用权相分离，明确占有、使用、收益、处分等权利归属关系和权责，适度扩大使用权的出让、转让、出租、抵押、担保、入股等权能。明确国有农场、林场和牧场土地所有者与使用者权能。全面建立覆盖各类全民所有自然资源资产的有偿出让制度，严禁无偿或低价出让。统筹规划，加强自然资源资产交易平台建设。

（七）健全国家自然资源资产管理体制

按照所有者和监管者分开和一件事情由一个部门负责的原则，整合分散的全民所有自然资源资产所有者职责，组建对全民所有的矿藏、水流、森林、山岭、草原、荒地、海域、滩涂等各类自然资源统一行使所有权的机构，负责全民所有自然资源的出让等。

（八）探索建立分级行使所有权的体制

对全民所有的自然资源资产，按照不同资源种类和在生态、经济、国防等方面的重要程度，研究实行中央和地方政府分级代理行使所有权职责的体制，实现效率和公平相统一。分清全民所有中央政府直接行使所有权、全民所有地方政府行使所有权的资源清单和空间范围。中央政府主要对石油天然气、贵重稀有矿产资源、重点国有林区、大江大河大湖和跨境河流、生态功能重要的湿地草原、海域滩涂、珍稀野生动植物种和部分国家公园等直接行使所有权。

（九）开展水流和湿地产权确权试点

探索建立水权制度，开展水域、岸线等水生态空间确权试点，遵循水生态系统性、整体性原则，分清水资源所有权、使用权及使用量。在甘肃、宁夏等地开展湿地产权确权试点。

三、建立国土空间开发保护制度

（十）完善主体功能区制度

统筹国家和省级主体功能区规划，健全基于主体功能区的区域政策，根据城市化地区、农产品主产区、重点生态功能区的不同定位，加快调整完善财政、产业、投资、人口流动、建设用地、资源开发、环境保护等政策。

（十一）健全国土空间用途管制制度

简化自上而下的用地指标控制体系，调整按行政区和用地基数分配指标的做法。将开发强度指标分解到各县级行政区，作为约束性指标，控制建设用地总量。将用途管制扩大到所有自然生态空间，划定并严守生态红线，严禁任意改变用途，防止不合理开发建设活动对生态红线的破坏。完善覆盖全部国土空间的监测系统，动态监测国土空间变化。

（十三）完善自然资源监管体制

将分散在各部门的有关用途管制职责，逐步统一到一个部门，统一行使所有国土空间的用途管制职责。

四、建立空间规划体系

（十四）编制空间规划

整合目前各部门分头编制的各类空间性规划，编制统一的空间规划，实现规划全覆盖。空间规划是国家空间发展的指南、可持续发展的空间蓝图，是各类开发建设活动的基本依据。空间规划分为国家、省、市县（设区的市空间规划范围为市辖区）三级。研究建立统一规范的空间规划编制机制。鼓励开展省级空间规划试点。编制京津冀空间规划。

（十五）推进市县“多规合一”

支持市县推进“多规合一”，统一编制市县空间规划，逐步形成一个市县一个规划、一张蓝图。市县空间规划要统一土地分类标准，根据主体功能定位和省级空间规划要求，划定生产空间、生活空间、生态空间，明确城镇建设区、工业区、农村居民点等的开发边界，以及耕地、林地、草原、河流、湖泊、湿地等的保护边界，加强对城市地下空间的统筹规划。加强对市县“多规合一”试点的指导，研究制定市县空间规划编制指引和技术规范，形成可复制、能推广的经验。

（十六）创新市县空间规划编制方法

探索规范化的市县空间规划编制程序，扩大社会参与，增强规划的科学性和透明度。鼓励试点地区进行规划编制部门整合，由一个部门负责市县空间规划的编制，可成立由专业人员和有关方面代表组成的规划评议委员会。规划编制前应当进行资源环境承载能力评价，以评价结果作为规划的基本依据。规划编制过程中应当广泛征求各方面意见，全文公布规划草案，充分听取当地居民意见。规划经评议委员会论证通过后，由当地人民代表大会审议通过，并报上级政府部门备案。规划成果应当包括规划文本和较高精度的规划图，并在网络和其他本地媒体公布。鼓励当地居民对规划执行进行监督，对违反规划的开发建设行为进行举报。当地人民代表大会及其常务委员会定期听取空间规划执行情况报告，对当地政府违反规划行为进行问责。

五、完善资源总量管理和全面节约制度

（十七）完善最严格的耕地保护制度和土地节约集约利用制度

完善基本农田保护制度，划定永久基本农田红线，按照面积不减少、质量不下降、用途不改变的要求，将基本农田落地到户、上图入库，实行严格保护，除法律规定的国家重点建设项目选址确实无法避让外，其他任何建设不得占用。加强耕地质量等级评定与监测，强化耕地质量保护与提升建设。完善耕地占补平衡制度，对新增建设用地占用耕地规模实行总量控制，严格实行耕地占一补一、先补后占、占优补优。实施建设用地总量控制和减量化管理，建立节约集约用地激励和约束机制，调整结构，盘活存量，合理安排土地利用年度计划。

（十八）完善最严格的水资源管理制度

按照节水优先、空间均衡、系统治理、两手发力的方针，健全用水总量控制制度，保障水安全。加快制定主要江河流域水量分配方案，加强省级统筹，完善省市县三级取用水总量控制指标体系。建立健全节约集约用水机制，促进水资源使用结构调整和优化配置。完善规划和建设项目水资源论证制度。主要运用价格和税收手段，逐步建立农业灌溉用水量控制和定额管理、高耗水工业企业计划用水和定额管理制度。在严重缺水地区建立用水定额准入门槛，严格控制高耗水项目建设。加强水产品产地保护和环境修复，控制水产养殖，构建水生动植物保护机制。完善水功能区监督管理，建立促进非常规水源利用制度。

（二十）建立天然林保护制度

将所有天然林纳入保护范围。建立国家用材林储备制度。逐步推进国有林区政企分开，完善以购买服务为主的国有林场公益林管护机制。完善集体林权制度，稳定承包权，拓展经营权能，健全林权抵押贷款和流转制度。

（二十一）建立草原保护制度

稳定和完善草原承包经营制度，实现草原承包地块、面积、合同、证书“四到户”，规范草原经营权流转。实行基本草原保护制度，确保基本草原面积不减少、质量不下降、用途不改变。健全草原生态保护补奖机制，实施禁牧休牧、划区轮

牧和草畜平衡等制度。加强对草原征用使用审核审批的监管,严格控制草原非牧使用。

(二十二)建立湿地保护制度

将所有湿地纳入保护范围,禁止擅自征用占用国际重要湿地、国家重要湿地和湿地自然保护区。确定各类湿地功能,规范保护利用行为,建立湿地生态修复机制。

(二十三)建立沙化土地封禁保护制度

将暂不具备治理条件的连片沙化土地划为沙化土地封禁保护区。建立严格保护制度,加强封禁和管护基础设施建设,加强沙化土地治理,增加植被,合理发展沙产业,完善以购买服务为主的管护机制,探索开发与治理结合新机制。

六、健全资源有偿使用和生态补偿制度

(二十八)完善土地有偿使用制度

扩大国有土地有偿使用范围,扩大招拍挂出让比例,减少非公益性用地划拨,国有土地出让收支纳入预算管理。改革完善工业用地供应方式,探索实行弹性出让年限以及长期租赁、先租后让、租让结合供应。完善地价形成机制和评估制度,健全土地等级价体系,理顺与土地相关的出让金、租金和税费关系。建立有效调节工业用地和居住用地合理比价机制,提高工业用地出让地价水平,降低工业用地比例。探索通过土地承包经营、出租等方式,健全国有农用地有偿使用制度。

(三十二)完善生态补偿机制

探索建立多元化补偿机制,逐步增加对重点生态功能区转移支付,完善生态保护成效与资金分配挂钩的激励约束机制。制定横向生态补偿机制办法,以地方补偿为主,中央财政给予支持。鼓励各地区开展生态补偿试点,继续推进新安江水环境补偿试点,推动在京津冀水源涵养区、广西广东九洲江、福建广东汀江-韩江等开展跨地区生态补偿试点,在长江流域水环境敏感地区探索开展流域生态补偿试点。

(三十三)完善生态保护修复资金使用机制

按照山水林田湖系统治理的要求,完善相关资金使用管理办法,整合现有政策和渠道,在深入推进国土江河综合整治的同时,更多用于青藏高原生态屏障、黄土高原—川滇生态屏障、东北森林带、北方防沙带、南方丘陵山地带等国家生

态安全屏障的保护修复。

（三十四）建立耕地草原河湖休养生息制度

编制耕地、草原、河湖休养生息规划，调整严重污染和地下水严重超采地区的耕地用途，逐步将25度以上不适宜耕种且有损生态的陡坡地退出基本农田。建立巩固退耕还林还草、退牧还草成果长效机制。开展退田还湖还湿试点，推进长株潭地区土壤重金属污染修复试点、华北地区地下水超采综合治理试点。

九、完善生态文明绩效评价考核和责任追究制度

（四十七）建立生态文明目标体系

研究制定可操作、可视化的绿色发展指标体系。制定生态文明建设目标评价考核办法，把资源消耗、环境损害、生态效益纳入经济社会发展评价体系。根据不同区域主体功能定位，实行差异化绩效评价考核。

（四十八）建立资源环境承载能力监测预警机制

研究制定资源环境承载能力监测预警指标体系和技术方法，建立资源环境监测预警数据库和信息技术平台，定期编制资源环境承载能力监测预警报告，对资源消耗和环境容量超过或接近承载能力的地区，实行预警提醒和限制性措施。

（四十九）探索编制自然资源资产负债表

制定自然资源资产负债表编制指南，构建水资源、土地资源、森林资源等的资产和负债核算方法，建立实物量核算账户，明确分类标准和统计规范，定期评估自然资源资产变化状况。在市县层面开展自然资源资产负债表编制试点，核算主要自然资源实物量账户并公布核算结果。

（五十）对领导干部实行自然资源资产离任审计

在编制自然资源资产负债表和合理考虑客观自然因素基础上，积极探索领导干部自然资源资产离任审计的目标、内容、方法和评价指标体系。以领导干部任期内辖区自然资源资产变化状况为基础，通过审计，客观评价领导干部履行自然资源资产管理责任情况，依法界定领导干部应当承担的责任，加强审计结果运用。在内蒙古呼伦贝尔市、浙江湖州市、湖南娄底市、贵州赤水市、陕西延安市开展自然资源资产负债表编制试点和领导干部自然资源资产离任审计试点。

（五十一）建立生态环境损害责任终身追究制

实行地方党委和政府领导成员生态文明建设一岗双责制。以自然资源资产离任审计结果和生态环境损害情况为依据，明确对地方党委和政府领导班子主

要负责人、有关领导人员、部门负责人的追责情形和认定程序。区分情节轻重，对造成生态环境损害的，予以诫勉、责令公开道歉、组织处理或党纪政纪处分，对构成犯罪的依法追究刑事责任。对领导干部离任后出现重大生态环境损害并认定其需要承担责任的，实行终身追责。建立国家环境保护督察制度。

十、生态文明体制改革的实施保障

（五十二）加强对生态文明体制改革的领导

各地区各部门要认真学习领会中央关于生态文明建设和体制改革的精神，深刻认识生态文明体制改革的重大意义，增强责任感、使命感、紧迫感，认真贯彻党中央、国务院决策部署，确保本方案确定的各项改革任务加快落实。各有关部门要按照本方案要求抓紧制定单项改革方案，明确责任主体和时间进度，密切协调配合，形成改革合力。

（五十三）积极开展试点试验

充分发挥中央和地方两个积极性，鼓励各地区按照本方案的改革方向，从本地实际出发，以解决突出生态环境问题为重点，发挥主动性，积极探索和推动生态文明体制改革，其中需要法律授权的按法定程序办理。将各部门自行开展的综合性生态文明试点统一为国家试点试验，各部门要根据各自职责予以指导和推动。

（五十四）完善法律法规

制定完善自然资源资产产权、国土空间开发保护、国家公园、空间规划、海洋、应对气候变化、耕地质量保护、节水和地下水管理、草原保护、湿地保护、排污许可、生态环境损害赔偿等方面的法律法规，为生态文明体制改革提供法治保障。

（五十五）加强舆论引导

面向国内外，加大生态文明建设和体制改革宣传力度，统筹安排、正确解读生态文明各项制度的内涵和改革方向，培育普及生态文化，提高生态文明意识，倡导绿色生活方式，形成崇尚生态文明、推进生态文明建设和体制改革的良好氛围。

（五十六）加强督促落实

中央全面深化改革领导小组办公室、经济体制和生态文明体制改革专项小组要加强统筹协调，对本方案落实情况进行跟踪分析和督促检查，正确解读和及时解决实施中遇到的问题，重大问题要及时向党中央、国务院请示报告。

中共中央办公厅 国务院办公厅 印发《深化农村改革综合性实施方案》(摘录)

农村改革是全面深化改革的重要内容。根据党中央、国务院的决策部署,农村各项改革正在扎实开展,一些重要改革事项试点工作正在有序推进。当前,我国经济发展进入新常态,新型工业化、信息化、城镇化、农业现代化持续推进,农村经济社会深刻变革,农村改革涉及的利益关系更加复杂、目标更加多元、影响因素更加多样、任务也更加艰巨。农村改革综合性强,靠单兵突进难以奏效,必须树立系统性思维,做好整体谋划和顶层设计,找准牵一发而动全身的牛鼻子和主要矛盾,进一步提高农村改革决策的科学性。要从总体上把握好农村改革的方向,提出深化农村改革总的目标、大的原则、基本任务、重要路径,从全局上更好地指导和协调农村各项改革,加强各项改革之间的衔接配套,最大限度释放改革的综合效应。

根据中央统一部署,从提高农村改革的系统性、整体性、协同性出发,特制定深化农村改革综合性实施方案。

一、总体要求

(一)指导思想

全面贯彻党的十八大和十八届二中、三中、四中全会精神,以邓小平理论、“三个代表”重要思想、科学发展观为指导,深入贯彻习近平总书记系列重要讲话精神,认真落实党中央、国务院的决策部署,主动适应经济发展新常态,紧紧围绕全面建成小康社会、全面深化改革、全面依法治国、全面从严治党的战略布局,不断巩固和完善中国特色社会主义农村基本经济制度,加快农业发展方式转变,健全保障国家粮食安全、促进农业可持续发展和农民持续增收的体制机制,着力破除城乡二元结构的体制障碍,为加快推进中国特色农业农村现代化提供制度保障,为实现“两个一百年”奋斗目标和中华民族伟大复兴的中国梦奠定坚实基础。

(二)目标任务

到 2020 年,农村各类所有制经济尤其是农村集体资产所有权、农户土地承包经营权和农民财产权的保护制度更加完善,新型农业经营体系、农业支持保护体系、农业社会化服务体系、农业科技创新体系、适合农业农村特点的农村金融体系更加健全,城乡经济社会发展一体化体制机制基本建立,农村社会治理体系和农村基层组织制度更加完善,农民民主权利得到更好保障,农业农村法律法规进一步完善并加强,农村基层法治水平进一步提高,农业现代化水平和农民生活水平进一步提升,农村经济社会发展更具活力。

(三)基本原则

1.坚持农村多种所有制经济共同发展。在坚持土地公有制性质基础上,加强对农村各种所有制经济组织和农民家庭合法财产权益的保护,赋予农村各种所有制经济组织同等的市场主体地位,保证其依法公平参与市场竞争、同等受到法律保护,促进农村集体经济、农户家庭经济、农民合作经济、各种私人和股份制经济、供销合作社经济以及国有农场林场等国有经济共同发展。

2.坚持和完善农村基本经营制度。把握好土地集体所有制和家庭承包经营的关系,现有农村土地承包关系保持稳定并长久不变,落实集体所有权,稳定农户承包权,放活土地经营权,实行“三权分置”。坚持家庭经营在农业中的基础性地位,创新农业经营组织方式,推进家庭经营、集体经营、合作经营、企业经营等共同发展。

3.坚持社会主义市场经济改革方向。调整不适应农村社会生产力发展要求的生产关系,健全符合社会主义市场经济要求的农村经济体制,充分发挥市场在资源配置中的决定性作用,加强国家对农业的支持保护,促进农业尽快转到数量质量效益并重、注重提高竞争力、注重农业技术创新、注重可持续的集约发展上来。

4.坚持保障农民权益。把实现好、维护好、发展好广大农民的根本利益作为深化农村改革的出发点和落脚点,切实保障农民合法经济利益,尊重农民民主权利。

5.坚持统筹兼顾。统筹考虑农业和农村发展,统筹考虑城乡改革发展,统筹考虑公平和效率。

6.坚持循序渐进、试点先行。发挥好基层和群众首创精神,在把握方向、坚守底线前提下,鼓励积极探索、大胆创新,允许采取差异性、过渡性的制度和政策安排。认真组织好农村改革试点工作,及时总结可复制、可推广的经验。对突破现行法律法规的重大改革,要按程序报批,取得授权,在一定范围内开展试点。

7. 坚持党对“三农”工作的领导。必须始终把加强党对“三农”工作的领导作为推进农村改革发展的政治保证，提高依法做好“三农”工作的能力和水平。在中央的统一领导下，积极稳妥深化农村各项改革。

二、关键领域和重大举措

全面深化农村改革涉及经济、政治、文化、社会、生态文明和基层党建等领域，涉及农村多种所有制经济主体。当前和今后一个时期，深化农村改革要聚焦农村集体产权制度、农业经营制度、农业支持保护制度、城乡发展一体化体制机制和农村社会治理制度等 5 大领域。对这 5 大领域改革的核心问题，要明确大的方向、主要内容和重大方针对策，进一步理清改革思路。

（一）深化农村集体产权制度改革

以土地集体所有为基础的农村集体所有制，是社会主义公有制的重要形式，是实现农民共同富裕的制度保障。在土地集体所有基础上建立的农村集体经济组织制度，与村民自治组织制度相交织，构成了我国农村治理的基本框架，为中国特色农业农村现代化提供了基本的制度支撑。建立健全符合社会主义市场经济体制要求和社会主义初级阶段实际的农村集体产权制度，必须以保护农民集体经济组织成员权利为核心，以明晰农村集体产权归属、赋予农民更多财产权利为重点，探索社会主义市场经济条件下农村集体所有制经济的有效组织形式和经营方式，确保集体经济发展成果惠及本集体所有成员，进一步发挥集体经济优越性，进一步调动集体经济组织成员积极性。

1. 深化农村土地制度改革。坚守土地公有性质不改变、耕地红线不突破、农民利益不受损“三条底线”，防止犯颠覆性错误。深化农村土地制度改革的基本方向是：落实集体所有权，稳定农户承包权，放活土地经营权。落实集体所有权，就是落实“农民集体所有的不动产和动产，属于本集体成员集体所有”的法律规定，明确界定农民的集体成员权，明晰集体土地产权归属，实现集体产权主体清晰。稳定农户承包权，就是要依法公正地将集体土地的承包经营权落实到本集体组织的每个农户。放活土地经营权，就是允许承包农户将土地经营权依法自愿配置给有经营意愿和经营能力的主体，发展多种形式的适度规模经营。

一是开展农村土地征收、集体经营性建设用地入市、宅基地制度改革试点。及时总结经验、不断完善，形成可复制、可推广的改革成果。农村土地征收制度改革的基本思路是：缩小土地征收范围，规范土地征收程序，完善对被征地农民合理、规范、多元保障机制，建立兼顾国家、集体、个人的土地增值收益分配机制，合理提高个人收益。集体经营性建设用地制度改革的基本思路是：允许土地利用总体规划和城乡规划确定为工矿仓储、商服等经营性用途的存量农村集体建设用地，与国有建设用地享有同等权利，在符合规划、用途管制和依法取得的前提下，可以出让、租赁、入股，完善入市交易规则、服务监管制度和土地增值收益的合理分配机制。宅基地制度改革的基本思路是：在保障农户依法取得的宅基地用益物权基础上，改革完善农村宅基地制度，探索农民住房保障新机制，对农民住房财产权作出明确界定，探索宅基地有偿使用制度和自愿有偿退出机制，探索农民住房财产权抵押、担保、转让的有效途径。

二是深化农村土地承包经营制度改革。抓紧修改有关法律，落实中央关于稳定农村土地承包关系并保持长久不变的重大决策，适时就二轮承包期满后耕地延包办法、新的承包期限等内容提出具体方案。在基本完成农村集体土地所有权确权登记颁证的基础上，按照不动产统一登记原则，加快推进宅基地和集体建设用地使用权确权登记颁证工作。明确和提升农村土地承包经营权确权登记颁证的法律效力，扩大整省推进试点范围，总体上要确地到户，从严掌握确权确股不确地的范围。出台农村承包土地经营权抵押、担保试点指导意见。在有条件的地方开展农民土地承包经营权有偿退出试点。制定出台完善草原承包经营制度的文件，规范草原承包行为和管理方式，充分调动广大牧民保护和建设草原的积极性。引导农村集体所有的荒山、荒沟、荒丘、荒滩使用权有序流转。

三是健全耕地保护和补偿制度。严格实施土地利用总体规划，加强耕地保护，全面开展永久基本农田划定工作，实行特殊保护。完善土地复垦制度，盘活土地存量，建立土地复垦激励约束机制，落实生产建设毁损耕地的复垦责任。加大中低产田改造力度，以增加高产稳产基本农田、改善农业生产条件和生态环境为目标，完善农村土地整治办法。依法加强耕地占补平衡规范管理，强化耕地占补平衡的法定责任，完善占补平衡补充耕地质量评价体系，确保补充耕地数量到位、质量到位。完善耕地和基本农田保护补偿机制。采取更有力的措施，加强对耕地占补平衡的监管，坚决防止占多补少、占优补劣、占水田补旱田现象，杜绝违规占用林地、湿地补充耕地。进一步落实耕地保护政府领导干部离任审计制度。按照有关法律法规，完善和拓展城乡建设用地增减挂钩、“地票”等试点，推动利用城乡建设用地增减挂钩政策支持易地扶贫搬迁。

2.分类推进农村集体资产确权到户和股份合作制改革。在确认农村集体经济组织成员身份、全面核实农村集体资产基础上，对土地等资源性资产，重点是抓紧抓实土地承包经营权确权登记颁证工作；对非经营性资产，重点是探索有利于提高公共服务能力的集体统一运营管理有效机制；对经营性资产，重点是将资产折股量化到本集体经济组织成员，赋予农民对集体资产更多权能，发展多种形式的股份合作。健全农村集体“三资”管理监督和收益分配制度。明确集体经济组织市场主体地位。建立符合实际需求的农村产权流转交易市场，保障农村产权依法自愿公开公正有序交易。现阶段农村集体产权制度改革严格限定在本集体经济组织内部进行，切实防止集体经济组织内部少数人侵占、支配集体资产，防止外部资本侵吞、控制集体资产。

3.深化林业和水利改革。实行最严格的林地用途管制制度。以放活经营权、落实处置权、保障收益权为重点，深化配套改革，完善集体林权制度。实行森林分类经营管理，完善林木采伐权，管好公益林、放活商品林，调动林农和社会力量发展林业的积极性。稳步推进国有林场和国有林区改革。研究提出加强天然林资源保护的指导意见，有序停止天然林商业性采伐。开展小型水利工程管理体制改革，明确工程所有权和使用权，落实管护主体，促进水利工程良性运行。

（二）加快构建新型农业经营体系

发展多种形式的农业适度规模经营是农业现代化的必由之路，必须以提高土地产出率、资源利用率、劳动生产率为核心，加快培育家庭农场、专业大户、农民合作社、农业产业化龙头企业等新型农业经营主体，构建符合国情和发展阶段的以农户家庭经营为基础、合作与联合为纽带、社会化服务为支撑的立体式、复合型现代农业经营体系，提高农业经营集约化、规模化、组织化、社会化、产业化水平。

4.推动土地经营权规范有序流转。在农村耕地实行所有权、承包权、经营权“三权分置”的基础上，按照依法自愿有偿原则，引导农民以多种方式流转承包土地的经营权，以及通过土地经营权入股、托管等方式，发展多种形式的适度规模经营。把握好土地经营权流转、集中和规模经营的度，不片面追求超大规模经营，不搞大跃进，不搞强迫命令，不搞行政瞎指挥，使适度规模经营与农村劳动力转移、农业科技进步、农业社会化服务水平相适应。提升农户家庭经营能力和水平，重点发展以家庭成员为主要劳动力、以农业为主要收入来源、从事专业化集约化农业生产的规模适度的农户家庭农场，使之成为发展现代农业的有生力量。适时提出促进家庭农场发展的相关立法建议。

5.加强农民合作社规范化建设。加强农民专业合作社和土地股份合作社规范化建设,深入推进示范社建设行动。鼓励农民合作社发展农产品加工业务,创新农业产业链组织形式和利益连接机制,构建农户、合作社、企业之间互利共赢的合作模式,让农民更多分享产业链增值收益。进一步创新财政支持农民合作社发展机制,允许政府项目直接投向符合条件的合作社。完善农民以承包土地经营权入股发展农业产业化经营的政策。

6.创新农业社会化服务机制。家庭经营在相当时期内仍是农业生产的基本力量,要通过周到便利的社会化服务,把农户经营引入现代农业发展轨道。充分发挥农业公益性服务机构作用,大力培育多种形式的农业经营性服务组织,健全覆盖全程、综合配套、便捷高效的社会化服务体系。开展政府向农业经营性服务组织购买公益性服务机制创新试点。

7.培养职业农民队伍。制定专门规划和切实可行的政策,吸引年轻人务农,培育新型职业农民,造就高素质的新型农业生产经营者队伍。扶持有技能和经营能力的农民工返乡创办家庭农场、领办农民合作社,创立农产品加工、营销企业和农业社会化服务组织。

8.健全工商资本租赁农地的监管和风险防范机制。对工商资本租赁农户承包地作出明确规定,建立严格的资格审查、项目监管和定期督查机制,禁止以农业为名圈占土地从事非农建设,防止"非粮化"现象蔓延。鼓励和支持工商企业发展适合企业化经营的现代种养业、农产品加工流通和农业社会化服务,向农业输入现代生产要素和经营模式。探索建立工商资本农地租赁风险保障金制度。

9.推进农垦改革发展和全面深化供销合作社综合改革。研究出台推进农垦改革发展的政策措施,深化垦区集团化、农场企业化改革,创新行业指导管理体制、企业市场化经营体制、农场经营管理体制,明晰农垦国有资产权属关系,建立符合农垦特点的国有资产监管体制,进一步推进农垦办社会职能改革。按照为农服务的宗旨和政事分开、社企分开的方向,因地制宜推进体制改革和机制创新,把供销合作社打造成为与农民利益联结更紧密、为农服务功能更完备、市场化运作更高效的合作经济组织体系,使之成为服务农民生产生活的生力军和综合平台。

(三)健全农业支持保护制度

对农业实行必要的支持保护是发展现代农业的客观需要,要坚持多予少取放活的基本方针,以保障主要农产品供给、促进农民增收、实现农业可持续发展为重点,加大农业支持保护力度,提高农业支持保护效能,完善农业生产激励机制,加快形成覆盖全面、指向明确、重点突出、措施配套、操作简便的农业支持保护制度。

10.建立农业农村投入稳定增长机制。把农业农村作为财政支出的优先保障领域,中央预算内投资继续向农业农村倾斜,确保农业农村投入只增不减。进一步优化财政支农支出结构,转换财政资金投入方式,通过政府与社会资本合作、政府购买服务、担保贴息、以奖代补、民办公助、风险补偿等措施,带动金融和社会资本投向农业农村,发挥财政资金的引导和杠杆作用。大力清理、整合、规范涉农转移支付资金,对“小、散、乱”及效果不明显的涉农专项资金要坚决整治;对目标接近、投入方向类同的涉农专项资金予以整合;对地方具有管理信息优势的涉农支出,划入一般性转移支付切块下达,由地方统筹支配,落实监管责任。建立规范透明的管理制度,杜绝任何形式的挤占挪用、层层截留、虚报冒领,切实提高涉农资金投入绩效。合理划分中央与地方支农事权,明确政府间应承担和分担的支出责任,推进各级政府支农事权规范化、法律化。

11.完善农产品价格形成机制和农产品市场调控制度。根据各类主要农产品在国计民生中的重要程度,采取“分品种施策、渐进式推进”的办法,完善农产品价格形成机制。改进并继续执行稻谷、小麦最低收购价政策。按照“价补分离”的思路,继续实施棉花和大豆目标价格改革试点,完善补贴发放办法。改革、完善玉米收储政策。改进农产品市场调控方式,避免政府过度干预,搞活市场流通,增强市场活力。完善农产品收储政策,坚持按贴近市场和保障农民合理收益的原则确定收储价格,降低储备成本,提高储备效率。加强粮食现代仓储物流设施建设,积极鼓励引导流通、加工等各类企业主体参与粮食仓容建设和农产品收储,规范收储行为,培育多元化市场主体。创新农产品流通方式,强化以信息化为支撑的农产品现代流通体系建设,大力发展农产品流通新型业态,发挥电子商务平台在联结农户和市场方面的作用。

12.完善农业补贴制度。保持农业补贴政策连续性和稳定性,调整改进“黄箱”支持政策,逐步扩大“绿箱”支持政策实施规模和范围,提高农业补贴政策效能。开展农业补贴改革试点,将现行的“三项补贴”(农作物良种补贴、种粮直补、农资综合补贴)合并为“农业支持保护补贴”,优化补贴支持方向,突出耕地保护和粮食安全。保持与现有政策的衔接,调整部分存量资金和新增补贴资金向各类适度规模经营的新型农业经营主体倾斜,合理确定支持力度,不人为“垒大户”。进一步拓宽财政支农资金的渠道,突出财政对农业的支持重点,持续增加农业基础设施建设、农业综合开发投入,完善促进农业科技进步、加强农民技能培训的投入机制,强化对农业结构调整的支持,加大对农业投入品、农机具购置等的支持力度。健全粮食主产区利益补偿机制。健全快捷高效的补贴资金发放办法,鼓励有条件的地方探索对农民收入补贴的办法。

13.建立农田水利建设管理新机制。积极推进农业水价综合改革,对农业用水实行总量控制和定额管理,配套完善供水计量设施,建立有利于节水的农业水价形成机制。建立农业用水精准补贴制度和节水激励机制。鼓励社会资本参与农田水利工程建设和运营维护。

14.深化农业科技体制改革。坚持科技兴农、人才强农,推进农业科研院所改革,打破部门条块分割,有效整合科技资源,建立协同创新机制,促进产学研、农科教紧密结合。完善科研立项和成果转化评价机制,强化对科技人员的激励机制,促进农业科研成果转化。扶持种业发展,做强一批“育繁推”一体化的大型骨干种子企业。完善基层农技推广服务体系,探索公益性农技推广服务的多种实现形式。

15.建立农业可持续发展机制。推广减量化和清洁化农业生产模式,健全农业标准化生产制度,完善农业投入品减量提效补偿机制。发展生态循环农业,构建农业废弃物资源化利用激励机制。实施耕地质量保护与提升行动,加强重金属污染耕地治理和东北黑土地保护。深入推进退耕还林还草、还湿还湖、限牧限渔。完善森林、草原、湿地、水源、水土保持等生态保护补偿制度。建立健全生态保护补偿资金稳定投入机制。

(四)健全城乡发展一体化体制机制

城乡发展一体化是解决我国“三农”问题的根本途径,必须坚持工业反哺农业、城市支持农村的基本方针,协调推进城镇化和新农村建设,加快形成以工促农、以城带乡、工农互惠、城乡一体的新型工农城乡关系,努力缩小城乡发展差距。

17.完善城乡发展一体化的规划体制。加快规划体制改革,构建适应我国城乡统筹发展的规划编制体系,完善各类规划编制、审批和实施监管制度,健全县市域空间规划衔接协调机制。尽快修订完善县域乡村建设规划和镇、乡、村庄规划,在乡镇土地利用总体规划控制下,探索编制村土地利用规划,提高规划科学性和前瞻性,强化规划约束力和引领作用。

中共中央《关于制定国民经济和社会发展第十三个五年规划的建议》(摘录)

三、坚持创新发展,着力提高发展质量和效益

(四)大力推进农业现代化

农业是全面建成小康社会、实现现代化的基础。加快转变农业发展方式,发展多种形式适度规模经营,发挥其在现代农业建设中的引领作用。着力构建现代农业产业体系、生产体系、经营体系,提高农业质量效益和竞争力,推动粮经饲统筹、农林牧渔结合、种养加一体、一二三产业融合发展,走产出高效、产品安全、资源节约、环境友好的农业现代化道路。

稳定农村土地承包关系,完善土地所有权、承包权、经营权分置办法,依法推进土地经营权有序流转,构建培育新型农业经营主体的政策体系。培养新型职业农民。深化农村土地制度改革。完善农村集体产权权能。深化农村金融改革,完善农业保险制度。

坚持最严格的耕地保护制度,坚守耕地红线,实施藏粮于地、藏粮于技战略,提高粮食产能,确保谷物基本自给、口粮绝对安全。全面划定永久基本农田,大规模推进农田水利、土地整治、中低产田改造和高标准农田建设,加强粮食等大宗农产品主产区建设,探索建立粮食生产功能区和重要农产品生产保护区。优化农业生产结构和区域布局,推进产业链和价值链建设,开发农业多种功能,提高农业综合效益。

推进农业标准化和信息化。健全从农田到餐桌的农产品质量安全全过程监管体系、现代农业科技创新推广体系、农业社会化服务体系。发展现代种业,提高农业机械化水平。持续增加农业投入,完善农业补贴政策。改革农产品价格形成机制,完善粮食等重要农产品收储制度。加强农产品流通设施和市场建设。

五、坚持绿色发展,着力改善生态环境

坚持绿色富国、绿色惠民,为人民提供更多优质生态产品,推动形成绿色发

展方式和生活方式,协同推进人民富裕、国家富强、中国美丽。

(一)促进人与自然和谐共生

有度有序利用自然,调整优化空间结构,划定农业空间和生态空间保护红线,构建科学合理的城市化格局、农业发展格局、生态安全格局、自然岸线格局。设立统一规范的国家生态文明试验区。

根据资源环境承载力调节城市规模,依托山水地貌优化城市形态和功能,实行绿色规划、设计、施工标准。

支持绿色清洁生产,推进传统制造业绿色改造,推动建立绿色低碳循环发展产业体系,鼓励企业工艺技术装备更新改造。发展绿色金融,设立绿色发展基金。

加强资源环境国情和生态价值观教育,培养公民环境意识,推动全社会形成绿色消费自觉。

(二)加快建设主体功能区

发挥主体功能区作为国土空间开发保护基础制度的作用,落实主体功能区规划,完善政策,发布全国主体功能区规划图和农产品主产区、重点生态功能区目录,推动各地区依据主体功能定位发展。以主体功能区规划为基础统筹各类空间性规划,推进"多规合一"。

推动京津冀、长三角、珠三角等优化开发区域产业结构向高端高效发展,防治"城市病",逐年减少建设用地增量。推动重点开发区域提高产业和人口集聚度。重点生态功能区实行产业准入负面清单。加大对农产品主产区和重点生态功能区的转移支付力度,强化激励性补偿,建立横向和流域生态补偿机制。整合设立一批国家公园。

维护生物多样性,实施濒危野生动植物抢救性保护工程,建设救护繁育中心和基因库。强化野生动植物进出口管理,严防外来有害物种入侵。严厉打击象牙等野生动植物制品非法交易。

以市县级行政区为单元,建立由空间规划、用途管制、领导干部自然资源资产离任审计、差异化绩效考核等构成的空间治理体系。

国土资源部办公厅 农业部办公厅 关于切实做好 106 个重点城市周边永久基本农田划定工作有关事项的通知

国土资发〔2015〕14 号

各省、自治区、直辖市及计划单列市国土资源主管部门，农业（农牧、农村经济）厅（委、局），新疆生产建设兵团国土资源局、农业局：

根据《国土资源部农业部关于进一步做好永久基本农田划定工作的通知》（国土资发〔2014〕128 号，以下简称《通知》）要求，国土资源部、农业部（以下简称两部）共同研究提出了 106 个重点城市周边永久基本农田划定初步任务，细化了推进划定工作的具体要求。现将有关事项通知如下：

一、抓紧开展 106 个重点城市周边永久基本农田划定工作

按照《通知》要求，两部以 2012 年土地变更调查成果、经依法批准的土地利用总体规划成果、全国耕地质量等别评定成果等为基础，依托国土资源综合监管平台，对 106 个重点城市周边（原则上为土地利用总体规划确定的中心城区规划控制范围）未划为永久基本农田的现有耕地分布、面积、质量等别等进行分析评估，提出了城市周边永久基本农田划定的初步任务。初步任务以城市为单位形成电子图形数据，随本通知下发数据光盘，数据说明见附件 1。

各有关城市国土资源、农业主管部门要密切配合，依据下达的初步任务，充分运用最新的遥感影像图、土地变更调查、耕地质量等别评定和县域耕地地力调查与质量评价等成果，结合土地利用总体规划调整完善、城市开发边界划定，抓紧开展调查摸底、核实举证，要确保城市周边优质耕地、已建成的高标准农田全部纳入永久基本农田划定任务。按照核实举证结果数据汇交要求（见附件 2）形成的报告和电子数据，经省级国土资源、农业主管部门审核后，于 2015 年 5 月底前联合报送两部。两部将对有关城市上报的核实举证情况进行论证，核定并下

达重点城市周边永久基本农田划定任务。

各有关城市国土资源、农业主管部门要在当地政府的统一组织下，按照《通知》要求，扎实推进永久基本农田“落地块、明责任、设标志、建表册、入图库”等工作，确保于2015年底前全面完成城市周边永久基本农田上图入库、落地到户。

二、同步开展其他城市(镇)周边永久基本农田划定工作

各省(区、市)国土资源、农业主管部门，要参照两部对106个重点城市周边划定永久基本农田初步任务的分析评估方法和核实举证要求，开展106个重点城市以外其他设区的城市周边永久基本农田划定任务的下达工作。同时，指导督促设区的城市国土资源、农业主管部门，按照上述工作方法，推动所辖的县级城市(镇)周边永久基本农田划定工作，确保城市(镇)周边优质耕地优先划为永久基本农田。

各省(区、市)国土资源、农业主管部门，要按照本通知确定的数据汇交方式和格式要求，逐级统计汇总本行政区域内城市和城镇周边永久基本农田划定初步任务下发、地方核实举证、任务核定下达等情况，于2015年11月30日前报两部。

三、统筹做好城市(镇)全域永久基本农田划定工作

各有关城市国土资源、农业主管部门要在当地政府的组织领导下，统筹安排、通力合作，在已有工作的基础上，扎实做好永久基本农田划定工作。永久基本农田划定要与土地利用总体规划调整完善工作协同推进，规划调整完善前，采取自上而下的方式，按照上级核定下达的任务和要求，先行完成城市(镇)周边永久基本农田划定工作，确保城市(镇)周边、交通沿线优质耕地和已建成的高标准农田优先划定为永久基本农田，未按要求完成城市(镇)周边永久基本农田划定的，规划调整完善成果审批(备案)不予受理；规划调整完善后，采取自下而上的方式，按照布局基本稳定、数量不减少、质量有提高的要求，依照空间由近及远、耕地质量等别和地力等级由高到低的顺序，及时划定城市周边以外的永久基本农田，确保调整完善后规划确定的市(县)域基本农田保护目标任务全部上图入库、落地到户。永久基本农田划定要与城市开发边界划定工作同步推进，进一步强化永久基本农田对城市(镇)用地空间的刚性约束，切实发挥永久基本农田对优化城市(镇)空间形态的促进作用，更好引导城市串联式、组团式、卫星城式

发展。

依据《基本农田保护条例》,永久基本农田划定和保护是地方各级人民政府的法定责任。106个重点城市周边永久基本农田划定工作完成情况,将纳入省级政府耕地保护责任目标检查考核工作。请各有关城市按照规定要求,扎实组织实施,确保按期完成任务。各省(区、市)国土资源、农业主管部门要加强督促指导,及时总结、宣传、推广好典型、好经验。两部将对各地永久基本农田划定工作进行督导检查,定期通报工作进展情况,适时召开现场交流会,总结推广地方经验做法,发挥示范引领作用。

附件:1. 城市周边永久基本农田划定初步任务分析评估结果数据说明(略)

2. 城市周边永久基本农田划定核实举证结果数据汇交要求(略)

2015年4月8日

后　　记

适逢国土资源部农用地质量与监控重点实验室2016年度春季报告会召开在即，《中国农用地质量发展研究报告(2015)》一书的出版，既是对以往农用地质量相关研究工作的总结，也是为本年度春季报告会献礼；既是实验室全体成员共同努力的成果，也是国土资源部土地整治中心和中国农业大学领导的关心与支持的结晶。

过去一年，国土资源部农用地质量与监控重点实验室在组织机构、研究团队组建、研究方向凝练、科研基础条件配置、科研及科普等方面都取得了丰硕的成果；在服务农业与农地质量管理、农用地保护、提高农用地生产能力、保障国家粮食安全方面发挥了积极的作用。2015年2月6日，实验室顺利通过验收并正式挂牌运行；3月8日，邀请"两会"代表委员参加"加强农村土地管理　促进黑土资源保护与利用座谈会"。4月23—24日，2015年度春季学术报告会和学术委员会会议顺利召开；5月，中国科学技术协会授予国土资源部农用地质量与监控重点实验室"全国科普教育基地"称号，并颁发了"全国科普教育基地"的牌匾和证书。同年，郧文聚主任领导的重点实验室研究团队入选第二批国土资源高层次创新型科技人才培养工程。

然而，欣慰之余顿感责任重大，道路漫长。国家关于加快推进生态文明建设、关于深化农村改革、关于"十三五"发展规划等一系列文件和重要讲话，把优化国土空间开发格局、资源节约利用、生态环境保护和健全生态文明制度体系提升为国家战略，是实现中华民族伟大复兴的基本国策。全国农用地质量发展状况，耕地资源保护、监测监管，永久基本农田划定和土地整治工作均面临短期不能解决的瓶颈并碰到新的问题。因此，实验室将毅然决然地从农用地质量因素与过程、农用地多功能诊断与评价、农用地质量调查与监测、农用地质量与产能提升、基本农田质量保护与管理以及耕地保护科学与技术科普基地建设方面继续努力，持续创新，为国家粮食安全和生态文明建设尽力献策。

编者

2016年3月